旧时月色

中国古代才女十二钗评传

孔彩虹 著

时代出版传媒股份有限公司
安徽教育出版社

图书在版编目（CIP）数据

旧时月色：中国古代才女十二钗评传 / 孔彩虹著.
—合肥：安徽教育出版社，2016
ISBN 978-7-5336-8251-4

Ⅰ.①旧… Ⅱ.①孔… Ⅲ.①女性－生平事迹－中国－古代－通俗读物 Ⅳ.①K828.5－49

中国版本图书馆CIP数据核字（2016）第077970号

旧时月色：中国古代才女十二钗评传
JIU SHI YUESE:ZHONGGUO GUDAI CAINV SHIER CHAI PINGZHUAN

出 版 人：郑　可
质量总监：张丹飞
责任编辑：王竞芬
装帧设计：吴亢宗
责任印制：何惠菊

出版发行　时代出版传媒股份有限公司　安徽教育出版社
地　　址　合肥市经开区繁华大道西路398号　邮编：230601
网　　址　http://www.ahep.com.cn
营销电话　(0551)63683012,63683013
排　　版　安徽创艺彩色制版有限责任公司
印　　刷　合肥创新印务有限公司

开　　本　650×960　1/16
印　　张　25.75
字　　数　350千字
版　　次　2016年9月第1版　2016年9月第1次印刷
定　　价　49.00元

（如发现印装质量问题，影响阅读，请与本社营销部联系调换）

目 录

自序：为伊造境成 〇〇一

〇〇一 **载驰救卫歌慷慨——先秦才女许穆夫人**
〇〇三 　乱生不夷，靡国不泯
〇一二 　巧笑之瑳，佩玉之傩
〇二〇 　有怀于卫，载驰载驱

〇二九 **洗尽铅华自生香——汉朝才女班昭**
〇三一 　芝兰玉树竞秀芳
〇三五 　东观续史展素手
〇三九 　汉宫女师曹大家
〇四五 　女诫懿德传千古

〇五四 **一生辛苦记乱离——汉朝才女蔡文姬**
〇五五 　我生之初尚无为

　　〇五九　天不仁兮降乱离

　　〇六四　胡笳动兮边马鸣

　　〇六九　响有余兮思无穷

　〇七七　**女中高士晶莹雪——晋朝才女谢道韫**

　　〇七九　清逸才俊谢家树

　　〇八三　咏絮才高谢家女

　　〇八六　林下之风动京城

　　〇九二　大运飘摇度劫波

　〇九七　**日边红杏和露栽——唐朝才女上官婉儿**

　　一〇〇　自言才艺是天真

　　一〇四　日边红杏倚云栽

　　一〇八　长长久久乐升平

　　一一四　红消香断难为情

　一二一　**扫眉才子总不如——唐朝才女薛涛**

　　一二三　不是爱风尘，似被前缘误

　　一二八　花落花开自有时，总赖东君主

　　一三八　去也终须去，住也如何住

　　一四四　若得山花插满头，莫问奴归处

　一四八　**自是花中第一流——宋朝才女李清照**

　　一五一　倚门回首，却把青梅嗅

一五六	中州盛日，簇带争济楚
一六二	云鬓斜簪，教郎比并看
一六九	连天芳草，望断归来路
一七五	且归来也，著意过今春
一八一	武陵人远，烟锁秦娥楼
一八七	故乡何处，忘了除非醉
一九三	人间天上，没个人堪寄
一九九	匹夫无罪，怀璧一何苦
二〇四	我归何处，蓬舟三山去

二一一　枝上抱香写断肠——宋朝才女朱淑真

二一四	笑折一枝插云鬟
二二〇	却嗟流水琴中意
二二七	东君不与花为主
二三三	宁可抱香枝上老

二四〇　昙花一现浮生梦——明代才女叶小鸾

二四三	簪花初欲罢，柳外正莺声
二四八	临镜花常晓，薰香韵自闲
二五五	陶令一樽酒，难消万古愁
二六二	瑶池谅非邈，愿言青鸟翔

二六九　一枝片叶休轻看——明末清初才女柳如是

| 二七三 | 柳荫深处十间楼 |

二七九　一朝芬芳万里路

二八五　别时余香在君袖

二九一　东山酬和不辞从

二九九　风流不坠莫愁城

三〇六　遗民老似孤花在

三一四　**菊花虽痛奈何霜——清朝才女贺双卿**

三一七　珠不升渊，玉难离璞

三二二　名花困雨，新月藏云

三二九　梅情耐雪，菊意甘霜

三三八　短剑倚泉，残松卧壑

三四七　**冲淡精神富贵花——清朝才女顾太清**

三五〇　问三生，石上谁安置

三五八　瑶台种，不作可怜红

三七一　断肠恨，难寄到君前

三八二　分明是，流水高山调

三九七　仙人去，天地有余青

自序：为伊造境成

写完这本书的时候，最后一个字落到屏幕上，窗外也正好有雪落下，我和冬天一起对这一年做了个了结。

雪无声，细细密密，是撒盐空中那种，像巨大的沙漏从天上倾倒，自上而下默默渗透，时间、空间、天光、市声、对面的红屋顶、循规蹈矩的行道树……一切都被包容在莽莽苍苍之中。无序的有了序，有序的失了序，天地间只剩下同一个白色准则。雪就是这样，来时总带着惊动的宁静，万物被惊动了，又宁静了，既而顺遂地进入它的世界。似是不情不仁，又似是大义存焉，它凭空造了一个境，给我们。

想曹雪芹在悼红轩内，批阅十载，增删五次，漫长的创作岁月中也曾有过这样下雪的天气吧？他守着茅椽蓬牖、瓦灶绳床，忽忽念及当日所有女子，她们的行止见识、她们的风神气质、她们在世事翻覆中的运命，感叹无人为闺阁立传，因而起心作书。但见意念中生出无数汉字，一枚一枚如空中雪，飘落、堆叠、结合，亦有波折、旋转、扭曲，呈现多种形状，一座大观园图景就此徐徐展开，或华阁飞楼，雕甍绣槛，或蘅芜披拂，翠竹掩映，或寿宴承平，言笑晏晏，或孤馆寒塘，悲声哀哀。那些女子便在此间行走、坐

卧、歌哭、吟唱，敷演出一段故事、一场红楼清梦。

文字所筑，不过半透明的场景，假作真时真亦假，无为有处有还无，虚像之下有真实的心像做承托。曹雪芹小说家言，以"梦""幻"等字标示所造之境，并于境中再造境，空中立起一座太虚幻境。红楼梦中梦，宝玉沿着配殿间的长廊虚空地走，痴情司、结怨司、朝啼司、春感司……一路看来，都是女子们的爱嗔感念，或可称兴观群怨。"薄命司"的名称最为凄惨，古代女子薄命者众，红楼女子便是归于此处。大橱里正册、副册、又副册，薄薄几本，寥寥数语，就把一群女性的人生交割完毕，细思忖令人生悲。

我私心里并不认同这些分类与界定，它们给人的感觉是，女性一生除了为情生痴怨、春感秋思之外再无其他，她们都是些单薄的没有热力的纸人儿，没有丰富博大的内心世界，没有过去未来成长衰老路上的复杂感受与性格蜕变，她们所具备的都是男性视角下所需要的，她们的存在也是以男性需要为先验的模拟。事实上怎么可能呢？

最典型的例子是《西游记》中的女儿国，一个脱离男性世界而独立存在的国度，士农工商皆女辈，渔樵耕牧尽红妆，有子母河帮助无性繁殖，却是见到男性便横蛮热切地掳掠了去强要成亲。美丽绝伦的女王，以一国之富招赘夫婿，自愿让出王位——泼天富贵一下子砸到某个男人头上，这是出于女人的需要，还是基于男人的意淫呢？

美国女社会活动家吉尔曼也创造过一个女儿国，是在小说《她乡》里。与东方游戏性质的女儿国相比，"她乡"是一个堪称严肃的乌托邦，强调女人之独立为"人"，不是为取悦男性而塑造的"像女人"的人。她们自由地发展身体、能力和心智，有强壮的体魄、矫健的身手，勇敢、慷慨、理性、聪慧,并紧密互助,和谐共生,构筑起一个没有阶级对立、没有性别歧视、没有战火纷争的文明社会。这是一个横向上似乎完全封闭的圆,却又善于吸纳外部文明,加以筛选为己所用,进而纵向上高度发展,以至于超出地球上其他人类社会的任何文明,达到了完全自足、自我完善、自我圆融的地步。

如果可以选择的话,我希望我笔下的中国古代才女可以生活在"她乡",然而这不可能。

我没办法造一个小说家的境给她们,太虚幻境过于虚幻,西梁女国太儿戏,"她乡"又完美得不真实,称之"十二钗"也只是想要借些小说人物的风采向她们遥遥致以敬意。我也没办法依据现代社会的偏好,给她们涂脂抹粉以适应现代人的审美,构织八卦绯闻以满足现代人的阅读趣味,或者挖掘一点不及其余,力图出新出奇,以吸引读者眼球。

我所能做的,是抱定一个宗旨,那就是陈寅恪先生所说的"了解之同情"——设身处地为她们建造适宜她们每个人的境,使她们能在不同时代里、不同伦理观念下、不同的社会关系点上,在尽量接近真实的状态中,自然地展示各自的人生。我想要呈现的是一个个全面的人,作为独立个体的人,使读者能与之共情的人。

这些普通而又非凡的女子,她们的身影能不为历史风云所湮灭,当然不仅仅是诗文名气的问题,还有更深层的值得关注的东西。

卡尔维诺说:以心灵的秩序对抗世界的复杂性。有才华的女性,都有内在的力量,因为她们有自己的心灵秩序。这个秩序是如何建立的?文字在其中起到什么作用?人生阅历导致了怎样的差异?她们如何依靠心

灵秩序来抵抗外界的挤压与侵蚀？社会历史又给予她们怎样的影响？关于她们的记载与评价经过怎样的嬗变？这中间还体现了各个时代什么样的女性价值观？诸如此类，皆当深思。

观堂先生谈词，有造境与写境之分，还有有我之境与无我之境，又云喜怒哀乐亦人心中之境。我这里却是借境而言说写作，不同作者所造的境自然不同，给予境中人物的风貌、气质与舒展度也不同，对于心灵秩序的呈现自然也是不同的。而这境，与观堂先生之境是相通的，无我之境其实还是有我，离聚悲欢当是境，心志思虑亦当是境。

"境"这个字，总让我想到"镜""鉴""照"等，在《文心雕龙》里后三个字有相通处，是为鉴照也。造境而成镜，那镜何如呢？我之能力所限，也许是一面昏黄的铜镜，也许是一泓澄澈的秋水，也许是一轮高远的明月。而成与不成，各人所见亦不同。男人看见才与色，女人看见爱与痛，达观者看见人世轮回，悲观者看见生死无常，爱好诗文的看见诗文，爱好故事的便看见故事，庸常如我者也不过是借着这些古代女子的人生照一照现世，再照一照自己罢了。所谓"流水今日，明月前身"，那旧时月色其未远也。

载驰救卫歌慷慨

——先秦才女许穆夫人

许穆夫人:春秋时期女诗人。姓姬,名不详,约生于公元前690年,卒年不详,春秋时期卫国(今河南淇县)人。卫国公子昭伯之女,嫁于许穆公,故称许穆夫人。貌美,性聪敏,有才华,是我国见于文字记载的第一位女诗人。《诗经》中的《载驰》一首,确认为其所作。

春秋,这两个字好,古人用来命名一部史书,温和冲淡,有沧桑感。后人又以之命名那一段历史,在中国历史分期里,这大概要算得最美的名称了。仿佛能看到山川广大,平畴旷远,空气清新宜人,和风轻抚细草繁花,路上的人衣着朴素气质雍雅,像是直接从《诗经》里施施走出的。

事实并不尽然,历史永不肯迎合人的想象。周朝自平王东迁后,王室

日渐衰微;诸侯蠢蠢欲动,日渐有问鼎之心。上古的风吹到春秋初期,也日渐有了暴烈气,战旗猎猎,战马萧萧,烽烟堪堪将燃。这样的世道是属于男性的。女人太羸弱,要么被劫掠,要么被进献,要么死于劳作或乱离。平凡的,默然消失在历史的风烟里;出众的,生死依托在某个男人的权位上;其更甚者,要为亡国承担红颜祸水的骂名,以一种单一的面孔在史家笔下蒙羞千年。

只有一个女子是例外,在那一段历史里。她有才,有貌,有胆量,有识见,依靠一己之力,卓然独立于男性化的青史中。那形象,当是一棵木棉吧,一树高高璨璨的红,天空里生长的奇迹,叫人不得不俯首。确然,她获得的尊重是普遍的,从国君到民众、从当世到后世、从历史到文学,没有异议的一致。

她就是许穆夫人。

许穆夫人是中国文学史上公认的第一位女诗人,有《载驰》一诗为证。《诗经》里有很多兰心蕙质的女子,或写诗,或被写进诗里,化身为文字之树摇曳两千多年。其中一些充满忧思的诗篇明显出自女子之手,但时至今日,能被确认为作者的只有许穆夫人一个。《毛诗序》曰:"《载驰》,许穆夫人作也。闵其宗国颠覆,自伤不能救也。卫懿公为狄人所灭,国人分散,露于漕邑。许穆夫人闵卫之亡,伤许之小,力不能救。思归唁其兄,又义不得。故赋是诗也。"《左传》详细讲述了这段史实,明确指出"许穆夫人赋载驰"。汉代刘向《列女传》还为之作颂称赞。有史为据,故而许穆夫人被现代学者视为中国女性文学的始祖。

另据清人魏源《诗古微》说,《诗经》中《泉水》《竹竿》两首也是许穆夫人所作。

她还是世界文学史上第一位女诗人。

目前所知,西方第一位女诗人是古希腊的萨福,生活在从口传到信史的过渡阶段——根据资料推算,约略是公元前630到公元前592年之间(另有资料称是公元前612—前560年)。而在东方,有史可征的公元前660年,许穆夫人已婚,且载驰救卫,生活年代比萨福早是一定的了。

其实,这些第一本身没有大多意义,唯一可以用来证明的是,在那么遥远的年代,女性已经能用文字准确表述自己的怨怼和理想,并通过这些文字获得与男人等同的社会影响力。《圣经》从创世之初就把女性放在第二性的位置上,中国上古尚有女娲抟土造人这样好的创世神话,但从母权制被父系氏族制度替代后,女性的地位也逐渐被第二性了。由今天看去,不管怎么说,春秋时代还能有让女性如此彰显的空间,可知后来宋明道学对于女性话语权的禁锢是多严重的大退步。

"女子无才便是德",幸好春秋时代还没造出这混账行子话来,不然《诗经》和《春秋》该多么乏味,缺少了许穆夫人的春秋时代又多么寂寞。

乱生不夷,靡国不泯

这是《诗经·桑柔》中的一句诗,意思是国有乱生,民心不稳,恰可用来概括许穆夫人出生前后卫国的情况。

作为贵族女子,天然就是政治的人、国家的人,一出生就被牢牢地粘在了利益之网上。身份高贵又如何？说到底不过是一只把握不了自己命运的卑微蚁虫罢了。春秋时期复杂多变的局面，诸侯国之间错综纠葛的关系，更决定了这张网的庞大、繁杂和霸道。而她出生在哪一个国家，怎样一个国家，这个国家之前的贫富强弱、之后的国运盛衰，一直会影响她的婚姻、人生乃至儿女的命运。她和她的国家互为筹码，跟命运有一场豪赌，赌资是自己的全部，结局却要看上天的意思。然而在成败结果出来之前，人总是相信手中的筹码，以为握得越多，胜的概率就越高。

要想称量许穆夫人的人生筹码，须得话说从头，讲一讲卫国的前世今生。

当日周武王灭了殷商之后，占领都城朝歌一带，三分其地。朝歌北边是邶，东边是鄘，南边是卫，此即《诗经·国风》中"邶风""鄘风""卫风"之由来。武王把这三个地方分别封给纣王的儿子武庚，自己的两个弟弟管叔和蔡叔，以治理殷商旧民，谓之"三监"。及至武王驾崩，成王继位，因成王年幼，故暂由武王的同母弟周公辅政。这时候，武庚勾结管叔、蔡叔叛乱，周公起兵诛灭之，然后把这三地和殷民七族封给弟弟康叔，康叔建立了卫国。所以，《诗经》中的《邶风》《鄘风》《卫风》在当时被视为一组诗，都属于卫诗。

康叔下传十一代到庄公，庄公即《诗经·硕人》里那个"巧笑倩兮，美目盼兮"的美人庄姜的丈夫。庄公死后，传位于儿子桓公，有州吁作乱弑桓公，卫国大夫联合陈国杀死州吁，立宣公。由卫宣公开始，卫国局势愈加混乱，同时也造成了许穆夫人身世的混乱。

如前所述，卫国受封的是殷商旧地，故而殷商旧习有很大遗留。商朝人擅长经济贸易,据说最初商部落的发展强大就是靠的这个,这也是后世把买卖人称为"商人"的由来。所谓"商旅集则货财盛,货财盛则声色臻",饱暖思淫欲之故。殷商末期的奢侈淫靡之风就比较盛,朝歌为甚,而卫国亦是在朝歌立都。在春秋各国中,卫国人最是爱饮酒、好女色、放纵情欲,被公认为淫靡的"郑卫之音"就包括卫国的音乐。

这个国家,也正是个盛产无道昏君的国家。

却说卫宣公晋,做公子时就与其父之妾夷姜私通,生下一子,寄养于民间,起名叫伋。宣公即位后,不再掩人耳目,与夷姜出入如夫妇,十分宠幸她,并立伋为太子,令右公子教导之。伋长到16岁,该是谈婚论嫁的时候了,宣公打算为他聘订齐僖公的长女。

齐国女人的美丽在各诸侯国是出了名的。《诗经》里不但有《硕人》这样集中盛赞齐国美人的,还有《衡门》说"岂其取妻,必齐之姜",意为"难道娶妻一定要娶齐国姑娘吗"——大概是一个没落贵族的反问,却反衬出当时各国男人娶妻的最高追求。再加上齐国是太公望即姜尚的封国,姜尚就是《封神演义》里的姜子牙,周朝的大功臣;齐国后代又善于经营,国力强盛,所以周王室的后裔封国包括卫国都爱跟齐国联姻。"硕人"庄姜,伋的母亲夷姜,还有这位即将出场的宣姜,都是齐国嫁到卫国的美人。

姜尚后代嘛,故而齐国贵族女子都姓姜,之外就没有名字留于青史了,来自齐国就是"齐姜",嫁给卫国就是"卫姜"。"卫姜"太多了,于是各依其丈夫谥号称呼,嫁给卫庄公的称"庄姜",嫁给卫宣公的叫"宣姜"。而"夷姜",大约是随同庄姜陪嫁来的媵——关于春秋时期的媵妾制度,后世猜测很多,今据《公羊传》说,"诸侯娶一国,二国往媵之","一娶九女"。简

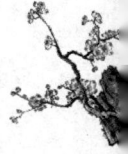

而言之，诸侯可娶某一国国君之女为正妻，此女一般是国君嫡妻所生，另有两个同姓国国君送女陪嫁为媵，在这三人之外，每人还要分别有两个陪嫁的媵，一般是她们的妹妹或侄女，庶出者居多，如此总数便是九个了。当然，这只是有名分的九个，随同而来的其实无数，如《诗经·大雅·韩奕》所说，韩侯娶周厉王的外甥女时，"诸娣从之，祈祈如云"。而国君若对九数不满足，还可以另外有媵妾无数。依照礼制，唯这九个是正妻和有地位的贵媵，所育儿子可顺次享有嫡子及公子待遇。

靠着这种政治婚姻，各国之间建立起姻亲关系，结成纵横交错的联盟。可悲的只有那些女子，她们没有个体的人的爱憎，而仅仅是在物的层面上作集体馈赠之用。当然这是现代观念了，彼时她们恐怕没有这种自觉，而是驯顺地接受利益链条上的每一环安排。

宣姜就是许穆夫人的母亲，据说有绝世之姿，和她的妹妹文姜一起被视为姐妹花，艳名远播各诸侯国。她俩在中国历史上得到的评价都很差，文姜与自己的哥哥襄公姜诸儿幽会，使得丈夫鲁桓公被害死，宣姜更是和卫国父子两代三人分别扯上关系，所以后世有人作诗讽刺说：

妖艳春秋首二姜，致令齐卫紊纲常。
天生尤物殃人国，不及无盐佐伯王！

事实上，这样骂宣姜是有失公允的，她的遭遇和文姜有很大不同。

卫国使臣从齐国回来后，盛赞齐女之美貌，说得天上少有地下无双。卫宣公虽然后宫多佳丽，却贪心不足，马上垂涎三尺，想要据为己有。大约在他看来，儿子很好对付，对齐国那边一时不好改口再聘，但此女是齐僖公长女，自己糊弄来做正妻岂非利好之事？由他封夷姜之子为太子来看，大约当时是没有正妻的。他够无耻，也够明目张胆，先召集工匠在迎亲必经的淇水河边修建了一座华丽的行宫，名为新台，然后派太子伋出使宋国。迎娶的日子到了，新娘一身盛装喜滋滋地上路，走走走，走到新台马车停了，直接迎进行宫入了洞房，新郎却不是年轻英俊的伋。这一出东周版的"上错花轿"戏码，新娘又有什么责任呢？她被聘娶是以伋的名义，结果却成了宣公的妻，而婚姻本就是两个国家之间的政治结合，包括陪嫁城池、媵妾及物品等都是木已成舟无法收回的，一个十几岁的小女子哪里抗拒得了？齐僖公嫁女本是冲着准国君夫人的名分而来，现在女儿提前成为国君夫人，于齐国其实也算利好，虽然面子上不大好看，但最终也认下了这老婿。

　　明朝冯梦龙的《东周列国志》专为此事大书题目：卫宣公筑台纳媳。台湾作家柏杨的《中国人史纲》，用了约两千字来讲述这桩"卫国新台丑闻"。时人对卫宣公的所作所为也看不惯，还编了一首歌挖苦他，叫《新台》，收录在《邶风》中：

　　　　　　新台有泚，河水㳽㳽。
　　　　　　燕婉之求，籧篨不鲜。

　　　　　　新台有洒，河水浼浼。
　　　　　　燕婉之求，籧篨不殄。

　　　　　　鱼网之设，鸿则离之。
　　　　　　燕婉之求，得此戚施。

简单地说就是：撒下渔网去打鱼，结果打了只癞蛤蟆；本想嫁个美少年，结果嫁了个驼背鸡胸的糟老头。《诗经》号称温柔敦厚，而这一首骂人就骂得很刁钻，读来让人忍俊不禁。在戏谑之余，它还表示了同情，说新娘子的悲伤就像那汤汤不尽的河水一般。

题外话，到春秋末期楚平王也是强纳儿媳，后来又刺杀太子。君主集权制时代，统治者权力无上限，可以放纵色欲到逆人伦灭道德的地步，这两个国君算是例证了。

但许穆夫人并不是宣公的女儿。

宣姜给宣公生的是两个儿子，长子叫寿，次子叫朔。子因母贵，两人在宣公的宠爱中长大，宣公开始考虑传位给寿。但伋作为太子，仁义孝敬，并无失德之处。宣公便私下将寿嘱托给左公子，希望异日扶为国君。

俗话说："一娘生九子，九子各不同。"寿与朔一母所生，性情却大相径庭。寿很温和，既孝且悌，与哥哥伋十分友爱。朔阴险狡猾，一心想将来能够即位，对太子伋和自己的哥哥都很嫌憎，常在父母面前挑拨离间。当年的父纳子媳毕竟是乱伦丑闻，想来应是宣公的一块心病，也是卫国王宫里的一大忌讳吧，朔只要稍稍放出口风说伋对此有怨言，那就四两拨千斤陷害成功。天下母亲都是一样的，宣姜自然和自己儿子站在同一阵线，不管哪个儿子想博取上位，太子伋无疑都是需要拔除的眼中钉肉中刺。宣公其人呢，心态很值得揣摩，明明是自己夺了儿媳，对不起伋，心里反倒嫌恶伋。世事大抵如此，甲曾经在某事上愧对乙，乙也许并不介怀，或者选择了宽容和遗忘，甲却从此厌恶乙，似乎乙的存在就是在一遍一遍提醒那件不光彩事的存在,于是反倒会继续加害乙。人性就是这么荒唐蛮横,临终忏悔迟迟不来,宽恕之道多数时候只是弱者的自我安慰。

事情的结果是,夷姜在谗言下投缳自尽,往昔的恩爱当然早就灰飞烟灭了。而伋在为母亲伤心痛哭时,接到宣公的旨意,要他出使齐国。同时,宣公还有密令给朔,让朔派杀手扮作强盗于途中截杀伋。

这一消息可巧被寿得知,他连忙私下跑去告诉伋,劝伋逃奔别国。伋却不肯,《史记》中他的原话是:"逆父命求生,不可。"这当然是司马迁的演义,我想伋这时更难面对的是绝望吧?一个父亲,强夺儿媳,逼死妻子,现在还要杀死儿子,这种巨大的绝望要把伋彻底压倒,他须得反复强调忠孝作为信念,以支持他面对这可怕的世界和旋踵即至的死亡。

伋抱着必死之心,寿万般无奈,便以饯行为名将伋灌醉,自己带着白旄登船出发。白旄是古代一种军旗,此前齐僖公曾与卫相约伐纪,这次卫宣公就以订立出兵日期为由,派伋带着白旄去齐国,而给杀手的指示便是"见持白旄者杀之"。杀手自然是直接把寿给杀了。等伋酒醒过来赶到时,寿的头颅已盛在木匣里了,伋抱着头颅大哭,对杀手说:"你们该杀的人是我啊!"亦被杀。

可叹这兄弟两人,卫国王宫里除了石碏之外最干净的两个人,就这样死于一场宫廷阴谋。据说《邶风》中的《二子乘舟》一诗,就是时人歌咏这兄弟争死的;也有人说诗作者是宣姜,寄托着她的忏悔和思念。

二子乘舟,泛泛其景。

愿言思子,中心养养。

二子乘舟，泛泛其逝。

愿言思子，不瑕有害。

却说宣公也没想到竟然一刀杀二子，又惊又痛，一病不起，半月后即一命呜呼。朔得偿所愿，登上王位，是为卫惠公。曾经辅佐伋和寿的左右公子及其他卫国贵族当然不服，就趁惠公带兵到郑国去的时候，在国内发动政变，拥立伋的同母弟黔牟为君，公布朔的罪行，并重新为伋和寿发丧。朔归国无路，只好流亡到他舅舅齐襄公那儿，齐襄公许诺将来帮他复国。

卫国贵族们想杀掉宣姜，但又害怕得罪强大的齐国，便暂时把她移居到别宫去。齐襄公为了巩固两国的关系，伺机为朔夺回卫君的位置，派使者到卫国拜见新君，要求把宣姜婚配给公子昭伯。伋的同母弟有两人，一个是黔牟，另一个是昭伯，昭伯的夫人已死。卫国贵族们既痛恨宣姜谗杀太子，也厌恶宣姜一直僭位中宫，且因局势未稳恐宣姜会有所图，认为下嫁给昭伯正可以贬低她的名号与地位，于是无不乐意从命。

宣姜此时一子已死，一子亡命，对于这婚姻能有多少话语权？同时她可能也觉得兄长指的未尝不是一条活路。正是出于利益的考量，齐、卫各方包括宣姜达成了惊人的一致，唯一的反对者却是"被新郎"的昭伯。《左传》原话是："齐人使昭伯烝于宣姜，不可，强之。"可知昭伯是被迫的。"烝"，古代指与母辈淫乱，如明代小说里讲李治与武媚娘的私情："那无道的高宗与隋炀帝一样，为太子时入侍太宗之疾，见武媚娘而悦之，遂即东厢烝焉。"一般来说，娶父亲的妻妾及兄长的妻妾也叫烝。中国文字瓜青水白，史笔更是不苟且，半点都不饶人，也不管当时情境与制度如何。

这就要说到收继婚制度。据《史记》和《后汉书》记载,匈奴、西羌、乌桓、鲜卑等都有这样一种习俗,"父没则妻其后母,兄亡则纳嫠嫂",目的是使国无鳏寡,繁衍种族。比如汉朝嫁到乌孙的解忧公主,嫁到匈奴的王昭君,都是在夫死后嫁给继位的丈夫之子,同样嫁到乌孙的细君公主,更是再嫁给继位的老王之孙。据说汉族在两周时期也有这种习俗,卫宣公和夷姜算是一例,到秦汉以后才有人明确反对,事实上后世皇帝子纳父妾的也不少,李治与武则天不也是一例么?当然,收继婚制度允许的是后母与继子,没有血缘关系的。宣姜和昭伯也没有血缘关系,但在春秋时代汉人收继婚中比较特殊的是,宣姜并非媵妾,而是昭伯父亲的正妻,名义上就是昭伯正牌的嫡母。不要忘了,那是一个提倡正名的时代,名分、典制、礼仪这些太重要了。更不要忘了,宣姜一嫁是由儿子而父亲,已经是一桩丑闻了,再嫁却是由父亲而儿子,名义上再次乱伦,那还不迅速登上各诸侯国口口相传的花边新闻头条?

《东周列国志》里说,卫国贵族们议定计策,宴请昭伯,将他灌醉后送进别宫。昭伯醉中与宣姜同房,醒来悔之晚矣,也只能接受事实。昭伯后来如何解决子娶父妻的心理障碍,宣姜后来如何面对既是自己儿子又是丈夫兄弟的朔,这些都不得而知。世上有诸种奇奇怪怪的事存在,身处其中的人也自有诸种理由来开解自己,世情大抵如此——所谓贱命,生命就是脆弱到贱,计较太多,这条贱命可怎么活下去?

今天所能知道的是,宣姜和昭伯的婚后生活似乎还算和谐,此后一连生了5个儿女:齐子、申、毁、宋桓夫人、许穆夫人。

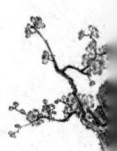

巧笑之瑳,佩玉之傩

《诗经》里表现女性美的诗句不少,并且角度多元化,仪态堪称万方。"窈窕淑女"是成熟美,"静女其姝"是娴静美,"硕人其颀,衣锦褧衣"是贵妇名媛的华贵美,"彼美淑姬,可与晤语"是平民女子的亲切美,"有女同车,颜如舜华"是像庭院植物般香气宜人的清新美,"有美一人,婉如清扬"则有林间水仙般见之倾心的灵性美。

"巧笑之瑳,佩玉之傩",这两句也是在写女性美,"瑳"是说齿色洁白如玉,"傩"指走路婀娜有节奏,当是形容一个女孩子,很年轻,单纯快乐,光阴还没来得及在她面前展现冷酷的一面。她笑了,笑得这个巧、这个美、这个招人爱啊,露出的牙齿都是玉的光泽。她走动起来,伶俐俐,俏生生,身上的佩玉叮叮当当,当当叮叮。一阵清风过去,一朵蓓蕾在眼前开放,一只小鸟从空中洒落声音的雨,一世界的眼睛和耳朵都在刹那间打开了……八个字里有着丰富的意象,合起来能看见一个女孩活色生香地立在了纸背上。读这样的句子,是在读明亮,读温暖,读无忧无虑的岁月。

是的,少女时代的许穆夫人——如前所述,卫国是康叔一脉,姬姓,但许穆夫人名不详,此处虽讲述其未嫁前光景,也只能暂用"许穆夫人"来称呼她——那个姓姬的美丽女孩,曾经拥有过这样的幸福时光。

惠公朔流亡齐国8年后,齐襄公联合宋、鲁、陈、蔡四国军队,一同把卫国打了个落花流水,废掉黔牟,扶助朔重登侯位。是年,许穆夫人顶多三五岁,还处在尚不解事的年龄。

惠公复立，又在位18年，这期间再无人能与之争锋。一个从小惯于钩心斗角争权夺位的人，这下子无聊寂寞如独孤求败，于是联合燕国攻打周王朝去了，只因为后者收留了黔牟。周王朝那看似至高无上的王鼎斯时早成了天下人的捶布石，郁闷了就可以找个借口去捶一捶，反正都是姬姓自家的事，只要名义上过得去，谁管？齐国襄公死于内乱，桓公姜小白争位成功，后来还会盟诸侯称霸春秋，但他打出的旗号是尊王攘夷，可没打算为难自家外甥，正是老谋子唱的关中老腔"他大舅他二舅都是他舅"。最后，惠公居然还把周惠王给打跑，扶植了一个新王。也因此，卫国国内局势倒是相对稳定，宫里也少有血腥争斗，这是前后百年间卫国比较太平的一段时期。

宣姜代表着齐国在卫国的利益，又是朔嫡亲的老妈，地位自然稳如磐石，只是母子、弟兄、儿女们见面总还是会尴尬，关系太乱，兼之昭伯是黔牟的同母弟，也让朔心生不快。大约出于朔的旨意，宣姜带着丈夫儿女长期居于别宫。许穆夫人未嫁前，就显在别宫度过了十几年宁静的生活。

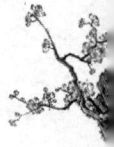

籊籊竹竿，以钓于淇。
岂不尔思？远莫致之。

泉源在左，淇水在右。
女子有行，远兄弟父母。

淇水在右，泉源在左。
巧笑之瑳，佩玉之傩。

淇水滺滺，桧楫松舟。

驾言出游，以写我忧。

这首《竹竿》，出自于《卫风》。有人说是一个不知名的卫女远嫁异国后所作，也有人说作者正是许穆夫人，是她嫁到许国后怀念家国有感而发。我比较倾向于后者。许穆夫人作为一位女诗人，不可能只创作一首《载驰》，卫国人那么爱戴这个在国家危难之际站出来的女人，更不可能只传唱《载驰》一首。《竹竿》和后文将要说到的《泉水》，两首诗所寄予的感情同《载驰》一脉相承。

事实上，这首诗本身就能讲述自己，即使不是出自许穆夫人之笔，也是出自一个卫国贵族女孩笔下，所讲述的正是卫国贵族女孩普遍的生活，包括少女时代的许穆夫人。

卫国位于中原北部，都城朝歌在今河南淇县，东临淇水，境内有常年流水泉几十处。今天的淇县，不但保留古镇名朝歌，还在淇水边保留了多处"许穆夫人钓鱼处"——但见一片湿地、几块大石，不知是真是假，野趣倒委实很有几分。"泉源在左"，汩汩不息；"淇水在右"，悠悠长流——《竹竿》里描述的正是这样的环境。

"籊籊竹竿"，一根竹竿细又长；"以钓于淇"，姑娘钓鱼淇水上。她在骑马、读书之余，约上三五女伴，到淇水边垂钓，不是为鱼，只为快乐。多年以后，在异国回想起来，歌声水声笑声，虫鸣鸟鸣蝉鸣，裙裾在风里飘扬，环佩在腰间作响，乌发渐覆上光洁的额头，青梅一颗一颗把自己挂上枝头……时光倒转，一切都会随着记忆复苏吧？作为一个女子、一个贵族女子，一个注定要为国家远嫁且不可随性回国的贵族女子，一生的快乐好像都在出嫁前挥霍一空，随着悠悠碧水一去不回了。"女子有行，远兄弟父母","行"指女子出嫁。她是注定要被移植的一棵植物,在那交通与通讯皆不发达的时代,注定了要与父母兄弟天各一方,在陌生的土地上重新扎根勉强存活,其中的艰难与辛酸当年又哪里想到过呢?

是啊,当年她是多么天真,以为外面的世界和别宫一个模样,天可以覆盖,地可以周载,太阳底下繁花一直地开,父母兄姊可以一直在一起,流言蜚语在遥远的地方蛰伏,错综复杂的血缘关系也可以置之不理,心里只知道这是我的家我的根我依恋的地方。

> 墙有茨,不可埽也。
> 中冓之言,不可道也。
> 所可道也,言之丑也。
>
> 墙有茨,不可襄也。
> 中冓之言,不可详也。
> 所可详也,言之长也。
>
> 墙有茨,不可束也。
> 中冓之言,不可读也。
> 所可读也,言之辱也。

那个时代,诗即歌,她听到过卫国民间传唱这首诗,叫《墙有茨》。说是皇宫里面丑闻多,说也说不完,传出去实在丢脸。据说是讥刺她的父亲母亲,可她眼见父亲是温润君子,母亲和蔼慈爱,委实不知他们如何会为世人所不容。其实有时候她觉得母亲可怜,父亲也可怜,若是他们生于平

凡家庭,母亲会在合适的年龄收获一份合适的爱情,父亲也会享受到生命中本当有的父慈母爱兄友弟恭。

还有那首《君子偕老》,几乎是在公开嘲弄她的母亲:

君子偕老,副笄六珈。
委委佗佗,如山如河,象服是宜。
子之不淑,云如之何?

玼兮玼兮,其之翟也。
鬒发如云,不屑髢也。
玉之瑱也,象之揥也,扬且之皙也。
胡然而天也?胡然而帝也。

瑳兮瑳兮,其之展也。
蒙彼绉绤,是绁袢也。
子之清扬,扬且之颜也。
展如之人兮,邦之媛也。

"君子偕老,副笄六珈",她母亲就有那样的贵气;"委委佗佗,如山如河",她母亲就有那样的雍容;"子之清扬,扬且之颜也",她母亲就是那样的美丽,而且美得真实;"鬒发如云,不屑髢也",完全不必戴假发,美得飘然;"胡然而天也?胡然而帝也",恍若天仙。但美也是错,歌里唱得这么美却原来是要讽刺宣姜:"子之不淑,云如之何?"品行不淑,还有什么可说的呢?一句话就可以把一个女人打入万劫不复的地狱——可不是吗?传唱了两千多年,人人皆知宣姜不伦,而当日那一群各怀心思各取所需的男人早就被忽略掉了。

世人对女人更为苛刻,许穆夫人也许很早就看到了这一点。

卫国贵族女子本就有良好的教育环境,读书作诗也有传统,据说从庄姜到宣姜,再到近百年后的定姜,卫国一直不乏多才多艺的女子,许穆夫人接受了这种影响并成为其中的才气超群者。她谨言慎行,优雅娴静,不张扬,不轻狂,但也不软弱,不妄自菲薄。这一点很重要,把她从贵而俗的同族女子中拔离出来,丰富了她的精神世界,拓宽了她的心灵视野,塑造了她的自信坚定,并予她淡定从容。再者,她还承继了姜姓血统中容貌方面的基因,长得很美,小小年纪就闻名于诸侯。各国都在传诵,说卫室有女,容貌出众,才学超群,更难得的是品行端方,淤泥里长出了一朵水芙蓉,不知会是哪个造化高的君子涉江采撷了去?

卫国是盛产爱情的地方。著名的"桑间濮上"就出自卫国,卫乐又善于唤起人的爱欲,便有了"期我乎桑中,要我乎上宫,送我乎淇水之上矣",桑林深处歌舞唱和,上宫淇水欢会别离,民间爱情就是这般坦荡热诚地敞开在天地之间。

但这些不属于许穆夫人。她也不属于她自己,只能属于家国天下。负责教导她的女师,经常讲诸侯纷争,群雄逐鹿,讲优胜劣汰,弱肉强食,说君侯之位,来之非易,守之非易,说女子生当为家国分忧,家国不存个人也就无依。卫国的荣辱就是她的荣辱,卫国的生死就是她的生死,所谓"皮之不存,毛将焉附"——这是身为贵族女子的使命,亦是宿命。

一家有女百家求,但和谁联姻还要听君侯的,负责照料她的傅母说。

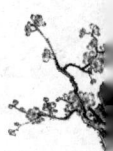

许国求亲的车队来了,带着丰厚的礼物、十足的诚意,外加一点点卑微的仰慕。

齐国求亲的车队也来了,几代姻亲,打断骨头连着筋的关系了,使者脸上有胜券在握的自信。赘语一句,当代有人撰文说齐国是为齐桓公求婚,中华书局出版的《诗经注析》中亦如是说,这当然是错误的,因齐桓公是许穆夫人嫡亲的母舅。

选许还是选齐?打小听母亲讲述齐国的富庶繁华,既是近邻,又是强国,还有个亲上加亲,这姬家女孩便对齐国心有所属。但听说卫侯已经择定许国,她没有置喙的权力,只能借助傅母向卫侯婉转进言:

古者诸侯之有女子也,所以苞苴玩弄,系援于大国也。言今者许小而远,齐大而近。若今之世,强者为雄。如使边境有寇戎之事,维是四方之故,赴告大国,妾在,不犹愈乎!今舍近而就远,离大而附小,一旦有车驰之难,孰可与虑社稷?

这一番话,很值得细细品味。"苞""苴"皆为草名,可编鞋履,可捆物品,古人多以之包裹鱼肉等贵重物品送礼。"玩"是形声字,自然与玉有关;"弄"是会意字,两手玩玉之意。"玩弄"即玩赏喜好,古代女子名"弄玉"便是取自本义,"有女如玉"之类的词其实也是含着玩赏之意。以今天的眼光看,把女子视为可以把玩的器物,自然是不怎么尊重女性的,但在古代哪有这么女权的思想?能有一些理性女子,比较清醒地看到这一点,已经是相当进步的了。许穆夫人显然已经有了这样一种自觉:不管包裹得多么华丽,自己也只是一份以国家名义送出的礼物,目的是寄望于受礼者能在适当的时候提供援助。

诸侯女子莫不如此,就像以韧草包裹的鱼肉,隆重赠予,接受者则如把弄玉玩,随意玩赏。事实上,何止春秋时代的诸侯之女?后世女子被包裹了和亲的,细君公主、解忧公主、王昭君、文成公主、金城公主……哪一个不是被苞苴玩弄呢?心思通透的女子,能意识到这一点,想来或多或少终究感到了悲哀。

既然只能接受这样被馈赠的命运,那么能否在有限的范围内争取到最好呢?不说女孩家的小心思了,就从国家利益出发:"许国小而且远,所谓远水解不了近渴;齐国大而且近,一旦卫有急难,即可提供快速有力的支援。今天如果舍近而就远,拒大国而就小国,那么将来国有大难时,谁来共保社稷安全呢?"说得有理有据,足见许穆夫人才女卓识。

可是,卫君并未采纳。此何人哉?卫懿公是也。斯时,惠公已卒,其子继位。

《列女传》这样说:"许穆夫人者,卫懿公之女,许穆公之夫人也。"其实大谬。从昭伯的角度论,许穆夫人是他的女儿,懿公是他的侄子,许穆夫人和懿公是同辈;从宣姜的角度论,许穆夫人是她的女儿,懿公是她的孙子,许穆夫人是懿公的姑姑。《列女传》会有如此谬传,大概是许穆夫人婚嫁时,因出身复杂不足为外人道,外人也委实理不清这一团血缘的麻,故而直接以国君之女的身份出嫁,同时也能名正言顺代表家国争取更多的利益筹码。

懿公为何不予采纳?史书上并未提及,我们只能靠推理了。这个时候宣姜在世否,史书也未提及,但知惠公已去世,昭伯也已去世,可以断定此时能够对许穆夫人施以爱护的力量已经很弱了。舍富庶之齐,而就贫

弱之许,若说是为了爱护这姑娘,也太没道理了。从卫懿公这方面来说,他不会忘记当年父亲靠强齐复国的历史,若强齐某一天要扶植另外的亲族,譬如许穆夫人的兄弟呢?也不会忘记许穆夫人父系那一支和惠公朔这一支有着血仇,而事实上,卫国民众也一直认为朔这一支有僭越之嫌——史书上记述懿公亡国一节提到了这一点,可知那个时代"名不正则言不顺"的思想已经比较主流化了。惠公一直对黔牟、昭伯心存忌惮,懿公对许穆夫人的两个兄长也有猜忌,怎么会放她到强齐去呢?

历史终会证明许穆夫人的远见,懿公终会尝到自己种下的苦果。

有怀于卫,载驰载驱

许国,据说先祖是上古的许由,那位千古第一不爱做官的名士。尧赞赏许由的德行,想把君位让给他,许由却躲了起来;尧又请他做九州长,他认为这话玷污了他的耳朵,马上跑去洗耳朵。西周初年,武王遍寻三皇五帝及上古大德者的后裔,想封之以便让他们奉祀先祖。许由的后裔就这样被封到了许国,最初的都城就在今天河南许昌。春秋初期,周天子分封天下,爵位从高到低有公、侯、伯、子、男,《春秋》所见只许国是男爵。1967年陕西长安县马王村出土了一件西周晚期的铜鼎,上刻字样也证实了许国国君确为男爵。平王东迁时许国国力尚可,进入春秋以后,为临近的郑、楚等国所逼,三番五次迁都,国势日渐衰微。

许穆夫人由大国嫁入小国,品貌学识俱佳,很受许国上下的敬重。但正像《红楼梦》里的探春那样,"一番风雨路三千,把骨肉家园齐来抛闪","才自精明志自高,生于末世运偏消。清明涕泣江边望,千里东风一梦遥"。远嫁女子的悲哀,千古同理。

《邶风》里有一首《泉水》,与《竹竿》意思接近,都是寄托家国之思的,不过《竹竿》主要侧重于对故国游钓生活的回忆,《泉水》则乡愁更浓,忧虑更重。

>毖彼泉水,亦流于淇。
>有怀于卫,靡日不思。
>娈彼诸姬,聊与之谋。
>
>出宿于泲,饮饯于祢。
>女子有行,远父母兄弟。
>问我诸姑,遂及伯姊。
>
>出宿于干,饮饯于言。
>载脂载舝,还车言迈。
>遄臻于卫,不瑕有害。
>
>我思肥泉,兹之永叹。
>思须与漕,我心悠悠。
>驾言出游,以写我忧。

"毖彼泉水,亦流于淇。"泉水整日流啊流,一直流到淇水去。淇水是卫国的京畿之河,蜿蜒如游龙,流经很多地区,成了《诗经》中的常用意象。

淇水有情,得见这女子幼年的成长,又曲折流经她的青年、中年,甚或会陪伴她到老年。"有怀于卫,靡日不思。"她羡慕泉水可以流去淇水,自己却只能在这里徒然思念卫国,日夜不息地思念。"我思肥泉,兹之永叹。思须与漕,我心悠悠。"她想念朝歌的肥泉,想念须邑与漕邑,女人的命运是水的命运,从卫国流出之后便再也不得回去。只因"女子有行",依照制度终生"远父母兄弟",所以她愁思绵绵,一唱三叹。她身在异国,却心系故土,与陪嫁来的同姓姊妹们议论国事。故国堪忧啊,她深恐有何不测之险,所以"驾言出游,以写我忧"。

故国正处于多事之秋。

卫懿公此人,是中国历史上著名的昏君之一。要说平生并无大恶,不理国事也罢了,就只一个爱好特别,专爱养一种宠物:鹤。宋代林逋不过是"梅妻鹤子",自己娱乐,至少不扰民,这位卫懿公倒好,从苑囿到王宫大养特养,西北有鹤岭,东南有鹤城,直闹得鹤满为患。唐《括地志》云:"故鹤城在滑州匡城县西南十五里……俗传懿公养鹤于此城,因名也。"懿公还把所养的鹤分出三六九等,封给从大夫到士等品位俸禄,且只要出游必让众"鹤臣"分班同行,鹤有乘轩车者,亦有称"鹤将军"者。凡是给他献鹤的人都能得到重赏,一时之间举国上下甚至周边国家的人都来争相献鹤,可以享有俸禄的"鹤将军"越来越多,连专门给他养鹤的人也都食很高的俸禄,百姓需要缴纳的赋税也就越来越高。

若说他是爱心过剩施及万物吧,他却只爱鹤,不爱人。百姓但凡贫穷饿死的,他一概不管,毫无体恤之心。在他眼里,人命如草芥,鹤命大如天。一个人对物的喜爱陷入一种病态,若于他人无害,原也无可厚非。但以养鹤而危及民众,以鹤命逼死人命,这就是缺乏仁德的残暴之君了。卫国大臣忧心如焚,多次进谏,懿公一概不听。许穆夫人的二哥公子毁,见此情景,知卫国早晚必亡,便找个借口去了齐国,成家定居,再也不肯回来。

国人向来心怜故太子伋之冤,自惠公复位后,即昼夜诅咒说:"若天道有知,必不终于禄位也!"懿公被立时,百姓大臣皆不服。及至懿公掌国,昏聩荒唐,民众愈加愤愤然。

因伋之子已死,代伋死的寿无子,而伋的同母弟黔牟和昭伯也已死,唯有昭伯的儿子们可以寄予厚望,这就是许穆夫人的哥哥申和毁,其中毁更为贤德,卫国人心便全都归附于毁一人。如今公子毁出奔齐国,卫国唯一一点希望也没了,卫人知来日必有祸殃,便纷纷走上逃离之路。

所谓故土难离,一个国家沦落到被他的民众自动抛弃的地步,距离亡国也就不远了。随着卫国人逃亡的脚步和歌声,消息传向中原各地,许穆夫人也有听闻,怎不忧心如焚?

《邶风》中有一首《北风》,就是卫人不堪卫国苛政,相携逃难时唱的歌:

> 北风其凉,雨雪其雱。
> 惠而好我,携手同行。
> 其虚其邪?既亟只且!
>
> 北风其喈,雨雪其霏。
> 惠而好我,携手同归。
> 其虚其邪?既亟只且!
>
> 莫赤匪狐,莫黑匪乌。

惠而好我,携手同车。

其虚其邪?既亟只且!

北风呼啸,大雪纷飞,一片愁惨凄迷之景,令人凛凛而生寒意。呼朋引伴,背井离乡,他们唯有彼此携手,才能对抗前路那可知与未可知的艰辛、恐惧、迷惘。饶是如此,他们还要说"其虚其邪?既亟只且",形势紧急,岂敢犹豫?大家还是快点逃吧!

确然,祸事已近矣。

在秦、晋、郑、卫、邢等国北部,即今陕北及山西、河北两省的中北部,有一些骠勇善战的少数民族部落。周人自称华夏,而把华夏周围四方的少数名族分别称为东夷、南蛮、西戎、北狄,这一支就属于北狄。卫懿公在位第九年,一日正带着他的"鹤将军"们列队出游,突然接到边关文书,说北狄从邢国移师入侵卫国。懿公大惊,赶紧转回朝歌,命令集结军队。但国人拒不应征,反而更快地逃往城外。国难当头,民众避不应战,懿公对此很是纳闷,便捉来一些本当从军者询问。《左传》中记载:"国人受甲者皆曰:使鹤,鹤实有禄位,余焉能战?"这些人说:"君侯还是派您的鹤将军出马吧,鹤将军既有职位,又食俸禄,足可抵御北狄。我们哪里能战呢?"糊涂的懿公这才明白症结所在,急忙放了所有的鹤,并向国人备述悔过之心。国人稍稍集聚,组成队伍,由懿公亲自带领前去迎敌。但大势已去,悔之已晚,懿公从无备战之心,卫国军队久疏操练,且军心涣散,交战时一击即溃。士卒尽弃车仗而逃,丢下卫懿公被北狄军团团围住,乱刀砍作肉泥。朝歌被北狄占领,公子申乘夜逃出,未及逃走的百姓全被屠杀,城内财物被洗劫一空。

这一段历史就叫作"卫懿公好鹤亡国"。

国破之日,许国距离遥远,不能施救,正应了许穆夫人当年的那句话:"今舍近而就远,离大而附小,一旦有车驰之难,孰可与虑社稷?"

姜尚有语:"天命有常,惟有德者居之。天下非一人之天下,乃天下人之天下。故天命无常,惟眷有德。"如卫懿公这样失德昏庸之辈,死不足惜,只可怜一城百姓的命,和卫人几百年的苦心经营。

许穆夫人的兄弟姐妹中,"齐子"一名仅在《左传》中出现过一次,其余史料皆不载,大约是早亡,且性别不详。许穆夫人的姐姐嫁与宋国,都城在今河南商丘,丈夫是宋桓公,儿子后来作为国君更出名,就是春秋五霸之一宋襄公。宋桓公获知此讯,便带兵前来迎接公子申以及跟随逃至的难民过黄河。黄河天险可作屏障,他们连夜抢渡,到天明才停下来清点人数,此时只剩遗民730人,加上未被战火波及的共地、腾地的百姓,一共5000人,一干人就在漕邑(今河南滑县)扶立申为卫戴公。当时真是境况凄凉,举国只剩车辆30乘,连基本的防御北狄的能力都没有,更不用说保住剩下的卫国国土了。

且说许穆夫人骤闻卫国国灭、卫侯身死,噩耗从天而降,她悲痛欲绝,五内如焚,当即召集陪嫁来的姬姓姐妹们。国破家亡,于普通人而言,尚有个主从关系先后顺序;于这些姬姓女子而言,卫国既是国也是家,亡则一体而亡,了无所存。关山阻隔,音讯难通,伤亡人数如此之大,父母亲友生死皆不可知。她们快马加鞭,星夜兼程,一路奔漕邑而去。

前文已述,许国爵位低,国力弱,能自保就已经不错了,所以许穆公并不赞同夫人的做法。他派出许国大夫跋山涉水,急急追赶而来,想要阻止许

穆夫人。面对拦驾的车队,许穆夫人悲愤填膺,遂写下了流传千古的《载驰》:

载驰载驱,归唁卫侯。

驱马悠悠,言至于漕。

大夫跋涉,我心则忧。

既不我嘉,不能旋反。

视尔不臧,我思不远。

既不我嘉,不能旋济。

视尔不臧,我思不閟。

陟彼阿丘,言采其蝱。

女子善怀,亦各有行。

许人尤之,众稚且狂。

我行其野,芃芃其麦。

控于大邦,谁因谁极?

大夫君子,无我有尤。

百尔所思,不如我所之。

因为这首诗,当代人给许穆夫人的定位是"爱国女诗人",这个定位很主流很强大,但于诗歌本身总有白手套上落蝴蝶那种隔着的感觉。卫国是许穆夫人的宗国,更是她的家,是她整个人的根,这种感情比简单的爱国要深沉得多,也切近得多。隔着岁月看这首诗,依然能看到她"载驰载驱"的焦灼,"悠悠"迢迢的辛劳,面对许国大夫的失望和忧伤。

她不是优柔寡断的女人,回答得很直接:你们不肯赞同我,但我也不能就此回去;你们幼稚又愚昧,根本不能理解我对宗国的感情;你们犹疑考虑千百次,不如我亲自到大国求援去。她有胆有识,把事情想得很透,知道许国不可依赖,还是需要"控于大邦",到大国去陈情寻求帮助。

她也很能借助外物,使感情得到张弛有度且有理性的抒发,因而慷慨深沉,打动人心。"陟彼阿丘,言采其蝱",蝱是贝母,据朱熹说是主疗郁结之症,诗中自然是借此指忧郁之深。"我行其野,芃芃其麦",很有画面感,遍野的青色无端就敷上了忧愁,密密的麦子也像是谁言说不尽的心事。"控于大邦,谁因谁极?"谁可以依靠?谁又能提供有力的救援?我究竟该何去何从?真是茫然啊,举目四望,此身竟似无所可依,世界苍凉得仿佛分分钟就能老去。

读古诗,孤立地单单看文字,会有今日只道是寻常之感,要放到当时的背景下才能深切体会那惊心处。身处乱世,生命如微尘,家国覆亡亲人离散是很容易的事,一切都是无常,人心里的悲哀、无奈、痛苦……种种复杂交织的感受,深重到没有语言能够负载。所以,这首诗在当时一经传唱就引起了很普遍的共鸣,几乎像一阵风在中原大地山川草木间激起连绵的波动起伏。

不独普通老百姓,就是身为国君者,读了也再三叹息。许穆公最终还是传令大夫放行,并派人到卫国进行正式慰问。之后齐桓公应许穆夫人的要求,派遣公子无亏率领战车300乘、甲士3000人守卫漕邑,还赠送给戴公驾车用的马匹,祭服5套,牛、羊、猪、鸡、狗各300,及做门户用的材料等,赠送给许穆夫人鱼皮装饰的车子,上等的锦30匹——这是《左传》上有准确记载的。

新都建起来了，卫国局势稳定了，许穆夫人一场驰援功不可没。危难时刻女人从幕后站出来，做得和男人一样好——不，甚至更好。"乱流趋正绝，孤屿媚中川"，这样的女人就是乱流中的一座岛，孤绝超拔，端正坚定，有一种庄严不可逼视的美。

戴公在位一个月即病殁，卫人去齐国迎回公子毁，立为卫文公。在许穆夫人的辅助和卫文公的励精图治下，卫国渐渐军力增强，民心稳固，呈现出中兴的繁荣景象。《鄘风》里，《定之方中》写文公迁都楚丘重建城市，《干旄》则写文公招揽贤士复兴国家，民众异常尊敬这位国君，说他"匪直也人，秉心塞渊"，为人正直，虑事深远，故而作诗歌颂他。

许穆夫人后来事不详，死年亦不详，中国古代史书对女子总是吝于笔墨的。只知道她的丈夫死于公元前659年，是随齐桓公伐楚时病死军中的。她的儿子业继位，即许僖公，此时许穆夫人大约三十多岁。

值得一提的是，从春秋到战国再到秦灭六国，天下大势分分合合间，这灭而又立的卫国竟然又存在了几百年，直到秦二世元年（公元前209年）才被灭掉，成为所有周代封国中最后灭亡的一个，堪称历史上的一大奇迹。

而强秦以后呢？"伤心秦汉经行处，宫阙万间都做了土"，历史就是一把土，国家化进去，宫阙化进去，无数的人化进去，都成了扑沓沓的土，和草木山川一同荣枯。留下来的，只有名字，在一代一代人口中相传。所以，虽然不知许穆夫人死于何时何地，但直到今天我们依然记得，深深记得这个美好的名字。

所谓生命，是曾经生活过的一条命，命的意义大约也就在这美好的记得中吧。

洗尽铅华自生香

——汉朝才女班昭

班昭:东汉史学家。一名姬,字惠班,生卒约公元45至117年,东汉扶风(今陕西咸阳)人。班彪之女,班固、班超之妹,曹世叔之妻。博学多才,继班彪、班固之后整理并完成《汉书》。有《女诫》七篇,集三卷。

我读史,常爱关注史书中的女性,她们的身影,是刀枪剑戟杀伐征战里的一点柔,是改朝换代文明劫灰上的一朵艳。但是,历史给女子们留的空间太逼仄,她们还来不及展一展身段,理一理自身的悲喜怨怒,就被时代的巨流席卷而去。所以,史书里的女子,大多面容模糊,身份单一,语焉不详,才华少被人知。所幸,读到汉朝的时候,多多少少还能感到一丝安慰。

西汉末年，第一部属于中国女性群体的类传——《列女传》出现了，这是刘向因飞燕祸乱汉宫，为劝谏皇帝而撰的书。所谓"列女"，列叙女子事迹也，书中除妹喜、妲己等"祸水"形象外，计有6卷讲述历史上贤明、仁智、贞顺、节义、有智慧以及可母仪天下的女性。后来到了明清时代，当权者倚重朱子思想，只取以上6类中贞节这一个方面来修本朝烈女史，把贞操之刀打磨得寒光闪闪，砍得弱质女流们无法存活，一个个葬身于贞节牌坊之下。后人因此常以"列女传"为"烈女传"，以讹传讹，从此一叶障目，不见历史的森林里第一部女性类传的意义。虽然刘向的《列女传》只言女德，是在儒家正统的框架内讲女教，但无论如何，在男性掌控话语权的时代，有这样一部书专为女人立传，吸引更多的目光投向女性这个沉默的群体，不能不说是中国文明史上的一大进步。

不过，《列女传》里的女子大多没有独立的身份和名字，薄薄的纸质上只得淡淡几个字，比如"有虞二妃""周宣姜后""密康公母""齐伤槐女"等，需要依靠父、兄、丈夫或儿子取得身份认证。

女性作为一个性别群体，正式出现于正史，则是在范晔的《后汉书》里。之前的《史记》《汉书》里有"后本纪""外戚传"记录寥寥几位皇室女子，《后汉书》则在这之外，以性别为区分标准，专门辟出一章给闺秀民妇。题目也是"列女"，列叙光武中兴以后，东汉一朝女子中"才行尤高秀者"，包括蔡琰这样并不符合名教标准的才女，称得上是女性史学上的一大创举。

翻开《后汉书·列女传》，最初看到的依然是依附男性的身份标识，"鲍宣妻""王霸妻""姜诗妻""周郁妻"……一路读下来，读到"曹世叔妻"

时却有了意外的惊喜,她的传里有名,有字,有著作记录,"所著赋、颂、铭、诔、问、注、哀辞、书、论、上疏、遗令,凡十六篇",还附有《女诫》七篇,所占篇幅颇多。更大的惊喜是,这女子还修正史、授徒,不但是皇后、贵妃的师傅,参与政事,且还有著名经学家从她受读。

这个女子就是班昭,"女人当中的孔夫子",二十四史中唯一的一位女作者。

金圣叹评书,动辄"浮一大白",狂呼"不亦快哉"。

我身为女子,读史至此,也不由得要为班昭浮一大白了。

芝兰玉树竞秀芳

有秦一朝,焚书坑儒,儒学几乎被灭。汉武帝时期,"罢黜百家,独尊儒术",儒学得以迅速发展,还产生了一门学问叫经学,专门研究儒家经典。进入东汉后,经学也进入极盛时期,班昭就出生在这样的时代。她的家族,是当时赫赫有名的儒学世家,不仅通晓各种儒学典籍,而且以儒家思想规范言行。

时间上溯至汉成帝时期,班家一个美丽的姑娘被选进宫,封为婕妤,是为班婕妤。班婕妤擅辞赋,通音律,能"诵《诗》及《窈窕》《德象》《女师》之篇",皆为古箴诫之书,"每进见上疏,依则古礼",被召见或上书都依照古礼行事,且有贤德之美誉。汉成帝特别宠爱她,特意命人制造了一辆大辇,以便和她同车出游。班婕妤拒绝了,她说:"看古代留下的图画里,圣

贤之君都有名臣在侧,只有末代君主夏桀、商纣、周幽王身旁才有宠幸的妃子,结果落到身死国灭的地步。设若陛下今天和我同辇,情形就跟他们类似了,这怎不令人心惊呢?"这一番话,明显是从儒家的道德观出发,符合古代贤良后妃的标准,因之得到成帝和太后的赞赏,在历史上留下了"班姬辞辇"的佳话。

班婕妤的大哥班伯,"少受《诗》于师丹",是一位精通《诗》《书》《论语》的学者,曾入金华殿讲《书》《论语》。老二班斿因博学有俊才受皇帝器重,老三班稚以方直自守见称。

班稚生子班彪。班彪多才,尤好史学,曾做《前史论》一篇,是我国古代较早的史学论文。他从儒家正统史学的观点出发,详述以往的史学得失,认为司马迁著《史记》"善序事理,辩而不华,质而不野,文质相称,盖良史之才也",缺点是崇尚黄老之学,与儒家《五经》的是非标准有差异。因《史记》只写到汉武帝太初年间,以后的事没有记录,所以有不少学者为它编写续篇。班彪认为续作大多鄙俗,不足以踵继司马迁之作,于是多方采集西汉遗事,写成《后传》数十篇。

班彪有二子一女,名班固、班超、班昭。

班固自幼聪慧异常,9岁即能做文章、诵诗赋,16岁入太学就读,"所学无长师",不死守章句,只求通晓大义。长大后,能贯通群书,九流百家之言无不穷究。擅长作赋,有《二都赋》《汉书·苏武传》《幽通赋》等。后在父亲影响下研究史学,继承父亲遗志整理《后传》,撰写《汉书》。

班超博览群书,善于审查事理。早年跟着哥哥做抄写文书的小吏,听说匈奴侵扰边境掠夺汉民,便把手中的笔一扔,说:"大丈夫无它志略,犹当效傅介子、张骞立功异域,以取封侯,安能久事笔砚间乎?"这就是"投笔从戎"一词的由来。到后来他如愿出使西域,有胆有谋,扬汉威于中亚、西亚各国,果然功封定远侯,还留下了"不入虎穴,焉得虎子"的典故。

这样的家族,就像是拥有一枚文化徽章,一代、两代以至数代都携带着深深的文化印迹。中国文化史上较为相似的,如晋朝的谢氏,从谢安、谢道韫、谢玄到谢灵运,如宋朝的苏氏,苏洵、苏轼、苏辙一门三父子,再如近代的德清俞氏,俞樾、俞陛云、俞平伯,等等,都是家学渊源文化承传,有一般家庭所不具备的人文气质。

《晋书·谢安传》记,谢安有一次问子侄们:"子弟亦何豫人事,而正欲使其佳?"意思是,做父兄的为什么总要教育子弟,使他们往好的方向发展?别人都答不上来,只有谢玄说:"譬如芝兰玉树,欲使其生于庭阶耳。"谢玄的意思是,父兄想要美好的芝兰玉树生长在自家庭院里。谢安闻言大悦。自此,人们多以"芝兰玉树"喻指才德出众的优秀子弟,诗文中也有"谢家玉树""玉树"等说法。比如,杜甫给柏学士之侄的山居屋壁上题词,就说"叔父朱门贵,郎君玉树高"。钱起给人赠诗,说得更夸张:"玉树满庭家转贵,云衢独步位初高。"

在我看来,谢氏一门,众儿郎堪为玉树,谢道韫则可视为芝兰,芝兰玉树竞秀门庭。苏家一门,有后人附会出苏小妹的故事,话本里还有苏小妹三难新郎,其实根本就没有苏小妹这个人。可以和谢家比肩的,大概也就只有班昭家族了,但班小妹的成就却是远远超过谢小妹,直追其父其兄。

班昭,是才女,而又不仅仅是才女。

她是如何在这样的家族里成长为才女的?《后汉书》里没有记载,只简单下了四个字的评语:博学高才。但根据班昭后来的儒学造诣,可以看

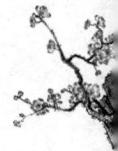

出家族对她的影响,她自幼所接受的儒学教育是正统而且系统的。

在她所著的《女诫》里,开篇有一个自叙,云:"鄙人愚暗,受性不敏,蒙先君之余宠,赖母师之典训。"说自己性本愚钝,不明事理,也不聪敏,全仗着先父的一点宠爱,有赖于傅母和女师的训导。母,《左传》所谓"傅母"也,上一文讲许穆夫人时也有提到,是负责照料贵族女子生活起居的老年妇女。师,女师,负责教导典籍准则及礼仪,《诗经·葛覃》有"言告师氏,言告言归"。当然,"鄙人愚暗,受性不敏"是班昭自谦的话。

接下来她说"年十有四,执箕帚于曹氏",14岁的时候,她嫁到了曹家。"箕帚"是议婚的谦辞,据《史记》记载,当年刘邦未发迹时,吕公相面即知其特异,想把女儿嫁给他,便说:"臣有息女,愿为箕帚妾。"执箕帚,意谓做洒扫之事,侍奉公婆。可知那个时代为人媳妇的姿态之低。班昭嫁入曹家后的生活,虽不至于像《孔雀东南飞》里"鸡鸣入机织,夜夜不得息。三日断五匹,大人故嫌迟"那样,但自述也是"夙夜劬心,勤不告劳",日夜操劳,不辞辛苦。好在所嫁的人不错,她的丈夫曹世叔,名寿,桓帝时史官,本是她的师兄。夫妻两人琴书酬唱,感情融洽,生活得相当美满。

曹寿其人在历史上不算出名,所以传于世者,主要得益于班昭之夫这一身份。这可以算是古代史书中一个有趣的悖论了,本以男性名字为女人命名,比如"许穆夫人""曹世叔妻""乐羊子妻"等,结果反倒是男人依靠女人而名传千古。

执子之手,与子偕老,原是现世里人的一点愿心,奈何老天不肯遂人愿,常爱将好姻缘打碎。曹世叔不幸早亡——不清楚亡于何时,目前所见资料大都采用"早亡"这个说法,但我其实很怀疑这个"早"字。从班昭14

岁结婚到写《女诫》时,自叙说"于今四十余载矣",而几个女儿"方当适人",意谓将要嫁人,这中间时间跨度何其大矣,即使以大女儿大约的适婚时间推算,即使曹世叔结婚时同班昭一样才14岁,即使最小的女儿是遗腹子,曹世叔去世时也最少是35到45岁之间了。更何况"人生七十古来稀",这个年龄在古人那里绝不算"早"。

历史渐行渐远,真相已不可知。可以清楚地知道的是,那个时代,丈夫是头上无可替代的天,是能够遮风避雨的大树,失去丈夫就意味着要面对一方坍塌的天地。悲痛,彷徨,无助,这样的感觉想必班昭是有的。

东观续史展素手

好女人天生有一种本领,可以接受生活中的不幸,但不会被不幸牵着走。曹世叔的去世,是班昭生活里的晦暗,但不是全部,也不是永远。她有孩子,有书,有大气女子的好心性。虽说是守着节行法度,依礼不肯再嫁,但她也没有就此沉沦,而是伸手把自己打捞出来。这中间,她的兄长班固也搭了一把手。

班固早慧,自小被父亲班彪寄予厚望,有意给予他史学方面的影响与指导。班彪生前,收集整理西汉遗事,一心要接续《史记》,并剔除《史记》的缺点和不足,创作一部符合儒家思想的史书,讲述汉朝自高祖刘邦到王莽篡权的完整历史。班固继承父亲遗志,发挥史学方面的特长,立意创作一部汉朝断代史《汉书》。

写史书,要求遵从事实,需要大量的资料,需要有人帮着整理、筛选、

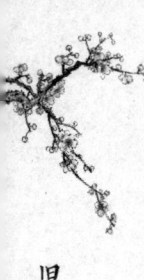

核实。孀居的班昭就是最佳助手,她不但博学多才,学以致用,而且明了从父亲到兄长一以贯之的史学思想,知晓整个创作流程,何况此时的她正需要这样的身心投入。班固为人,"性宽和容众,不以才能高人,诸儒以此慕之",对人敦厚谦和,对唯一的小妹更是爱护有加。自此,兄妹俩便投入到《汉书》的纂写工作中。

写史注定是一件受磨难的事。不说"仲尼厄而作《春秋》",也不说太史公受腐刑而著《史记》,单看历朝历代那不计其数为修史失去生命的史家,便可知个中沉重滋味了。"齐之南史,直书崔弑"而太史接连被杀,北魏崔浩修《国书》而九族及姻亲两千余人悉被诛,清朝庄廷龙编《明史辑略》遭满门抄斩并祸及700家……

写史又是一件极有成就之事。正如司马迁所言,可以"究天人之际,通古今之变",大到宇宙天道与人类社会,朝代兴衰与治乱之道,小到个人命运、成败得失、穷达之变,皆有深察,既寻求普遍规律之"常",又注意古今变革之"变",最终"成一家之言","藏之名山,传之其人"。是以一代又一代史家,虽九死其犹未悔。

班固曾被人举报,说是"私作国史",汉明帝诏令收捕,关进京兆监狱,家中书籍也被查抄。幸而有班超紧急上疏,申明班固著史并无毁谤朝廷之意,地方官也将书稿呈送给朝廷。汉明帝看了已完成部分的一些书稿,反倒极为欣赏,结果是赦免班固,并召他到校书部,任命为兰台令史。兰台是大汉收藏图书及档案之处,班固负责掌管和校定图书,既可以饱览书史,还能继续撰写《汉书》。

到公元92年,窦宪因外戚专权而被和帝夺了兵权,一夜之间窦氏家族的党羽尽被查处。班固由于曾被窦宪赏识,关系密切,这次也受牵连被罢了官。便有小人落井下石,趁机构陷,班固因此下狱,被鞭笞,伤病而死,享年61岁。

这时候的班昭已经47岁左右,生活阅历日丰,读书积累日厚,内心坚定,姿态从容,渐渐进入人生与学识的鼎盛期。长兄是她的精神支柱,也是她史学上的领路人,长兄的去世对她是沉重的打击,但也由此更支撑她坚持下去。《汉书》尚未全部完成,她清楚这部史书对父兄的意义,未竟的事业需要一个人来做,那就是她。

是时,朝廷上下无一人能续《汉书》,它卷帙浩繁,用典奥雅,部分篇章佶屈聱牙,阅读难度大大超过《史记》,有些鸿学大儒甚至连读通它也难。和帝听说班昭博学多才,且已参与过该书的编纂,就下诏让她到东观藏书阁续史,由当时的鸿儒马续协助。

汉代藏书处所很多。据《后汉书·儒林列传》说,"王莽、更始之际,天下散乱,礼乐分崩,典文残落",到光武中兴,刘秀保留了一些劫后余生相对完整的地方,比如上文所说的兰台,又新设了一些地方,东观即其中之一。东观设立于都城洛阳南宫之中,相当于今天的国家图书馆,资料极为丰富,是著名的藏书、著述之所。东观规模之大,有东汉李尤的《东观铭》为证:"房闼内布,疏绮内陈,升降三除,贯启七门。"藏书之丰富,李尤的《东观赋》也有形容:"道无隐而不显,书无阙而不陈。览三代而采宜,包郁郁之周文。"故而当时学者称东观是"老氏臧室,道家蓬莱山",老子曾做过周朝管理藏书之官,天下书籍皆收至此,蓬莱是海中仙府,幽经秘笈悉数具备,而东观正是东汉藏书最为集中的地方。

班昭就在这里，穷年累月，孜孜不倦，阅读了大量史料，据此整理父兄遗留下来的散简，进行详细的核对和修订，并补写了"八表"及"天文志"。整部《汉书》中，最棘手的是第七表《百官公卿表》和《天文志》，这两部分都是班昭独立完成的，可知其才能非凡。但她署的还是班固之名，不知是出于谦逊，为人低调，还是为了纪念抱憾而亡的兄长。

终于，班家两代三人为之奋斗近40年的这部巨著，在班昭一个女人的手中完成了。女子修史，此前此后绝无仅有，在二十四史这样皇皇正史的所有作者之中，班昭正是空前绝后的唯一一个女子。

说到这个其实很有意思。中国人历史意识强烈，很早就明了鉴古知今的社会意义，中国是世界上唯一在几千年里不间断记录着历史的国家。也因此，古人对于修史要求极高，历朝历代要建立相应的机构，要选拔专门人才并授以官职。唐朝史学家刘知几说，"史家须有三长"，即才、学、识，"世无其人，故史才少也"——这也是中国古代文学家多如牛毛而史学家寥若晨星的原因。修史的男人已经很少了，更不用说有女人跻身其中，然而班昭做到了。

更为难能可贵的是，这部书虽经班彪、班固、班昭和马续四人之手，读来却"先后媲美，如出一手"，原文与续写部分十分和谐。在当时，一经刊行便获得了非常高的评价，学者们争相传诵，赞不绝口。在后世，史学家们称赞它"言赅事备""文赡事详"，亦即语言简练，叙事完备，史料丰富，闻见博洽，说它足可与《史记》齐名。

《汉书》所记，以西汉一朝为主，始于汉高祖刘邦元年，终于王莽地皇四年，时间跨度230年，包括纪、传、表、志共100篇，80多万字，唐人颜师古将其分卷,成为现行本120卷。作为我国第一部纪传体断代史,它开创了"包举一代"的写史体例,也就是囊括一个朝代的史事,从此之后各个朝代皆仿照它编纂纪传体的断代史。这算得上是里程碑式的开创,其影响不可谓不深远,在史学史上的价值和地位也不可谓不高。

《汉书》的语言庄严端正,用辞典雅深奥,多用骈偶句法,深得历代高端水准文人的喜欢。据说,宋朝诗人苏舜钦,性格豪放不羁,好饮酒。住在他岳父杜祁公家,每晚边读书边喝酒,一晚一斗酒是常事。祁公私下派人去看是怎么回事,派去的人站在屋外,只听得苏舜钦正读《汉书》,读到《张良传》中"良与客狙击秦皇帝,误中副车",立刻抚掌而叹曰:"可惜啊!不中!"遂满饮一大杯。又读到张良对刘邦说的话:"始臣起下邳,与上会于留,此天以授陛下。"又拍案道:"君臣相与,难能可贵!"再举一大杯。杜祁公也是个趣人,听了这般汇报之后,大笑着说:"有如此下酒物,一斗也不算多啊!"汉书下酒,从此成了一个风雅的典故。

若非班昭,如此妙绝可兹下酒的《汉书》怎得面世?而没有了《汉书》,二十四史的高度、深度和饱满度还能如今天这样吗?后世之人,更不知何时才能见识到并承继断代纪传这样便捷的修史传统了。一个女人,轻轻展一下素手,历史的风云登时起了变化,教多少须眉男儿俯首动容。

汉宫女师曹大家

事实也正是如此。《汉书》刚出的时候,有很多人读不通,需要向班昭请教。马融还跪伏在东观藏书阁外,亲耳聆听班昭的讲解,受读于班昭。

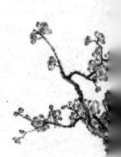

马融何人？东汉名将马援的从孙，前文所说马续的弟弟，是东汉儒家学者，著名的经学家，尤长于古文经学，他的门生有遍注六经的经学家郑玄，还有被誉为东汉"儒宗"的大学者卢植。

和帝也数次召班昭进宫，令皇后及诸位贵人以师事之，号曰曹大家。她教授后宫嫔妃的课程，包括天文、历史、义理之学等。大家，"家"音姑，意即大姑，对女子的尊称，曹是她夫家之姓。自此，天下人莫不称她"曹大家"，后世也多沿用这个称呼。

言至此，想起曾经很火的韩国电视剧《大长今》。大长今在韩国历史上实有其人，"大"字也是皇帝给的封号，从此她就成了全韩国人的"大长今"。想来女人一旦走出家门，在本属于男人的领域里做得赛过男人，一时之间竟教天下人手足无措，连合适的称号也没顾上造出来，除了一个可以表示赞叹与钦敬的"大"，竟是没有再好的字眼来对应了。"大"女子，读来真是痛快，女子们皆当以手加额为之欢庆。

不但如此，每当有人进贡什么特异的物事，和帝便诏令班昭前来作赋颂。班昭出入宫殿，因事而就，当场完成，竟像是后世李白做翰林待诏那种御用文人的情景。可惜的是，班昭所做的赋颂大都遗失，《全后汉文》里收有几篇，此处选一篇《大雀赋》作为代表：

> 大家同产兄西域都护定远侯班超献大雀，诏令大家作赋曰：
> 　　嘉大雀之所集，生昆仑之灵丘。
> 　　同小名而大异，乃凤皇之匹畴。
> 　　怀有德而归义，故翔万里而来游。

集帝庭而止息,乐和气而优游。

上下协而相亲,听《雅》《颂》之雍雍。

自东西与南北,咸思服而来同。

兄送大雀妹做赋,今人看来是精致的马屁,在古人却是正常之举。读来比那些写情意绵绵的爱情诗词给皇帝以喻君臣之义的要更容易接受些吧?但这样的赋,咏物,且是应诏之作,自然做不出什么新意,不过是吾皇盛德,祥鸟来临,然后百官扬尘舞蹈,山呼万岁。正符合那个时代的审美,雍容,优雅,花团锦簇的屏风上一只绣得亮闪闪的织金雀,是盛世的一个点缀。

这一段时期,班昭最为动人的文字,是给和帝上的一道奏疏,后人题作《为兄超求代疏》。

话说班超封定远侯,拜西域都护,从公元73年首次出使西域算起,到上书之时,来来回回,快要30年了。斯时的班超已是年近古稀,须发皓白,老态龙钟,却还苦苦守在西域龟兹国的它乾城——大概是今天新疆库车附近。职责所在,不得稍离,然而他已老迈,一心想叶落归根,重回故土。公元100年,有安恩国的使者到洛阳进贡,班超派儿子随行,向皇帝呈上奏章,说:"臣不敢望到酒泉郡,但愿生入玉门关。谨遣子勇,随安西献物入塞,及臣生在,令其目见故土。"这话说得苍凉,沉重,充溢着日暮的悲哀,仰乞之情直愿天可怜见。可是,皇帝并未放在心上,置之不理。转眼3年过去,班超几次上书,都没有回音。在给小妹的信里提及此事,他深感来日无多,只恐客死异乡,又是焦灼又是无奈。兄妹手足情深,班昭展信落泪,之后援笔而就,给皇帝上了一道疏:

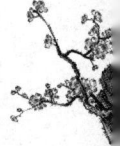

妾同产兄西域都护定远侯超,幸得以微功特蒙重赏,爵列通侯,位二千石。天恩殊绝,诚非小臣所当被蒙。超之始出,志捐躯命,冀立微功,以自陈效。会陈睦之变,道路隔绝,超以一身转侧绝域,晓譬诸国,因其兵众,每有攻战,辄为先登,身被金夷,不避死亡。赖蒙陛下神灵,且得延命沙漠,至今积三十年。骨肉生离,不复相识。所与相随时人士众,皆已物故。超年最长,今且七十。衰老被病,头发无黑,两手不仁,耳目不聪,扶杖乃能行。虽欲竭尽其力,以报塞天恩,迫于岁暮,犬马齿索。蛮夷之性,悖逆侮老,而超旦暮入地,久不见代,恐开奸宄之源,生逆乱之心。而公卿大夫咸怀一切,莫肯远虑。如有卒暴,超之气力不能从心,便为上损国家累世之功,下弃忠臣竭力之用,诚可痛也。故超万里归诚,自陈苦急,延颈逾望,三年于今,未蒙省录。妾窃闻古者十五受兵,六十还之,亦有休息不任职也。缘陛下以至孝理天下,得万国之欢心,不遗小国之臣,况超得备侯伯之位,故敢触死为超求哀,丐超余年。一得生还,复见阙庭,使国永无劳远之虑,西域无仓卒之忧,超得长蒙文王葬骨之恩,子方哀老之惠。《诗》云:"民亦劳止,汔可小康,惠此中国,以绥四方。"超有书与妾生诀,恐不复相见。妾诚伤超以壮年竭忠孝于沙漠,疲老则便捐死于旷远,诚可哀怜。如不蒙救护,超后有一旦之变,冀幸超家得蒙赵母、卫姬先请之贷。妾愚戆不知大义,触犯忌讳。

这篇上疏被视为古代文学史上最经典的文章之一,婉转陈情,丝丝入扣,不由人不动容。

开篇先讲恩。极言皇恩浩荡,感激之情溢于言表,这是奏章应有之义。把皇帝的恩义先摆一摆,送上一顶高帽子,以便后边他更容易接受臣下的请求。接着讲功。很聪明地尽量淡化其功,强调其忠,强调班超以一己之身辗转西域,是抱着必死之志立下这等"微功"的——班超平定西域,居功至伟,此处用"微"自然是极力放低姿态。一句"至今积三十年",马上转入对班超老境的描述:随从尽死,骨肉生离,身体衰弱多病,等等。皇帝批阅奏章也是阅读,同样要受阅读心理的支配,利用好这一点才能打动他。此处从头发到手脚、耳目的详细刻画,尤为细致传神,令人起同情心。然而仅止于此是不够的,班昭马上就势借衰老做文章:不是班超不想继续在西域尽忠,实在是年迈体衰有心无力,一人身死倒也不是什么难事,怕的是蛮夷之人见他老弱而生逆乱之心,最终的结果恐怕是有损于国家啊。这是从国家利益的高度出发,既显得深明大义,又使得请求顺理成章,皇帝读到这里自会有所思而重视起来。

　　为了强化,班昭连用两个典故,"文王葬骨之恩"和"子方哀老之惠"。周文王修建灵台池沼,掘地得死人之骨,官吏打算抛之荒野,文王制止,下令用衣棺盛装,重新安葬好。人们由是夸赞文王之贤:"连死人的尸骨都能受到他的恩泽,更何况活着的人呢?"田子方,战国时魏文侯之师,他见文侯手下丢弃一匹老马,认为它少壮时尽过力,老而弃之是不仁,于是把这匹马收养了,同时也就把天下勇士的心收入囊中。这两则故事,在哀告之外,还带着讽喻色彩。

　　行文至此,理已尽明,情的分量却似不是很足。下文"超有书与妾生决",既是对此次上疏原因的交代,也是要以情动人。"决"即"诀",活着的人讲死别的话,这样的生诀该是多么沉痛!眼看哥哥壮年为国家,老来却将要身死沙漠,亲人生分离死也不能作别,怎不教做妹妹的伤情?

结句用典也很可琢磨。赵母,就是那个纸上谈兵的赵括的母亲,赵国名将赵奢之妻。在赵孝成王用赵括为将之前,赵母就先上书阻止,赵王不听,赵母因此提出将来不可治赵家之罪。最后果然兵败,但家人并未被祸及,实在是这赵母聪明之处。卫姬,卫国公主,齐桓公的夫人之一,也是一个聪明女人。桓公与管仲谋划伐卫,退朝后回到宫中,卫姬察言观色便知桓公心思,即刻下拜为卫国请罪,成功阻止了这场战争。"冀幸超家得蒙赵母、卫姬先请之贷",既是暗示会有不测结局,也是为班氏家族预留后路,还成功申明上疏目的,再加上"妾愚戆不知大义,触犯忌讳",使和帝不好因妄言国是而降罪于她。

这个奏疏,今天去读,仍能感受到文字里智慧与情感那沉甸甸的分量,也就无怪乎当日那个特定读者的反应了。和帝读毕,面色戚然,沉默良久,旋即下旨把班超调回京城。班超与班昭兄妹团圆,一个月后病逝,长眠于朝思暮想的故土。可以说,是班昭的上疏,及时实现了班超人生的最后一个愿望。

公元105年,和帝刘肇驾崩,皇后邓绥扶立刚满百日的婴儿刘隆为帝,是为汉殇帝。一年后,殇帝夭折,邓绥又立不足13岁的刘祜为安帝。邓绥,即历史上有名的邓太后;辅佐过三代皇帝,垂帘听政长达18年之久。

据《历代皇后列传》,从和帝的时候始,邓绥就"从曹大家受经书,兼天文、算术",及至作为太后执政,仍尊班昭为师,向她问计问策。班昭身为女人,却有士的胸怀,崇尚儒家经世致用的思想,积极关注并参与现实。邓太后执政时期,国事家事,前朝后宫,班昭始终伴随左右,竭尽心智辅佐,对当时政治的清明、社会的安定也做出了一定贡献。

《后汉书》里记载了一件事，可作为班昭参与政事的证明。

大将军邓骘是太后的兄长，辅理国政，为太后所倚重。因为母亲过世，上书乞归守制。太后不想答应，又不好决定，便询问班昭。事实上，邓太后能在内忧外患下稳掌权柄，发展农业，兴办教育，上安抚朝臣，下赈济灾民，是个了不起的女执政者，但后期同样陷入对权位的迷恋之中，迟迟不肯归政于安帝，诸事倚重外戚，朝廷上下已有微词。邓骘手握大权，却很知自律，把形势看得很清，惧怕最后同和帝时的外戚窦宪一个结局，所以只想急流勇退，把邓氏家族从权力的漩涡里抽离。班昭是明白邓骘心事的，遂上疏曰："谦让之风，古来有之，乃德莫大者，连《论语》也主张以礼让为国。大将军今日为忠孝而引身自退，是正当其时。如若不允，日后哪怕是一点纤微之过，也会使今日这退让之名不可得了。"太后因此准了邓骘。

女诫懿德传千古

曹大家参与国政，出入勤谨，邓太后感佩之余，封她的儿子曹成为关内侯，官至齐相。班昭的儿子名成，字子谷，曾为陈留长，即陈留县长——这个职名今人依然在使用，但意义已不同，当时以侯国大小为异，人口多者称县令，人口少者则称县长。班昭随同县长儿子到陈留（今河南开封南）赴任，做《东征赋》，记述途中见闻，并缅怀先贤，借古鉴今，其文辞古朴，感情深沉，对于复杂现世中人的生死命运与天道、正道等都有探问，是不可多得的赋中佳作，后被昭明太子收入《文选》。其中有些佳句，今天依旧不失为精警之语，比如：

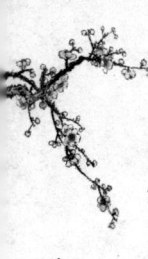

唯令德为不朽兮,身既没而名存——只有美德才会不朽,身体都化为尘土了,美名还可以在世上流传并永存。

知性命之在天,由力行而近仁——性命是由上天主宰的,自己只能身体力行尽量接近仁贤的境界,换成今天的网络语就是:我不是仁贤,就是在去往仁贤的路上。

贵贱贫富,不可求兮——人世间的贫贱富贵,是不可以强求的。

修短之运,愚智同兮——寿命长短,愚钝者与聪慧者是没有区别的。

是年,班昭六十多岁。人生的惊涛骇浪已经历过,生离死别的滋味也品尝过,阴霾低谷里黯然走过,玉阶丹墀上端然站过。读这些文字,仿佛能看到烟云散尽后一泓皓月,月光如水,水如她澄净的心,没有什么承托不了,也没有什么过滤不了。

有人说,《东征赋》其实是写给她儿子的,体察民生,追慕先贤,不求富贵,但求仁德等,皆是告诫儿子为人、为官之道。的确,里边有不少她的人生体验,芜杂和苦痛都滤净了,剩下的即使有慨叹,整体思想也依旧是积极入世的,比较适合给她从政的儿子看。

"男能自谋矣,吾不复以为忧也。"动笔给女儿写《女诫》时,她这样说,"但伤诸女方当适人,而不渐训诲,不闻妇礼,惧失容它门,取耻宗族。吾今疾在沉滞,性命无常,念汝曹如此,每用惆怅。"儿子已能自谋,不必为之忧心,唯有女儿们将要出嫁,须得一番教诲才行。班昭且言自身已有疾患,死生就在无常之间,因此有了制"妇礼"的想法。这就是《女诫》七章的写作缘起。

你看,班昭写《女诫》的出发点就是这么简单:为了教育女儿。

全文共约 1800 字，传世至今一千八百多年，不是被人过度阐释，就是被人过度批判，历史翻手为云覆手为雨，把文字的本来面目毁得几近全非。王道时期，为了伦理秩序、尊卑等级、婚姻制度等，或者简单地说就是为了男人们那点私心，把《女诫》直捧到圣坛上，几乎尊为"女人的《圣经》"。到了近代，男女平等思想传入中国后，女子们为争得地位和权利，率先拿《女诫》开刀，认为它是千年以来女子苦难的罪魁祸首，更有甚者直呼班昭为"班贼""昭贼"，是"女子之大贼"。一张饼子两面烤，即使有态度比较公允的，也是先说"班昭之学，冠绝古今"，然后指出所著《女诫》"尤为荒谬"，后世女权之不能申，罪责全在《女诫》也。呜呼，真是"知我者，其惟《春秋》乎！罪我者，其惟《春秋》乎"，班昭其人在中国文化史上地位的升降变化，竟只系于这一篇《女诫》了。

读书成长的过程中，有醍醐灌顶，也有乌云遮月，文字对于心智的开启与蒙蔽，犹如达·芬奇油画中的明暗和晕染，有时是把平面形象立体化，凹凸分明，有时却是各种颜色晕染成一片，似有似无忽隐忽现若即若离，连那著名的微笑也是亦喜亦忧，混沌莫名，教人捉摸不透。

时至今日，我们应该抛开前人反反复复的成见，回到原典，字字句句细细体味。说来不怕大师们笑掉大牙，这篇《女诫》，我更愿意称它为"母亲之书"，抑或"写给女儿们的一封信"。

"卑弱第一"，这是第一章，也是最被后人诟病的一章，不少人认为是封建男尊女卑思想的源头。

"古者生女三日，卧之床下，弄之瓦砖"，这不是班昭自己的说法，而是来自《诗经·斯干》（按：此诗开头就是"秩秩斯干，幽幽南山"，鲁迅《社戏》

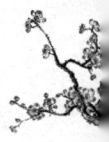

中有提到过)。生男弄璋,生女弄瓦,是古代的习俗。生个男孩,把他养在床上,拿美玉给他玩;生个女孩,就放在地上,给她玩的是纺线锤。这种差别化待遇,以及规定性玩具,可不就是明示女性地位的卑下吗?班昭只是在讲述一个客观事实,这并非始自班昭的妇礼,古代女子生而遭遇的处境即如此,想不承认也不行,一时想改变也是不可能的。

面对如此处境,作为一个母亲,难道她能教女儿与整个社会抗争,要求和男儿平等的权利么?聪明的母亲,唯有依据生活阅历,尽量教给女儿生存的智慧。她教的是两个字:谦让。谦让是姿态,是美德,也是一种智慧,在举世滔滔皆以女为卑的生存环境里谦让也是力量,是以柔软为外在形态的力量。老子说,天下莫柔弱于水,而攻坚强者莫之能胜也。比如水滴石穿,正是以天下之至柔,驰骋于天下之至坚。柔如何能成为制胜法宝?只因它随圆就方,不争胜好强,"夫唯不争,故无尤"也。

这些道理,固然前人已讲过,班昭想作为经验特意传授给女儿,主要是还有自己的人生见闻与思考在里边。

明德马皇后,作为明帝的皇后,为人谦逊知礼,淡泊清静,深受明帝所爱敬,是以没有儿子却依然能稳居中宫。她抱养贾贵人之子,养成后立为皇帝,即章帝。章帝对她感情极深,屡次亲自为国舅们请封,皆被马皇后谦逊地拒绝了。后来她的兄弟们不得已而领封,也在她的影响下一个个主动辞官,不肯贪慕富贵。东汉时期,外戚专权相当严重,唯独她这里一身清白,以宽厚、谦让、仁爱而成为历史上有名的贤德皇后。邓绥邓皇后,和帝时期她本为贵人,谦恭谨慎,对阴皇后处处礼让,"恭肃小心,动有法度",言谈举止深得皇帝赞许。阴皇后却是强悍无比,嫉恨、咒骂,以巫蛊之术加害邓绥,结果反倒丢了自己的皇后之位。一以柔,如水;一以刚,如铁。最后阴皇后被废,忧惧而死,邓绥则母仪天下,到殇帝、安帝时期又以太后之尊临朝。柔能克刚,明德马皇后和邓绥是班昭有生之年亲见的两个最显著的典型。就班昭自身而言,在婚姻、家庭中受到的磨砺,出入汉宫教导后妃的所遇所感,跟随和帝以及邓太后参与政事的经历,包括以奏疏婉转达成班超心愿这些事,都一点一点沉淀在人生的河床上,成为弥足珍贵的人生经验。

修身,齐家,治国,平天下,此所谓"修齐治平",是《礼记》里儒家的伦理哲学。对班昭来说,儿子要面对的是社会大环境,如上四者要兼具,女儿更多的则是经营一个家庭,能修身齐家就是最好的了。圣贤明德、济世救人等大道理可以教给儿子,给女儿的则多是班昭同为女人更私密更体己的经验,也许其中有无奈,但绝对实用。所以,第一章里,主要是讲谦让、勤劳、做好主妇分内的祭祀之事这三个方面。

"夫妇第二",以阴阳之道比照夫妇之道,论述从《礼记》《诗经·关雎》以来的人伦大节。

这个还要说到《白虎通义》,章帝时期在白虎观组织了一场大讨论,对古文经学、今文经学和董仲舒之后"天人感应"那套唯心主义哲学等进行了一次思想大融合,用阴阳五行来解释宇宙秩序、人间秩序,将君臣、父子、夫妇之义,与天地星辰、阴阳五行等比附,最后由班固撰成此书,其地位近乎一部法典。"夫不贤,则无以御妇;妇不贤,则无以事夫。夫不御妇,则威仪废缺;妇不事夫,则义理堕阙",班昭这样说,今人便使着劲儿骂她,殊不知这是那个时代的大潮流,夫与妇如天与地,夫御妇、妇事夫是天地义理,人人心里皆作如是观。若要班昭用今天女权主义的观点去解构,那是要求她把自己拔离那个时代,就像要求地球人抓着头发把自己拔离地球一样匪夷所思。

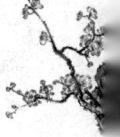

"但教男而不教女,不亦蔽于彼此之数乎!《礼》,八岁始教之书,十五而至于学矣。独不可依此以为则哉!"这几句话令人振奋。今人批评古人,常爱一锅端,"女四书"全都混在一块儿,一说"女子无才便是德",便从《女诫》骂起,殊不知班昭却是主张女子教育的。这也是清末兴女学时,先把班昭供起来,称之为"女中圣人",地位几乎等同于那位大成至圣先师的原因之一。班昭有平等教育思想,且身体力行在皇宫里进行女性教育,内容不仅有德育、儒学,还有天文、算术等,所以有现代人称她是第一位从事女性教育的女教育家。

"敬慎第三",承接第二章,讲夫妻之间要有恩有义,温和相敬,能包容,肯适应,说话做事有分寸,不过分,不争执。说到妇对夫之道,卑弱处的确让今人难以接受,但"修身莫若敬,避强莫若顺",此语未尝不是智慧?那个年代,丈夫可依据七出之条休妻,不顺父母、无子、淫、妒、有恶疾、多言、窃盗,有其中任意一条皆可休妻,别说呵斥和打骂了。女子一旦被休,整个社会都有非议,不独个人难以自处,家族也是要蒙羞的。班昭身为母亲,劝女儿以柔顺待丈夫,与丈夫之间保持敬重,夫敬妇顺,成就恩义,以此作为夫妻感情的纽带,也实在是出于一片苦心。

"爱是恒久忍耐,又有慈恩,爱是不嫉妒,不自夸,不张狂,不做可羞之事,不问得失,不计人恶,不轻易发怒。凡事相信,凡事包容,凡事盼望,凡事忍耐……"《圣经》里的话,庶几可以近之。

"妇行第四",讲的是女性修养。可以不必聪明绝顶,不必能言善辩,不必容颜美貌,不必手巧过人,哪怕你只是一个平凡女子,但只要娴雅贞静,言语得体,服饰整洁,仪态端庄,能专心纺织,能殷勤待客,妇德、妇言、妇容、妇功四者便都具备了。并且说,做好这些其实很容易,一切只在乎心,存心去做,所谓的仁便也不远了。

我读这些的时候,总要设身处地去想:那个时代的女子,不说像男人那样"为天地立心,为生民立命",在一个家族中安身立命总还是要的吧?即便今时今日去看,要想拥有一个和谐家庭,除却"专心纺绩",总体来说这四德也还是需要的。

"专心第五",意谓用情专一。

"《礼》,夫有再娶之义,妇无二适之文",男人可以再娶,女人却没有再嫁的说法。现代人反复揪出这句话来骂《女诫》,却无视前边的"《礼》",不追究这话的始作俑者《礼记》,真是咄咄怪事。问题是班昭引这句话作甚?"故《女宪》曰:得意一人,是谓永毕;失意一人,是谓永讫。"所以说,一定要得到丈夫的心。得到丈夫的心,并不是说要佞巧谄媚,曲意讨好,而是要用心专一,举止端正,绝不轻浮招惹,不扭捏作妖冶之态。读这一章时,我记起出嫁前母亲对我说过的话,有着类似的开头:"男人二婚没啥,社会再开放,对女人家还是不一样,舌头底下压死人。这一去,除了把日子过好,再没别的……"千年之下,女儿的命运有多大改变?而母亲的忧虑也还是一样啊。

"曲从第六"与"和叔妹第七",是说如何处理和公婆、小叔子、小姑子的关系,自然是以和为贵,顺从包容,讲孝悌,重亲情。

总体来看,《女诫》崇尚的是一种阴柔型完美女性,明理,有知识,然而隐忍,克制,懂得以柔制胜,但避免不了人生里的委屈,甚至还有意无意地

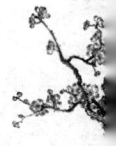

接受并在心理上自我化解这种委屈。这世上有谁能过一种没有委屈的人生呢？班昭身为人母，想要女儿符合社会伦理标准，尽量在社会所给予的限制里腾挪转移，活得更通透更安心更幸福，这无可厚非。

世人可以不赞成她，譬如她的小姑子就专门著文反驳，《后汉书》说"辞有客观"，惜乎未曾流传下来。也可以赞成她，仿效她，譬如前文说过的学者马融，就特意抄录回家给妻子女儿学习——但不知他的妻子女儿是何看法，这样的事须得出自女性个人意愿才好。至于拿这个做蓝本，限制女性的言行，一朝一代加以巩固，甚而成为女教的唯一标准，还有加以篡改致女性于悲惨境地的，那只能说是统治者或道德家别有用心。

在文化传承的过程中，《女诫》曾经被政治化、神圣化、妖魔化，今天我这样细细地解读，只是为了还原它"母亲之书"的本来面目，那一种朴实的本相。

在有文字可查的中国历史上，女性从来不是一个强势的群体，偶有武周王朝那样的女皇时代，亦不过昙花一现耳。几千年间，女人如何在逼仄的性别空间里生存，就是一门生活哲学了。是成为怨妇，一生面对无力改变的处境自怨自艾，还是理顺自身与伦理制度的关系，接纳并寻求小范围内力所能及的改善，且不至于被男权社会灭掉为好？班昭所提供的，或许不是最佳，却是古代社会里最实用的女性哲学；今天的女性或许可以弃之不顾，在古代却是与女性个体息息相关的智慧宝典。

至于班昭的女儿们婚姻如何，一生命运如何，班昭有生之年是否见证了"母亲之书"的成果，今天已不可知了。可以大致推知的是，班昭的晚年生活比较平顺，没有大的波折出现。

"最难耐的是寂寞,最难抛的是荣华,从来学问欺富贵,真文章在孤灯下。"这是上海昆剧团排演的新编昆剧《班昭》中的唱词,据说是点题之语。但这么一出戏,却又把班昭给戏剧化了,曹世叔成了太后男宠,马续苦恋班昭一生,包括那句点题的话,都充满强烈的悲剧意味,显然是和班昭本人隔着的。

文如其人,一个人的秉性总会有意无意地渗入文字,把班昭所有文字读过,会发现她的大气、从容、温和而又刚强的知性美,即使被置于荒凉的大漠,她也能找到水源,浸润并舒展自己的灵魂。

现实常常抗拒戏剧性,顶多呈现出参差的对照而已。

班昭在一个平常的日子里寿终正寝,和这世上大多数逝去的灵魂一样平静。若说不寻常的,大概也就是邓太后为她"素服举哀",专门派使者"监护丧事"。仅此而已。生活的真相朴素无华,一如班昭在史书中呈现的面目,洗尽铅华,自有一种清洌之香。

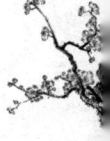

一生辛苦记乱离
——汉朝才女蔡文姬

蔡文姬：汉末女诗人。名琰，字昭姬，晋时避司马昭讳而改字文姬。约生于公元177年，卒年不详。东汉末年陈留圉（今河南开封杞县）人，文学家、书法家蔡邕之女。博学有才辩，妙于音律，精通书法。有传世诗三首，确定无疑的是《悲愤诗》其一。

想写蔡文姬久矣，然而迟迟不能动笔，总觉得难以写尽她。

生逢乱世，亡夫，丧父，失家，去国，被掳，流落匈奴12年，终于回到汉地，又要饱受与儿子天涯永隔的煎熬……种种人生苦难，似要被她尝尽。

在她之前的才女们，创作多是为家国、为社会、为伦理，如班昭；个人的遭际与情感也有触及，但不够深而广，如班婕妤；与战争题材有关的，也多是思妇怀人,如《诗经》中的一些。在她之后的才女们,创作上开始深入地向自我内心探索,其中能把个人种种情感体验表达到极致的,如李清照、朱淑真等。偶或也有女诗人,笔尖涉及战争领域的,但总体来说不够广泛和直接。

只有蔡文姬,是在创作中直面战争,正面描述战争的残酷可怖,讲述战争对个人造成的永久性创伤。文字里的悲哀,既有个体生命深沉而细微的痛楚,又有乱世大背景下群体的悲愤与无奈,是共通的,也是共同的。这跟她一生的遭际有关,也与她个人的创作能力有关。她的叙事长诗《悲愤诗》,激昂处裂帛惊魂,酸楚处动人心魄,成熟处又绝不逊于诗歌发展到鼎盛期的唐诗。其作品感染力之大,不仅有时人广为传诵,后人且多有仿作,"文姬归汉"也因而成为音乐、文学乃至绘画方面的一大题材。

文章憎命达。诗穷而后工。荆棘鸟在棘刺上绽放歌喉,最美的东西只能用深痛巨创来换取。——这些话,在讲述一个规律,或者真理,含有各自的人生体验在里边。但要等看完蔡文姬的一生,你才能真正明白这些话有多沉重,又有多残忍,是痛苦焚烧之后灰烬里的一点微明。

我生之初尚无为

人生的最初,蔡文姬是锦绣堆里的一颗明珠,用今天的说法,是一颗冉冉升起的新星。因为家庭,因为教育,因为天赋。

她的父亲蔡邕,字伯喈,献帝时曾拜左中郎将,故世人也称他蔡中郎。京剧《扫松下书》一折里,麒麟童周信芳唱"我拜的是忘恩负义的蔡伯喈",其实那是戏曲借了蔡邕之名做戏,现实生活里的蔡邕,文品与人品皆深受同代人敬仰。

他事母至孝。母亲重病,他非寒暑易节不解襟带,彻夜不眠地伺候了三年。母亲去世,他于墓旁建庐守孝。他跟叔父堂弟在一块住,历经三代而不分家财,为同乡人所称道。他博学多才,通儒学,懂史学,好辞章、数术、天文,妙操音律,且擅书法,据说他的画在当时也很有影响。

灵帝熹平四年,蔡邕上书请求正定六经文字,获准后即在东观(按:班昭曾在这里续史)校书。经籍多有谬误,他加以订正并亲自用丹砂书写于石碑上,命工匠镌刻,立在太学门外。一时之间,校正经书的,摹写碑文的,往来不绝,以致壅塞街道。这就是有名的熹平石经。据王国维考证共有碑石 46 尊,包括《尚书》《周易》《春秋》《论语》等七部经文,汉末损毁不存,唐代魏征还曾广为征集,自宋代至今陆续有残片出土,现在全都作为宝贵文物存入博物馆了。梁武帝称"蔡邕书,骨气洞达,爽爽如有神力",当代史学家范文澜称"两汉写字艺术,到蔡邕写石经达到最高境界"。

灵帝后期,蔡邕因得罪宦官而亡命江湖,隐居吴郡(今江苏苏州),前后达 12 年。

期间,他曾在曹娥碑背面题"黄绢幼妇,外孙齑臼"八个字,隐含"绝妙好辞"之意,《三国演义》就此演绎出一段有意思的故事。

还曾因缘际会,制作出两件名传后世的乐器。一次,吴地一个人烧桐木,桐木在火中燃烧爆裂,蔡邕听声辨音,知道这是上好的制琴材料,急忙从火中抢出,精心制作成一把琴。此琴弹奏起来音色美妙绝伦,只是尾部还留有烧焦的痕迹,故而时人名之"焦尾琴"。另一件乐器叫"柯亭笛",与会稽高迁的柯亭有关,这个亭子四周以竹围成——在别人眼里是竹,在蔡邕眼里就是笛的原型了,有着高下之分。从亭口数过去,那第十六根竹子,纹理细密光滑,以手敲击有清越之声。他爱不释手,越看越欢喜,急忙去找看护这个地方的人。那人被他的痴心打动,居然真的拆下第十六根竹子送给他,制成的笛子也果然异乎寻常的好。

这焦尾琴与柯亭笛,都是草莽里的英雄,被蔡邕慧眼所识,得以物尽其才,故而古代常被用以喻指良才。我读来却觉得别有意味,蔡邕爱音乐成痴,懂得一块桐木、一根竹子的妙处,而这份痴心,也真就有人理解并成全他。他和柯亭那个人,都是解人,一个解得物意,一个解得人心。

蔡邕为文,也极负盛名,诗、赋、铭、碑等流传下来一百多篇,其哀铭碑诔尤为当时人所重,《文心雕龙》也对此屡加称道。又精于天文、数理,各方面都算得名士中的翘楚,因而成为洛阳文化界的灵魂人物,不少名士趋之若鹜,后生学子也上门求教,家里几如开文学沙龙一般。《三国志》里说:"邕才学显著,贵重朝廷,常车骑填巷,宾客盈座。"

宾客中就有后来的一代枭雄曹操,他经常出入蔡府,和蔡邕成为好友。这一段善缘,给蔡文姬的人生埋下一个伏笔,要到后来曹阿瞒"镶黄旗下赎文姬"才得以显现出来。

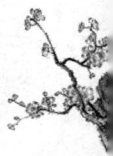

蔡邕四十多岁才得一女,就是蔡文姬,自然深深钟爱。他自己的诗文里没能流传下这些,但在他人转述中有,故而也演变成古代一个著名的父爱典故。比如白居易,也是中年得女,自嘲说"我齿今欲堕,汝齿昨始生。我头发尽落,汝顶髻初成",基本属于写实,"缅想古人心,慈爱亦不轻。蔡邕念文姬,于公叹缇萦",则是自道其情,说这感情就像蔡邕爱蔡文姬那样。

想想也是,人到中年,功名仕途之心渐淡,愈来愈看重家庭亲情,这时候意外地有了小小的女儿,慈父的心怀便饱胀得满满的。她娇憨作痴,会一些精致的淘气,学母画眉,学父咏诗,种种行为在慈父眼里都是十二分的可爱。再算算年龄,等女儿成人,父亲已是垂垂老矣,不能指望她像儿子那样为父亲的事业助一把力。所以,这爱没有任何功利心,只是希望她将来不忘这份情就好。这是白居易诗里的情景,也宛然是当初文姬与父亲的情形。虽然童年时期曾随父亲流落吴地,但隐居生活不妨碍幸福感,父母之爱使文姬的童年无忧无虑。

宋代有一本七弦琴史专著《琴史》,里边收录了一百多个与琴有关的故事,其中有一个叫"文姬听琴"。说是蔡文姬10岁那年的中秋,父亲在月下弹琴,琴声曼妙,流泻得一天一地都是,浮云卷霭,明月流光……嘣,琴上的一根弦断了,文姬在屋内听到,马上应声说:"父亲,是第二根弦断了吧?"蔡邕以为不过是碰巧猜对罢了,有心再试上一试,随即弄断了另一根弦,文姬再次不假思索地说:"是第四根弦。"女儿如此聪慧,蔡邕欢喜异常,越发精心传授平生所学,着力培养。再加上身处书香门第,座上客多饱学之士,文姬耳濡目染,小小年纪就博学能文,兼长辩才与音律,琴棋书画、诗文歌赋无一不通,一时远近闻名,童星一般。

蔡邕也很重视对女儿品行的培养,特为女儿写过一篇短文《女训》:"心犹首面也,是以甚致饰焉。面一旦不修饰,则尘垢秽之;心一朝不思善,则邪恶入之。咸知饰其面,不修其心。夫面之不饰,愚者谓之丑;心之不修,贤者谓之恶。愚者谓之丑犹可,贤者谓之恶,将何容焉?故览照拭面,则思其心之洁也;傅脂则思其心之和也;加粉则思其心之鲜也;泽发则思其心之顺也;用栉则思其心之理也;立髻则思其心之正也;摄鬓则思其心之整也。"意思是,面貌的修饰固然重要,但更重要的是修心。一日不修饰面容,就会有尘垢蒙上;一日不修心思善,就会有邪恶侵入。不修面,可能只是被愚者称为丑;不修心,则会被贤人视为恶。故而每日揽镜傅粉梳头之时,都要想一想自己的心是否洁净、平和、端正。

即使以今天的眼光来看,《女训》依旧是很可取的,所谓外表美不如心灵美,21世纪的女人们大可读一读,最好是修得二美并举。

事实上,蔡邕也确实把女儿教育得很成功。长女蔡文姬虽一生三嫁,但是情势所迫,本身并无过错,不但未被本朝人唾弃,《后汉书》还郑重其事把她收入《列女传》。次女不知名字,嫁给曹魏的上党太守羊衜做续弦,姑且称为蔡氏吧。羊衜的前妻是孔融之女,身后留下一个儿子羊发。蔡氏生了个儿子叫羊承。羊承和羊发同时得了重病,不能同时照管,蔡氏便专心照顾羊发。结果羊承没能保住,羊发却活了下来,后来官至都督、淮北护军。这个故事很悲惨,《列女传》与《二十四孝》里类似的伤子之事一概令人起抗拒感,因难以想象那身为母亲者当时的心情。蔡氏后来又生一子,就是西晋著名军事家、征南大将军羊祜,据说临阵时"轻裘缓带",具外祖父蔡邕之风,被当世称为"儒将"。有《羊祜传》,蔡氏因此得以留名于世。

天不仁兮降乱离

蔡家有女初长成,博览群书,妙于音律,精通书法,可谓既美且慧,誉

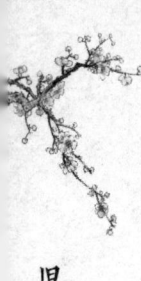

满京华,那知名度若换到今天大概不亚于所谓国民明星了。蔡邕精心挑选,择定佳期,把文姬嫁给了河东的卫仲道。河东卫氏是西周康叔之后,卫国后裔的一支,不但是世族,还是比较有名的书香门第。卫仲道本人则是太学里出色的士子,对文姬早有仰慕之心,这一下娶得才女加美女,自然是敬爱异常。夫妻俩谈诗论文,琴瑟和谐,婚后生活十分美满。

奈何天不假年,卫仲道身患重病,不到一载时间便咯血而亡。这时文姬尚无子女,夫家嫌憎文姬,认为是她克死丈夫的。新寡的蔡文姬,悲痛之外又添伤心,无奈之下离开卫家,回到了蔡家旧庭院。去时是新妇,归来却新寡,文姬的不幸就从这里开始,前半生的幸福生活到此结束。

东汉后期,皇帝皆懦弱无能,外戚多跋扈专权。汉桓帝依仗宦官除去外戚,给宦官封官封侯,又直接促成了十常侍宦官集团的形成。12岁登基的汉灵帝更是雷语惊人,把十常侍捧到了天上:"张常侍是我父,赵常侍为我母。"宦官们卖官鬻爵,横征暴敛,随意罗织罪名,公然抢劫杀人,使得政治黑暗到极点,直接引爆了黄巾军起义。虽然起义最终被镇压,但东汉王朝已如风雨中一座危楼,岌岌乎欲堕。

公元189年,汉灵帝病危,何皇后与自己的哥哥——大将军何进,商议扶立太子刘辩即位。宦官蹇硕与董太后密谋除去何进,废掉太子,另立陈留王刘协。何进得知消息后,率5000精兵带剑入宫,在灵帝灵柩前扶立太子登位,并杀死蹇硕。这时本可乘胜追剿,彻底根除十常侍集团,但事实正如《三国演义》所言:"无谋何进做三公,难免宫中受剑锋。"何进又是请示新晋太后兼妹妹,又是写信给西凉刺史董卓,结果被十常侍占得先机,在宫门内埋下刀斧手砍死了他。当时袁绍、曹操俱在何进帐下,久不见何进出宫,知事有变,即冲进宫中尽诛宦官。这边外戚与宦官两败俱伤,那边董卓却以勤王之名把人马开进洛阳城,兵不血刃执掌了京城的兵权。董卓废少帝刘辩,立刘协为献帝,不久又毒死少帝与何太后,自己以扶立之功独擅朝政。他专横跋扈,一把火烧掉洛阳故都,逼迫献帝迁都长安。且生性暴虐,随意诛杀朝臣,纵容兵士掳掠财物,残杀无辜百姓。百姓中流传着"千里草,何青青;十日卜,不得生"的民谣,隐含"董""卓"二字,以发泄对董卓的痛恨。

董卓听说蔡邕才高,意欲召他为官,蔡邕称病推辞。董卓大怒,以灭族相要挟。蔡邕逼不得已,只能前去。董卓刻意笼络,举高第,补侍御史,又转持书御史,迁尚书,一日连升三级,三日周历三台——东汉官职,除了像何进那样执掌兵权的皇亲国戚之外,三公九卿中其实没几个管事的,真正的实权都在三台手里,谒者"外台"、御史"宪台"、尚书"中台"并称"三台"——这里是说蔡邕三天内把三台的官职给当了一遍。后蔡邕又被拜为左中郎将,跟随献帝迁都长安,继而受封为高阳乡侯。读《后汉书·蔡邕传》,可知蔡邕有读书人的愚忠,既是从了董卓,此后也就认真做事,认真劝谏,也为建言不被采纳而郁闷。

及至司徒王允以美人貂蝉使连环计,借吕布之手除掉董卓后,蔡邕读书人的迂便再次显示出来,这次且害了自己的性命。当是时也,长安城里一片欢庆之声,王允自居为匡扶汉室之栋梁,耳边正听着一片恭维之声,不意一声叹息很不和谐地传来,王允循声看过去,发现是蔡邕,脸上还有悲叹之色未及褪去。《三国演义》里说的是董卓暴尸于市,蔡邕一人伏其尸而大哭,显然是小说家的夸张。董卓被暴尸于街市,行人恨不得割了董卓的肉去,且有守尸吏以灯芯置肚脐而点灯,蔡邕如何能伏尸而哭?若说

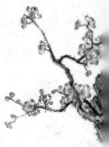

蔡邕心里感到一种悲哀,并因曾受董卓重用而生感遇之思,禁不住为之叹息动容,倒是更接近真实些。据《后汉书》载,仅此一声叹息,王允便勃然大怒,呵斥一番即收付廷尉治罪。

蔡邕自请鲸首刖足以完成《汉史》,士大夫也多怜惜而为他求情:"伯喈旷世逸才,杀之恐失人望。"王允坚决不赦,蔡邕最终死于狱中。

没过多久,董卓旧部李傕、郭汜打进长安,赶走了吕布,杀了王允,由李、郭共掌朝政。自此三四年间,先是两人互相猜忌,后是部将离心离德,各路人马为了利益分分合合,相继挟持献帝在关中混战。其中李傕的一个部将叫杨奉的,图谋杀死李傕而代之,结果事情泄漏,又被李傕、郭汜联军打败,于是引来匈奴右贤王助战。李傕等大败,匈奴兵趁火打劫,从陈留、颍川诸县掳掠妇女与财物无数。

却说关中百姓,从十常侍之乱到董卓之乱,再到李傕、郭汜之乱,加上关中连年天灾,已经是田园荒芜,了无生机。但凡有点力气的,纷纷扶儿携女,逃离这刀兵之地。奈何人快赶不上马快,头硬赶不上刀硬,流亡路上一拨又一拨的乱兵,碰上了即是个死,痛哭号啕也无济于事。生者离散,死者永诀,是常有的事。"白骨露于野,千里无鸡鸣。生民百遗一,念之断人肠。"这是曹操的慨叹,也是生民的慨叹。

此时蔡文姬家破父亡,再无所依傍,也一身布衣素裙,随着难民群流亡。她后来写下《悲愤诗》,就是对这一段日子的真实记录,文字写实到令人惊怖的程度。"斩截无孑遗,尸骸相撑拒。马边悬男头,马后载妇女。"杀人如麻,所到之处一个活人也不留下,积尸盈野,混乱堆积,以至于白骨互相撑架着。男人被杀死,割下头颅挂在马上,用以计算战功;女人被载在马后,作为战利品——把女人作为战利品,这是古代战争中普遍的做法,中西方皆如此。

很不幸,蔡文姬也是这战利品之一。

读她的诗,我常常想象她的内心是怎样的悲凉。那些恐惧的场景铭刻在她记忆里,没有把她的性灵吞噬,反而被她一点点梳理,直拙地捧出来呈现在世人面前,得有多大的力量才能做到呢?但我相信,在被擒的那一刻,她一定是慌乱的、无力的,毂觫不止。不知是哪一双粗鲁的手抓住她丢到马上,那一刻天旋地转,风声淹没她的惊呼,人间一下子成了黑暗的所在,眼前一点光明也无,此生茫茫,此身茫茫,想来一定是绝望到失声。

记得当年看《三国演义》的时候,从"王司徒巧使连环计"往下,我是一气看了个痛快,只觉得乱世里烽烟四起,正是英雄出世的好时候。却不曾想过,在那些功业昭彰的文字背后,普通老百姓是如何勉力挣扎,以求生存?斯时无夫也无父的蔡文姬,又是如何战战兢兢,跌跌撞撞,仓皇寻找生的方向?所谓"宁为太平犬,莫作乱离人"啊。

海明威说:任何战争都是罪恶,不管是否所谓必须,也无论是否所谓公正。

《胡笳十八拍》第一拍里唱道:"天不仁兮降乱离,地不仁兮使我逢此时。干戈日寻兮道路危,民卒流亡兮共哀悲。"天地不仁,以万物为刍狗,莽莽世界竟无小女子存身之处。这悲哀真是广大,战争中的每一个体生命皆感同身受。这悲哀也真是深重,简直无以言说,只能长一声短一声地发出哀叹了。

胡笳动兮边马鸣

"长驱西入关,迥路险且阻。还顾邈冥冥,肝胆为烂腐。"从陈留一路向西,路途遥远艰辛,回头望故园已不知何处,这一去不知何年何月再得见,想想便令人肝胆俱裂。

"所略有万计,不得令屯聚。或有骨肉俱,欲言不敢语。"掳去的女人成千上万,勒令不得聚在一起,即使有骨肉至亲,碰见了也不敢交谈。

"失意几微间,辄言毙降虏。要当以亭刃,我曹不活汝。"稍不留意,一点小小的差错,就会要打要杀地挨一顿臭骂;死囚犯,喂你一刀,不给你命活了!

"岂敢惜性命,不堪其詈骂。或便加棰杖,毒痛参并下。"哪里是惜命?实在是不堪忍受打骂,动辄就来一通暴打,身体的苦与内心的痛交加而下。

"且则号泣行,夜则悲吟坐。欲死不能得,欲生无一可。"白日里号哭着前行,夜晚则忍气吞声地悲吟,被如狼似虎的士兵看守,求生不得,求死不能。

诗人忍不住悲愤地质问上天:"彼苍者何辜?乃遭此厄祸!"
……

如上诗句皆出自蔡文姬的《悲愤诗》。借助她原原本本的讲述,我们仿佛能看到千万凄惨的身影,看到匈奴兵的嘴脸,听到哀哀的哭声、粗暴的喝骂声,画面感直逼今人影视剧中的镜头,真实感却是有过之而无不及。

在冷静而逼真的文字里,我们跟着蔡文姬走过那段生活,深刻触摸诗人内心的痛楚。但文字是文字,我们是我们,距离给我们以安全感。只有她,是和文字本身重合的,文字内外双重磨折,那一路上有多少屈辱和辛酸,在用笔重现的那些时刻,想必她的心就得重新承受多少。

话说文姬被掳之后,被匈奴左贤王看中,径直要了去。郭沫若在新编历史剧《蔡文姬》里,虚构出一个多情重义的左贤王,与文姬恩爱和美,把文姬写成了备受宠幸的王妃,不知是诗人的浪漫主义作祟,还是文如其人矫情过甚。试想,若果真如此,文姬诗中的忧愤何来?再试想,易地移俗,文姬打小接受的传统文化影响哪里是一时就可以消解的?何况,从她归汉后与曹操、董祀等诸般事情可以看出,这是一个自尊心强、不卑不亢的女子,怎么会安心于甚至乐于接受这样一种近乎羞辱的生活?

《后汉书》里记载:"兴平中,天下丧乱,文姬为胡骑所获,没于南匈奴左贤王,在胡中十二年,生二子。"史书用字最是讲究,尤其是事关身份之处,一个"没"字就点明了她的处境和地位。文姬自己的诗里也绝没有幸福的记述,真不知郭沫若是如何臆想出的备受宠幸的王妃生活?

《胡笳十八拍》歌词里,代文姬唱出了这段生活:
"戎羯逼我兮为室家,将我行兮向天涯",正是天涯飘萍,被逼无奈。
"越汉国兮入胡城,亡家失身兮不如无生",失身之痛,不如无生。
"对殊俗兮非我宜,遭恶辱兮当告谁",视之为恶辱,只恨求告无门。
前文已经说过,这些女人被掳以来,生而失去尊严,求死却又不得。
"笳一会兮琴一拍,心溃死兮无人知",她的心已经在内里死了,只是不被

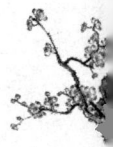

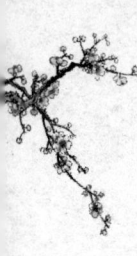

人知而已。

如此苦楚,读之令人泪下。

《后汉书》说文姬"后感伤乱离,追怀悲愤,作诗二章",指的是两首《悲愤诗》,一首五言,一首骚体。五言一首的艺术成就远远超出骚体那首,后人疑骚体那首为伪托,选诗多选五言这首,说起"悲愤诗"来也多指这一首。古人认为诗乃雅音正声。五言《悲愤诗》是一首长诗,但事关被蹂躏的遭遇,则只有一句"边荒与华异,人俗少义理",说边荒之地风俗野蛮,隐含受到侮辱之意。不可言,不堪言,不忍言,当是文姬作诗时的心态。

"处所多霜雪,胡风春夏起。翩翩吹我心,肃肃入我耳。"不管怎么冷劣,也就这样了,过了最痛苦的时候,人会麻木地忍耐着活下来。胡笳吹动,边马嘶鸣,只这声声远意令人生愁,家国故土之思疾风一般骤然袭来。

"感时念父母,哀叹无穷已。有客从外来,闻之常欢喜。迎问其消息,辄复非乡里。"其间生活云云,一概不知,下面马上就是一句:"邂逅徼时愿,骨肉来迎己。"汉使这就来迎她了。12年呢,如何痛苦,如何煎熬,如何从求死到望生,种种艰辛,就这么一笔带过去了,她是真不愿写啊!

她是一个坚强的女人,能够直面战争的惨厉,从尸骸撑拒间站起来。但她毕竟是一个女人,是一个被儒家伦理规范过的女子,爱惜名节如爱惜羽毛,喜欢洁净、端正和一切美好的东西。她受过的教育有多高就决定了她的苦楚有多深,她的触觉有多敏锐就决定了她的屈辱感有多强烈,而她是这样聪慧,富于灵性,有一颗柔软善感的诗心。这么一想,真是为她难过,也真要为她一问:彼苍者何辜?乃遭此厄祸!

这时候,关中大地上,曹操已基本扫平北方群雄,正在邺城建玄武池,加紧操练水军,意欲大举南下。一日忽然想起旧交蔡邕来,慨叹乱世折英才,惋惜他无有子嗣留下(按:据资料称,蔡邕有一个儿子,大约此时已死,文姬诗中回乡一节也自言家人俱已不在),又听人说文姬流落于匈奴,便派遣使者,携带黄金千两、白璧一双,赴匈奴赎回文姬。

后人对曹操用心多有猜测,或云他是垂涎文姬美貌,或云他初定中原想要显示国威。人们大约是受了《三国演义》的影响,不惮以最坏的恶意揣测曹操。不错,曹操是善用权谋的政治家,但他也是一位出色的诗人,其诗古直悲凉,气韵沉雄,格调极高。歌德说过,在艺术和诗里,人格就是一切。读曹操诗,触摸到的人格绝不是《三国演义》所塑造的那样,他如后世杜甫一般以诗句实录历史,却不做细节描写,也不雕章琢句,多是从大处落墨,以朴质语出,胸怀之博大、情感之深沉,可以说建安时期无人能及。他之赎文姬,也是很有气魄的事,从汉高祖刘邦白登解围始,直到后来的唐朝,中原多是以送女和亲结好于匈奴,而从匈奴手中解救回弱女子的只有曹操一个,这种做法和他诗里所彰显的人格也是一致的。

蔡文姬日思夜盼,终于等到了回家的日子,这下该欢喜了吧?不。12年太久,足以使一棵弱柳长成大树,根根须须都扎进土里,要拔起已经很不容易了。见过挖树根的人知道,所谓连根拔起其实是一句粗疏的话,那空落落的坑里总残留着无数根须,细弱可怜,没着没落,难以想象它们脱离母体时承受过怎样的疼痛。

"己得自解免,当复弃儿子。"文姬的疼痛就在于此。她已经有了两个儿子,左贤王自然不会让她带走的,而路途如此遥远,时局如此动荡,且是异国异族,这一别就是直到老死两地乖隔,生离等同死别了。可是儿子还

未成年呢，还不能理解原因就先得接受结果，母亲心里怎不又愧疚又难过？

"儿前抱我颈，问母欲何之？人言母当去，岂复有还时？阿母常仁恻，今何更不慈？我尚未成人，奈何不顾思！"母亲你要去哪里呢？什么时候会回来呀？母亲素来慈爱，今天这是怎么了？儿子还未成人，母亲怎么忍心哪……不解事的孩子，紧紧抱着母亲的脖子，一句一句发自肺腑，问得直接，问得母亲五内如焚，心头滴血。归家须舍子，舍子母心痛，文姬去住两难，心理复杂矛盾："号泣手抚摩，当发复回疑。"

"生仍冀得兮归桑梓，死当埋骨兮长已矣。"《胡笳十八拍》最是能道尽文姬心事，12年里她正是凭着这一点期待而苟活下来。树高千丈，叶落归根，是宗法制时代的遗留，也是血缘的自动选择——交通发达的今天，我们已难以理解古人这种情感之强烈。

那些和文姬同被掳来的女子，羡慕文姬得以归汉，哀叹自己命运悲惨，在一旁号啕大哭。"马为立踟蹰，车为不转辙。观者皆歔欷，行路亦呜咽。"真个是天愁地惨，摧人心肝啊！

清人张玉谷评此处曰："夫琰既失身，不忍别者岂止于子？子则其可明言而尤情至者，故特反复详言之。"认为此处有弦外之音，依依难舍的还有左贤王，只是文姬写此诗时已归汉，无法明说，故而反复详言别子之情。我觉得这是他不能深察之处，文姬与左贤王生活十来年，离别之时自然会有所依恋，但这种感情怎比得上母子分别的强烈？对左贤王来说，女人还有很多个，失去这一个还有后来人，痛苦比较容易消解。而对于儿子，母亲却只有一个，让尚未成年的孩子承受失母之苦，在文姬心里引起的痛楚,是被掳掠、被打骂、被侮辱等种种苦楚中最集中最强烈最不能排解的深痛。

"今别子兮归故乡,旧怨平兮新怨长。泣血仰头兮诉苍苍,生我兮独罹此殃……"《胡笳十八拍》虽是后人假托文姬之名所作,但其体贴尽情处,也实在如出自文姬之口。长歌当哭,为文姬一哭,为两个孩子一哭,为那个时代深受离乱之苦的人们一哭。

响有余兮思无穷

据谭其骧先生考证,蔡文姬被掳后所居之地在今内蒙古伊克昭盟一带,2001年改为鄂尔多斯市。自鄂尔多斯往南,出内蒙古,经榆林,向东过了陕西、山西,中原风物便直到眼前来。春秋数度,它们仿若一直在这里等着文姬归来,如今是彼此相看,沧桑两无言。走过洛阳、许昌,城市的繁华依稀尚在,废墟上立起红墙灰瓦,街市里的叫卖声如一片温热扑来。拜谒过汉献帝和曹丞相,车马折转向开封而去,愈近陈留愈见破败,中州胜地已被战火焚烧得元气大伤了。

一路颠簸,终于到家了,可是家在哪里呢?

"既至家人尽,又复无中外。""中"指舅父的子女,为内兄弟;"外"指姑母的子女,为外兄弟。家人已丧尽,连中表近亲也没有了,12年天涯飘零音信阻隔,这些熟悉的生命不知何时已从光阴的枝头凋落。

"城郭为山林,庭宇生荆艾。"城郭变成荒芜的山林,庭院长满荆棘和艾草,曾经熟悉的地方成了陌生的所在。

"白骨不知谁,从横莫覆盖。"白骨纵横,不知是谁,也没有人来覆盖,当然更无人收葬了。

"出门无人声,豺狼号且吠。"凋敝景象,恐怖气氛,与王粲诗里"出门无所见,白骨蔽平原"遥相呼应。

在匈奴,文姬心里还能有一些念想,而回来,才发现面临着真正的幻灭。走过12年,走过数千里,终于回到了生命的原点,但她发现自己依然是一个人,孤独站立在莽莽苍苍的时空里。

国家不幸诗家幸,这句话刺心,向不为我所爱。国家不幸,诗家何来幸?皆因不幸,才出得好文字。若一定要说幸,其实是后来读文字的人之幸。对于当事人来说,那些文字是和着血泪托出来的,苦痛转化为文字的时刻,不啻为作者遭受的二次炼狱。

《悲愤诗》就是作于这个时期。战乱里个体生命的创伤,强权政治下女性身份的卑弱,以及女性特有的对细节的敏锐捕捉,等等,都是蔡文姬留给我们的宝贵的文学财富,而这些正是用深痛巨创换来的。多像《荆棘鸟》里的那个传说:有那么一只鸟儿,从离开巢窝的那一刻起,它就在寻找着荆棘树,直到如愿以偿,才歇息下来。然后,它把自己的身体扎进最长、最尖的棘刺上,在那荒蛮的枝条之间放开了歌喉。在奄奄一息的时刻,它超脱了自身的痛苦,而那歌声竟然使云雀和夜莺都黯然失色。这是一曲无比美好的歌,曲终而命竭。然而,整个世界都在静静地谛听着,上帝也在苍穹中微笑。因为最美好的东西只能用深痛巨创来换取……

据《后汉书》说,曹操出面做主,将蔡文姬重嫁与一个叫董祀的男人。董祀时为屯田都尉,通史书,懂音律,与文姬本应志同道合,但他生得一表人才,且正当锦年,私心里对文姬是不满意的,只是因为丞相有命不敢不从而已。文姬自然不能脱离那个时代的伦理观念,因一嫁再嫁而自卑,深恐鄙贱之躯遭到抛弃,故而诗中说:"托命于新人,竭心自勖厉。流离成鄙贱,常恐复捐废。"她这一生,伤心事太多了,夫死,父亡,乱中被擒,受杖骂,被侮辱,儿子被隔在"悠悠三千里"之外,回家后亲人俱已丧尽,勉强有了一个新家又时时担心会被新人所弃。

在《悲愤诗》的最后,文姬悲叹道:"人生几何时,怀忧终年岁。"人生于她是一个悲剧,开场时那几声锣鼓,满堂欢笑,父慈母爱,都已和童年一起飘逝,邈远不可寻,此后尽是叹息,尽是眼泪,无有终极,无有解脱。

诗到此结束,文姬的人生却还有很长一段路,不知此后她与董祀过得怎样。但人心向善,总是期待着好的结局出现,有不少人说后来董祀被文姬感动,终于接纳并珍惜、敬重她了。这是依据《后汉书》中的故事做出的推断。

起因是董祀不知怎的犯了法,按律当死,文姬惊闻消息,蓬松着头发光着脚,不顾一切赶到丞相府,要求拜见曹操。当时公卿、名士及远方使者济济一堂,曹操兴致正高,便对宾客们道:"蔡伯喈之女就在外面,今为诸君见之。"文姬就那么蓬首跣足走进来,伏身叩头请罪,声音清越,语甚悲哀。座上客中,有的人正是当年蔡家座上客,包括曹操本人——足见世事多变幻,有的则是久闻蔡邕及文姬大名——怀着好奇心和仰慕心,面对此情此景此语,尽皆动容。曹操说:"你说的诚然令我同情,可是判罪文书已经送走,有什么办法呢?"文姬是很有辩才的女子,这如何难得倒她?她说:"丞相良马万匹武士如林,何必因爱惜一匹快马一名武士,而不救一条垂死之命呢?"其言有理,其情可哀,曹操有感于此,便亲自签了赦令,派

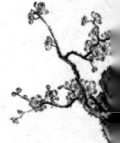

武士快马送去。

这个故事后边还有尾巴,我以为是貂尾,可以佐证文姬之才。当时天气已寒,曹操赐她头巾鞋袜,让她穿戴停当。谈话间,曹操想起蔡邕当年留下不少珍稀典籍,便向文姬问起。文姬答曰:"昔日先父赐书约四千卷,惜乎战乱,流离涂炭,今已无存。我所诵读记忆下来的,大概只有四百多篇。"话中所云四千卷,可能是当年文姬出嫁时,蔡邕赠予的高雅而独特的陪嫁物。曹操很高兴,马上说:"我派十名小吏去跟着你记录吧。"文姬推辞道:"男女有别,授受不亲。请丞相赏我纸笔,我一定不辱此命。"后来果然亲自誊写了送去,文字竟无一处遗漏或失误。连年烽火之下,数不尽的典籍损毁流失,能有人凭记忆默写下来使之流传,其中的重要意义唯有读书人才会明白,这也是曹操为之欣喜的原因。

所谓惺惺相惜,由此事可以看出,曹操是欣赏且怜惜文姬之才的,此情无关风月。如蔡邕当年于柯亭之上识得一根好竹般,曹操懂得文姬在这乱世里的珍贵,他也是解人一个。

据说,还是据说——无史可征的只能是据说——这一番波折下来,董祀由衷地感激并尊重文姬,且深感为官之莫测,索性辞了官,偕文姬隐居山林,从此不理尘世喧嚣。《三国演义》第七十一回里,说文姬夫妇隐居于潼关外的蓝田,林木之间有庄园名为蔡邕庄,曹操路过时还曾前去拜访。但这一处演义,是为了引出曹娥碑上"黄绢幼妇,外孙齑臼"的隐语,为后文表现杨修的聪明外露而埋下伏笔,并未过多着墨于文姬的生活。

这是现今能看到的关于蔡文姬人生最后的文字,且还可能是出于虚构。从此她就消失在历史深处,如何度过余生,如何离开人世,如何耿耿于别子之情，一切都不得而知了。

古乐府琴曲歌词《胡笳十八拍》，约略出现于唐宋时期，郭沫若曾撰文指认为蔡文姬所作，但查无实据，不可采信。其词句凄切动人，阅读者会不由自主把它与文姬的生平重合，这正是它的成功之处。唱到曲终，它这样作结："十八拍兮曲虽终，响有余兮思无穷。"是啊，岁月不居，时光如流水，乐曲有终，人生有终，但思虑无终，文字无终——可说是代文姬留下了余音袅袅之叹。

《悲愤诗》，则毫无疑义是蔡文姬蘸着苦痛，直面乱离，直面人生，创作出的文字。这是一部史诗，记录下那一段真实的历史，此作诗传统一直到唐朝，杜甫、白居易还在承袭。这也是生命之诗，由其生命沉淀而成，淋漓痛楚、深切难言，有别于后来女性文学的轻吟浅唱、风花雪月。大历史，小生命，"真情穷切，自然成文"，足可称"惊蓬坐振，沙砾自飞"，是中国女性文学中最激愤有力的文字，因之一响千年而余音未绝。

附：

悲愤诗

蔡琰

汉季失权柄，董卓乱天常。

志欲图篡弑，先害诸贤良。

逼迫迁旧邦，拥主以自强。

海内兴义师，欲共讨不祥。

卓众来东下，金甲耀日光。

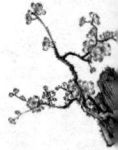

平土人脆弱，来兵皆胡羌。
猎野围城邑，所向悉破亡。
斩截无孑遗，尸骸相撑拒。
马边悬男头，马后载妇女。
长驱西入关，迥路险且阻。
还顾邈冥冥，肝胆为烂腐。
所略有万计，不得令屯聚。
或有骨肉俱，欲言不敢语。
失意几微间，辄言毙降虏。
要当以亭刃，我曹不活汝。
岂敢惜性命，不堪其詈骂。
或便加棰杖，毒痛参并下。
旦则号泣行，夜则悲吟坐。
欲死不能得，欲生无一可。
彼苍者何辜？乃遭此厄祸！

边荒与华异，人俗少义理。
处所多霜雪，胡风春夏起。
翩翩吹我心，肃肃入我耳。
感时念父母，哀叹无穷已。
有客从外来，闻之常欢喜。
迎问其消息，辄复非乡里。
邂逅徼时愿，骨肉来迎己。
己得自解免，当复弃儿子。

天属缀人心,念别无会期。
存亡永乖隔,不忍与之辞。
儿前抱我颈,问母欲何之。
"人言母当去,岂复有还时。
阿母常仁恻,今何更不慈?
我尚未成人,奈何不顾思!"
见此崩五内,恍惚生狂痴。
号泣手抚摩,当发复回疑。
兼有同时辈,相送告离别。
慕我独得归,哀叫声摧裂。
马为立踟蹰,车为不转辙。
观者皆歔欷,行路亦呜咽。

去去割情恋,遄征日遐迈。
悠悠三千里,何时复交会?
念我出腹子,胸臆为摧败。
既至家人尽,又复无中外。
城郭为山林,庭宇生荆艾。
白骨不知谁,从横莫覆盖。
出门无人声,豺狼号且吠。
茕茕对孤景,怛咤糜肝肺。
登高远眺望,神魂忽飞逝。
奄若寿命尽,旁人相宽大。
为复强视息,虽生何聊赖!

托命于新人,竭心自勖厉。

流离成鄙贱,常恐复捐废。

人生几何时,怀忧终年岁。

女中高士晶莹雪

——晋朝才女谢道韫

谢道韫：东晋女诗人。名韬元，字道韫，陈郡阳夏（今河南太康）人。生卒年不详，约生活在公元349至409年之间。谢安侄女，王凝之妻。聪慧有识，能清言，善属文。所著诗、赋、诔、颂并传于世，有集二卷，佚。今存文《论语赞》一篇，存诗《泰山吟》和《拟嵇中散咏松》两首。

夕阳西下，秦淮河无声地逐流光而去。从夫子庙步行街一路走来，在窄窄的乌衣巷，我看到了王谢古居。是的，是古居不是故居，隔墙看看也就罢了。刘禹锡来的时候，朱雀桥边还有野草花；吴敬梓来的时候，还有燕子在来燕堂前飞；现在都没了，眼前只剩一条曲巷，两壁粉墙。巷口尽是店铺，工艺品琳琅满目，行人熙熙攘攘，空气里都是物质的气息，与我的思古幽情完全不搭。

不过,想想也好,寻常巷陌,市井人家,乌衣巷是要俗到极致,才足足见出王谢士族消匿的彻底。

松尾芭蕉说,日月乃百代之过客,流年亦为旅人。

《桃花扇》里说,眼看他起朱楼,眼看他宴宾客,眼看他楼塌了。

没有什么能在岁月里停驻,这里早已不姓王也不姓谢了。王谢堂前双燕子,乌衣巷口曾相识。宽衣博带,漆纱笼冠,魏晋风度从这里翩翩而去,成为中国文人士子最迷人的绝响。广袖短襦,曳地长裙,曾经多少优雅飘逸的女子,也都消失在岁月的风烟里了。

说到魏晋六朝才女,能在今人心里留稍许印象的,大概也就是左思的妹妹左棻,鲍照的妹妹鲍令晖,和曾在这乌衣巷里住过的谢道韫了。

左棻,好学善文,因才女之名而被武帝选为妃嫔,但并不受宠,只是偶尔被召写些应景文字而已,所遗诗赋多是抒写抑郁哀愁的。

鲍令晖,因鲍照对皇帝说的一句"臣妹才自亚于左棻,臣才不及太冲(西晋文学家左思字太冲,其妹即左棻)尔"而名于世,她善写情,诗文婉转蕴藉,"崭绝清巧"(钟嵘语)。

但是,从女性文学的角度,在查勘中国女性成长的痕迹这个意义上说,三个人中最值得言说的是谢道韫。她的林下风采、她的阔廓胸襟、她文字骨格的秀拔、她处乱不惊的沉着静气,以及她显赫而优秀的家族,使得她的形象,不单是当时,就是在整个古代才女群体中,也显得卓然不凡,堪称人中之凤。

她本谢家女,嫁作王家妇,要说谢道韫,就得先说说王谢家族,说说谢安。

还是从乌衣巷开始吧。

清逸才俊谢家树

乌衣巷是三国时期吴国守城军队的驻地,因军士服装为黑色,故而以"乌衣"名之。

及至西晋大军挺进金陵,东吴末帝孙皓奉表请降,"王浚楼船下益州,金陵王气黯然收",自此三分天下归于一统。

不到 25 年时间,西晋王朝自身发生内乱,八大王"乱哄哄你方唱罢我登场",一直闹了 16 年。怀帝登位,苟延残喘 12 年,终为匈奴所灭,北方从此陷入五胡十六国的混乱局面。南方以王导为首的大家族和从北方流亡来的旧官员,在建康(今江苏南京)拥立琅琊王司马睿为帝,是为晋元帝,史称此晋朝为东晋。司马睿尊王导为"仲父",还请他登上御座,拜为宰辅,让他的兄弟手握兵权,连王家的子弟也都赐以显要之位,大有与他平分天下之意。民间流传着"王与马,共天下"的话,"王"指王氏,"马"即司马氏。王氏一门从此成为东晋炙手可热的权贵,先后出过 8 个皇后,与皇室公主联姻的有二十多人。

谢氏也是江南大族。谢道韫的叔父谢安,据记载说是"幼弘雅有识度,弱冠能清言"。魏晋人崇尚老庄,喜论玄理,有清谈之风。这两句话是说谢安幼年气度恢宏,风神优雅,且有见识,弱冠即能清谈。王导因此甚

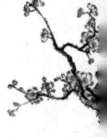

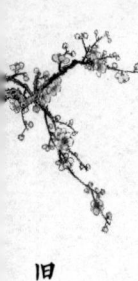

是器重谢安,屡次召他为官。时谢安有兄谢奕、弟谢万相继为官,故而辞却了王导的美意。后谢万北伐败绩,被废,谢安为家族计,这才入仕。自此一发而不可收,从司马到侍中、吏部尚书等,直至总揽朝政,组建北府兵,淝水大战后功加太保,功名盛极一时。如此一来,谢氏家族的地位也迅速攀升,与王氏并为江南地位最高的两大家族,世代簪缨,风光无限,有"山阴道上桂花初,王谢风流荡晋书"的说法。

今日想来,王谢家族所在的乌衣巷,在当时那绝对是高级住宅区。后人诗词中屡屡出现"王谢堂""王谢宅""谢家园""谢家池馆"等字样,即可看出追慕王谢之心。春风得意时用它们,形容华屋高堂金玉满堂的盛况;失意之时用它们,借王谢的酒杯浇自家块垒,隐含着阿Q"我们家先前很阔"的精神胜利法。

再说谢安其人,称得上是中国文化史上最受历代文人推崇的人物之一。他字安石,王安石曾为此作诗曰"我名君字偶相同",言下颇以此而自喜。李白眼高于顶,狂傲不羁,平生却最为崇拜谢安,数次到谢安曾经隐居的东山寻访,所传世诗集中专门写东山写谢安的达三四十首之多。这主要因为谢安是古代最理想的士大夫形象:

一有淡泊之心。年轻时无意仕途,朝廷屡召而不去,隐居会稽(今浙江绍兴)东山20年,与王羲之等名士游历山水,聚会兰亭,端的一派文士风流。朝廷殷殷,黎民殷殷,叹息着"安石不出,其如苍生何"。

二有经国之才。40岁上出仕,正面临桓温擅权妄图篡位的局面,在先皇驾崩太子未稳的时刻,力挽狂澜扶保社稷,并无所畏惧地与桓温周旋,绝不卑躬屈膝,不违背忠义原则,终使国家避过一场大乱。及至桓温去世,谢安当政的时候,又能以大局为重,不结党营私,不打压桓氏,在门阀政治中调和各士族矛盾,改革国家制度,减轻百姓负担。那一段时期里,东晋政治之清明、局势之稳定,就连敌对国前秦也不得不承认说:这偏安一隅的晋朝丧失了北方大部分领土,但并未"丧德"。

三有从容之态。最出名的有两件事。一件,发生在谢安出仕之初,与桓温有关。桓温何人?就是那个留下"木犹如此,人何以堪"名言的人,东晋大司马,三次北伐战功累累,独揽大权专擅朝政,立逼皇帝禅位于他。简文帝司马昱迫于桓温威势,立下遗诏,授权桓温仿照周公旧例摄政,并说若太子不值得辅佐,桓温可取而代之。谢安与王坦之力谏修改遗诏,并在简文帝驾崩后迅速扶立太子登位。桓温得悉,亲率大军,杀气腾腾直奔京师,意欲强行改朝换代。谢安与王坦之奉诏出城迎接。百官惊慌失措跪伏道旁,王坦之汗透重衣,紧张得手板都拿倒了。谢安气定神闲地走上新亭,在四面埋伏里吟诗一首,然后平静地开口问道:"诸侯有道,守在四邻,明公何须帐后置甲士乎?"军队本应守候四方,抵御邻国入侵,这一问,桓温可不好回答,便赔笑道:"恐有猝变,不得不然。"于是挥退甲士,两人携手欢谈。另一件发生在著名的淝水之战时。苻坚领前秦百万大军犯晋,在淝水边摆开阵势,自云"投鞭于江,足断其流",虎狼之猛来势汹汹,朝野上下忧心忡忡。谢安运筹帷幄,把诸事安排妥当,派弟弟谢石、侄子谢玄和儿子谢琰,统兵8万北上御敌。结果,晋军以少胜多大败前秦,捷报飞马送至建康。谢安当时正与客人对弈,看过捷报后随手放下,神色如常地继续下棋。客人忍不住问道:"前方战事如何啊?"谢安神色如常地答道:"小儿辈遂已破贼。"在当时的险恶形势下,谢安的从容,不仅是一种姿态,更是一种策略,身为征讨大都督,他的镇静沉着就是安定民心的一剂良方。

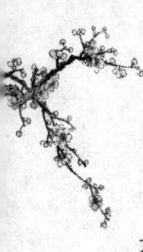

谢安多才多艺,能诗能文,善行书,通音律,儒、释、道、佛、玄学方面俱有造诣,所谓高人也。因而能保持淡泊从容,在野有隐居之意,在朝有济世之志,诸事皆得在心里妥妥帖帖安放好。我见过这样一幅画:一鼓圆凳、一架古琴,一个宽袍大袖的文士端坐凳上弹琴,看不到他的手,只见他双目低垂,安闲沉静的样子。琴前有两名侍女,之外是一片空白,直到右上角才有一行字:晋太傅文靖谢公安。这样的画让人心安,世界可以只是一个静,功名利禄皆要噤声退下。

以谢安为首,谢家满门英才——列位看官注意了,这在东晋的门阀政治中很重要。门阀始于汉末,到曹魏实行九品中正制,"下品无高门,上品无贱族",可谓是大加强化。东晋立国靠的就是士族的力量,自此门阀成为可以左右国家的巨手,从文化到经济、政治,几乎直接影响着历史进程。东晋四大家族里,颍川庾氏是皇亲国戚,琅琊王氏直接参与立国,谯郡桓氏靠征伐而建功,陈留谢氏却纯以人才胜。

谢安的大哥,也就是谢道韫的父亲,安西将军谢奕,潇洒不羁,桓温对他极为欣赏,尊称为方外司马。谢安的弟弟,谢道韫的另一个叔叔,西中郎将谢万,手握重兵,威震一方。到谢道韫这一辈上,谢家众子弟更是人才济济,其中最出名的是"封胡羯末"四大才子。封、胡、羯、末分别是四个人的小名。其一是谢万的儿子谢韶,官至车骑司马;其二是谢据的儿子谢朗,善言玄理,名气仅亚于谢玄,做过东阳太守;其三就是谢玄,谢道韫的亲弟弟,才可经国,善于用兵,淝水大战的前锋都督,东晋第一名将;其四叫谢川,颇有文采,可惜早夭。

谢家庭内多宝树,后世人常爱以"谢家宝树"比喻能光耀门庭的子弟,作为一个家族的荣耀。到唐朝,王勃的《滕王阁序》里还有"非谢家之宝树,接孟氏之芳邻"的话。

咏絮才高谢家女

如现代教育专家所言,一个孩子出生在什么地方什么家庭,就决定了他所拥有的最基本的人生资源。对谢道韫来说,乌衣巷高级住宅区,华美精致的谢家堂,提供的是优越的生活环境。而这高门望族之中,有文臣武将,才子名士,尤其是一代名相谢安,这才构成优良的教育环境。谢奕在任上去世后,谢道韫和谢玄,连同众谢家子弟,都由谢安教育成人。

《世说新语》记,谢安的夫人教导儿子时,问谢安:"怎么从未看见你教导儿子呢?"谢安答:"我常常以自身行为来教导。"可见谢安很重视教育方式,认为身教重于言教。不过,他偏重的大约是风度修养之类的教育,并不提倡书呆子教育。他总是尽量创造机会,让子弟们与闻世事,偶有余暇也会集合谢家子弟,坐而竞谈玄言。有文字记载,谢道韫幼年的两件轶事,都是发生在这样的场景里。

一次,谢安召集子弟们,想听听各人读书的心得,便问:"你们说说,《毛诗》中何句最佳?"《诗经》是"四书五经"之一,世传《诗经》是西汉时期由毛亨、毛苌所辑和注的,故称"毛诗",乃学子们必学的儒家典籍。

谢玄回答道:"昔我往矣,杨柳依依。今我来思,雨雪霏霏。"这是《诗经》中的千古名句,出自《小雅·采薇》,写久戍之卒解甲归乡,在"昔"与"今"、"往"与"来"、"杨柳依依"与"雨雪霏霏"中,道尽个体生命于漫漫时

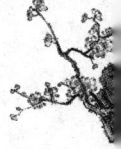

间之流里的无奈,以及战争带来的人生空茫之感,最是能打动人心。谢玄大约幼年即偏爱武事,故而特别注意与战争有关的诗,能选择这几句,品位不可谓不高,但就年龄而言过于消极,因此谢安微笑不语。

谢道韫的选择却是出乎谢安意料,她说:"吉甫作颂,穆如清风。仲山甫咏怀,以慰其心。"这四句出自《大雅·烝民》,是周宣王时大臣尹吉甫所作,颂扬当时辅弼重臣仲山甫的。诗中塑造了一个有德有才忠贞端方的名臣形象,代表着春秋时代的政治理想和价值认知,属于《诗经》里说理成分较浓的一首诗。谢道韫小小年纪竟然能读出这种诗的好并予以认同,谢安且讶异且欣悦,颔首赞许她"雅人深致"。

由此可见,谢道韫打小就不属于娇怯型女孩子,有男儿宏远之志。她大概很崇拜自己的叔父,从仲山甫那里看到了谢安的影子,因而特别喜爱这清风般的诗句。而在谢安心里,应该也是比较推崇这一类诗的,自觉能在谢氏子弟中找到共鸣是可欣慰之事,虽然这只是一个女孩子。

又一日,是寒雪时节,谢安集齐众子弟讲论文义。俄而雪骤,洒洒然,飘飘然,谢安雅兴大发,脱口道:"白雪纷纷何所似?"据说谢安鼻音较重,又因祖籍河南,善用洛阳腔调吟诗,当时连学童也争相效仿,蔚为一时风尚。他一边用好听的语调朗声吟出,一边静静看向谢氏子弟们,也就是说,这句话既是问句,也是唱韵,是联诗的起句了。

谢朗素以"文义艳发"出名,马上应声对道:"撒盐空中差可拟。"平心而论,谢朗这个比方也不错,有的时候雪小似霰,粉白晶莹,细细密密地从空中洒落,那情景真如撒盐一般。鲁迅也这样写过:"朔方的雪花在纷飞之后,却永远如粉,如沙,他们决不粘连,撒在屋上,地上,枯草上,就是这样。"唐朝李贺还有"腊月草根甜,天街雪似盐"的诗句,化用谢朗之语,只是更工巧了些。但是,前边已说过,此时雪骤,已然是大雪纷纷了。而且,好的比喻,不仅仅是像而已,还要有美感,生动巧妙,具有艺术感染力。谢朗自己也觉得不很满意,故而说"差可拟",差可形容。

谢道韫接的是"未若柳絮因风起",此语一出,高下立见。柳絮似花非花,洁白柔美,风起时飘摇无定,漫天飞舞,从颜色到形态与雪花无一不肖。而雪本冬日景物,以春日柳絮作比,似可看见满目烂漫春光,在心理上实现了季节跨越,透露出对自然、对生命的美好爱意。眼前是美景,胸中有气象,但并不滞重,只觉飘逸出尘。

"文章本天成,妙手偶得之",说的是出自天然的真美,也说的是善于发现的灵心,可谓自然与心灵的最佳契合。"未若柳絮因风起",由雪花联想到柳絮,今日读来似乎司空见惯,但想想当日第一个建构这种联想的人,那绝对是美妙的创举,道出了人人心中有却人人未能言的感觉。仅此一句,无须更多,便足以睥睨文坛了。就像玛格丽特·米切尔面对一位自诩高产的男作家所说的那句话:"我只写过一本书,它的名字叫《飘》。"

自谢道韫之后,文人咏雪多仿此句,到宋朝,东坡词《少年游》里"去年相送,余杭门外,飞雪似杨花。今年春尽,杨花似雪,犹不见还家",再到清朝,纳兰性德的《忆江南》中"昏鸦尽,小立恨因谁?急雪乍翻香阁絮,轻风吹到胆瓶梅。心字已成灰",也都未脱这一窠臼。而"咏絮"也从此成为形容才女的典故,《红楼梦》里形容黛玉才高,就说是"堪怜咏絮才"。

"当时咏雪句,谁能出其右?雅人有深致,锦心而绣口。"宋蒲寿宬《咏史八首》这样赞道。然而可惜的是,谢道韫的咏雪诗有句无篇,《晋书》及《世说新语》只记了这么多。据《晋书·列女传》记,谢道韫有诗、赋、诔、颂

并传于世,但大部分没有保存到今天。今所存只有一篇文《论语赞》和两首诗《泰山吟》《拟嵇中散咏松》。

谢道韫聪敏,有才识,心胸、气质等皆有谢安的风致,深得谢安喜爱,又是长房长女,因而她在谢氏家族的地位还是挺高的。身为女子,不能参知政事,她所能做的是经常劝诫兄弟们,匡正他们的言行。《世说新语》中《贤媛》篇有专门记载,说谢道韫有一次直接责备谢玄学问不见长:"你为什么一点也不再长进?是被尘俗事务分了心,还是天分有限啊?"谢玄自己也很看重他的姐姐。

所谓贤媛,有德的名媛,这才是贵族——真正的贵族不仅指物质,还包括精神层面。以古鉴今,看看今天所谓的京城名媛,不就是一群靠名牌支撑起来的官二代吗?哪里有真正的名媛风范?

林下之风动京城

东晋门阀制度泾渭分明,王谢家族更是自视甚高,除了与王室联姻之外,谈婚论嫁大多是在王谢两族内部进行。而谢安与王羲之当日寓居会稽,曲水流觞,兰亭雅集,那交情自是非同寻常。所以,到了给谢道韫择婿的时候,谢安便把眼光投向王羲之的几个儿子。

南京城自秦朝即有王气之说,虎踞龙盘,钟灵毓秀,但在东晋一朝,建康一城的灵气似乎都集中到了王谢两家。谢氏前已有述,此处且说这王氏,出自山东琅琊,故称琅琊王氏,在晋室渡江之前已是不可小觑,名士王戎、王衍,《二十四孝》里卧冰的王祥,都是出自这一族。到王导、王敦执掌权柄的时节,琅琊王氏之隆如日中天。及至王羲之这一辈,几成东晋文化的引领者,"王家书法谢家诗",王氏尤以书法出名。王羲之的字冠绝古今,兰亭雅集时所作《兰亭集序》、隐含丧乱痛苦情绪的《丧乱帖》,都是独步天下的珍品。《古今书评》论王羲之的书法,连不端正的字也评得颇有雅意:"王右军书,如谢家子弟,纵复不端正者,爽爽有一种风气。"这王家书法,既可与谢家诗齐名,又可与谢家子弟互证。

其实王家子弟也不弱。王羲之的大儿子早夭,不提。另外几个儿子中,名气最大的是七子王献之,《晋书》说他"少有盛名,而高迈不羁,虽闲居终日,容止不怠,风流为一时之冠"。他曾经和两个兄长王徽之、王操之一起去拜访谢安,二兄多言俗事,献之只是寒暄几句而已。等他们告辞之后,有客人问谢安,王氏兄弟孰优孰劣。谢安说:"最小者最佳。"客问其故,谢安道:"优秀的人话少,因其话少而知之。"献之工于草书、隶书,也善丹青,七八岁时学写字,王羲之悄悄从后面猛拔他的笔,竟拔不脱,遂赞叹道:"此儿日后能成大名。"长成后,献之的书法,继承家学而有所突破,博采众家之长,兼具诸体之美,"丹穴凤舞,清泉龙跃",名气不亚于其父,与父亲并称"二王",甚至在晋末至梁代的一个半世纪里超过了父亲,《鸭头丸帖》更是为历代书法家所景仰(真迹现存于上海博物馆)。谢安尤为欣赏王献之,有意提拔他做了长史。但王献之早已由父亲做主与表姐定下婚约,不在谢安择婿的考虑之列。

据说,谢安本来看中的是王徽之,王家的五公子。王徽之卓尔不群,清高自恃,书法最得父亲之势,成就仅次于献之。《晋书》称他"少博学,好谈论,善属文,能鼓琴,工书画,其余巧艺靡不毕终",可知不是一般的多才

多艺。他生性放诞,风流不羁,流传最广的是"雪夜访戴"的故事:"(王徽之)尝居山阴,夜雪初霁,月色清朗,四望皓然,独酌酒咏左思《招隐诗》,忽忆戴逵。逵时在剡,便夜乘小船诣之,经宿方至,造门不前而反。人问其故,徽之曰:'本乘兴而行,兴尽而反,何必见安道邪!'"大雪之夜访友,船行百余里,第二天才到门前,却又不进而返。也许最初原本是为访友,但这一路雪景看下来,江水汤汤,时光浩浩,生出渺小与空茫之感,把豪情与兴致都给萧索了。

民初国学大师黄季刚曾解释过"风流"二字,说"风"是脾气、个性,"流"是派头。如此说来,魏晋实在是中国男人的好时代,可以纵情山水,可以随意而为,放浪是风流,率性是派头,活得那叫一个真啊。不过,这样的男人适合做丈夫吗?现代人看了大约会有这种疑惑的。王徽之正是这群男人中登峰造极的一个,桀骜放诞,纵情声色,大约那雪夜访戴的船上也不乏舞伎歌女。有人说,谢安就是在王徽之"雪夜访戴"之后,决定放弃他,而最终选择了他的二哥王凝之。

在王羲之的七个儿子中,王凝之不是最出色的,但毕竟家学渊源,《晋书》说他"亦工草隶"。他因大哥早亡而成为实质意义上的长子,为人稳重,行止端方,出仕也比较早,先后出任江州刺史、左将军、会稽内史等。

奈何只是望之俨然,究竟合不合意,还得他的妻子谢道韫说了算。《世说新语》里记载说,谢道韫嫁给王凝之后很失望,从心底大大轻视他,三朝回门时神情有毫不掩饰的不悦,谢安便问她:"王郎,逸少(王羲之字)之子,人材亦不恶,汝何以恨乃尔?"在谢安看来,王凝之还算不错,谢道韫的轻视似乎过头了。谢道韫没有直说王凝之如何,而是答道:"一门叔父,则有阿大、中郎;群从兄弟,则有封、胡、羯、末。不意天壤之中,乃有王郎!"阿大、中郎,指叔父谢安、谢万之辈;封、胡、羯、末,指兄弟一辈中的才子。这些都是芝兰玉树生阶庭,谢道韫从小见惯了的男人们,以为世间男人都是这般玉树临风、气度不凡、有学识、善谈吐,再没想到天地之间居然还有王凝之这样的男人。

《今生今世》里有一句话说:"男欢女悦,一种似舞,一种似斗。"胡兰成这厮虽人品不佳,多情而又寡情,但于男女之爱上却是语中肯綮。夫妻之间,要么如汉时张敞画眉,或如《浮生六记》里沈三白与芸娘那样,蜜里调油夫妇和合,把闺房生活舞得行云流水一般;要么如苏小妹三难秦少游,或如李清照与赵明诚赌书消得泼茶香,高手过招你来我往,寻常日月也能风生水起,趣味无限。

王凝之显然不属于这两种中的任何一种,大约是比较呆板无趣之人。《世说新语》与《晋书》多记文人雅趣,里边却没有王凝之的趣事。身处一个很容易出名的时代,有人拼爹,有人拼风度,有人拼口才,有人拼前卫艺术,王凝之得天独厚,生在一个很容易出名的家庭,结果他却沉默少闻,他之名于世很大程度上是因为父亲、弟弟和妻子的名头大。

而且,他还是虔诚的五斗米教信徒。五斗米教是道教的一个派别,一说指凡人道者须出五斗米,故而得名,一说是可能和崇拜五方星斗有关。王凝之的虔诚非比一般信徒,他在家里专设静室,每日祈祷修炼,当然不可能与谢道韫当窗画眉临江赋诗。一个有灵性、富于才华的女子,她对生活尤其是婚姻生活就会有更多幻想和期望,现实却是如此,怎不叫谢道韫怏怏不乐呢?

说到五斗米,有几句题外话。陶渊明有一句名言:"吾不能为五斗米折腰,拳拳事乡里小人邪?"现代人常以为这五斗米仅仅指的是官饷,其实

还另有含义。王凝之任江州刺史时,极力笼络江州名士,陶渊明故此成为江州祭酒。但陶渊明终因职事繁杂不堪其扰,而向王凝之辞职。至于他说这句话的时候,却是后来家贫无以为继,不得不出仕彭泽县令时。相对于曾经"居僚职之上","分掌诸曹,兵、贼、仓、户、水、铠"的州祭酒而言,县令一职实在是低而微,然而还要忍受郡督邮的刁难,所以陶渊明封印辞职,留下了这句话。故而,这里的"五斗米"大约是一语双关的,一则指薪俸,一则暗指当日在王凝之手下当差,显然他是瞧不起平庸的王凝之及其信仰的。想当初江州刺史尚不被他放在眼里,今日却要见辱于乡里小儿,是可忍孰不可忍?那就炒上司鱿鱼呗。

书归正传。谢道韫改变不了丈夫,便只好接受他,好在王家朱楼华堂里的日子也不是全无乐趣。魏晋名士崇尚清谈,在王家,此风尤盛。王徽之和王献之都爱啸聚友朋,在堂上洒扫布置,备下清茶美酒,点上一炷香,而后清谈便开始了。谈到激烈处,词锋交接,如刀光剑影,煞是热闹有趣,那情景类似于今日之辩论会。如此几场辩论下来,"最佳辩手"便产生了,王献之即常常荣膺此光荣称号。但有一次,王献之在一群人的围斗下,竟也理屈词穷捉襟见肘,一时不知如何收场了。这时有婢女前来续茶,递给王献之一张纸条,上面是谢道韫清秀灵动的字迹:"欲为小郎解围。"这边众人哪里知道堂后有人旁听,且是位高手中的高手?于是,堂上垂下青绫帐幔,谢道韫隐身帐内,加入辩论会。堂上辩友们不见其人但闻其声,只听她口齿伶俐,音色清亮,先重申小叔子刚才的观点,然后针对众人的反驳逐条讲论,旁征博引,有理有据,不但轻松从容,侃侃而谈,而且立意高远,见识竟在一干名士之上。众人的兴致一下子被空前激发,相继加入这场大战,但到最后,合众人之力,绞尽脑汁也不能驳倒谢道韫。那智慧的谈吐、从容的气度,使众位江左才子相形见绌,甘拜下风,于是谢道韫再一次名动京城。

当年曹魏时期,竹林七贤常于竹林之下啸聚笑傲,肆意酣畅,林下风度令天下人心折,所谓"林下诸贤,各有俊才子"。此日一战,乃知巾帼女流也可以有名士之风,且能比男儿更胜一筹。足见现代人说到魏晋风度时,一般只局限于嵇康、阮籍、王导、谢安这些男人,这是多么狭隘的男性历史视角,实际上谢道韫并不输于他们。

《世说新语》里还有一则故事,可为佐证。

说是同郡有一个女子叫张彤云,是张玄的妹妹。张氏是兴自江东的土著世族,早在孙吴时期就已赫赫有名,到东晋时期极盛,其辉煌不输于过江而来的四大家族。张玄本人名气也很高,与谢玄齐名,时称"南北二玄"。张氏与谢氏两族间隐隐有竞争之意,且张氏素以"文"闻名于世,谢氏出了个才女,张氏当然不甘人后,张玄便常常自夸其妹,称张彤云之才堪比谢道韫。一个叫济尼的人(按:大概是个尼姑),常常出入张、谢两家,东晋这两大著名才女她都见过,便有好奇之人问她张彤云和谢道韫孰优孰劣。济尼答道:"王夫人神情散朗,故有林下风气。顾家妇清心玉映,自是闺房之秀。"

这人答得油滑,倒是两边都不得罪。但细品这两句评语,表面上不言其优劣,事实上还是隐然有高下之分,措辞很是巧妙。所谓"闺房之秀",不过是女性中之特别秀出者也;"林下风气"则是女儿身而具名士气,是女中名士了。历数中国文化史,清心玉映的闺房之秀车载斗量,具有林下风气的女中名士却是极为鲜见。说起来,要到唐朝才有薛涛、民国才有林徽因两人勉强得此名号,然而薛涛毕竟身份卑微,林徽因虚饰处又遭人诟

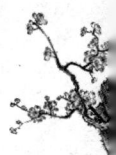

病,与谢道韫终究有很大差距。谢道韫的出现,在中国女性文学的发展史上,可以说代表着特殊的文化意义。

大运飘摇度劫波

东晋王朝有赖于良相强将,谢安一柱擎天,处乱不惊,谢玄、谢石英勇善战,淝水大捷后趁机收复黄河流域的大片失地,得以挽救了西晋以来的倾颓之势。然而,此时晋孝武帝却对谢安有了猜忌之心,热衷于所谓的兴复皇权,重新进行权力分割,让大权全落入自己的亲弟弟之手。谢安被迫离开京城,但心系朝廷安危,打算把广陵防务安排妥当后再辞官回东山,不料竟在这时患病去世。东晋朝廷顿失基石,自此每况愈下,日甚一日地衰败下去。

公元399年,晋安帝的时候,会稽郡爆发了孙恩领导的农民起义。所谓起义,是今天历史教科书的说法,无非是为强调某种革命形式的正统。事实上,这是一场邪教叛乱。什么教?五斗米教。孙恩率领教众,杀人放火,劫掠财物,烧光民房,胁迫老百姓入教。有妇女为婴孩所累不能跟随的,他便以竹筐盛婴孩投于水,对婴孩说:"祝贺你早登仙堂,我随后就来。"他从海岛到上虞,一路攻州破府,直奔会稽郡而来。

此时,会稽的最高军政长官,是会稽内史王凝之,谢道韫那位迂腐的"王郎"。王凝之自恃身为五斗米道徒,不做任何防备,只是在衙署多设了一个神位,照旧焚香诵经,虔诚礼拜。谢道韫劝他布兵防御,属下向他请示军务方略,他一概说:"我早已请过道祖,各处关口皆有神兵把守,城池无虞也,汝等毋忧。何况,孙恩知我乃教友,不会对会稽怎样的。"

孙恩却不这样想,他出身次等世族,在东晋等级森严的门阀政治中晋身无门,早就恨透了门阀世家,所谓五斗米教也不过是个争富贵的由头罢了。由于王凝之毫无防备,孙恩很快便兵临城下,急急开始攻城。这时,王凝之才意识到情况不妙,慌忙调兵防守。但为时已晚,孙恩兵迅速攻上城头,破了城门。王凝之率领子女仓皇出逃,结果被孙兵截住,一场厮杀之后,王凝之与四子一女悉数丧命。

在这之前,谢道韫劝说丈夫无果,便自己组织家丁仆妇,在内府做了一些部署。此刻听逃回来的家丁说丈夫与子女俱亡,旋即抱上外孙刘涛,抽出兵刃,令婢女抬轿出门,撤出内史府。孙恩兵正在大肆屠城并劫掠,其中一队直扑内史府,恰与谢道韫一行迎头遇上。谢道韫生于儒将之家,自幼没少听父兄讲述杀敌之事,本不乏男儿英雄气。这次虽是首次亲历,却临危不乱,镇定地指挥家丁且战且退,自己也挥刃斩杀数十人。奈何众寡悬殊,最后还是被擒,连同她年幼的外孙。

古人最爱讲斩草除根,一杀人即是灭门,只为害怕留下后代报仇雪恨。看《赵氏孤儿》里,屠岸贾为一个刚出生的婴儿大动干戈,也是出于这样一种心态。孙恩以为这孩子是王家儿孙,便命令左右杀之。谢道韫厉声道:"事在王门,何关他族?此小儿是外孙刘涛,如必欲加诛,宁先杀我!"一定要杀,就先杀我!从一个50岁女人口中说出这样的话,对于残忍的孙恩来说,想来是不具威慑力的。但谢道韫是有气场的人,那种镇定从容之态在乱军之中特别显豁,而她的名气之大、她话语中的义正词严、她发髻凌乱却不失尊严的威仪、她泰山崩于前而不惧的刚毅气质,都是孙

恩前所未见的,使之动容。最终的结果是,毒狠暴虐的孙恩为之动容,放过了这祖孙俩。

一梦醒来成大觉,谢道韫从此隐居会稽,足不出户,写诗著文。想想真是可怕,人世无常,转眼间儿女、丈夫皆阴阳两隔,华堂欢颜都不见,只剩她茕茕独立,形影相吊。富贵荣华的消逝尚可忍受,失去亲人之痛却是无可消解,更何况她几乎是在瞬间失去了所有。物是人非,时间的黑洞把生命吸走,留下的人是吞吐间那一点余存,不晓得什么时候也会进入永久的暗黑里。文字不能破除生死,但可以安放心灵,可以在暗黑到来之前点一烛微光,陪伴她静静走过余生。

她的诗,如《拟嵇中散咏松诗》:

> 遥望山上松,隆冬不能凋。
> 愿想游下憩,瞻彼万仞条。
> 腾跃未能升,顿足俟王乔。
> 时哉不我与,大运所飘摇。

她慨叹世事无常,在时间的铁律之下,个体命运飘摇不定。然而整首诗的格调并不是一味的颓废,山上松的形象、隆冬不凋的品质,显示出坚毅的一面来。其实,也正是老年谢道韫自身的写照。

再看《泰山吟》:

> 峨峨东岳高,秀极冲青天。
> 岩中间虚宇,寂寞幽以玄。
> 非工复非匠,云构发自然。
> 器象尔何物?遂令我屡迁。
> 逝将宅斯宇,可以尽天年。

开篇一个"冲"字,有大气磅礴之势,泰山刺破云天的情景如见。东岳巍峨,高耸青天;天际空明,云横崖间。山峡寂寞,含幽静玄远之意;岩洞独特,实造化天然之功。问大造,何故播弄时运,令我遭流离之苦?那泰山,我愿常住此间,借川岳度尽天年。

与她幼时的咏雪句相比,这些诗灵秀之气稍逊,但诗中体现出的高贵的人生境界、审美上的古朴旷远、劫波余生后的大气从容,又是它的取胜之处。就整个中国古代文学史而言,把古代女性的诗篇拿出来进行比较,便可知谢道韫这种大笔挥洒、情致高迈之作,基本属于女性文学中的异数,很是难得。

蔡文姬身经离乱,记忆好像现代电影的胶片,一遍一遍在创作中回放、定格,细节纤毫毕现,那种痛苦,类似于《摩若医生的岛》中牛马野兽时不时浸在硫酸中的"痛苦之浴"。谢道韫也身经离乱,她的记忆却是过滤器,将血腥和苦楚过滤,存留的是洒脱、冲淡、悠远。这取决于她们两个人不同的心性,也是两个时代的审美趣尚使然。

关于谢道韫的晚年,最后的消息来源于一个叫刘柳的人。

谢道韫寡居会稽,家虽残破,仍俨然不堕家风。多年以后,刘柳做了

会稽太守,因为倾慕谢道韫,特地前去拜访,请求与之谈议。谢道韫素闻刘柳之名,也不推辞,素衣素袍坐于帐幕中,大大方方地接见了刘柳。刘柳则"束脩整带造于别榻",也就是说带有礼物,且穿戴整齐,坐在另设的一张榻上,是恭而敬之,执以晚辈之礼。谢道韫美人迟暮,却依旧风姿高雅,气度脱俗,谈及家事,感慨再三,言及义理,侃侃而谈。案几一杯清茶,薰炉一炷青烟,话里乾坤大,座上春风暖,把个刘太守听得心旷神怡,洋洋乎不知其终也。刘柳退出来后感叹道:"实在是前所未见啊,仅仅隔帐感受其说话和气度,就已经让人心形俱服了。"

读这样的赞语,几乎令人忘记"堪怜咏絮才"的林黛玉,而想起红楼中的另一个奇女子,那"山中高士晶莹雪"的薛宝钗——人家只不过有几分近似而已,我这里只想借用一下此评语。谢道韫虽身为女子,却有魏晋名士之风,堪称女中高士,清雅脱俗,莹莹如雪。

日边红杏和露栽

——唐朝才女上官婉儿

上官婉儿：唐代女诗人，女官，唐中宗昭容。生卒公元664至710年，陕州陕县（今河南陕县）人，上官仪的孙女。博涉经史，颇有诗名。其为文，文不加点，须臾而成，成同宿构。有文集20卷，张说作序，称"风雅之声，流于来叶"，惜不传。《全唐诗》录存几首，多奉和应制之作。

长安城。昆明池。

正月三十好日子，淑气催暖，惠风和畅。

这是新年的第一个晦日，皇帝要与百官游春，百官则要赋诗祝贺。

唐自开国以来，科举取士，尤以进士、明经二科为常科，故而官员多文士出身，能诗擅文，素养颇高。从太宗到高宗，再到则天女皇，历代皇帝皆

喜文咏,以宫廷集会宴游为乐,昭示人主重视文教之心——这也是唐诗得以发展鼎盛的原因之一。

这一日,中宗皇帝携百官驾幸昆明池,池上泛舟,池畔宴乐,洋洋乎普天同庆。皇后韦氏提议,以金爵为奖赏,文武百官应制作诗,由昭容进行品评,选中一首为新翻御制曲。如此,一显君臣之义,一显后宫之能。

于是,帐殿前结起彩楼,昭容端坐其上,高髻簪花,薄纱帷帽,恍恍然天人一般。内侍以托盘捧出金爵来,三足,云纹,兽头威武,造型气派,闪耀着大唐盛世的荣光。宫女们穿窄袖衫,系曳地裙,慢束罗裙半露胸,来往穿梭着送上笔墨纸砚。文武百官,有的临水吟哦,有的呆立花间,有的尚搜索枯肠,有的已奋笔疾书,一个个都铆足了劲儿要比拼一番。

一炷香很快燃尽,百余篇诗署了名交上去。似乎只是一眨眼的工夫,彩楼上便雪片似的飞下许多来。百官各自认领了去,或暗叫惭愧,或窃窃私议。只有两个人还在静候,他们是宋之问和沈佺期。这两人一向不相上下,诗坛比肩,并称"沈宋"。两人在彩楼下轻声商定,就以这次赛诗定胜负,决不反悔。又不多时,一纸飞坠,取而视之,乃沈佺期诗,诗云:

> 法驾乘春转,神池象汉回。
> 双星移旧石,孤月隐残灰。
> 战鹢逢时去,恩鱼望幸来。
> 山花缇绮绕,堤柳幔城开。
> 思逸横汾唱,欢留宴镐杯。
> 微臣雕朽质,羞睹豫章材。

应制诗能作成这样已经很不错了,怎么就落选了呢?不独诗坛大腕沈佺期不服,就连百官也心存疑惑,皇帝也亲自询问个中缘由,却听彩楼上昭容答道:"二诗功力悉敌,然沈诗末句'微臣雕朽质,羞睹豫章材',正如强弩之末,辞气已竭。宋诗则云'不愁明月尽,自有夜珠来',犹若大鹏振翼,陡然健举,言已尽而气势未已。"

说话间,宫女把宋之问的诗传了下来,众人争睹。诗曰:

春豫灵池会,沧波帐殿开。
舟凌石鲸度,槎拂斗牛回。
节晦蓂全落,春迟柳暗催。
象溟看浴景,烧劫辨沉灰。
镐饮周文乐,汾歌汉武才。
不愁明月尽,自有夜珠来。

果然,两诗辞章、用典等皆相当,落句气势相差却不可以道里计,昭容之评的确到位。沈佺期心服口服,文武百官也都称善,齐赞昭容慧眼,足以称量天下文士。

这位昭容,宛然天下文宗领袖者,何人?上官婉儿是也。

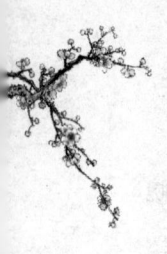

自言才艺是天真

话说当年这上官婉儿将生之时，母亲郑氏做了一个奇特的梦，梦见一金甲巨人给她一杆大秤，说："持此称量天下。"占梦的人告诉郑氏："此为吉兆，当生贵子，而秉国权衡。"结果出生的是个女孩，人皆笑此胎梦无效，没料到数年后居然应验——当然，这都是些假语村言，姑妄读之。

婉儿出生几个月后，郑氏抱着她逗弄："称量天下者是你吗？"小婉儿咿咿呀呀，俨然应下了，引得堂上众人大笑。这时候，这府还是宰相府，车如流水，人来人往，雕梁画栋下盛开着人间富贵花。但是，就在数条街外的皇城，权力的火焰嗞嗞燃烧，很快就要烧到这里，吞噬这里的一切，包括生命，包括家庭，包括一个小女孩本来可能拥有的安宁幸福的人生。

时为公元664年，武媚娘登上皇后宝座已近10年，最强硬的反对派长孙无忌在5年前被逼自尽，太宗所遗其他重臣也贬谪的贬谪，流放的流放，大唐天下实质上已掌控在一双女人的玉手中，盈盈一握便可断送。高宗李治向因体弱多病，给了媚娘把持朝政的机会，至此时是悔之晚矣。这个温和懦弱的男人，只敢在亲信的朝臣面前流露一点情绪，然而这一点情绪便马上激发了听者的忠君热忱。这个听者不是别人，正是婉儿的祖父上官仪。

上官仪，著名宫廷诗人，工于五言诗。其诗有齐梁余风，好绮错婉媚，时人多有仿效者，号为"上官体"。代表作《入朝洛堤步月》，是他凌晨入朝时即兴吟咏的,"脉脉广川流,驱马历长洲。鹊飞山月曙,蝉噪野风秋",架构精巧,音韵清亮,读来似可见怡然自得之态。据《隋唐嘉话》说,当时在场"群公望之""犹神仙焉"。仪贞观初年进士及第,"对求贤策""对用刑宽猛策"两策颇见其治国才能,召授弘文馆直学士,迁秘书郎,高宗即位后为秘书少监,进西台侍郎、同东西台三品,位极宰相。

话说当初李治要立武氏为皇后,上官仪就屡屡阻止,而今他听到高宗李治的抱怨,马上进谏道:"皇后专断,已失人望,何不废之以顺人心?"李治一向是一个没有主见的,便随口说:"那劳烦阁老起草一道诏书吧!"这两个男人也不想想,武媚娘何等精明的女人,更兼多年宫廷血雨腥风的磨砺,怎会不在高宗身边埋下眼线?这边诏书还在起草中,那边皇后已得着信赶来了,申诉自己的辛劳委屈,质问皇上为何无情无义,还就势滴了几滴泪——这泪大约也是真实的,再怎么精明强干,这时候她还不能完全自主命运和地位。李治马上矮了半截,期期艾艾地说:"是上官仪教我的。"看这皇帝做的,臣下怎不悲催?也是上官仪糊涂,皇后的废立往大了说是国事,往小了看也就是皇帝家事,你多什么嘴?再说了,斯时宫里宫外的权力悉归于武媚娘,又岂是一纸诏书就废得了的?

武媚娘由此深恨上官仪,其后指使许敬宗诬陷上官仪参与谋反,将其判处死刑。一块死的,还有上官仪的儿子上官庭芝。

呼喇喇好似大厦将倾,婉儿还未出襁褓,祖父和父亲就一同被处死,府邸查封,家族籍没。而她和母亲郑氏,一同被配没掖庭——所谓掖庭,宫中旁舍,妃嫔宫女所居之地也。宫中岁月长,郑氏昨为宰相媳,今为唐宫婢,身边还带着个婴儿,真不知是怎么熬过来的。"终日舂薄暮,常与死为伍。"汉高祖刘邦的宠姬戚夫人,被吕后贬为宫奴,一边舂米一边这样唱。但她当时还未绝望,想着儿子赵王如意很快就会来解救她。郑氏也是宫奴,但作为罪人家属,人生却是一抹黑暗,再无一丝指望。更让她忧心的是女儿,想想孩子的人生可能就此被埋葬在这里,一个母亲的心无论如何也不甘啊!好在唐朝皇宫里有宫教博士,教宫人学习书算,还有乐舞书画,有丰富的典籍。而郑氏自己,本是太常少卿之姊,诗书礼仪也是修习过的,若督促女儿努力向学,长大后成为妃嫔或者宫廷女官之类也不是没有可能——思前想后,这是那种处境下唯一的晋身机会。当然,它只是一种设想,要实现还需要很多,比如婉儿得有天分,有美貌,还得有造化垂青,天时地利成全一下。

天不绝人,上官婉儿倒也不曾辜负郑氏苦心,不但天资聪颖,兼且勤奋好学,作诗作文无不才华出众,长到14岁的时候已是声名鹊起。

花开两朵,各表一枝,再说说另一个注定要和上官婉儿的生命有交集的人——武则天。这14年间,武后谨慎处理宫内关系,铁腕经营朝廷政事,已是月悬大唐如日中天,与高宗二圣同朝了。高宗称"天皇",她称"天后",然朝廷大小政事悉出于天后,天皇实质上早沦为傀儡。公元675年,高宗因重病不能上朝,欲禅位太子李弘,李弘旋即被毒死。幕后主使是不是武则天,后人不得而知。总之,在上官婉儿14岁这一年,高宗依然健在,武后地位稳如磐石,太子是武后的二儿子李贤。

武后终于听说婉儿的名气,下诏召见婉儿。

13岁在古代称为豆蔻年华,15岁为及笄之年,婉儿此时已是豆蔻梢头二月初,美丽得像花儿一样的年纪。一个出众的小美女,对武则天不具备威胁,反而会令她生出三分爱怜来,而且武则天当年并非不欣赏上官仪之才,奈何上官仪不肯为她所用,如今面对上官家遗下的后代,武后心里自然是多加两分怜惜。武则天当场命题,令婉儿试作一文。婉儿文不加点,须臾即成,仿佛早就构思好了似的,全无半点迟疑滞塞。而那文采呢,据说是"珠圆玉润,调叶声和",兼且书法秀媚,"格仿簪花"。武则天阅后大喜,又有了三分爱才之意,即刻当堂细加考较。经史子集,诗文歌赋,算术义理,婉儿无不对答如流,不仅才思敏捷,探微镜理,而且言辞得体,隐隐然有良臣之风。这时候,武则天对上官婉儿的欣赏已是到了十分,当即下令解除其奴婢身份,命其掌管宫中诏命。自此之后,武则天所下制诰,大多出自婉儿之笔。古代王权集中在皇帝一人之手,这个接近最高权力中心的职位便不仅仅是制诰,有些时候甚至可以左右一个国家或者一群人的命运走向。

这一时期,关于上官婉儿的文采,宋代《彦周诗话》中也有记载。"唐高宗御群臣宴,赏《双头牡丹诗》。上官昭容一联云:'势如连璧友,情若臭兰人。'计之必一英奇女子也。"此处,"璧"喻绿叶,既云双头牡丹,势必绿叶相并。"臭"指气味,通"嗅",《易经》中有"同心之言,其臭如兰",化用到这里,隐含同心之意。连璧是实,如兰则虚,一实一虚,有景有情,真真工整精致,典雅绝丽,形容并蒂牡丹贴切之至。更妙的是那弦外之音,含蓄地从情感角度美饰当时政治上的"日月同朝",献给座上"二圣"也颇为妥当,自然深合武后之心——这也是婉儿心机灵巧之处。《全唐诗》收上官婉儿诗作,还特意收录了这两句,单列为"句",亦可知其好。

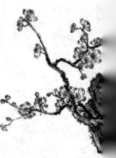

"自言才艺是天真,不服丈夫胜妇人。"是唐人吕温在《上官昭容书楼歌》中的赞语。是的,婉儿的才华天生成,巾帼不让须眉。

只是,不知这出众的才华带给她人生的将会是福还是祸呢?

日边红杏倚云栽

相当一部分野史和传奇里有一个说法,说上官婉儿依附武则天,是为了报其祖其父之仇。这种演义,遵循忠义原则进行二分法,把上官仪归入忠臣之列,把武则天丑化为阴险狡诈的野心家,而上官婉儿就是那背负深仇大恨且一心要匡扶李唐王朝的奇女子。以今天的历史观看,这一说法显然是虚假的。

唐朝贞观之治后有一段疲软期,李世民几个能干的儿子鹬蚌相争,结果使得最不具备政治才能的李治得了利。武则天,从李世民的卧榻到李治的寝宫,继而皇后、天后,一步一步逼近皇位,自然是很善于弄权的,但这也是那段时期给了她这样的机会。她无疑是一个成功的政治家,自从李治沉湎病榻和女色而放权给她之后,她手中的王朝,包括李唐和后来的武周,大体上是在走上坡路,从政治、经济到吏治等都堪称全盛,以至于还政李唐之后,她的儿孙们也还是享用着她的成果。对讲究血统正统的卫道者们来说,武则天的出现,是对李唐王朝的羞辱。但没有武则天的出现,羞辱李唐王朝的可能会是李唐王朝自己,武周还政李唐王朝之后,中宗李显时期的腐败混乱即是明证。

不把武则天妖魔化,而是还原到本来的历史坐标里看,她的形象会更清晰,她和上官婉儿之间的关系就会更立体化,不那么平板单一。在皇权至高无上的时代,所谓"君叫臣死,臣不得不死",君君臣臣,深入人心,臣下看君上就仿佛地对天一般,复仇思想几乎没有可以生长的土壤,除非是乱世末代把旧有秩序给打破了。更何况,所谓的仇人"天后",当时是实际的大唐统治者,威仪足可震慑一国,郑氏怎么可能给女儿灌输报仇雪恨的想法呢?从上官婉儿后来的从政生涯也可看出,并无这方面的影响。可以想见,她在皇宫里卑微地长大,初蒙召见,肯定是受宠若惊,想要抓住这千载难逢的机遇。面对武则天的那个时刻,她心理上也肯定会有一些异样,毕竟是这个女人毁了她完整的家。不过,婉儿是一个很现实的女孩子,她把握住了这次机会,轻轻拨转命运之舟,从此驶进一片辽阔的海洋。

那么,心上的结解开了吗?没有。武则天对她完全没有戒心了吗?也没有。所以,这两个女人之间,还有抵牾,还需要磨合,这是注定了的。有文字记载的,便有两处可以说明这一点。《北户录》有注文曰:"昭容,仪之孙,名婉儿。天后时,忤旨当诛,惜其才,不杀而黥之。"黥是黥刑,又称墨刑,以刀划破面部,再在伤口处涂上墨炭,留下永久的印迹。如何忤旨?没有交代。

《本草拾遗》中则另有记述。天后会见大臣,令昭容卧于案裙下,记录所奏之事。一日宰相对事,婉儿止不住好奇,悄悄抬头偷窥,被武则天发觉,退朝后怒甚,取甲刀刺其面上,喝道:"不许拔!"美丽的脸上鲜血流淌,然而疼痛远远赶不上恐惧,婉儿诚惶诚恐,匍匐在地,即刻作了一首《乞拔刀子诗》——此处读得人心下惨然。强权如泰山压顶,婉儿不过是一只随时可能被碾死的小虫子,To be or not to be,不服软行吗?

关于这里,还有一个说法,说故事中所涉男人不是宰相,而是武则天的男宠张昌宗。武则天与张昌宗床笫之欢时,也不避忌婉儿——说来近乎变态,不过据资料看,古代贵族行房原是不避贴身仆妇的。婉儿已是妙

龄女子,这么对待未免不够人道,她一颗芳心未免被引动。于是,某一日,张昌宗与婉儿私相调谑,被武则天撞见,所以有了后来插刀的一幕。

婉儿为掩伤痕,在额上刺了一朵红色的梅花,再描上一对拂云眉,配上高耸的双鬟望仙髻,结果愈加美艳不可方物。宫中不少人悄悄效仿,以胭脂点成红梅,后来渐渐流传开来,成为一时风尚,名之"红梅妆"。肉体上的伤痕可以用灵心巧手补救,精神上的伤害却是永久的,婉儿从此改变了很多,学会了权术,学会了逢迎,学会了在权力的夹缝里顽强生存,千方百计博得武则天的欢心。相对于坚硬来说,柔软是一种把自己放得极低的姿态,但聪明的人知道,柔软本身也会有坚硬的力量。

大唐王朝的铁女人武则天,终于在公元690年偷天换地,把万里河山改姓成武,自己也像男人一样当起了皇帝。这中间,将第二个太子李贤废为庶人,高宗去世后扶三子李显即位,不到两个月再废李显,立四子李旦,同时毫不留情地打击政敌,毫不手软地平定徐敬业叛乱,又大兴举报之风,任用酷吏周兴、来俊臣,对异己势力进行血雨腥风的镇压……婉儿亦步亦趋,跟着武则天一路闯过来,政治才干一日强似一日,日渐为武则天所倚重。

到圣历元年,也就是698年,武则天开始放手让婉儿处理百司奏表,参决朝廷政务,群臣奏章莫不经过她手批阅后上达天听,政令、诏书、祭拜祝词、官员任免等莫不经过她手下达。张说《昭容文集序》中说,上官婉儿"顾问不遗,应接如响",日理万机,应付自如;"嘉猷令范,代罕得闻",治国策略,堪为典范,历朝历代都少有听闻。"大君据四海之图,悬百灵之命,喜则九围挟纩,怒则千里流血,静则黔黎乂安,动则苍甿罢弊。入耳之语,谅其难乎？贵而势大者疑，贱而礼绝者隔；近而言轻者忽，远而意忠者忤。惟窈窕柔曼，诱掖善心，忘味九德之衢，倾情六艺之圃。"这是说武则天拥有四海之土，掌控万民之命，喜怒无常，杀伐决断取决于自心，不独听不进谏言，而且疑心极重。只有窈窕柔曼的上官婉儿，能号得了女皇的脉，婉转陈词，诱引善心，使女皇做出正确的决定。

这就是聪明的婉儿，她虽无丞相之名，却有丞相之实，时人称她"内丞相"，后人称她"女中首相"。

《红楼梦》"寿怡红群芳开夜宴"一回，宝、黛、探等齐聚怡红院，众人掷骰子占花名，探春掣到的花名签是一枝杏花，上边有诗句"日边红杏倚云栽"。人都道曹雪芹安排此签，只为喻指探春"必得贵婿"，却不知这句诗另有出处，暗含曹公对探春的赞赏之意。这原是唐人高蟾写来献给朝中大臣的，上句为"天上碧桃和露种"，所以签上还有"瑶池仙品"四个字。事实上，才自精明志自高的探春，若非是庶出问题，若非是生为女孩儿家，以她整治大观园的才干，面对抄捡时的清醒认识，那"百足之虫死而不僵，必须先从家里自杀自灭起来，才能一败涂地"的深刻悲叹，可以想见，她若治世安邦是绝对不会输于男人的。

说起来，这上官婉儿倒是恰恰配得上"日边红杏倚云栽"的话，不但有探春之才，而且有施展才能的平台，把一国政事处理得妥妥当当，直教天下女人羡煞，也教天下男人惊呼：原来女人也可以做丞相，而且还可以做得这么好？！

长长久久乐升平

　　事实上,世人只看见日边红杏灿若云霞,看见女皇之侧朝堂之上,无限的高贵荣华,怎知内里那风霜摧折的严酷和无奈?作为武氏的贴身秘书,女皇之威正如前文所述,喜怒无常态,"喜则九围挟纩,怒则千里流血";疑心又是如此之重,位高或位卑,亲近或疏远,任何人都有可能会被怀疑。所谓伴君如伴虎,稍有不慎便可能招致杀身之祸,因此婉儿谨慎小心步步着意,说是如履薄冰战战兢兢也不为过。

　　这样的岁月最能磨蚀人,眼看着二十多年忽忽地就过去了,青春不再,年华渐老。武周的后宫里繁花盛开,连年过古稀的女皇榻前还有着欢爱温存,唯有上官婉儿,她是这满园里最寂寞的一朵。也许曾有过一些隐秘的恋情,然而终究是无名无分难以把握,唯一明白的是她终将老去。

　　公元705年正月,神龙政变爆发,上官婉儿的人生再一次发生突变。

　　则天女皇时已病重,移居迎仙宫,除了张易之、张昌宗兄弟外,任何人不得入内,包括上官婉儿。二张趁机把持朝政,武周王朝岌岌可危。之前,武则天经过在儿子和侄子之间的权衡,召回庐陵王李显,此举顺应了天下人心所向,也给了李唐皇室以希望。如是,眼看着复国在望,怎容得两个男宠指点江山?宰相张柬之与桓彦范、崔玄等五大臣,联合右羽林大将军李多祚,发动政变,诛杀二张,逼女皇退位,迎李显复位,复辟大唐国号。

　　为何叫复位呢?这李显,是武则天的三儿子,就是前文所说高宗去世后即位的中宗皇帝。当时不过是武则天的权宜之计，主要是看李显生性懦弱，便于掌控。高宗遗诏中令裴炎辅政，朝廷政事则取决于武后。李显却想组建自己的权力集团，有意重用皇后韦氏的亲戚，甫一上位即把韦皇后之父韦元贞从普州参军提拔为豫州刺史，并且还想提拔为侍中。唐制，因循隋制，由尚书令、中书令、侍中共议国政，后因李世民身为秦王的时候做过尚书令，臣下皆避而不敢为尚书令，故改由仆射与中书令、侍中同掌相权。也就是说，侍中乃宰相职，品位极崇。裴炎固以为不可，李显这厮居然扬言道："我把天下送给韦元贞也无不可，难道还会吝惜这一个侍中之位吗？"如此昏聩荒唐，大大激怒了武则天，她立即把他废为庐陵王，贬出长安。在位时间，未满两个月。

如今再次登上龙位，可谓咸鱼翻身，李显自然要论功行赏，大封功臣。受封之人里，就有上官婉儿。婉儿在这场政变里扮演什么角色，史书没有记载，只知道有宫女起而响应。当时武则天正值日暮之年，气息奄奄，宫里除二张之外能有点影响力的就只有婉儿了。政变要想成功，就需要内应——这对上官婉儿来说，正是后武则天时代唯一可资利用的机会，把握得好，及时向新政权靠拢，自然能更好地保全自身。而政变成功后中宗对上官婉儿的直线提拔也是一大证明，先是拜为三品婕妤，后又升为二品昭容，连她去世的母亲郑氏也被追封为沛国夫人。

旧戏里常爱唱"三宫六院七十二妃"，其实那是笼统的说法，自周朝以降，历朝历代各不相同。以《旧唐书·列传》为依据来看，唐朝后宫，在皇后之下，有贵妃、淑妃、德妃、贤妃各1人，称为四夫人。比如杨玉环，就属于这一品级，虽然李隆基虚皇后之位，杨贵妃是实际的后宫第一人，但名分上仍不过是四夫人之首，不得擅自僭越。夫人之下，有昭仪、昭容、昭

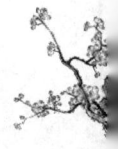

媛、修仪、修容、修媛、充仪、充容、充媛各 1 人，称为九嫔。后人常爱并言"妃嫔"，其实妃是妃，嫔是嫔，前者一品，后者二品。再往下还有婕妤 9 人，美人 9 人，才人 9 人，宝林 27 人，御女 27 人，采女 27 人。历史上，婕妤中比较出名的，比如班婕妤，班昭的姑姑，但那是汉朝的事，且不提它。以武则天为例来看，她 14 岁入宫，成为唐太宗的才人，正五品。这一做就是十几年，直到太宗去世，她依旧是武才人。唐高宗即位后，与皇后争宠的是萧淑妃，一品夫人中的第二位。身为后宫女子，品级只是个象征，皇上的宠爱才是真正的王道。因萧淑妃专宠，王皇后便召武才人入宫，后者迅速以自己的王道击败萧淑妃，受封二品昭仪。历史上最出名的昭仪，就是这个武昭仪。她以昭仪之位，设计杀死皇后，又越级而上，直接受封为皇后，最后再虐杀萧淑妃。武则天一路拼杀的路线，大致可以显示出后宫女人的座次，但这种座次竞争可不像梁山好汉一百单八将那么简单粗豪，这里随时都可能有变数，有血雨腥风。

因为武则天曾是昭仪，故而中宗复位之后，暂时不用昭仪封号，那么，上官婉儿——即篇首所言上官昭容，《旧唐书》《全唐诗》以及其他唐代典籍都恭而敬之沿用这个尊称——就是实际上的九嫔之首，且依旧负责掌管皇帝诰令，可谓有名有分，殊荣之盛远胜于在武则天身边的日子。李显的皇后比较特殊，四夫人形同于无，所以上官婉儿的地位，其实只在皇后韦氏一人之下而已，可谓达到了她人生中权力的顶峰。

且说皇后韦氏，当日李显遭贬，先后被软禁于均州、房州 14 年，身边只有这韦氏陪伴，两个人相依为命休戚与共。李显为人懦弱，每次听说有武则天的使臣到来，就怀疑是来杀自己的，吓得直想自杀。韦氏倒是个坚强的女子，一次一次劝慰他，帮助他，鼓励他坚持着活下来。患难之中见真情,李显因此十分感激韦氏,曾执手发誓说:"一朝见天日,誓不相禁忌。"很有点陈胜草莽之中立约"苟富贵,勿相忘"的意思。复国之后,李显所做的第一件事便是封韦氏为皇后,并破格追封她已逝的父亲韦元贞为王,第二件事是让韦氏参与朝政,对政变功臣张柬之等却只是封赏,并不加信用。

韦氏是新朝关键人物,明眼人一看便知,上官婉儿自然很清楚。婉儿如今已41岁,在宫廷磨砺将近30年,何等样人没见识过?何等心思揣摩不透?她的做法简单而直切要害:一是"常劝后行则天故事",以权力与野心投其所好;二是施美男计,献出自己的情人武三思。《旧唐书》里说,武三思与上官婉儿早已私通,韦氏"受上官昭容邪说,引武三思入宫中,升御床,与后双陆,帝为点筹,以为欢笑,丑声日闻于外",后面还直接写道"(武)得幸于后"。双陆是一种带赌博性质的游戏,武三思与韦后玩双陆,亵玩暧昧,中宗李显也果然"不相禁忌",还在一旁帮着他俩数筹码。

宫里三人行其乐融融,宫外上官婉儿获得了前所未有的自由,开始尽情释放自己的欲望,包括对权力、对金钱、对情色的占有欲,恣意地膨胀着。她得皇帝皇后准许,可以出宫建外宅以供嬉游,外宅建造得高大奢华,亭台楼阁巍巍,池沼水榭隐隐,雕梁画栋,如同行宫。中宗也常引大臣前去宴乐。她效仿武则天养面首,先是兵部侍郎崔湜,风流俊秀,洛阳城著名的小白脸,后经崔湜引见,他的兄弟崔莅、崔液、崔涤也来了,兄弟四人时时陪侍游冶,上官婉儿的私生活形同当日的女皇。她暗地弄权,私通关节,还支持武三思设谋贬杀大臣,起草诏令时有意贬抑李唐宗室而推崇武氏。崔湜主持铨选有过失,被贬官,她把崔湜介绍去服侍太平公主,崔湜很快又大摇大摆官复原职。她是这么善于利用权力,这么炙手可热,这

么放肆大胆,一时之间,投机钻营者,自动献身者,堵拥其外宅之门。《新唐书》言:"邪人秽夫争候门下,肆狎昵,因以求剧职要官。"

客观地说,不独婉儿如此,中宗一朝就是这种风气。中宗的两个女儿,安乐公主和长乐公主竞相扩建府第,安乐公主为了跟姐姐比富,要老爸把皇家的昆明池赏给她做后花园,匪夷所思的请求不被满足后,即在长安城里圈出方圆数里的地,强行赶走百姓,动用人力挖出一个比昆明池还大的人工湖。朝政方面,武则天的女儿太平公主、韦后、安乐公主等,都是大张旗鼓地卖官鬻爵。安乐公主甚至是预先拟好诏书,掩住正文不给中宗看,让他直接盖印。而养面首,携男色出游,奢靡放荡,自武则天开始,到太平公主、韦后、安乐公主、上官婉儿等贵族妇女,皆然。唐朝因为受胡人文化影响,社会风气本来就比较开放,女性地位也比较高,在思想、言论和行动上比起之前之后各代的女性显得普遍自由一些。然而,社会主流依旧是不可动摇的父权制。一些女性打破两性关系的旧秩序,走到另一个极端去,固然不能等同于现代女权主义思想,但说是出于潜意识的反抗,也还是靠谱的。如《红楼梦》所言"脏唐臭汉",皇帝在三宫六院七十二妃之外,还有男宠,还要乱伦,中宗子承父妾,玄宗父夺儿媳,两汉更是半数皇帝有双性恋,唐宫汉廷里一派淫乱。比较起来,武则天等女子的所作所为不过是其中的微量,且一闪而逝,历朝历代再没有集中出现过这样的一群。

上官婉儿作为当朝第一才女,在这些物质和肉欲之外,还有更高的精神追求,那就是大力兴文,做文坛领袖。平台是李显给她的,也是承袭武则天晚年的兴文政举。而在平台上大展身手,把兴文的意志转化为一国文化的动力,设立修文馆广纳诗人才子,借宫廷宴游倡导诗文创作,广袖轻舒下兴起举国吟诗之风,如此种种则靠的是婉儿个人的才能。而她所做的这一切,也使她在文人士子心目中地位很高,拿今日中国之文化部长来比她,大约分量还大为不足。而她的作诗与评诗才华又极高,如本文开头所言,使天下文士心悦诚服,心甘情愿被她的一双纤手称量。

活了四十多年,她终于可以身心舒展,可以快意人生了,自得之情溢于言表,创作激情也蓬勃喷涌。

虽然很多时候她需要充当捉刀人,在公开场合代韦后和公主等作诗,或者自己应景做些歌功颂德之诗,比如下面两首:

帝里重阳节,香园万乘来。
却邪萸入佩,献寿菊传杯。
塔类承天涌,门疑待佛开。
睿词悬日月,长得仰昭回。

释子谈经处,轩臣刻字留。
故台遗老识,残简圣皇求。
驻跸怀千古,开襟望九州。
四山缘塞合,二水夹城流。
宸翰陪瞻仰,天杯接献酬。
太平词藻盛,长愿纪鸿休。

然而,言为心声,文字是一个人的心灵向世界敞开的窗口,再虚假的

应制之作里都会有她自己的存在。看这一首:

> 翠幕珠帏敞月营,金罍玉斝泛兰英。
> 岁岁年年常扈跸,长长久久乐升平。

随着皇帝驾幸新丰温泉宫,翠幕、珠帏、金罍、玉斝,华丽丽的出行,华丽丽的表达,她是爱上这种生活了。"岁岁年年常扈跸,长长久久乐升平",她是真的希望这种生活长长久久。

红消香断难为情

好日子如何能长长久久呢?宴游唱和,歌舞升平,又怎掩得住内里的危机四伏?而这里面,最大的危机,就是统治上层的混乱不堪。

皇帝昏庸,皇后强势,普天下皆知皇帝是怕老婆的主儿,连伶人献艺也敢当面唱道:"回波尔时栲栳,怕妇也是大好。外边只有裴谈,内里无过李老。"这叫"回波辞",乐府曲名之一,首句是常用套话,无甚意义。裴谈是当朝宰相,曾因被人讥笑怕老婆,发表过一段经典妙论,我称之为"怕老婆论":"妻有可畏者三:少妙之时,视之如生菩萨,安有人不畏生菩萨?及男女满前,视之如九子魔母,安有人不畏九子母耶?及五十六十,薄施妆粉或黑,视之如鸠盘荼,安有人不畏鸠盘荼?"老婆正当妙龄之时,直如生菩萨一般,哪有人不怕菩萨的呢?及至生儿育女,便像佛经中有魔力的鬼子母,谁能不怕鬼子母呢?等到五十六十的时候,脸上薄施妆粉,黑黑白白,她就是那能食人精气的鸠盘荼厉鬼,这世上有哪个人不怕呢?裴谈说得有理有据,有爱惜也有调谑,真当得起当朝"第一怕妇"的名头。而伶人敢于拿裴谈来作比,调侃李显,也是吃准了这话能讨皇后欢心,皇帝不能拿他怎么着。果然,李显听了,只是尴尬地干笑几声,还没顾上说什么,韦氏那边当即发话:"唱得好,赏了!"

李显不但生活上怕老婆,政治上还积极支持老婆,仿照他父母当年的格局,愿与韦氏并领李唐皇权。然而韦氏却不是武氏,能力大大不及,品行也很不好,在丈夫生前即包养情人,还愚蠢到把李唐王朝的权力与情人共享。她与武三思勾结,与武家联姻,将女儿嫁与武三思之子,并有意削弱李唐皇室的权力,连李显这个皇帝也给架空了。武三思利用机会,挖空心思打击对手,谋害重臣良将,就连对参与神龙政变的五大功臣张柬之、桓彦范等,也贬的贬,杀的杀,受贬的且还被他派人在途中暗杀掉,总之一个也不放过。武三思很快便威势赫赫,权倾人主,武家的势力比武则天在时有过之而无不及。上官婉儿审时度势,依附于这两股势力,待韦氏如当日待武则天般忠心,起草诏令与闻政事时则有意无意地极力抬高武家而贬低李家。

怀有做女皇野心的还有一个人,那就是安乐公主。她仗着深受皇帝宠爱,屡次要求废黜太子,由她当皇太女。韦氏本来育有一子,在武则天晚年,这位小王子因为议论二张专权,被武则天逼死了。现在的太子李重俊,并非韦氏所生,母亲只是一个普通宫女。韦氏也多次怂恿中宗废黜太子,武三思当然极力附议,上官婉儿在一旁也不免推波助澜。

唐中宗景龙元年,也就是公元707年,七月里,太子李重俊决定联合左羽林大将军李多祚,杀死武三思与上官婉儿。李多祚当年为神龙政变

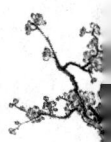

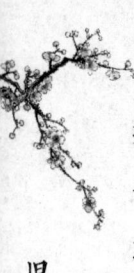

提供军事支持,之后眼看着五大臣一个个被残杀,早就义愤填膺。他与太子带左羽林军三百多人,矫皇帝旨意,夜半直扑武府,斩武三思父子,继而攻入宫中,一路搜寻上官婉儿。婉儿向来善施恩惠,故而线报甚多,很快便得到消息,她急忙奔至中宗和皇后处,故意扬言:"太子之意,先杀婉儿,再弑帝、后。"中宗与韦氏大怒,遂带婉儿和安乐公主登上玄武门躲避,并令右羽林大将军刘景仁带一百多人保卫。太子本就无意弑君,赶至此处看到此情此景,一时犹疑起来。婉儿见机马上献计,皇帝旋即在城楼上喊话:"城下将兵听着,朕知尔等并非有意从贼,若能反戈杀贼,朕既往不咎,并保尔等荣华富贵!"起事士兵这才知道是太子与将军假传圣旨,马上阵前倒戈,砍下了李多祚的脑袋,李重俊逃跑途中也被随从杀死。

经此一变,上官婉儿痛定思痛,认识到韦氏根基不稳,武家也不再是依靠,而李唐宗室余威尚存,遂逐渐调整策略,表面上依旧依附韦氏,暗地里却开始结交李家人。韦氏则抓住这次机会,诬陷说宰相与太子勾结,将其贬职,自己就此独揽大权。这之后,她大力封官,提拔韦家人和自己的亲信,还学习武则天登基之前的一些作为,不断制造祥瑞暗示自己上膺天命。安乐公主看父亲始终不肯封自己做皇太女,觉得母亲做皇帝后这个可能性会更大些,便兴兴头头地支持韦氏,并趁势树立自己的势力。李显也不制止,只管自己游乐,玩马球,放任各位贵妇卖官敛财。朝廷选官,滥到各有司人满为患,新上任者连个坐的地方都没有,政事腐败不堪。

公元710年七月,中宗李显猝然暴崩。按《资治通鉴》的说法,他是被妻女合谋毒死的,因为一个急于当女皇帝,一个急于做皇太女,而投毒的与做饼的都是韦氏的情夫。后世学者经过考证,认为韦氏与安乐没必要给这个滥好人兼保护伞下毒,李显是死于皇室遗传的心脑血管类疾病。

李显没有立储,也没留下遗诏。韦氏便找来上官婉儿,要她草拟一份遗诏,借李显的名义,扶立16岁的四皇子李重茂为帝,由韦氏以太后身份临朝摄政。李显共有四子,已死两个,这时活着的还有二皇子李重福,31岁,与李重茂同为嫔妾所生。韦氏舍大而立小,意图踏着武则天的脚印登上皇帝宝座,司马昭之心昭然若揭,一直在旁虎伺的李唐皇室怎能容许呢?而韦氏的政治才干与影响力又远不及当日的武则天,要做女皇简直是蛤蟆吞象——痴心妄想。

婉儿是聪明绝顶的女子,自是不会跟着韦氏一条道走到黑,她赁夜找到太平公主合谋,两人在韦氏所提两条内容后添上了一条:由相王李旦参知政事。

相王李旦,何许人也?太平公主的四哥,武则天之子中如今硕果仅存的一个,就是李显被赶下皇帝宝座之后,武则天登基称帝之前,假意扶植过的那个傀儡皇帝。他行事低调,善于韬光养晦,登基后不上朝听政,不妄议母亲是非,在举世汹汹请愿要武则天荣登大宝之时,他主动上表请求母亲称帝,得以保全了自己一脉。李显一朝,韦氏专权,太平公主与安乐公主"各树朋党,更相潜毁",只有李旦仍是一如既往的低调,然而李显始终对他心存忌惮。李旦还有五个儿子,尤其是第三子临淄王李隆基,精明强干,不容小觑。李隆基曾是李显所组皇家马球队的王牌队员,与其他三人一起,以四敌十打败吐蕃队,大显大唐雄威,在长安城里名气极高。更重要的一点是,李隆基工于心计,暗中早就借着玩的名义与京城的兵营中人有所结交。

韦氏看了上官婉儿呈上的遗诏,大为不喜,强行改李旦为太子太师。

至此,韦后一党与李唐宗室的斗争已趋白热化。"先发制人,后发制于人。"李隆基联手太平公主,决定再次发动一场政变。太平公主负责部署,李隆基负责联络军营,他亲自率领禁军万骑,攻进皇宫,尽数诛杀韦氏、安乐公主及其党羽。

时为七月的夜晚,正是长安城最热的时节,然而皇宫里冷风凛凛,太极宫高大森严,四大殿檐头的怪兽黑影狰狞,一直望上去是暗沉沉的天,天边有阵阵厮杀声传来,与风一样凌厉刺耳。上官婉儿的寝宫外,一群人站在黑影里张望,渐见灯笼火把移动过来,在墨色的夜里蛇行而至,脚步声混杂着喊杀声沓沓沓地逼近,宫女内侍吓得抱着廊柱瑟瑟发抖。"无妨,掌灯来,"上官婉儿镇静地说,"大门洞开,秉烛迎接。"她手里握着与太平公主一道起草的那份遗诏,那是她心向李唐的一份证明,是不曾站错队的标志,也是最后一根救命稻草。

临淄王到了,上官婉儿呈上遗诏,款款下拜。大臣刘幽求站在一旁,恳求临淄王留下这旷世才女。沉默,沉默,一直沉默……李隆基只言不发。烛光摇曳里,盔甲窸窣作响,刀剑寒光闪闪,上官婉儿兀自强撑着,心存一丝侥幸。

这个时刻,李隆基想到了什么?想到了因上官婉儿嫁祸弑君而死的李重俊?想到了受上官婉儿推崇而不可一世的武三思?想到了成长过程中那些被武家人排挤压制的屈辱?想到了太宗之后五朝反反复复的国运?想到了自中宗以来就不曾重振的李唐男人雄风?……不得而知。只知道他是李旦的第三子,即使李旦登上龙位,按长幼之序也轮不到他继承,他需要立威,需要出位,像打他所爱的马球一样,疾风电闪,奋力一击,在万人瞩目中直射球门——那一刻,天空沉默,大地低回,百千生灵皆拜伏在他脚下。

他开口了:"此婢妖淫,渎乱宫闱,今日不诛,后悔无及!"手起刀落,一代才女委身于地,死在了皇家威武的黑旗之下。

时光永是无悲无喜地流过,死亡逼近的时刻仿若海啸劈面将人扑倒,之后依旧是不疾不徐地流淌,把一个个生命化成河底的石头,漫漶无边,无一幸免。然而有的石头不会被忘记,注定要被打捞,珍藏,终成恒久。

公元713年,这是开元初年,属于唐玄宗李隆基的时代。他的父亲终于让位与他,他也终于灭掉了差点成为又一个女皇的太平公主,他已经拥有了大唐天下,可以坐下来喘口气,听听歌,谈谈诗,顺便安抚下文人们惊如小雀的心。以上官婉儿当年在文坛的号召力,以她继承祖父并发扬光大的上官体,以她一生数目庞大的创作量,以她的文采、美貌加政治才能,她都会是李隆基需要的不二人选。他也的确是爱惜她之才,极力褒扬她的文章,指令有司收集编录,共得文集20卷,又指派当朝文宗领袖、专掌朝廷制诰、号称"燕许大手笔"之一的张说作序。序云:"古者,有女史记功书过,有女尚书决事宫闱。昭容两朝专美,一日万机,顾问不遗,应接如响。虽汉称班媛,晋誉左嫔,文章之道不殊,辅佐之功则异。迹秘九天之上,身没重泉之下,嘉猷令范,代罕得闻,庶姬后学,呜呼何仰……"将婉儿与古代才女班昭、左棻等作比,认为婉儿非但才学不输于她们,而且比她们多辅佐国政之功,她是一朝之祥瑞,使女皇如得神助,使国家繁荣昌盛。

翻阅《全唐诗》,抄两首上官婉儿诗作于下:

密叶因裁吐,新花逐剪舒。
攀条虽不谬,摘蕊讵知虚。
春至由来发,秋还未肯疏。
借问桃将李,相乱欲何如。

叶下洞庭初,思君万里余。
露浓香被冷,月落锦屏虚。
欲奏江南曲,贪封蓟北书。
书中无别意,惟怅久离居。

前一首咏的是剪制彩花,典雅,精巧,颇得其祖上官体之风。后一首咏离别,古雅,自然,有清气,比之上官体的雕琢还略胜一筹。

由此可知,文人士子对上官婉儿的敬慕,实在不是空穴来风。不独当朝,直到中唐还有吕温为她作《上官昭容书楼歌》。后世也有不少诗作提及她,但都没有《上官昭容书楼歌》深情真切,一唱再三叹,慷慨有余哀。

上官婉儿一生,有过风光荣耀,但也不断被伤害;有过阴谋弄权,但也有情势所迫不得已而为之的苦衷;人道日边红杏,怎知那是点滴清泪和露而栽啊。从襁褓时期没入掖庭,艰难拼出一条生路,到最后机关算尽,惨死权力刀锋之下,想来真是令人怜惜叹惋。就借吕温诗末尾的两句来表达这种心情吧:

"昭容题处犹分明,令人惆怅难为情。"

扫眉才子总不如

——唐朝才女薛涛

薛涛:唐代女诗人。字洪度,长安(今陕西西安)人。约生于公元768年,卒于832年。幼敏慧能诗,精音律,后入乐籍。工诗,与当时名诗人多有唱和。工书,字无女子气。自创深红小笺,号"薛涛笺"。诗作甚丰,前人录《锦江集》五卷,《全唐诗》编为一卷。今存《薛涛诗》一卷。

说到薛涛,总像在说一个传说,一个女妓红极一时的传说。

古代关于女妓的传说很多,有鲜亮的,有惨烈的,还有仅仅作为茶余饭后笑谈之资的。

鲜亮的,譬如红拂夜奔。想象那样的情景,隋朝西京的夜空下,马蹄疾疾地踏,拂尘猎猎地飞,她不管不顾直奔另一种人生而去。那时,她和李靖尚不曾有过交集，一面之缘而已，他甚至不记得她。他以布衣身份到杨素府拜访，说是"献上奇策"，其实不过是寻找一个进阶，哪里顾得上猎艳？她只是奔向一个可能，就像王宝钏站在彩楼上扬手将绣球抛向薛平贵，就像电影里赌神推出所有筹码要一把定输赢，一样都是在赌，跟命运赌人生。世道太乱，光阴太促，由不得人思忖，她所凭借的只是一双慧眼：阅天下之人多矣，无如公者。她星夜奔向他，也只为一个目的：丝萝非独生，愿托乔木。她很幸运，赌赢了。一品诰命，国公夫人，传说在凤冠霞帔鼓乐齐鸣中欢喜收场。

惨烈的，譬如杜十娘。也是丝萝愿托乔木，也是奔着一个可能而去，然而所托非人，明珠蒙尘。瓜州渡头，山水枯寒，风雪凌厉如刀，刀刀见血。设若此时，她甘于麻木，神经不那么敏锐，拿出百宝箱示李甲万金之资，再找个由头毁了契约，两人可以假装看不见暗伤而继续所谓的美满姻缘；或者她随波逐流，嫁给孙富那厮，用曾经看惯的逢场作戏对付着，自可绫罗绸缎地过上一辈子；再不济，她也可以回头，还李甲以情，还孙富以钱，掉转船头，回教坊过她花魁的光鲜生活……可是她不。爱没了，尊严不存，命运不在自己手里，世道不给她这样的女子好好活的机会，她认清了这一切，不愿苟且，宁可玉一样决绝地碎掉。她怀抱百宝箱纵身一跃，烈得彻底纯粹，一片惊呼，十方震动。

其他如苏小小、霍小玉、裴兴奴、敫桂英、寇白门等，不一而足，大抵是"妾拟将身嫁与"，结果"一生休"。

她们都是名妓——敲出这个"妓"字，我忽然感到些冷，对汉字生出惊惧来。一个字有时就代表着一个世界，暧昧、情色、鄙夷、腌臜、迷离，一扇阴暗的大门在心里訇然洞开。所以，我愿意选择伎字，或者姬——同样是身份标识,但这两个字更偏重职业化、技艺化,是指以歌舞为业的女子。

薛涛也是伎,然而又和以上那些伎不同。她不以风情事人,不因乐舞闻名。比较而言,毋宁称她为诗伎,虽然字典里没有这个名称。她的人生里也有情字,但不像红拂女的鲜亮,也不像杜十娘的惨烈。她的美在唐诗里只得个大概,怎么说呢?像月下的湖面、风中的兰香,高楼上数声弦乐,缥缈如烟,尽可以想象,但无法触摸。她的诗名在唐人口中流传,她的书法颇得王羲之神韵,她的红笺艳过浣花溪的桃花,诗人一写相思便寻薛涛笺,词人一夸才女便借薛涛名……她一次一次在传说中美丽地活过来,"一顾倾人城,再顾倾人国",听得人醺醺然将要醉了,歌者却并未描出个鼻眼眉来。然而,从她的人生来看,她活得又很实在。踏踏实实地谋生计,这中间不缺乏审时度势;谋爱情,但不为情所困,进退有据;谋尊重,谋男权社会里小女子的立足境,谋有限的尺度里尽着量的辗转腾挪。她是聪颖通达的女子,文字开阔,性情舒展,不走险棋,不容自己陷入绝境。

读她,是在虚实之间凌波微步,可以遐想,不会绝望,让你只觉得俗世确有无奈处,也确有能够淡然对坐执手端详的好。

也许你会说,因为她幸运,生活在一个诗的年代。

那就先来看看那个时代吧。

不是爱风尘,似被前缘误

旧传奇小说里,开篇总是先演义一番天下大势,铺陈一下前尘往事,

《三国演义》也是"话说天下大势,分久必合,合久必分。周末七国纷争……"云云,各色人物就在这大背景下纷纭登场。细想来,其实很有道理,没有谁能独立于社会环境之外,天下大势关乎每一个人的命运。不管是社会大环境的变迁,还是家庭小环境的变化,人之一生不过是此一环境到彼一环境的递换。所以,容我先把大唐局势简单演义一下。

大唐王朝,自高祖李渊开国以降,前有太宗行贞观之治,以文治武功奠定盛世基石,后有武周开辟红妆时代,表面上似乎险些颠覆了李唐江山,但放在整个历史进程里看,算得上是为盛世做文化、政治、经济等方面的前期准备。玄宗李隆基成功击溃韦皇后与太平公主等新一代女强人,励精图治,任贤用能,遂使天下大治,唐王朝进入鼎盛时期。据资料,当时国力之强绝对是世界之最,首都长安也是国际最大都市,杜甫诗"忆昔开元全盛日,小邑犹藏万家室。稻米流脂粟米白,公私仓廪俱丰实"指的就是这个时期。然而盛极而衰,李隆基志得意满后,放纵享乐,怠于政事,任用佞臣,不修军备,致使安史之乱爆发。这场战乱长达7年零3个月,人民饱受战争之苦,国家也几乎被拖垮,大唐王朝自此便如金融危机时的股市般一路狂跌,藩镇割据、宦官专权、朝臣党争、黄巢起义,直到公元907年被朱全忠叫停。

薛涛就出生于安史之乱结束后的长安。是时,利用马嵬驿兵变上位的肃宗已死,代宗有心中兴却无力回天,国力民生尚未及恢复,倒是因战争而产生的节度使数量猛增,不但苛捐杂税繁多,而且动辄来一场混战,令民众苦不堪言。

薛涛的父亲叫薛郧,是笃厚诚信的君子,在京城做一个小吏。母亲叫宋莹,博览群书,能作诗,能奏琴。这些不确切的资料里,可能有后人杜撰的成分,故不赘述。

确切的资料显示,薛涛幼年随父亲流落四川,寓居成都。据《资治通鉴》,长安多乱,回纥两次于长安白昼杀人,有司擒之,释放不问。又,大历年间,元载为相,因为士人入仕皆爱做京官,乃改变俸禄,"厚外官而薄京官,京官不能自给,常从外官迄贷",于是京官都找机会请求外放。薛郧就是这段时期到四川做官的,官职不详。

当时的成都,隶属剑南道,因蜀道艰险、剑门关隘要、四围皆高山峻岭而僻远封闭,能够远离各敌对势力战火的侵扰,并且蜀中富庶,生活安定,故此成为避乱者的首选之地。皇帝来此避难,比如李隆基。诗人来此避难,比如杜甫。高适曾这样记述当时情景:"关中比饥,士人流入蜀者道路相系。"北宋司马光也说:"是时唐衣冠之族多避乱在蜀。"

虽然如此,对于寻常人家,流寓生活毕竟不是乐事。杜甫就曾喟叹:"成都万事好,岂若归吾庐。"这一代大诗人,最终贫病交加,客死于漂泊途中。是年,薛涛大约3岁。如此联系起来,很有意思。更有意思的是,杜甫在成都浣花溪住过,薛涛后来也隐居于浣花溪,只不过杜甫住的是草堂,薛涛住的是雅舍。命运的禅理谁能参透呢?万里悲秋也罢,百年苦恨也罢,反正一代诗人的漂泊与殒命,挡不住又一代人朝拜诗歌的脚步。杜甫去世的时候,薛涛开始跟着其父识字、读书、学韵,走上自己的诗歌之路——或者对文字的学习传承也像一种信仰?把世界各地信仰文字的人集中起来,恐怕要比每年去麦加朝觐的人群还要壮观很多吧?

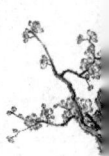

据说薛涛幼聪慧,八九岁即知声律。父亲处理公务之余,爱与她闲坐

庭院,指物限韵,吟诗作对。薛家院内有井,井旁一棵梧桐,梧桐高耸挺拔,风来摇一树深碧,花开似紫钟倒挂。据《稿简赘笔》,一日薛父指井梧而口占曰:"庭除一古桐,耸干入云中。"起句平易,用韵也不险,无非是想试试女儿才情。薛涛应声对曰:"枝迎南北鸟,叶送往来风。"这两句对仗工整,精巧有致,比之其父诗句颇多了几分灵气。然而,薛郧并不高兴,"愀然久之"。评诗者认为,这两句实为诗谶,暗示着薛涛日后迎来送往的女伎生涯。

诗谶一说古来有之。什么是"谶"?《四库全书总目提要》说是"诡为隐语,预测吉凶"。古人认为,诗谶乃气机感应所致,故而无意中预示了未来事。最出名的谶诗出自隋炀帝之口:"三月三日到江头,正见鲤鱼波上游。意欲持钓往撩取,恐是蛟龙还复休。"鲤(李)鱼上游,化而为龙,李唐王朝在其诗里潜伏,他却自负为好诗,还教宫女在龙舟上合唱,运河两岸闻者莫不讶异。最恐怖的是崔曙的应试诗:"夜来双月合,曙后一星孤。"诗是好诗,他也中了状元,然第二年就死了,身后遗下一女名星星,真是一语成谶。有人说《红楼梦》就是一篇谶文,从诗、词、曲、赋、诔、酒令、谜语、梦境到人物命名,总以似乎不经意之笔进行着暗示与透露,第二十二回更是直接点明:"听曲文宝玉悟禅机,制灯谜贾政悲谶语。"

有此文化心理在,薛郧的愀然就可以理解了。不过,我对此处向来存疑。即使当日真有此事发生,薛郧也真有不祥的预感,但作为父亲,"迎来送往"之谶又如何忍心说出口?外人更何以得知?多半是薛涛出名以后,有好事者依据其旧作,附会出这么一段故事来。今人姑妄听之,付之一笑可也,无谓陷入迷途。

却说薛郧客居异乡,事业上也不得志,后来竟然死掉了。一说是病死,一说是获罪而死。总之,身后撇下了一对孤儿寡母,她们相依为命,艰难度日。母女俩赋诗弹琴,太平岁月里算是小怡性情,窘迫的时候便要思谋着如何以此换点米面。人生原是这般无奈,到了山穷水尽的田地,活着便是生命的第一要义,如马斯洛需求层次理论所显示的那样,身体的生理的需求永远处于金字塔的最底层,也许不是最重要的,但绝对是最原始最基本的。更高的精神方面的追求暂且放下,先审视一下自身资源——命运不曾完全抛弃薛涛,她还拥有才艺和美貌,那么这些就是当下一个小女子安身立命的本钱了。别忘了,那是一个诗的年代,人们对诗的狂热程度,对诗人的膜拜与推崇,对一首甚至仅仅一句好诗的传抄与传唱,绝不亚于今日影视乐坛的造星运动。有姿色,通音律,工诗赋,薛涛想不出名也难。事实正是如此,到16岁时,薛涛已是远近闻名的才女了。

公元785年,韦皋出任剑南道西川节度使,闻听薛涛之名,便召其侑酒赋诗。这一试,发现名不虚传,遂让薛涛加入乐籍。

乐籍,即乐户名籍,因古代官伎属乐户,故称。乐籍制度起于先秦,经汉魏发展,至唐代稳定成型,唐宋时期最为普遍而昌盛。落入乐籍的有两类女子:一是出身官宦人家或富贵之家,或因家人获罪而被罚入乐籍,或因战乱而被掠入乐籍;一是贫家女子,为生计所迫而入乐籍。对于后者来说,这是一种职业,所谓卖艺不卖身,歌舞侍宴,诗文侑酒,比之娼门卖笑的肉体交易要稍好一点。然终究不是生性爱风尘,是被生活的风刀霜剑逼入风尘的,一脚跳落便再难洗白,"下等贱民"自此成为永久的印记,任谁都会心有不甘。若这女子是由官宦之家转贫的,读过书识过礼,对身份等级了然于心,且能诗能文,心气高傲,如薛涛者,辛酸苦辣就更要深入骨髓了。

花落花开自有时,总赖东君主

根据唐史研究学者的说法,唐代女伎可细分为五类:宫伎、官伎、营伎、民伎、家伎。后两类为私伎,红拂女即杨素府蓄养的家伎。前三类则由官方管辖,为公伎。宫伎属宫廷教坊,环境特殊,偶有幸进者即一步登天大富大贵——比如汉宫以舞姿轻盈著称的赵飞燕,唐宫被玄宗称为"一歌价值千金"的永新,都是宫伎——所以唐代曾有专门送贵族女子入宫做宫伎的。官伎与营伎,是专为地方官员配备的。这里单说营伎,主要职责是为武官镇将提供歌舞宴乐,所以有时也被大略地称为官伎。唐代的营伎,虽等级仍属贱民,地位倒不像后代营伎那样低下,偶尔也会陪伴官员们处理公务。

薛涛就是一名营伎,直属上司即韦皋。

历来谈薛涛者,皆爱言说她与元稹的经年长情,我却觉得那无非是露水情缘。在薛涛的人生中,真正占比重的其实是韦皋。韦皋镇蜀之初,即召薛涛为营伎,是年他39岁,她17岁左右。到韦皋805年去世,他们在一起20年,这20年是他为官为政最有力的壮年期,也是她最美好最耀眼的锦年期。韦皋去世后,失去荫庇的薛涛,相继在10任节度使手下讨生活,身份保持在歌伎兼清客间——当初因他而起、虽未能落实但实已被世人认可的"女校书"身份,依旧在为她赢得荣誉与尊重。在唐代名伎中,薛涛是身份最高最受人尊重的一个,她自己的诗名与聪敏固然是主要原因,然而名伎中不乏才高且聪慧者,何独薛涛一人被推崇至此呢?《诗经》有言:"茑与女萝,施于松柏。"现代有一句很俗的话说,每一个成功的女人背后一定有一个默默奉献的男人,韦皋不是默默无闻者,但绝对是可供薛涛攀附倚靠的松柏。

如前文所言,薛涛像是一个传说,由热爱诗歌的唐人打造而成;而韦皋,在那个时代,尤其在蜀地,更像是一个神话。《宣室志》是一部唐传奇小说集,里边有个好玩的故事,说韦皋出生后满月那天,家里特意请来许多高僧,大摆素宴招待。一个相貌奇丑的胡僧不召而至,家仆一看是吃白食的,就给他一领破席坐在当院。饭后,韦氏命乳母抱出小韦皋,请群僧为其祈福祝寿。胡僧径自登上台阶,对着婴儿说:"久不见君,别来无恙乎?"婴儿似乎听懂了一般面露喜色,众人皆讶异。在韦家人的一再追问下,胡僧道出个中缘由:"此子乃诸葛武侯转世也。武侯当日为蜀丞相,蜀地人受其恩惠久矣,今降生于世,将为蜀地大帅,接受蜀人的福报。我往年在剑门的时候,与他交好,今听说出生于此,特地远程赶来。"日后,韦皋果然自左金吾卫迁大将军,后任剑南西川节度使,在蜀地20年,正契合了胡僧之语。

这情景,好似《红楼梦》里一僧一道演说前尘往事,长叹一声道:"青埂峰一别,展眼已过十三载矣!"窃以为,志怪与传奇是中国古文化里最为旖旎迷人的元素,从魏晋志怪到唐传奇一直到明清小说,生命力的长久也可见证其魅力。记得马尔克斯的《百年孤独》初传入中国时,无数20世纪资深文青热捧"魔幻现实主义",其实在我看来这手法和中国古典小说有极相类处,大概人类思维与认识的发展在大体上能跨越地域保持一定的一致性吧。

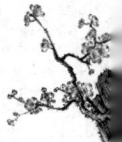

那是题外话,继续说韦皋。这个故事当然荒诞,但其中的敬意是显而易见的,这源于韦皋在唐人尤其是蜀人心目中的地位。韦皋镇蜀20年,南与南诏结盟,使得臣属吐蕃20年的南诏再度向唐朝称臣进贡;西与吐蕃决战,共击破吐蕃军队48万,擒杀节度、都督、城主等1500人,斩首5万余级,获牛羊25万头,缴器械630万件,彻底大溃唐朝多年来的宿敌;并光复失地,安抚蜀地各少数民族部落,使蜀地人民再不必受扰攘之苦,得以安其居乐其业。"蜀人服其智谋而畏其威,至今画像以为土神,家家祀之。"《资治通鉴》如是说。

这样说来,韦皋是一员勇猛的大唐武将,如传统年画的门神形象,"豹头环眼,燕颔虎须"?非也。他初以建陵挽郎出仕,家世、相貌、才艺俱很出色。在文学、音乐、书法方面的造诣,也都有记载可证。经他改编的《南诏奉圣乐》,在长安献演,轰动一时,列入唐代宫廷十四部乐。他的字,《云笈七笺》说"韦皋以文翰之美冠于一时,南诏得其手笔,刻石以荣其国"。他的诗,《全唐诗》收录三首,有"腰间宝剑七星文,掌上弯弓挂六钧"的武士之威,也有"雨霁天池生意足,花间谁咏采莲曲"的文人意态。而他之大败吐蕃、收服南蛮,主要是以智取胜,用兵足智多变,且善于攻心术,时人视他为诸葛孔明转世也是因为这一点。

不过,当日宴席上初相见时,韦皋是初至蜀地任职,还没到被奉为神祇的地步。想他们两人,一个是封疆大吏经略西南,穿紫色袍,束金玉带,袍绣大团花,带佩十三銙,乍眼一看,团花富丽,配饰英武,虽是武官公服,却也掩不住一派文士风流。另一个大约买不起当时坊间流行的胡服,且尚非营伎,应当穿着比较普通的服装,短襦及腰,长裙曳地。肩上依规矩要搭披帛,应该是淡雅的纱罗吧?发髻不会是回鹘髻、飞天宝髻、双鬟望仙髻,因她没有那么多首饰,比如步摇簪之类的来配。可能是螺髻?简单的丝带即可缚成。或者是双环垂髫髻?跟她的年龄和未婚身份正相当。总之,也许朴素,也许清寒,然而她正处于最美丽的年龄,再寒酸的服饰也遮不住那少女的明亮。这一种相遇真是好,英雄美人,武士才女,正是中国人素来爱看的戏剧,只因里边有俗世喜乐,丝竹管弦般和悦,即使跟自己不相干,也由不得要欢喜起来。

但这不是戏剧,是一千多年前的现实。他要她即席赋诗,题目不限。她援笔立就,是为《谒巫山庙》:

乱猿啼处访高唐,路入烟霞草木香。
山色未能忘宋玉,水声犹是哭襄王。
朝朝夜夜阳台下,为雨为云楚国亡。
惆怅庙前多少柳,春来空斗画眉长。

唐人作诗,自初唐四杰后,一扫宫体诗之绮靡纤弱,最是讲究格调。发展到这盛唐后中唐前,李杜两座诗歌高峰早已横空出世,时人对诗歌的品评与把握也早已定型。以薛涛之灵心,自然深知世人的眼光与口感,不然怎会早早博得诗名?这一次宴上赋诗,对她不啻一场战争,要想首战告捷,就得出招稳、准、狠,还要漂亮,那边手起刀落,这边酒尚温,教一干男人惊上一惊。既是不受限制,由薛涛自己选题,那就"谒巫山庙"吧。说到巫山庙,少不得要言及高唐梦,巫山神女会襄王,"旦为朝云,暮为行雨",这是唐人最爱用的一个典故,风月场所尤常用。这个典故够应景,也够绮丽,够招人心,烟霞、草木、山色、水声逐次写来,一路生情,美得招摇。但迎合了男人们,却伏低了自己,良非薛涛本意,故而底下即刻翻手一转,

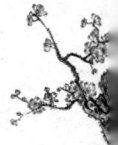

"为雨为云楚国亡",格调马上就提升起来了。结句"惆怅庙前多少柳,春来空斗画眉长",茫然之慨、无依之感,既结了全诗,又显出楚楚之态——春柳空斗画眉,却是无人来赏,真真寂寞惆怅啊,叫人不由得要怜惜眼前这女子了。《名媛诗归》最是说得好,"惆怅二句不但幽媚动人,觉修约宛退中,多少矜荡不尽意"。

韦皋此人,豪雄气里不乏柔情,他的诗《忆玉箫》就很缱绻缠绵:"黄雀衔来已数春,别时留解赠佳人。长江不见鱼书至,为遣相思梦入秦。"唐人据此编撰出又一个神话,讲说韦皋与玉箫女的两世情缘,缘起、离别、死灭、招魂、转世、再续前缘,端的是生死相许一段情。《云溪友议》里叫"玉箫化",《太平广记》有收录,元代人又为创作杂剧《玉箫女两世姻缘》,明代戏曲还有《玉环记》。姜夔词"韦郎去也,怎忘得玉环分付,第一是早早归来,怕红萼无人为主",说的也是这个。

此一番,薛涛大展诗才,韦皋动了怜惜之心,当场让她加入乐籍。如此可使她免堕于民间娼妓之列,借赋诗侑酒之名,保全一点清倌人的体面。这一纸钧令,仿若陡崖间一枝横出,勉强托住她,与谷底的泥沼拉开些距离。但也仅此而已,堕入得深或浅,终究已是在风尘里,且从此宠辱皆决于他,被他把得牢牢的。花落花开自有时,全仗着东君看顾。

再说这男女之间一旦落入情缘,大抵是红楼所言"一从二令三人木",休不休的那是婚姻的后话,这"一从二令"却极准确。

"一从"的时期,云想衣裳花想容,春风拂槛露华浓,怎么看都觉得她美,举手投足皆是春风春华。京城有使臣至,水榭歌台盛宴排开,隆而重之推出她来,看她琴声动人,诗才惊人,看她巧舌善辩,谐谑成章,他击节喝彩,深为倾倒。南越献孔雀来,她一见之下即爱煞,他便依着她的意思,在节度使宅里开池设笼以栖之,孔雀开屏,美人赋诗,两种美的意象交叠,他不知今夕何夕天上人间。他出征,她作诗送他,"水国蒹葭夜有霜,月寒山色共苍苍。谁言千里自今夕,离梦杳如关塞长";他归来,她作诗迎他,"竹郎庙前多古木,夕阳沉沉山更绿。何处江村有笛声,声声尽是迎郎曲";他建功,她赋诗祝贺,"菌阁芝楼杳霭中,霞开深见玉皇宫。紫阳天上神仙客,称在人间立世功"……在在都抚在心上,教他疼惜珍重。她出入幕府,献计献策,帮着处理公文,他打算上奏朝廷,请授秘书省校书郎的官衔给她,给一个女伎,绝对称得上史无前例——虽然未能实现,虽然只是"拟请",又或者精明如他,原本就不准备上这个荒唐奏折,只是故做样子讨她欢心,但可以看得出的是,那时节他对她是有些感情的。

  是的,他颇为精明,深谙为官之道。朱泚之乱时,韦皋尚不过一营田判官,诱叛军来使进城,斩杀之,并派遣使者联络吐蕃,使局势稳定下来,让德宗皇帝顺利还都。此一役,韦皋跃升为左金吾卫将军,迁大将军——所谓"位极人臣",这就是人臣的最高级别,正三品了(按:依照唐朝制度,宰相也不过正三品)。镇蜀之初,他加重百姓的赋税征敛,对上进贡丰美以结主隆恩,对下赏赐优厚以抚恤士卒,士卒但有婚嫁死丧者皆为提供资费,因此得以长保其位又使士卒乐意为他卖命。你说他是恩厚吧,可有些事又泄了他的底,比如对那些供事多年官位已高的幕僚,他会让他们出任本地刺史,但任职期满以后必令重返幕府,不肯让他们到朝廷去任职,只因担心他们泄露他的所作所为。等到收服南诏、挫败吐蕃后,府库渐渐充实,他便每隔三年减免一次赋税,民心又轻轻松松纳入囊中。蜀地民众既服膺他的才智与权谋,又深惧他的威严,而他要的也正是这份又敬又怕。

这也决定了韦皋对待薛涛终会滑入"二令"的轨道。

薛涛虽身为营伎,然天分既高,容仪且丽,骨子里原有一股自负之气。看她作诗,不肯人下,不落窠臼,更不许露出身份卑微自惭形秽的意思。前人对薛涛的评价,"工绝句,无雌声","气色清老,是此中第一流人",可见一斑。薛涛随了韦皋,或宴席唱和,或车舆出游,诗名一时达于四方。朝中也多有耳闻,每有使车衔命来蜀,求见薛涛者甚多。《鉴诫录》中说:"而涛性亦狂逸不□(按:此处缺字,观前后文当为羁),所有见遗金帛往往上纳。韦公既知且怒,于是不许从官。"有人解释说,这是指薛涛恃宠生狂,不谙官场事,代韦皋收受金帛,有损韦皋政声,招致韦皋生怒。这说法是忽略了唐朝藩镇的特殊独立性,且未看到原文语句中明显的因果关系,因"所有见遗金帛往往上纳",故"韦公既知且怒",怒的是这上纳的举动。何也?所谓见遗,是求见者馈赠薛涛的;所谓上纳,是薛涛将接受的馈赠上缴。一介乐伎,得了些馈赠也就罢了,居然还公然上缴府库,是炫耀你粉丝众多,还是自视甚高自抬身价,大义凛然惺惺作态?是西蜀府库稀罕你那一星半点财物,还是觑得我堂堂节度使宅如平地一般可任你蹚踏?——韦皋大约会这样说,并伴随着冷然一哼。

这不难理解。《红楼梦》里抄捡大观园一节,王善保家的越众上前去掀探春衣襟,本是趁势作脸献好,反倒劈面挨了响亮的一巴掌,三小姐怒的就是:你是什么东西?仗着一点人势,如今越性了不得了?在等级社会里,级别就是铁律,身份代表一切,探春需要借级别立威抬高自己庶出的身份,韦皋需要用级别拉开距离保持自己官高位显的身份,他们的手段或有不同,但出发点都是一致的。一旦为贱民,便一世是贱民,额上永久刻着墨字,一言一行都不可张致,主上宠你那是恩典,你作低伏小才是本分——薛涛那时还年轻,没参透这个理儿,未经韦皋许可去见来使已是犯了大忌,大概其他方面也有自作主张而招致韦皋不悦,然则这高调上缴金帛,在她是坦荡磊落,落到他眼里就成了张扬狂肆,于是趁机发作。

也有人说,韦皋这是吃醋了。也许有那么一点吧,毕竟唐朝节度使几乎是一地霸主,薛涛名为西蜀营伎,其实等同于节度使的私有财产。

一道口谕下来,薛涛被贬往松州,充任军伎。军伎是什么?日本侵华战争中的30万慰安妇就是军伎。唐朝的军伎没那么惨,但和薛涛之前风光无限的生活相比,已是云泥之别了。韦皋这一怒非同小可,薛涛着实被惊了一惊,她在雷霆电光里照见自己的卑微弱小,艳压群芳是个虚,语惊四座也是个虚,当世著名女诗人又如何?她得不到平等的爱,终究不过是当权者手里的提线木偶,念及此,想必她心里还痛了一痛,悲哀,然而无言。

但她是清刚的女子,不作穷途之哭。在除了皇帝便属韦皋大的西蜀,她只能自己搭救自己,低一低身段也无妨。金刚怒目自是不敢,菩萨还有低眉的时候呢,何况她一个被命运抛在荒途的女子?这就有了《十离诗》,我最不忍提的一组诗:

驯扰朱门四五年,毛香足净主人怜。
无端咬著亲情客,不得红丝毯上眠。

《十离诗》共有十首,这里只展示一首《犬离主》,其余九首相类,都是采用民歌体,晓畅如话。只因犬咬亲情客、笔锋消磨尽、马惊玉郎坠、鹦鹉乱出语、燕泥污宝枕、明珠玷相秽、鱼断芙蓉朵、鹰窜青云外、春笋钻墙破、

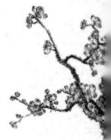

镜遭尘蒙蔽,故而犬离主、笔离手、马离厩、鹦鹉离笼、燕离巢、珠离掌、鱼离池、鹰离鞲、竹离亭、镜离台,是为"十离"。每一首末句皆以"不得"打头,一个"不得"再一个"不得",恳求之情殷殷。

明朝有散曲《十不足》,越剧"梁祝"有名段《十相思》,传奇故事里还有打油诗《十不打》,都是仿照薛涛这一组诗的表达方法。借助十种情境,委婉表达自己的意思——作为首创,《十离诗》有一定的意义。然而这十首诗中,除了像"雪耳红毛浅碧蹄,追风曾到日东西","蓊郁新栽四五行,常将劲节负秋霜"等句稍有意思外,其余多不可取,气质卑下,格调不高。

我一向觉得薛涛的诗有一种贵气,不同于一般闺阁诗、女伎诗,境界高远,思致俊逸,可谓清奇雅正,是灵魂里的高贵。唯这《十离诗》难以消化。

之后还有两首,据说也是赴松州途中所写:

萤在荒芜月在天,萤飞岂到月轮边。
重光万里应相照,目断云霄信不传。

按辔岭头寒复寒,微风细雨彻心肝。
但得放儿归舍去,山水屏风永不看。

这两首也显出柔弱来,但清丽可观,显然是等不到韦皋赦令后所作。读来还能接受,不像《十离诗》那样,与她的整体创作格格不入。是的,的确有人提出过质疑,考证说《十离诗》最早见于唐人韦庄所编《又玄集》,不但作者名字是"薛陶",有人加注"陶,作涛",且原来并没有十首之多,其余九首是后来添加的。这本书是唐人自己收录的唐朝的诗,按说可信度比较高,但是早就佚失,现在所依据的是日本流传的我国宋代通行本,是故疑云重重。但论者所持依据不够充分,暂时还不足以完全推翻旧论,而清人所编《全唐诗》里也全部收录了这十首诗。

从我的私心出发,是很希望把这十首诗剔除出去的。然而从她的处境、身份看,她本就是寄人篱下,如无根浮萍一般,有此无奈之作也是可以理解的。更何况,与《犬离主》同时出现在《又玄集》中的还有两首诗,不但带着清楚标识,而且明明白白是薛涛的风格,当时再无第二个。这就是《罚赴边有怀上韦令公二首》:

闻道边城苦,今来到始知。
羞将门下曲,唱与陇头儿。

黠虏犹违命,烽烟直北愁。
却教严谴妾,不敢向松州。

第一首尤好,用语收敛,也没什么需要注解的,却在简净里蕴含着力度,如边城画角,别是一番高远。明朝的杨慎极为推崇,他的《升庵诗话》说这首诗:"有讽喻而不露,得诗人之妙。使李白见之,亦当叩首,元、白流纷纷停笔,不亦宜乎?"李白、元稹、白居易皆不在话下了——哈哈,痛快,是天下灵性皆收在女人怀袖了。

薛涛一路行来一路诗,到得军营眼界陡然阔大,说是受罚,于她却是获得了崭新的感受。这时候,她已将《谒巫山庙》的清艳旖旎抛下,将"十离诗"的小儿女姿态抛下,边塞之苦、烽烟之愁,战士军前半死生,美人帐

下犹歌舞……无限感慨融进笔底,遂苍然,怆然,念天地之悠悠然。

身在成都的韦皋,读着陆续寄来的诗,又怎能感觉不到这一点呢?薛涛是柔媚难掩清刚,清刚却也是柔媚,这样的女子最难得,天下之大,独西蜀得之,怎能不珍惜呢?薛涛很快被召回成都,回到旧日生活里,但内在的感受谁知道呢?也许,那个脱胎换骨的小女子,这么一伤一出游,心已不在节度使宅了呢?但心为形役,惆怅悲哀于事无补,也就这样了。

此后他们平静度过了4年,直到805年韦皋暴卒,新任节度使到任。

去也终须去,住也如何住

宋代有一个出名的才女叫严蕊,也是营伎。知府唐仲友怜才,帮她落籍,因而被道学家朱熹弹劾,认为两人之间有私情,有伤风化。严蕊被有司关押,两月之间数次鞭笞,几乎身陷死地,但坚不承认有私情,不给朱熹构陷唐仲友的机会。此事后来惊动朝野,皇帝亲自动问,认为是文人斗气殃及无辜,最终的结果是把严蕊给释放了。有司问其归宿,严蕊作《卜算子》以答:

不是爱风尘,似被前缘误。花落花开自有时,总赖东君主。
去也终须去,住也如何住!若得山花插满头,莫问奴归处。

这首词道出了营伎生活的无奈与艰辛,可视为营伎们的真实人生写照,拿来说薛涛也半点不差,所以被我借来做这一篇薛涛评传中各节的小标题。东君乃司春之神,春来繁花似锦,春去落红满地,这一切其实全取决于东君,花们哪里做得了主? 去是终究要去的,年老色衰的一天总会来到,但若想趁着华年早早脱离又是不可能的,暂时也只能无奈地停驻在这春天里。

严蕊碰上了唐大好人,早早为她落籍,饶是如此还惹了一场官司。后来又碰上岳飞后人岳霖,从《卜算子》里听出她的心声,大笔一挥,判令从良。最后还能碰上刚刚丧妻的赵宋宗室,对方纳她为妾,但再未娶妻,从此琴瑟和鸣,永结鸾俦。说起来,她虽然狱中受了罪,但命运还是比薛涛好了许多。

薛涛跟随韦皋 20 年,韦令公不开恩,别人谁敢为她求这个自由? 也许他原以为可以天长地久,不曾想有朝一日自己会被无常骤然勾了去。这一去,何时才能有合适的人在合适的机会为她打开自由之门?

现代人常说,婚姻是女人的第二次人生。古代女子亦然。像薛涛这种身份的女子,婚姻更是风险最大的投资行为。看起来她比良家子多了些自由,还多了认识上等阶层男人的机会,然而当她把自己投进去的时候,只会有两种结果等着。或者遇人不淑,血本无归;或者差强人意,勉强算是平安险,守着妾室的地位直至终老。像严蕊那样苦尽甘来的大团圆结局,历朝女伎中也就晚明的顾眉可比。女伎从良,最好就是嫁龚鼎孳那种男人,他能在桃红柳绿间披沙拣金发现并珍惜她的好,还能有我行我素明媒正娶顾眉而不在乎世人目光的真性情,家世、才学和金钱倒在其次,能交得起赎金救得了她就够了。到薛涛这儿,还得多一条,那男人得有地位,有名气,足以使节度使买他的面子,肯放她脱籍。哪里去找这样的"三

好男人"呢?

薛涛多年侑酒生涯,结识了不少男人,大体可分为两类:一是节度使、幕僚及一些武将;一是文人名士,包括当时的一批诗人。她心思敏捷,辞锋机变,极善应酬各类人,酬唱赠答也各依身份。面对第一类人,蜀地有权势者,她说话、作诗不卑不亢,即使歌功颂德也能不带谄媚气。

如武元衡镇蜀时,千里跋涉而来,只觉蜀道艰险,烟雨弥漫,不胜其苦,因作《题嘉陵驿》感慨之:

悠悠风旆绕山川,山驿空蒙雨似烟。
路半嘉陵头已白,蜀门西更上青天。

薛涛作《续嘉陵驿诗献武相国》答之:

蜀门西更上青天,强为公歌蜀国弦。
卓氏长卿称士女,锦江玉垒献山川。

针对武的畏难情绪,讲述蜀地人文、风物之美好,温婉得体,境界亦高于武诗。

薛涛有林下风致,言谑之间,酬对自若。高崇文镇蜀时,一次宴上薛涛佐酒,他令薛涛改一字令,说:"须得一字象形,又须逐韵。"高先说:"口有似没量斗。"涛接道:"川有似三条椽。"都是依字形而言。高怪而问之:"奈何一条曲?"涛曰:"相公贵为西川节度使,尚使一没量斗,至于我这穷佐酒,有三条椽,内里一条曲着,又何足怪哉?"其灵巧竟至于斯,一席人拊掌大笑。

题外话,为免读者诸君误解,特解释一下"相公",这是唐朝人对宰相的敬称。西川节度使中,挂衔同平章事的,即是挂名宰相,故称。韦皋级别更高,后又兼中书令,故亦称"令公"。

与薛涛有交往或唱和的文人也很多,有记载者20人,张籍、王建、白居易、刘禹锡、元稹、裴度、牛僧孺、令狐楚、杜牧、张佑等,像裴度、牛僧孺、令狐楚等还是当朝宰相,文人学而优则仕的极致。这些人中,据说元稹与薛涛交往最深。

在元稹任监察御史,奉命按察两川时,韦皋已去世,薛涛在其后几任节度使下讨生活。因薛涛生年不详,后人只得个大略,推测此时她大约40岁。元稹,是年30岁。两个人慕名已久,虽然年龄悬殊,却声气相投,能进行高层次的精神交流。究竟有无爱情产生?不得而知。但智慧极高的女子身上自有一种知性的魅力,比如令尼采一见钟情的莎乐美,将近40岁时还与诗人里尔克相恋,而后者比她小整整15岁。"你是我生活中第一个真正的男人。"莎乐美在回忆录中说。她的开放、坦诚使得这段恋情一目了然,但中国没有这个传统,元、薛的事情也就语焉不详,后人只能臆测。

> 双栖绿池上,朝暮共飞还。
> 更忆将雏日,同心莲叶间。

这首《池上双凫》,不知作于何时,但对野鸭双宿双飞的描述中有着小甜蜜是一定的。

> 花开不同赏，花落不同悲。
> 欲问相思处，花开花落时。
>
> 揽草结同心，将以遗知音。
> 春愁正断绝，春鸟复哀吟。
>
> 风花日将老，佳期犹渺渺。
> 不结同心人，空结同心草。
>
> 那堪花满枝，翻作两相思。
> 玉箸垂朝镜，春风知不知。

这四首《春望词》，婉转清丽，平白如话里有百转千回：春日赏花，春鸟鸣愁，岁月将老，佳期渺渺，同心人难求，相思人不知……

> 诗篇调态人皆有，细腻风光我独知。
> 月下咏花怜暗澹，雨朝题柳为欹垂。
> 长教碧玉藏深处，总向红笺写自随。
> 老大不能收拾得，与君开似教男儿。

这一首题为《寄旧诗与元微之》，用笔老到，沉静自如，即使有婉约哀怨，也以素朴语出之，自具一种气骨。

据说元稹在两川淹留一年,两人交好至深,临别时他还做出了承诺,然而从此鸿雁一去无消息。元稹这厮惯爱流连花丛,还偏要自诩"百花丛中过,片叶不沾身",双文(崔莺莺)、韦丛、裴柔之、刘采春以及那些没有留下名字的欢场女子……薛涛不过是其中之一。终元稹一生,一边攀龙附凤巧婚巧宦(按:"以巧婚而致通显",陈寅恪语),一边与各地美女、才女谈情说爱,借助好诗佳句迷倒裙钗无数。饶是如此,十多年后他寄诗给薛涛,也还继续谈情说爱:

  锦江滑腻蛾眉秀,幻出文君与薛涛。
  言语巧偷鹦鹉舌,文章分得凤凰毛。
  纷纷辞客多停笔,个个公卿欲梦刀。
  别后相思隔烟水,菖蒲花发五云高。

文人多伪情,薛涛阅人无数,怎能不知呢?看她的《柳絮》诗:

  二月杨花轻复微,春风摇荡惹人衣。
  他家本是无情物,一任南飞又北飞。

所以说,她之遇见元稹,就像千年后张爱玲之遇见胡兰成,实在是高手过招,舞也是歌,情也是戏,文字里一场心灵的盛宴,寂寂永生中那一点点金色。而她们一生所拥有的,除了名气之外,其余实在是太贫乏,尤其是爱的慰藉。他们刚好触到了她们生命的缺口,于是她们爱,然后被他们伤,别无他法。这也是"他们"和"她们"两性之间久远的战争了。

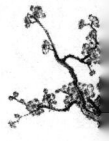

武元衡任职蜀地时已近 50 岁,8 年间对待薛涛,比韦皋多了忠厚长者之风。据文字记载,就是他准薛涛脱离乐籍,从此以清客身份出入幕府的,并且对她礼遇甚高。

但此时,薛涛的自由之身其实无处可托,人海里茫茫四顾,去也终须去,住又如何住呢?

若得山花插满头,莫问奴归处

万里桥边女校书,枇杷花里闭门居。

扫眉才子知多少,管领春风总不如。

——王建《寄蜀中薛涛校书》

我本来想拿这一首做开场诗,仔细参详,觉得还是适合放在最后一节。

看前边元稹的赠诗,还有《全唐诗》里其他人的唱和,可知当日薛涛是住在浣花溪的。大约是从松州被赦回后,她有些心冷,于是从节度使宅的繁华里退了出来。结庐在水边,菖蒲植门前,清雅幽静,实在宜人。虽时不时还要应召前往,但毕竟有独立的一隅,尽可以做点自己想做的事。

浣花溪人多以造纸为业,溪边有竹子、桑树、麻、藤,浸沤,打浆,抄造,晒干之后,揭下便是。薛涛嫌那纸幅过大,不便书写自己的小诗,且一般只是涂蜡、洒金,华贵有余,精美不足。她便试着用一些花木的皮来代替,同时揣摩如何染色。最后,她以木芙蓉皮做原料,取玉女津的水,掺进芙蓉花汁,滤入云母粉,制成了美丽的红色小笺。纸色如新桃初绽,隐约一股淡香,上书八行小诗,勾画间云龙飞舞,堪为纸与诗、书的完美结合。此纸一出,风靡一时,时人名之薛涛笺。这对造纸术不啻一大启发,浣花溪人据此研究创新,造出了更多纸品,到北宋谢景初还于此造出十色笺。清康熙年间,玉女津正式更名为薛涛井,以纪念这兰心蕙质的女子。

晚年的薛涛,搬到成都近郊,在碧鸡坊建吟诗楼,定居下来。万里桥边,枇杷花下,她身着女冠服,闭门而居。若得山花插满头,莫问奴归处,她是归无可归,再不寄望于俗世,自收了一颗心住下来。住在自己心里——这也是最好的去处,再无须强颜欢笑,无须耍弄心机,无须向权势俯首,无须为男人的社会涂脂抹粉,做名利场上那一抹香艳。她素面朝天,不忧不惧,不悲不怨,缓缓踱进人生的大境界里。

薛涛一生,据说创作有诗 500 首,流传至今的仅七十多首,然而这已是唐以前女诗人中传世作品最多的了。"扫眉才子知多少,管领春风总不如。"不独当世人评她为一时之冠,后世人,尤其是后世蜀地人,还认为她堪与杜甫平分秋色。这样说,我觉得是有些过了,究其根源,主要是她的一些诗在纪实、评史上有杜甫之风,而辞气之清老,又远远超越寻常裙钗——这一点,在她身上,老而弥坚。

830 年,西川节度使李德裕建筹边楼。楼立于一块嵯峨巨石之上,双层重檐,内外十数根柱,四面俱开大窗。薛涛斯时已是老人,李德裕请她来登临赋诗,是为《筹边楼》:

平临云鸟八窗秋,壮压西川四十州。

诸将莫贪羌族马,最高层处见边头。

诗歌也是有气运的。若以四时论,春天的萌发自不必说,诗经时代已在积蓄,建安时期抽条拔节,初唐四杰挺起骨干,到盛唐便是进入蓬勃的盛夏——诗的世界天高地阔,满目皆是汪洋恣肆的生长,格局大,气势足,动辄便是"黄河之水天上来",是"燕山雪花大如席",连人都是新的,"三月三日天气新,长安水边多丽人",言愁也是"无边落木萧萧下",是"白发三千丈",愁亦飞扬。安史之乱一场浩劫,大大丰富了诗的内容,遂使它有了苍苍的气质。随着国力渐衰,那种恣情扩张开始趋向内缩,诗歌的触角渐渐回归自我,也就有了韦应物之幽微、白居易之平易、元稹之婉曲。当然,这只是大体的表述,不排除每一时期百花齐放,有多种诗风的存在。

我要说的是,这么一路而来,中唐诗歌在丰富而繁荣着,然而对于巅峰时期的那种气象,也不由得怀念着,表现在诗歌里,便是偶尔会露出些峥嵘来。薛涛此诗,便是那一峥嵘。也正是因为这个缘故,时人至为欣赏此诗。你看,"平临云鸟八窗秋,壮压西川四十州",浩浩风日,巍巍四十州,是多大的气魄?"诸将莫贪羌族马,最高层处见边头",如此训诫,如此高瞻远瞩,又是何等的心胸?所谓有境界自成高格,此诗格调之高,前人一句话叹之:"洪度岂直女子哉,固一代之雄也!"

《筹边楼》也是薛涛人生的最高层处,文字记载里最后的一道辉煌,落日熔金,流光将逝。

831年秋,韦皋所送的孔雀死。或者再多一句,元稹同年七月卒。

次年秋,薛涛亦卒。时节度使段文昌,亲手题写墓志铭,并于墓碑上刻："西川女校书薛涛洪度之墓"。

生命已远，传奇不止，唐人继续书写。

凭吊薛涛墓的郑谷，留下诗篇"渚远清江碧簟纹，小桃花绕薛涛坟"，"窗下断琴翘凤足，波中濯锦散鸥群"。

因罪下成都大狱的杨蕴中，夜梦一妇人，自言乃薛涛魂，妇人赠杨蕴中诗云："玉漏深长灯耿耿，东墙西墙时见影。月明窗外子规啼，忍使孤魂愁夜永。"

唐以后，自五代到宋、元、明、清，有关薛涛的传奇一直没有停止过，纪念、重建、考证都是她存在的形式。

时至今日，传奇尚在，有心寻觅者，请向成都望江楼公园西北角竹林深处去……

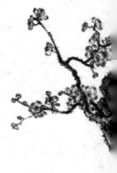

自是花中第一流

——宋朝才女李清照

李清照:宋代女词人。自号易安居士,济南府章丘(今山东章丘市)人。生于1084年,约卒于1156年前后。著名学者李格非之女,金石学家赵明诚之妻。少年便有诗名,才情惊人,直追当世前辈。一生诗、词、文、书、画俱工,以词成就最高,注重协律,善用白描,创"易安体"。时人谓其当朝妇人中"文采第一",清人推其为婉约词宗主。宋代曾有《李易安集》12卷和《漱玉词》5卷行世,久佚,后人辑有《李清照集》《漱玉词》。

看惯了高校文学史教材的严密规整,乍一读胡兰成的《中国文学史话》,真有朱天文所说的刺激感。看他把五千年文明敲碎了,打散了,以独特手法揉搓,打磨,捧出的竟似是自家的戛戛独造。"《诗经》讲朝阳里的梧桐与凤凰,讲'倬彼云汉',讲'七月流火',讲'春日迟迟'。《楚辞》虽多名状草木,还不及《诗经》的阳光世界,与种稻割麦蒸尝的陇亩与家室风景。"说的是真好,清嘉可亲,语可深咏。然而,解散也有解散的弊处,只见这里也好那里也好,捞起来却不是完好的一张网,纲不举目难张,收之便也草草。

且他之为文,一如为人,缺乏一股子爽利劲儿,王顾左右,缠夹不清,走着走着即进入窄巷,此时又会借了巧言作幌,坦白地无赖一下,无凭无据地居然也就过去了。这么一霎儿雨,一霎儿风,远近明灭间,中国文学的面孔便不知是清晰了还是模糊了。

说到宋代,胡兰成说:"宋朝的文章诗词,亦是南宋的不及北宋的好。如李易安即不及朱淑贞。朱淑贞的诗词像前八十回《红楼梦》,少有事故,多有风光,李易安的则像八十回以后,感动人而不感兴人。"

这段话就很经不起推敲。"朱淑贞"一名,只王士禛在《池北偶谈》中记过,"辛亥冬,于京师见宋朱女郎淑贞手书《璇玑图》一卷,字法妍妩",图记末尾是"绍定三年春二月望后三日,钱塘幽栖居士朱氏淑贞书",并附有朱红小印。后人有疑手迹乃伪造,有疑王士禛抄错,还有疑另有一女名"淑贞",但非宋诗词名家朱淑真。胡兰成此语显然说的是朱淑真,"贞"当为笔误——写到这里,我忍不住想,胡兰成那厮若看见这话,恐怕又要张着无辜的眼辩解,像说小周或是秀美也很好似的,说:淑贞的图记也是好的,就是淑贞也无妨。但不管是彼"贞"还是此"真",早有学者依据作品研究得出结论,其生活年代大抵是在南宋,最早也只赶上个北宋末,生年不会早于李清照。至于《断肠集》中所称"魏夫人",明朝人亦是想当然地以

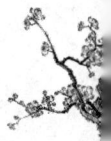

为乃曾布妻。李清照却是有《金石录后序》自述,生年确定无误在北宋。如此根基不稳,则胡兰成的论断便近于胡说——此非胡适之"胡说"也。

更该较真的是胡兰成对宋朝两大才女的品评。且不说《红楼梦》前八十回是否"少有事故,多有风光",朱淑真词的轻清艳冶得他喜欢也是自然,单说对李清照"感动人而不感兴人"这八字断语,我作为后世读者,先就第一个不服。

所谓感兴,感物寄兴也。"十五国风"最善感兴,"关关雎鸠,在河之洲"算得是鼻祖,往下数来,"青青陵上柏,磊磊涧中石","西陆蝉声唱,南冠客思深","海上生明月,天涯共此时","燕草如碧丝,秦桑低绿枝",等等,皆是感兴。再说李清照作品,感动兼且感兴者,何止十处八处?尤其南渡后作品,那种因物而感的深沉悲慨,与朱淑真的闺情相思又岂可同日而语?也不用细分,就拣大家熟知的,信手拈来几句看看,比如"草际鸣蛩,惊落梧桐,正人间天上愁浓",比如"花自飘零水自流,一种相思,两处闲愁",比如"染柳烟浓,吹梅笛怨,春意知几许",再比如"满地黄花堆积,憔悴损"……词之为体,虽然源自于诗,然而独立成型后,即成为堪与诗并辔前行的文学。感兴本是诗学用语,移之于词,因为词独具的抒情特色,故而物与情的结合更为幽深贴切,尽显低回要眇之美。这里的感兴不是水油两分离那种,而是水乳交融天衣无缝,从外物到内心、从感到兴,自然地触发,巧妙地接洽,灵机流转,圆满融通,你中有我我中有你,不见一丝人为痕迹。阅读者体验到这种感兴的同时,即已被感动。

李清照为此中高手,最是深得其妙,卓然不同于前人。清人这样评价她:"易安在宋诸媛中,自卓然一家,不在秦七、黄九之下。词无一首不工,其炼处可夺梦窗之席,其丽处直参《片玉》之班。盖不徒俯视巾帼,直欲压倒须眉。"意谓李清照自成一家,成就不在秦观、黄庭坚之下,其词没有一首不工巧精妙,凝练处可盖过吴文英,清丽处堪与周邦彦媲美,不但远在女性作家之上,甚至能超过堂堂男儿。

是的,她是横绝一时独一无二的,是两宋诸大家之外的天才作家,是中国文学史上一等一的女才子。

倚门回首,却把青梅嗅

"四面荷花三面柳,一城山色半城湖",这是济南。

"一斛清泉柳絮飑,萧萧故宅但斜阳",这是柳絮泉。

很长一段时间里,人们以为济南大明湖畔柳絮泉边是李清照故居所在地。清人有《柳絮泉访李易安故宅》的诗,郭沫若也曾为这里的李清照纪念堂题词:"大明湖畔,趵突泉边,故居在垂杨深处;漱玉集中,金石录里,文采有后主遗风。"20世纪80年代初,考古研究纠正了这一谬误,在章丘市明水镇西廉坡村,有人发现了《廉先生序》碑,上刻李格非文字,自称与廉先生同里,序后署名"绣江李格非"。绣江是章丘明水的别称,这里山明水秀,泉源潆洄,百脉泉、绣水泉、明水泉汨汨不息,茂林修竹,回塘掩映,正是一代词宗绝佳的诞生地。

李清照的父亲李格非,为人耿介,是北宋著名学者。熙宁九年(1076)进士及第,出任郓州(今山东郓城)教授,总领一郡教育。约10年后调至

京师汴梁（今河南开封），入补太学录，后转任太学正，迁太学博士——这是太学里仅次于国子祭酒的职位。是时，京师俊才云集，李格非学问文章皆属翘楚，得到了当世文坛领袖苏东坡的赏识，《宋史》中说李格非"以文章受知于苏轼"，继黄庭坚、秦观、晁补之、张耒"苏门四学士"之后，与廖正一、李禧、董荣并称为"苏门后四学士"。李格非与苏门的学术渊源，对李清照的个性形成、文学创作以及日后生活有极大影响，容稍后再述。

关于李清照的母亲，有三种说法。《宋史》说她是状元王拱辰的孙女，亦善文。王拱辰何人？有个故事大概不少人听过，说的是一介寒士考中状元，却当庭推辞，自陈说殿试题目刚巧不久前做过，认为自己是侥幸得中。皇帝看此人诚实忠信，依旧选他做了状元。这个故事的主角就是王拱辰，虽然他后来做过翰林学士、御史中丞乃至节度使，还是著名诗人，但人们仍习惯于称他状元王拱辰。第二个说法来自李清照同时代人庄绰的《鸡肋编》，庄绰称汉国公王准有孙婿九人，李格非正在名单之中，而下边赫然还有一句"曾孙婿秦桧"。也就是说，李清照的母亲，有可能是秦桧夫人即那个伴随其夫长跪岳飞坟前的秦王氏的姑母。因《宋史》乃元人修撰，《鸡肋编》是宋人自撰，所以后人多采用第二个说法。李清照，千古第一才女，也只能无奈地与千古第一奸臣结成亲戚关系了。第三个说法出自今人陈祖美先生和诸葛忆兵、邓红梅两位教授，三人说法大同小异，基本上是糅合以上两种，推断两个王氏分别为李格非的两任妻子。只是，李清照的生母究竟是哪个王氏，在这一点上存在着分歧。总体来说，第三种说法有当代考古发现做支撑，且与另两种不冲突，可信度比较高。

不管哪种说法更贴近真相，李清照出身书香门第都是一定的，父母双方的家学渊源为她的人生伊始抹上了浓厚的文化底色。

中国人爱讲"诗书传家",其实这句话更适合说女子。男人可以走出家门,在广阔的世界里接受更为丰富的影响,诗书传家的影响只占他人生的一部分,女子则只能依靠家宅内的文化传承。诗书传家的大族里容易产生才女,且相对比较集中,也是这个原因。譬如,两汉时代的班氏一族,有班婕妤、班昭出焉;东晋时期的谢氏一族,有谢道韫出焉;到了宋代,临川王氏一门,王安石的妹妹与女儿,曾巩家的女性,包括魏夫人,还有苏颂的三个妹妹以及孙女,都是文学修养极高的女子。可以肯定,李清照幼年接受了良好的早期教育,书法、绘画、琴艺这些都不在话下。而据她后来在诗文中使用典籍的情况看,她读书涉猎极广,从四书五经等儒家经典,到《左传》《史记》《汉书》等历史典籍,再到《楚辞》《文选》、建安七子诗文、唐人散文及诗等历代文学,还有《淮南子》《吕氏春秋》《世说新语》等诸多杂书,建构起来的是一个完整的知识体系。

然而,北宋时候的女教并不都这么开通,大多也就是学习一下古代的《内则》《曲礼》等即可,读史书乃至诗文杂说等迁移性情之作一般并不被允许。有的家庭还有更为严厉的约束,比如司马光家,文字记载曰:"令仆子非有紧急修葺,不得入门中。妇女婢妾无故不得出中门,只令铃下小童通传内外。"读来纳闷,那个小时候聪明机智善于砸缸的司马光,当了宰相后脑袋反倒秀逗了,整个一《牡丹亭》里陈腐杜宝的形象,看来那游次园便慕色而亡的杜丽娘就是这样制造出来的啊。想想也够险的,若是不幸生错了人家,历史上哪里还会有一个李清照横空出世呢?不过是泯然众人,成为符合男权社会期许终日针黹女红的女人中的一个罢了。

西蒙·波伏娃说:一个人之为女人,与其说是"天生"的,不如说是"形成"的。

李格非作为"苏门后四学士"之一,学术思想、人生态度以及家教思想无不深受苏轼影响。苏轼崇尚自然,提倡个性,鄙视扼杀人性,对于宋朝理学家们那套"灭私欲则天理明"的伦理规范十分不齿。苏门才俊的文学创作,也多是出于真性灵,超脱世俗之上,借用苏轼《文说》中的话来表述,就是"万斛泉源,不择地皆可出"。故而,李格非给李清照提供的是一个宽松的家庭环境,不束缚言行,不限制读书,任其身心自由发展,使李清照的人格及创作都能得到健全的发展。《女性词史》云:李清照所受的教育,是一种全面的"人"的教育,而不是狭隘的"女人"的教育。我深以为然。

今有杨雨解密李清照,说她好赌嗜酒,还冠之以名头:"赌神李清照""酒鬼李清照"。这名头,自然不过是噱头,有意把某些特点推到极致。李清照属于智商过剩型,遨游典籍、舞文弄墨之余,稍稍抬眼到其他领域,便可迅速找到兴奋点,再稍稍用心研究一下,即可获得新鲜的成就感,因而兴趣广泛。聪慧的资质是可以通达物理的,"慧即通,通即无所不达;专即精,精即无所不妙",仅举一例便可知。打马是古代一种棋艺游戏,棋子被称作马,故名。李清照不但精于打马之术,所向无敌,平生不曾输过,而且在原有基础上首创新的打法,还编写《打马图经》详细加以说明。在这个图解的序言中,她罗列二十多种赌博游戏,品评优劣,如数家珍,并洋洋自得于自己首创的打马新法:"使千万世后,知命辞打马,始自易安居士也。"之后她意犹未尽,又写了一篇骈体《打马赋》,洋洋洒洒数百字,铿锵有声,气势磅礴。"齐驱骥骤,疑穆王万里之行;间列玄黄,类杨氏五家之队。珊珊佩响,方惊玉蹬之敲;落落星罗,忽见连钱之碎",读得我合书大笑(按:此文作于南渡后,另有讥刺时事之意,此处不表)。她又喜欢饮酒作诗。宋王朝"与士大夫治天下",是古代读书人幸福指数最高的朝代,待遇优厚,限制且少,诗、酒、花便是士大夫生活的三大主题,蔚为一时风尚。三杯两盏淡酒之后,曼吟几句,书写数行,这不过是一种时髦的生活而已,哪里就当得起"酒鬼"二字?

文字是镜像,映照出人格。读李清照诗词,感觉到她与其他古代才女显著的一大不同,就是健康。她的作品中没有任何病态的成分,自然舒展,个性鲜明。

如梦令

常记溪亭日暮,沉醉不知归路。兴尽晚回舟,误入藕花深处。争渡,争渡,惊起一滩鸥鹭。

一个大家闺秀,居然可以约上同伴出游,居然可以玩到暮晚时分,还居然喝得酩酊大醉,以致"沉醉不知归路"。想来那湖上争渡的姿态也是活泼泼的吧?眼神明亮,笑声开朗,充满少女的活力。那一刻,藕花乱点,鸥鹭纷纷掠起,薄暮里的少年时光洒然如风。

点绛唇

蹴罢秋千,起来慵整纤纤手。露浓花瘦,薄汗轻衣透。
见有人来,袜划金钗溜。和羞走,倚门回首,却把青梅嗅。

这一首里,就不独活泼明媚,还胆大狡黠,几乎不像是那个时代的人了。"露浓",自然是清晨;"花瘦",大约是晚春。一大清早,她就溜到花园里打秋千,直玩得一身薄汗。这时有人闯了进来,不知是何人,但从她的

反应可知是男性,也许是一个翩翩少年。她赶紧开溜,鞋子也顾不上套,穿着袜子跑过花径,头发飘散开,金钗斜坠下来……想象一下近似《洛丽塔》那样的镜头吧,美丽的少女,小鹿一样奔跑,衣袂飘飘,藏不住的笑意随露珠一颗一颗滚落在花草间。"在早晨,她就是洛,普普通通的洛,穿一只袜子,婷婷四尺十的洛。"纳博科夫这样写道。美而迷乱,带着性感,这样拿洛丽塔作比,似乎感觉有些错位?不,古典未必不性感,你看镜头追随到门口时那一个特写:她倚门回首,顺手从檐下拉过一枝青梅,一边做出嗅的姿势,一边悄悄瞥了过来,精灵一样迷人。可不是有点性感么?但这性感是健康,洁净,要人大笑着去爱的。

青梅,是一个别致的意象,从诗经时代就携带上了特殊的意蕴,《召南·摽有梅》里梅子树下的春心萌动,展现的正是人性之初的烂漫可喜,亦是健康。然而,在李清照这里,梅子将熟未熟,还没到哗哗坠落的辰光,只是青涩,只是可爱。

中州盛日,簇带争济楚

中州盛日,闺门多暇,记得偏重三五。铺翠冠儿,捻金雪柳,簇带争济楚。

这几句出自李清照的《永遇乐》(落日熔金)。

写这篇词的时候,李清照已经老了,她在意念中返回昔日汴梁,一次一次路过青春的自己。她看见,翠鸟羽毛装饰的冠儿,在夜灯下荧荧地亮。看见金线撚丝制成的雪柳,一簇一簇,是乌发上蓬蓬的云。她和女伴们打扮得鲜亮亮的,齐齐走过东京(汴梁,亦称东京)街头,美丽,招摇,一如灯市上空绽放的烟花。

那时节,她年已及笄,随着父母到了汴梁。父亲已经历了外放与召回,官拜礼部员外郎,正仕途得意。虽然父亲刚正廉洁,清贫惯了,但毕竟官职不低,朝廷待遇优渥,兼且外祖家多有看顾,李清照的闺门生活自是无忧无虑。

这是李清照人生最好的时期,也是汴梁城最为繁华的时期。经济发达,商业繁荣,百姓生活富足,以至于"京城米贱",以至于百业齐兴——百只是个概数,事实上,当时计有 410 个行业,丰富程度远超之前任何一个朝代的任何一座城市。三五佳节,月圆如团,是宋代人最为重视的节日。而一年里第一个三五,也就是上元节——正月十五这天,汴梁城更是成了一座狂欢之都。有记载:京城张灯五日,各地三天,城门弛禁,通宵开放(按:此处元宵节为何是五天呢?民间传说是吴越钱王来东京朝拜,进贡许多金帛,买下十八、十九两夜,以尽余欢。事实上,这是赵匡胤当年开的先例,说是年丰米贱无边事,特诏开封府多开放两夜,宜纵士民行乐)。

若以当时危机四伏的边事做背景,那么汴梁盛景就是暗淡底色上放诞的艳,一幅活色生香的行乐图!御街上,两廊下,灯火璀璨,百戏竞技。先说灯。"紫禁烟光一万重,五门金碧射晴空",一片光与色的海洋。"陆海鳌山十二峰",这鳌山其实是灯山,最高的鳌山"高一十六丈,阔三百六十五步,中间有两条鳌柱,长二十四丈,两下用金龙缠柱,每一个龙口里点一盏灯,谓之双龙衔照",鳌山顶还设置木柜贮水,不时有瀑布飞流直下。左右以彩绢结成文殊菩萨和普贤菩萨,再张灯无数,灯多以琉璃制成,绘山水风景、神仙故事、花鸟虫鱼等,使着劲儿地赛新巧。利用空气受热转化为动力而制作的走马灯,就是在这里问世的。再说百戏。"梨园羯鼓三千面",这是大型乐棚。在音乐伴奏下,飞丸、掷剑、走索、缘竿、藏火、猴戏、魔术、杂剧、鱼跳刀门、使唤蜂蝶、追呼蟋蟀……各种杂技巧艺,看名大约可知其技,文字记载里还有些神乎其技的,如今已邈远不知其真貌了。更有趣的是,朝廷还出面"买市",包括歌舞队、武舞队、傀儡戏等,还有市面上各色时鲜果品,演出者和小商贩可支"官钱",皇帝嫔妃都聚在宫城门楼上与民同乐。

"帝城放夜,望千门如昼,嬉笑游冶",最动人的风景其实是人。是夜,金吾放夜,私家放门,红男绿女可以彻夜欢游。"钿车罗帕,相逢处,自有暗尘随马",马逐香车,人拾罗帕,声光相乱里情怀大放——以上是周邦彦的追忆。辛弃疾和朱淑真也曾有词记上元,地点未必全是汴梁,然情景仿佛,可为参照,"蛾儿雪柳黄金缕,笑语盈盈暗香去。众里寻他千百度,蓦然回首,那人却在灯火阑珊处","去年元夜时,花市灯如昼。月上柳梢头,人约黄昏后"。孟元老的《东京梦华录》里则有对汴梁上元的真实记录:"别有深坊小巷,绣额珠帘。巧制新妆,竞夸华丽。春情荡扬,酒兴融怡。雅会幽欢,寸阴可惜。"

陈寅恪说:"华夏民族之文化,历数千年之演变,造极于赵宋之世。"李清照生逢其时,从单纯宁静的济南乡间来到繁华京都,自然眼界大开。巨量的外部信息进入大脑,经她的灵心接纳吸收,转化为思虑与文字。直如南风送暖,轻抚繁花,她迅速绽放出非同一般的光华,从生理到心理,从语言到思想,一下子成熟了许多。

如梦令

昨夜雨疏风骤,浓睡不消残酒。试问卷帘人,却道海棠依旧。知否?知否?应是绿肥红瘦。

《蓼园词选》说此词:"短幅中藏无数曲折,自是圣于词者。"一首小令,短短六句,如何曲折?且看起拍,一疏狂,一急骤,可知昨宵之恶。芳春花正好,风雨却来袭,叫人幽恨难遣,故而独自吃酒。一场浓睡之后,酒意仍未消,中心却难忘,醒来便急忙询问。问的什么?借侍女的答话透露,道是"海棠依旧"。问得急切,答得淡然,两下里对花的感情深浅立见。问者禁不住嗔怪答者:"傻丫头,你可知道?一定是红的清减、绿的肥硕了。"寥寥数字,明白如话,将风雨之虐、心中之忧、他人之淡漠、自心之深爱悉数道来,一字不多,一字不少,只是刚刚好。时间上,还实现了从夜到晓的跨越。最妙的是结句,"绿肥红瘦",造语之新,直如横空一笔,不知起于何处,但见奇崛,但见精工,待要探幽却又不知其所往,所谓神来之笔也。俞平伯另从着色上讲:"全篇淡描,结句着色,更觉浓艳醒豁。"解得也妙。

但我觉得,"绿肥红瘦"还有可咂摸处。想来一夜风雨摧折,海棠花自是凋零了许多,花残叶伤,一番凄凉境况。若笔触往凄凉里走,也很符合此篇主旨。然主人实在是太爱海棠,昨夜风雨中救不得它,今晨话语间也不忍伤它,只闭了眼想象:那些红花消瘦了,而绿叶经了雨水,当是丰润清鲜,晓光里也很动人吧?于是,"绿肥红瘦"脱口而出。要知道,宋人崇尚纤弱淡雅之美。"瘦"的海棠花,从形象上说,能唤起对削肩细腰美女的想象;从词风上说,淡然雅致,伤感也不浓烈,显得内敛。

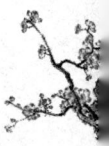

评剧《花为媒》里唱:"爱花的人惜花护花把花养,恨花的人厌花恨花

把花伤。"敏感的女子能从花信里感知生命的信息,从花期短暂感知青春短促,从花开花落感知人世无常,所以爱花惜花。爱花即是爱自己,惜花即是惜生命,所以红楼里会有"埋香冢飞燕泣残红",葬花的颦儿正是大造万物里最具性灵的一个,那怀着怜惜之心写她的曹公正是世间最懂她的人,便是宝玉也不及。

古制"女年十五及笄",笄就是簪子,15岁这一年"上头",许了婚的就戴上簪子,若非,则到20岁戴上。也就是说,李清照已到了适婚年龄。父亲把她接到汴梁来,私心里也是想在京城给她成就一桩好姻缘,她又如何不知呢?她,也在等一个懂她的人。但她是天性明亮的女子,即使有缭乱春愁,也是潋滟轻淡,不阴郁,不悲戚,不自怨自艾,自信的姿态教人想到竹,想到菊,想到冠压群芳的牡丹、雪里飘香的梅花。

渔家傲

雪里已知春信至,寒梅点缀琼枝腻。香脸半开娇旖旎,当庭际,玉人浴出新妆洗。

造化可能偏有意,故教明月玲珑地。共赏金尊沉绿蚁,莫辞醉,此花不与群花比。

李清照深爱梅花,一生咏物词中,以专门咏梅或涉及梅的词作数量为最,于现存《漱玉词》中约占总量的五分之一以上。她于闺房外亲手栽种一棵梅,在诗词中吟咏,以梅自况,借梅抒写自我。此为其中之一。看那"香脸半开"的娇嫩、旖旎动人的情态、玉人出浴的清新,说是写梅,其实无一不是在写人。花借人形,人隐花后,亦人亦花,既是李清照用笔之巧妙处,也是其内在气质的自然流露。

此花不与群花比——李清照的卓然不群,亦是如此。到得汴梁,她的才名便迅速传开来,"绿肥红瘦"的《如梦令》深得时人赞誉,据文字记载:"当时文士莫不击节称赏。"而李清照这边,才情还绰绰有余,马上转而开始进行诗的创作。

李格非平生,文名极高。当时多以诗赋成就品评人,科举考试亦如是,独他专心经学,著有几十万字的《礼记说》。其古文创作,被评价为:"李格非之文,自太史公之后,一人而已。"定居汴京后,他于堂外遍植修竹,名其堂曰"有竹堂",在这里静心读书,著文几十卷,惜乎流传至今的仅剩《洛阳名园记》一卷。他在为文、评史和作诗等方面的见解,比如"文不可以苟作,诚不著焉,则不能工"之类,对李清照多有影响。作为父亲,他的教育方法也很得当,不管女儿是作词、赋诗还是写文,他一律支持,并给予指导,鼓励她与父执辈们大胆地唱和。这一次亦如是,有竹堂中,前人诗作,今人诗钞,悉数提供给李清照详加参解学习。

李清照天分极高,很快就体悟到诗与词的不同,吟出了"诗情如夜鹊,三绕未能安""少陵也自可怜人,更待来年试春草"的佳句来。尤其是"诗情如夜鹊,三绕未能安",晁补之("苏门四学士"之一)甚为欣赏,屡屡对士大夫们称许此联"新色照人"。我看此联当是李清照自况,想她诗情喷涌时,灵感如一群被明月惊飞的乌鹊,拍打着翅膀,在思想的密林上空萦绕,鼓荡得她夜不能寐,眼睛闪亮,直到它们一个一个化身为词句,以完美的队列降临纸上。

却说中唐诗人元结,曾于浯溪(在今湖南祁阳)结庐而居,安史之乱平定后,撰写《大唐中兴颂》碑文,由颜真卿刻于浯溪石崖上。到了宋代,张耒("苏门四学士"之一,字文潜)作《浯溪中兴颂》诗,当时颇有影响。李格非把这首诗带回来,给李清照看,李清照马上创作了两首诗和之。张耒原诗,文如诗题,就是为郭子仪平叛大唱赞歌。李清照的《浯溪中兴颂诗和张文潜二首》,不但剖析安史之乱爆发的深层原因,还指出中兴之后内里潜伏的危机,并揭露帝王"孝德"假面下的真相,批评文人歌功颂德的阿谀文风。更为难得的是借古讽今,安史之乱前的政治弊端、上层腐败、权臣倾轧、武备不修等,当朝如何没有?"夏商有鉴当深戒,简策汗青今具在。"其视野之开阔、笔锋之犀利、意气之健举、眼光之独到,不啻在文坛投下一颗数百万吨当量的原子弹,令须眉男子,包括她那些久负盛名的父执辈们,感受到一股强大的冲击力。当时状况,确如《碧鸡漫志》所言:李清照"自少年便有诗名,才力华赡,逼近前辈"。

这时,距离李清照开始学写诗,仅仅一年而已。

清人陈景云为此评价说:"中郎有女堪传业,文叔之谓也。"化用韩愈诗句,借东汉蔡邕(人称蔡中郎)及其女儿蔡琰,来比李格非(字文叔)与李清照父女,倒也妥当。

只是,蔡琰与李清照,成人后走的路大为不同,人生的幸福指数也有天壤之别。

云鬟斜簪,教郎比并看

《琅嬛记》云:赵明诚幼时,其父将为择妇。明诚昼寝,梦诵一书,觉来惟忆三句云"言与司合,安上已脱,芝芙草拔",以告其父。其父为解曰:

"汝待得能文词妇也。'言与司合'是'词'字,'安上已脱'是'女'字,'芝芙草拔'是'之夫'二字,非谓汝为'词女之夫'乎?"后李翁以女女之,即易安也,果有文章。易安结缡未久,明诚即负笈远游,易安殊不忍别,觅锦帕书《一剪梅》词以送之。

这个故事流传很广,后人也多有题咏,"奇绝芝芙梦里情,先教夫婿识才名","漱玉便娟态有余,赵家芝草梦非虚","赵侯一枕芝芙梦,难得鸳衾词女共",等等。事实证明,这不过是古代八卦,"言与司合,安上已脱,芝芙草拔"的谜语也很粗糙笨拙。王国维之子王仲闻在《李清照集校注》里指出:"《琅嬛记》乃伪书,不足据。"其实古人也曾证伪,奈何李清照与赵明诚的婚姻太美满,令人艳羡,故而人们还是要借此发一发感慨。

赵明诚,字德父,又作德甫、德夫,祖籍也在山东,长李清照三岁。他人品端正,学问深厚,当时诗人谢逸称他"向来问字识扬子,年未二十如老苍"——这个评语,今人读来感觉似不太好,实则是赞他聪明好学,虽年少却已渊博如汉代学者扬雄。至于长相,另有赞语,仍是谢逸诗里的,"茂陵少年白面郎,手携五弦望八荒","人物已共远峰秀,谈辩更与熏风凉",可知风神气度十分出众。

赵明诚能诗文,尤喜治金石之学,《金石录序》中自述说:"余自少小喜从当世学士大夫访问前代金石刻词,以广异闻。"金,指古代金属器皿,主要是青铜器钟鼎等,器上往往有铭文;石,古代石刻碑铭之类。据说他9岁随父亲到徐州任上,即在当地收集一些古代刻录,到十六七岁的时候,已经在这个领域小有名气。有两件事可为证明。他的姨夫是陈师道,当时文坛成名人物。陈师道在徐州任职时,特意写信给赵明诚,说得到了柳公权所书刘君碑。斯时赵明诚之父已回京担任要职,然而陈师道并不与

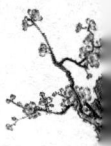

之交好,只愿跟赵明诚这个后生小辈书信往来,可想而知他对赵明诚的赏识。另一件事发生在赵明诚18岁的时候。当时有传国玉玺在咸阳(今陕西咸阳)出土,送到京师后,将作监李诫亲手摹印了两本,其中一本就是送给赵明诚的,可见他那时已蔚然而为金石学大家了。

李清照待字闺中,名动汴京,自是引起了赵明诚的注意。斯时,赵明诚正在太学学习,对于前太学博士李格非敬重有加,对李家才女更是心向往之,十分仰慕。李、赵两家又是山东同乡,自然平素有所交往,据说赵明诚与李清照的堂兄熟识。一次元宵节,两个人相约赏花灯,可巧在相国寺邂逅李清照,一场旷世姻缘就此拉开帷幕。遥想赵明诚与李清照,那一种相遇该有多么美好,这边厢是青年俊彦,那边厢是才貌双全,这边厢仰慕已久,那边厢早闻大名,一个是吏部侍郎之子,一个是礼部员外郎之女,一个是爱好金石书法,一个是擅作诗词文章,可不就是张爱玲《爱》里的情景么?"于千万人之中遇见你所遇见的人,于千万年之中,时间的无涯的荒野里,没有早一步,也没有晚一步,刚巧赶上了,那也没有别的话可说,惟有轻轻地问一声:噢,你也在这里吗?"

太美的爱情是瓷器,在现实的烈火中烧制,或多或少总会有些缺陷,露出泥骨凡胎的本相。像当时的龙泉窑瓷器,利用釉面开裂做出开片,从而制成精美绝伦的特殊青瓷,那是千年才得一出的异数。所以,我要煞风景地追加一句:他们的婚姻其实没那么纯粹,在他们两个是倾慕对方,爱情使然,在双方家庭,却还有政治、家世、地位等的考量。

北宋末年,政坛动荡,新旧两党纷争频仍。话说从头,神宗即位后,任用王安石实行变法,朝廷旧臣极力反对,其中不乏司马光、欧阳修、苏轼等有影响力的人物。王安石为了新政的推行,有意通过科举考试拔擢人才为羽翼,是故有不少人着意以策论迎合新政而中举,并得到重用。这些新进者,多投机取巧逢迎之徒,私德甚不可取,其中就有《水浒传》提到的大奸臣蔡京。斯时党争只是政见不合,尚不夹挟私人恩怨,比如王安石与司马光之间,襟怀坦荡,彼此敬重。及至神宗去世,哲宗以幼龄登基,太皇太后高氏垂帘听政,致力于恢复祖宗旧制,起用守旧派,贬谪新党,罢黜新法,史称"元祐更化",旧党之人后来也被称为"元祐党人"。到元祐末年的时候,高太后去世,哲宗得以亲政,挟多年身为傀儡的怨气,大肆提拔新党,打击旧党中人,苏轼、秦观、黄庭坚、张耒等纷纷被贬谪。朝廷还专门成立了一个收集元祐党人黑材料的机构,任命旧党中比较外围的人物李格非为此机构检讨官,遭耿直的李格非拒绝。李格非因此被贬官外放。及至徽宗继位,欲调和新旧两党,用人方面着意摒除党派界限,再度起用李格非等人。李格非回京,历任校书郎、礼部员外郎、提点京东刑狱等职,仕途几乎达至顶点。历史表明,这其实是大乱前的平静期,详情下文再述。

赵明诚之父赵挺之,由王安石提拔上来,基本属于新党。精明干练,颇有几分吏才,然而八面玲珑,阿谀逢迎,缺乏个人操守,政治立场也不很坚定。元祐初年朝廷召试赵挺之的时候,苏轼曾表示过反对意见:"挺之聚敛小人,学行无取,岂堪此选?"赵挺之由是记恨苏轼,在后来的党争中挟私报复。赵明诚喜爱苏轼、黄庭坚的诗,收藏成癖,即使残章断句也必录藏,曾因此不得其父欢心。但赵挺之红袖善舞,只要是情势所需,照样能与旧党交好,在旧党之中游刃有余。他答应赵明诚的请求,请冰人到李

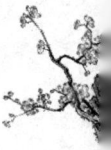

格非府上提亲,便是出于这种需要。当时政坛形势不明,徽宗在哲宗之后以皇弟身份仓促继位,对朝中各政治派别心有忌惮,时任皇太后向氏又倾向于旧党,故而徽宗赦免旧党并重新起用。赵挺之权衡利弊,自然乐得与旧党中人结亲。况且两家门当户对,又是山东老乡,同在京城为官,李清照的外祖家还是京城名门,赵挺之怎会拒绝这种关系网?

李清照与赵明诚在私底下是有交往的,彼此也很满意。有学者称,下边这首词就是作于这个时期:

浣溪沙

绣面芙蓉一笑开,斜飞宝鸭衬香腮。眼波才动被人猜。

一面风情深有韵,半笺娇恨寄幽怀。月移花影约重来。

上片记幽会前。芙蓉如面,贴花如绣,一笑间天地如开。宝钗斜偎,香腮溢芬,眼波流动出清泉般的心事。这女子娇痴动人,面容、装束、眼神均有掩饰不住的喜悦。"眼波才动被人猜"是本色语,不事雕琢,读来却活色生香,仿佛看见那娇羞、矜持却又欲盖弥彰的情态。下片写幽会后。思念是从分别那一刻就开始的,甜蜜还在心头,娇恨却已生出,所以拿出信笺,约心上人再度相会。"月移花影约重来",借用《西厢记》里张生会莺莺的典:"待月西厢下,迎风户半开。拂墙花影动,疑是玉人来。"欢喜与期待如春水暴涨,词句自然汩汩流淌。

细腻地描摹,大胆地邀约,这首词堪称古代女性文学中最美的幽会词。在今人眼里是健康、率真、自信而娇媚,古人却要大呼小叫,封建卫道士们更是想把这首词从李清照作品中抹去,实在可笑。也有人质疑幽会的对象,认为那时赵明诚尚未出现。在我看来,亦是无妨,男未婚女未嫁,人性本真的萌动无可厚非。如果像二木头一般拘束、守礼、乏味,那她就不是李清照,文学史上也就不会有这么一座秀峰突起了。

公元1101年,18岁的李清照与21岁的赵明诚喜结连理。金风玉露一相逢,天地清明,人间如画,那一种情投意合,琴瑟和谐,顿时将世上无数姻缘比将下去。她以词笔进行了真实的记录。如下这篇,我称之为蜜月词:

减字木兰花

卖花担上,买得一枝春欲放。泪染轻匀,犹带彤霞晓露痕。

怕郎猜道,奴面不如花面好。云鬓斜簪,徒要教郎比并看。

起句浅近,如一溪清流和缓。"一枝春欲放",用语独特,如水面溅起数朵浪花,有漾漾然之美。南朝陆凯诗曰:"折梅逢驿使,寄与陇头人。江南无所有,聊赠一枝春。"此处借"一枝春"代梅花,却缀以"欲放",旋即有了灵动之态,美妙不可方物。"泪染"言花上带露,"彤霞"言花之颜色,带着泪痕,却不伤悲,只觉得娇俏可喜,盈盈动人。读至下片,方知以上只是铺垫。把花儿写得这么美,却是要簪它;簪了它,却是要以"奴面"将它比下去。如此费尽心机,却只是缘于一种心态:"怕郎猜道,奴面不如花面好。"可这分明又是一种故作,她哪里是担心?是撒娇作痴,小儿女情态,小心眼里的一种可爱。背后潜藏的,是新娘的美艳自信、新郎的宠溺纵容、闺房里的柔情蜜意。

唐朝一个不知名的作者写过一阕《菩萨蛮》:"牡丹含露真珠颗,美人

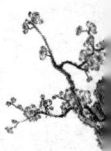

折向庭前过。含笑问檀郎:花强妾貌强？檀郎故相恼,须道花枝好。一面发娇嗔,碎挼花打人。"以古人的审美看,闺房密戏不足为外人道也,女性作品一旦有触及,便被斥为"闾巷荒淫之语"。但其实有不少男人写过,只是大抵香艳低俗,不如女人自述来得轻清可喜。易安词大概是从这首《菩萨蛮》化来,妙手运筹之下,原来的情致依然在,然而典雅得多,含蓄得多,烘云托月,虚实映照,花与人融为一体。

丑奴儿

晚来一阵风兼雨,洗尽炎光。理罢笙簧,却对菱花淡淡妆。

绛绡缕薄冰肌莹,雪腻酥香。笑语檀郎,今夜纱橱枕簟凉。

这一首就更让道学家们为难了。所谓佛眼里皆是佛,道学家眼里便尽是情色,连寻常夫妻寻常事也要一惊一乍。

且看词。晚来风雨,尽洗炎光,一天一地都是清凉。夏季里难得如许好辰光,人心里会有喜悦一点一点涌上来。临窗弹琴,对镜梳妆,再穿上薄纱红装。冰肌莹洁,雪肤滑腻,还有初浴的淡淡清香,可谓如花美眷,人生最好的时候。她知道自己的好,爱自己,也要他一同来这好里。爱在何时都不辞其多,不辞其深,即使贪恋了些,也只为了不辜负良辰美景。她亦爱他,叫他檀郎,只因在她心里,他如同晋时那小字檀奴的潘安一样至美。"笑语檀郎,今夜纱橱枕簟凉",檀郎啊,枕簟正凉,宜于寝眠——这样的女子,是怎样的率真,怎样的明媚,怎样的惹人爱煞！

攀条摘香花,言是欢气息。两个人相爱的时候,是日日待在房里也嫌不足,言谈举止带点狎昵也不觉得,宇宙洪荒,岁月绵长,尘世上只剩她和他,本然,悠然,欣欣然。

连天芳草,望断归来路

《古今女史》云:"自古夫妇擅朋友之胜,从来未有如李易安与赵德甫者,佳人才子,千古绝唱。"李清照和赵明诚也真是朋友一般,夫妇和合,互敬互爱。她爱写诗填词,他就做她的第一读者;他爱金石,她就陪他逛相国寺集市选购金石碑文。那时节,他还在太学读书,没有经济来源。赵、李两家皆书香之家,节俭惯了的,也不宠纵子弟们。两个人没有什么积蓄,全仗着大宅门里那一点份子钱,但也不以为意,吃穿用度一应素朴,钱不够了就典当衣服。集市上购得碑文与零食果品等归来,两个人相对展玩,一边吃着可口的杂果,一边考辨钟鼎彝尊的款识、碑碣上的文字和年代。其乐融融,李清照自谓有如上古"葛天氏之民",淳朴天真,优游自得。

但这样的好时候只在朔、望之日,也就是每月初一、十五,太学里可以告假回家的日子。相爱的人只愿长长久久,只愿朝朝暮暮,新婚即面临离别,那份相思情便成了这位词女创作上新的源泉。

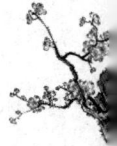

玉楼春

红酥肯放琼苞碎,探著南枝开遍未?不知酝藉几多香,但见包藏无限意。

道人憔悴春窗底,闷损阑干愁不倚。要来小酌便来休,未必明朝风不起。

蝶恋花

暖雨晴风初破冻,柳眼梅腮,已觉春心动。酒意诗情谁与共?泪融残粉花钿重。

乍试夹衫金缕缝,山枕斜欹,枕损钗头凤。独抱浓愁无好梦,夜阑犹剪灯花弄。

怨王孙

帝里春晚,重门深院,草绿阶前。暮天雁断,楼上远信谁传?恨绵绵。

多情自是多沾惹,难弃舍。又是寒食也。秋千巷陌,人静皎月初斜,浸梨花。

点绛唇

寂寞深闺,柔肠一寸愁千缕。惜春春去,几点催花雨。

倚遍阑干,只是无情绪。人何处?连天芳草,望断归来路。

一剪梅

红藕香残玉簟秋。轻解罗裳,独上兰舟。云中谁寄锦书来,雁字回时,月满西楼。

花自飘零水自流。一种相思,两处闲愁。此情无计可消除,才下眉头,却上心头。

自古多情伤离别,多情自是多沾惹,难弃舍。从隆冬到初春,从寒食到春归,再到残秋,一年里每个季节都在书写思念,写在红酥琼苞的梅上,写在夜月凉浸的梨花上,红藕香残是愁,柳眼梅腮也是愁,芳草连天让人盼,雁字回时更让人盼,就是楼前那阑干也有千般不是,一忽儿是闷损阑干愁不倚,一忽儿是倚遍阑干无情绪,你待要让人怎地?若拿现代影画技术来表现,当是黯淡的背景下一个又一个镜头叠加,有清瘦的身影在其中忽隐忽现,南窗下、阑干旁、山枕上、孤灯前、秋千巷陌、满月楼头……变换的是场景,不变的是那孤独的身影,憔悴支离,看朱成碧,寂寞一如这庭院深深深几许。

最末一首《一剪梅》,尤为后人激赏,流传久而广,今人也还在传唱,歌名就叫《月满西楼》。都是平常语,"雁字回时,月满西楼"、"一种相思,两处闲愁"、"才下眉头,却上心头",等等,无甚可解,只将清人一句评语奉上:"有吞梅嚼雪,不食人间烟火气象,其实寻常不经意语也。"

昔时王安石变法,设"三舍法"以补科举考试浮华无当的不足,太学中分外舍生、内舍生、上舍生三类,通过考试逐次提升,等到成为上舍生中的优异者,即可以直接选拔为官员。打个不恰当的比方,是那个时代的公务员考试。

却说赵明诚,两年后顺利出仕为宦,夫妻二人长相厮守,且有俸禄在手,生活过得直如神仙眷属般自得。赵明诚博雅好古,李清照夫唱妇随,两人节衣缩食,立志尽收天下古文奇字。但若碰上名人字画、珍奇器物,依旧需要典质衣服才行。李清照在《金石录后序》中记过一件事,说是崇宁年间,有个人拿着南唐画家徐熙的《牡丹图》来,索价20万。当时虽富家子弟也难轻易拿出20万钱,他俩当然是无力购买,留了两宿最终只好归还。夫妇俩怅然若失,相向惋惜了很多天。

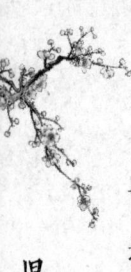

生活常常是一泓静流下暗潮汹涌,李清照与赵明诚即使躲进小楼成一统,也避不开新旧党争的影响。向太后6个月后便还政于徽宗,徽宗经过近一年的经营,渐渐坐稳了位子,开始显出自己的意志来。在蔡京等人的蛊惑下,徽宗决意承继神宗与哲宗遗愿,再度全面推行变法。赵挺之揣度圣意,积极追随迎合,很快与蔡京同时官拜尚书左丞与尚书右丞,是为副宰相。两个月后,蔡京拜相。到崇宁四年,也就是李清照与赵明诚婚后的第四年,赵挺之也荣升为宰相。蔡京与赵挺之联手升迁的过程中,沆瀣一气,打击异己,独揽朝政。蔡京奏请徽宗批准,把司马光以下,苏轼为首,包括徽宗即位之初那些上书言事者,一共309人,统称为"元祐党人及元符末上书人",罗列元祐党人所谓的罪行,由皇帝亲笔御书刻石,立碑于端礼门——此即历史上有名的"党人碑"。被刻上党人碑的官员,重者关押,轻者贬谪,非经特许则永不得内徙。李格非的名字也在碑上,于是被赶出京师,远放到广东韶州附近的象郡。

沉舟侧畔千帆过,病树前头万木春。父亲将要远赴蛮荒之地,赵家一门父子却正在升职提拔中,李清照心头的滋味异常复杂。她的立场,自是倾向于旧党的。事实上元祐党人多是当世文品、人品俱佳者,后来因为彗星出现、雷击党人碑等异象,朝廷惊惧之下收回成命,这块石碑最终演变成光荣的象征——这光荣不受政令左右,是存在于当时世人心中的,连碑上有名者的后代子孙也引以为荣,特意摹刻保存。当然,那是后话,斯时李清照想的是如何搭救父亲。她上诗给赵挺之,婉转陈情,希望公公能够施以援手。诗篇的详细内容不知,只知有一句"何况人间父子情"流传出来,《《洛阳名园记》序》中说"读者哀之"。其情可哀,其志可嘉,赵挺之怎能不懂?但依照他的为官之道,当时两党势成水火,他只有彻底依附蔡京才能飞黄腾达,其余一切皆可不顾,更遑论一个落难亲家。

李清照的个性是这样独立,爱憎是这样鲜明,旋即又上诗一首讽刺赵挺之。此诗也流传出来一句:"炙手可热心可寒。"这是化用杜甫《丽人行》中"炙手可热势绝伦,慎莫近前丞相嗔"之句,拿唐朝祸国殃民的杨国忠来比拟赵挺之,二人恰又都官至宰相。真是够大胆,够直率,完全无视封建家庭伦理规范。幸好赵明诚与她伉俪情深,且也同情元祐党人的遭遇,所以尚能在压抑阴沉的赵家府邸内为她撑起一方天空。

欧阳修《朋党论》曰:君子和而不同,小人同而不和。赵挺之与蔡京本就是因利而交,等到并列宰相之位后,两个小人自然是利尽而交恶,新一轮的争权夺利便又开始了。这一次的比拼,你来我往共有三局:第一局,蔡京赢,赵挺之三月拜相,六月就被罢相;第二局,彗星出西方,雷击党人碑,朝野惶恐,皇帝惴惴然撤掉蔡京,起用赵挺之;第三局,蔡京上体圣心,下植党羽,且大搞"公关",据《宋史》言是"宫妾、宦官合为一词誉京",由是再度拜相,赵挺之被迫称病归家,这次做了13个月的宰相。三比两胜,蔡京胜出。赵挺之治理朝政倒也不差,奈何恶得不够彻底,政治手腕抵不过蔡京,这一败自知再无可能东山再起,5天之后便郁郁而终。

《古诗源》里有首《休洗红》,道的是:"回黄转绿无定期,世事反复君所知。"北宋后期的政坛波诡云谲,一个反复,李格非得以恢复自由之身,再一个反复,赵挺之居然一命呜呼。这还没完,蔡京睚眦必报,三日后彻底追夺赵挺之官职,并在其身后大兴刑狱,勒令有司彻查,逮捕赵家的亲戚子弟。赵明诚因此锒铛入狱。李清照在这几年内,先是李家,继而赵家,左右为难,两下煎熬,现在又为丈夫忧心,实实在在饱受了残酷政治斗争的连累煎熬。

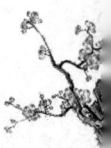

行香子

　　草际鸣蛩,惊落梧桐,正人间天上愁浓。云阶月地,关锁千重。纵浮槎来,浮槎去,不相逢。

　　星桥鹊架,经年才见,想离情别恨难穷。牵牛织女,莫是离中。甚霎儿晴,霎儿雨,霎儿风。

　　"草际鸣蛩,惊落梧桐",正是这样的惊恐莫名。人不过草木之身,世事无常,连性命也不在自己手上。"云阶月地,关锁千重",自由会在瞬间失去,人世霎时重关千层。"牵牛织女,莫是离中",天意高难问,不敢怨,不敢恨,只能道一点离情。"霎儿晴,霎儿雨,霎儿风",读来极轻,其实极重,说的是齐鲁方言,隐的却是当朝风云变幻。

　　所幸赵挺之并无大错——其实我更愿意倾向于认为此人只是名利心重,非大恶人,也非真小人,身上还葆有一点读书人的良心,党争中只对苏轼有过挟私报复,余者不及,顶多是不曾施救而已。蔡京党羽查不出赵挺之贪赃枉法的证据,只得另辟蹊径,因赵为相期间执政比较温和,便诬陷说他曾经庇护元祐党人,为元祐大臣所利用。也是查无实据,但当初皇帝恩赐赵挺之子弟的赠官及荫封一概追夺,赵明诚兄弟三个一齐被罢免官职,奉旨回乡闲居。

　　是时,赵明诚的老家已从原籍迁至青州,故而李清照随着他到了青州。

且归来也,著意过今春

这一住,就是十年。

青州故宅,是赵挺之当日宰相任上所建,傍水依山,屋舍俨然,不算奢华,舒适度却是绰绰有余。在《金石录后序》中,李清照说:"屏居乡里十年,仰取俯拾,衣食有余。"她本就无甚名利心,爱的正是"水光山色与人亲,说不尽,无穷好",敏感的灵魂最能与山水相亲相和。她给自己起了个号叫"易安居士",取自陶渊明《归去来兮辞》中的"倚南窗以寄傲,审容膝之易安",意谓即使仅仅容膝之地也能自安。赵明诚经此一场变故,也一下子看透许多,闲居正可有暇做金石书画研究,故而也能安然自得。他们把住所命名为"归来堂",也是取自《归去来兮辞》,有遥遥追慕陶渊明之意,要远离名利场,安放自己于山水间。

归来堂前,本有茂林修竹,再植江梅数棵,幽静若人间仙境。归来堂内,夫妇俩每得一部古书,即共同勘误校对,整理完毕后做上名签,以便分门别类收藏。有古人书法、绘画、铜彝、金鼎等,则舒卷摩挲,反复观赏,指摘瑕疵。两人沉浸其间,竟至于忘怀日月,常常是不知不觉中一天便忽忽地过去了,于是点上蜡烛夜以继日,一夜烧掉一支蜡烛亦是常事,后遂以一支为限。此等痴迷,恍然是东坡诗句"只恐夜深花睡去,故烧高烛照红妆"的场景再现,但海棠花显然没有金石书画的学术气氛,想那些钟鼎铭文若有感,日后一个一个散落时也要暗自哀泣的吧?正是今日爱之切,故有他日离散的痛之深,物如是,人亦如是。

> 余性偶强记,每饭罢,坐归来堂,烹茶,指堆积书史,言某事在某书、某卷、第几叶、第几行,以中否角胜负,为饮茶先后。中即举杯大笑,至茶倾覆怀中,反不得饮而起。甘心老是乡矣。
>
> ——《金石录后序》

晚年遭受丧夫离乱之苦的李清照,写下这段文字,重温当日夫妻嬉戏的情景,大约还会有笑容浮上苍老的面容,在时空转接里收获一丝甜蜜。你看,她记述得多么细致生动:饭后,夫妻共坐归来堂,煮水,烹茶;茗烟袅袅中,指着堆积的书山,说某历史典故记在某书某卷的第几页第几行,以是否说中定胜负,胜者可先喝茶;她博闻强记,最擅此道,常常得胜,然后举着茶杯大笑,笑得茶水都倾覆到自己怀里,结果反而是喝不到,惹得他也在旁抚掌大笑……"甘心老是乡矣",这一句来得疾,想应是追忆中的一声感慨,更多地出自于数年后手捧《金石录》的她。多年前的她也有甘愿终老此乡的想法,但却没有饱经忧患后来得复杂沉痛,那时并不知此情此景难再得,不知那茶香四溢的一刻竟是人生的绝版珍品。

五百多年后,一个西风飒飒黄叶萧萧的秋日,有人独立残阳心念亡妻,还把李清照的旧事写进自己词里:"被酒莫惊春睡重,赌书消得泼茶香。当时只道是寻常。"当日只道是寻常,如今都成了不寻常——一样的追忆、一样的温情,蕴涵着一样的沉痛。这人是纳兰性德,这是一首悼亡词。面对死亡巨大的袭击,人类的感受,百代之下依旧可以相通。

然而属于纳兰与卢氏的幸福只有短短三年,从时间上说,李清照与赵明诚显然幸运得多。

今有传世画作《易安居士画像》，是李清照 31 岁时，屏居青州的第七个年头绘制的，由赵明诚亲笔题词。学术界对其真伪所持意见不一：有人从收藏地、后人题诗及画中人着装款式等方面提出质疑；有人拿上海博物馆所藏赵明诚手迹作比较，许多字的运笔与架构都同画上题词十分相似，因此确认为真迹。前者的质疑不够充分，后者的鉴定比较可信，故今学人多从后者。从画像看，李清照削肩细腰，清秀淡雅，那种纤弱美很符合宋代人的审美标准，与我心目中健康明媚的形象却不甚吻合。

小像右上角，赵明诚的题词，大字为隶书，小字乃行书，四行排列，字句深沉有情：

易安居士三十一岁之照。清丽其词，端庄其品，归去来兮，真堪偕隐。政和甲午新秋，德父题于归来堂。

清丽是其文字，端庄是其人品。她的好，是凉秋渡头的一蓬荻花，是深夜檐头的一团明月，不离不弃，无怨无尤，是失意岁月里极为珍贵的温暖与明亮。所以他说："归去来兮，真堪偕隐。"人生无一不是行旅，能找到一个合意的同行者，那么即使肉体在现实的泥沼里挣扎，精神也能自由舒展地飞翔。现世安稳，岁月静好，便不只是愿心，更是婚姻中两个人的精神状态——自得地偕隐于二人世界。

鹧鸪天

暗淡轻黄体性柔，情疏迹远只香留。何须浅碧深红色，自是花中第一流。

梅定妒，菊应羞，画阑开处冠中秋。骚人可煞无情思，何事

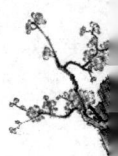

当年不见收。

李清照的《鹧鸪天》，从另一个方面回应了赵明诚的题词，"暗淡轻黄体性柔，情疏迹远只香留"，正是这样一种精神状态。

你看，经历了汴梁生活的繁华沉浮，又经历了青州数年的隐居，她笔下的意象悄悄发生着改变，从傲斗冰雪的梅花转移到了暗淡轻黄的桂花上。这花没有炫目的光泽，没有浓艳的色彩，只是暗淡轻黄，她却感受到其中别有一种柔和的美。它情怀疏淡，迹在远山，只将芳香飘往人间，宛然是花中的君子、山间的隐士——这不就是他们夫妻的写照吗？他们是如此自在自得，无须浅碧深红那样名贵的色泽，也自认是花中第一流，名可冠中秋，梅也要妒，菊也应羞。

事实的确如此，他们人在乡间，金石书画收藏的成就却令世人瞩目，"纸札精致，字画完整，冠诸收书家"，"虽处忧患困穷，而志不屈"。而且，这期间，李清照还有一篇重要的文学理论作品问世，即《词论》。

在《词论》里，李清照追溯词的源起，回顾唐末五代以来词的发展，指出词坛名家各自创作的不足：李璟、李煜、冯延巳君臣"亡国之音哀以思"，柳永"虽协音律，而词语尘下"，张先、宋祁兄弟等"破碎何足名家"，晏殊、欧阳修、苏轼的词"皆句读不葺之诗"（句子长短不齐的诗），晏几道缺少铺叙，贺方回不够典重，秦观又缺乏典故和史实，黄庭坚则是多有疵病。她是如此大胆直率，批评文坛领袖毫不留情，连父执长辈也不放过，可谓"一竿子打翻一船人"。《苕溪渔隐丛话》的作者胡仔讥讽她"蚍蜉撼大树，可笑不自量"，清人裴畅说她"自恃其才，藐视一切"，狂妄过甚。但李清照如此指摘前人过失，目的是要把词从诗的附庸地位之下解救出来，得出词之为词"别是一家"的结论——这是后世论者经常引用的一句话,可知《词论》在词的独立方面具有里程碑意义。她从文体特征出发,匡正流弊,强调词所应遵从的一系列要求:协音律,重铺叙,尚典雅,具情致,有故实。至此,李清照不独成为词学大家,还在理论方面建立了自己的王国,系统而全面,虽然她本人创作时自由不羁,未必一一依照以上法则,但把词彻底地从"诗余"分离出来,在内容和形式方面加以完备,实在是功莫大焉,自她而后的南宋词家备受影响,对词的创作、体认与论述也多从《词论》发展而来。可以说,《词论》是词史上最早产生巨大影响的一篇词论专著。

早在1111年初,赵明诚之母奏请恢复已故丈夫的官职,徽宗对赵挺之向有眷顾之心,斯人身后也并未查出什么罪行,故此诏令批准。赵明诚兄弟三个,在这之后陆续恢复了官职。宋代官、职和差遣是分离的,前两者代表品级、俸禄和荣誉等,差遣才代表具体任职,故此并不妨碍赵明诚继续隐居,进行金石研究。前后隐居十年,约略在1117年,赵明诚再度出仕,李清照留居青州。

醉花阴

薄雾浓云愁永昼,瑞脑销金兽。佳节又重阳,玉枕纱橱,半夜凉初透。

东篱把酒黄昏后,有暗香盈袖。莫道不销魂,帘卷西风,人比黄花瘦。

这次离别,不同于当年新婚后。那时太学毕竟也在帝都,每月朔望之日尚可相见,如今是离家出仕,一年半载难得归来。在经历十载厮守,尤其是而立之年后,李清照愈来愈珍视相聚的朝朝暮暮,难以忍受长久的两地分居。这首《醉花阴》,起句就是愁,愁绪延续一整天,看香炉熏烟袅袅,看时光悠长不尽,真是生生将人磨折。看下句,却原来是重阳佳节到了。每逢佳节倍思亲,只可恨无人共此凉意,无人共话东篱,无人识得把酒赏菊之趣。直到黄昏,那愁还是纠缠不去,难以排遣,正所谓"销魂,当此际"。末了是千古名句:"帘卷西风,人比黄花瘦。"历代无数文人把赏,皆叹其妙不可言,最精微的要算傅庚生《中国文学欣赏举隅》所言:"'风'字,音之最洪者也,'瘦'字,音之最细者也,'帘卷西风',以最洪之音纵之出,收到一'瘦'字上,敛而为极细极小,戛然而止……吟诵咏歌此九字者,字字入目,字字出口,九个字耳,而其景无遗,其情脉脉,其明璨璨,其韵遏云……"

《琅嬛记》里有一个相关的故事。说是李清照将此词寄给赵明诚,赵明诚深为叹赏,自愧弗如,一心想要胜之。于是谢客,废寝忘食三日三夜,写词五十阕,将这篇《醉花阴》杂于其间,拿给朋友陆德夫看。陆玩味再三,说:"只三句绝佳。"赵问之。陆答:"莫道不销魂,帘卷西风,人比黄花瘦。"正李清照所作也。这个故事流传久远,不管真伪,单看其流传之广、之深入人心,便知李清照才华之高令人不得不服膺。

小重山

春到长门春草青,江梅些子破,未开匀。碧云笼碾玉成尘,留晓梦,惊破一瓯春。

花影压重门,疏帘铺淡月,好黄昏。二年三度负东君,归来也,著意过今春。

春草青青,春华灼灼。碾茶成粉,晓梦怀人。花映重门,月掩黄昏。二年三度,辜负东君,只盼今朝能来归,着意度过这一春。"归来也!"这是李清照发自内心的呼唤。

两年了,归来堂里不见归人,赵明诚他在何处,香车系在谁家树?

武陵人远,烟锁秦娥楼

上文《小重山》词中其实有一个小小的暗示:春到长门春草青。长门何处?当日汉武帝刘彻与陈阿娇青梅竹马,刘彻立誓将来要"金屋藏娇",然而誓言抵不过倾城美颜,陈阿娇败给了"红脸如开莲,素肤若凝脂"的卫子夫,从此金屋不再,别居长门宫。为使刘彻回心转意,阿娇重金聘请司马相如作《长门赋》,"长门"遂在中国古代文学中成为冷宫的代名。李清照化用唐末薛昭蕴词的成句,但薛词写的是宫怨,此词写的却是李清照自己,而她又怎会不知"长门"典故的深意呢?

古人用典,有正反之别,有明暗之分,还有典中用典,含蓄繁复,有那洋洋数千言可用三言两语简约替代的,也有那满腹心事难言只得借他人典故浇自家块垒的,直用或可增强力道,曲笔正能委婉尽致。若说《小重山》的"长门"不是曲笔,是李清照随手借来,偶尔错用,那么下边这首词就难再以"错用"推脱了。

凤凰台上忆吹箫

香冷金猊,被翻红浪,起来慵自梳头。任宝奁闲掩,日上帘钩。生怕闲愁暗恨,多少事、欲说还休。新来瘦,非干病酒,不是

悲秋。

休休,这回去也,千万遍阳关,也则难留。念武陵人远,烟锁秦楼。惟有楼前流水,应念我、终日凝眸。凝眸处,从今又添,一段新愁。

诗经时代,文学就能明确指出两性关系的一大定理:"自伯之东,首如飞蓬。岂无膏沐,谁适为容?"她不是无有香奁梳算、胭脂水粉,而是女为悦己者容,那深爱的人不在,她便任由自己蓬着头发素着脸。上片里,女主人公不知是懈怠了,完全放松自己,还是灰心了,有放任自流之意,总之她"慵自梳头",她"宝奁闲掩"。说是"闲愁暗恨"吧,她向时不知借文字说了几多,今次怎地突然"欲说还休"?且还强调说,这一次与往日不同,"非干病酒,不是悲秋"——看,她清醒得很呢。

过片"休休"来得绝望,这回他的去,是千万遍阳关曲也难留啊!若是因为仕途所需情势所迫,赵明诚不得不宦海奔波,那为何要说"难留"?"武陵人",用刘义庆《幽冥录》中事,汉朝刘晨、阮肇入天台山采药,缘武陵溪而上,邂逅两位美丽的仙女,在那里有了一段新的生活。"秦楼",结合"凤凰台上忆吹箫"可知,不是秦罗敷"日出东南隅,照我秦氏楼"的秦楼,而是弄玉与萧史吹箫登仙的秦楼,也是李白"箫声断,秦娥梦断秦楼月"的秦楼。昔日李清照与赵明诚归来堂里赌书泼茶,端的一对神仙眷属,半点也不输于弄玉与萧史,如今那人却盘桓他处,徒留她独守秦楼。流水有情人无情,她这份愁啊,不能说,不堪说,正是不同于往时的"一段新愁"。

究竟怎么回事?当事人欲说还休,后人便只能按图索骥,自行在文字间寻觅——这大概要算得文学八卦了。当今是八卦独霸论坛的时代,读者多爱八卦,在此我就拣那稍稍靠谱的,拿来与诸君探讨。

不知列位可否注意到一件事:赵君无嗣。结婚十几年,李清照了无所出,不晓得是谁的问题——八卦里的八卦:赵明诚有妻有妾无子女,谁没生育能力那是不言而喻的。"不孝有三,无后为大",封建礼制里这可是上纲上线的大事情,但男权时代怎会让男人承担此责?有规定,男子可以休妻,"七出"里的第二条就是"无子"。赵明诚笃诚君子,自然不会休妻,但怎会不纳妾?即使是伉俪情深,赵明诚本人没有此意,也扛不住社会的影响、家族的压力。

有宋一朝,是中国历史上文人生活最奢靡腐化的时代。赵匡胤杯酒释兵权时就倡议臣工"歌儿舞女以终天年",之后历代皇帝皆崇文抑武,给予文人士大夫优厚的待遇,让他们享受拥妓纳妾声色犬马的生活,真宗甚至还曾专门派出宦官为副宰相购买侍妾。平生只恨欢愉少,男文人们这下遇到了好时候,自上而下,从贵族到豪绅,从少年郎到白发翁,皆可放心置办私家歌女兼侍妾,平日还可出入青楼歌榭偎红倚翠以为雅事,出游也是莺莺燕燕簪花风流,可谓举国乐陶陶。如此,赵明诚怎能免于流俗?李清照又哪里阻止得了?不要忘了"七出"还有个第三条,是"妒",男人尽可以三妻四妾,女人断不可以争风吃醋,否则一纸休书便可了结了她。赵明诚休妻自然是不会的,然而如此社会风气下,李清照也绝难表现出嫉妒来,更何况她还有无子这个隐痛。是所谓"欲说还休",是所谓"一段新愁"。

《金石录后序》中还有一处,可视为明白的佐证。在赵明诚亡故一节,李清照写道:"八月十八日,遂不起。取笔作诗,绝笔而终,殊无分香卖履

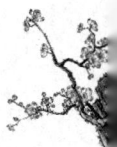

之意。""分香卖履",此典出自于曹操的《遗令》:"吾婢妾与伎人皆勤苦,使著铜雀台,善待之。于台堂上安六尺床施繐帐,朝晡上脯备之属,月旦、十五日,自朝至午,辄向帐中作伎乐。汝等时时登铜雀台,望吾西陵墓田。余香可分与诸夫人,不命祭。诸舍中无所为,可学作组履卖也。"正是曹操临终之际安排身后众侍妾的遗言。这个典故指向异常明确,没有任何歧义与含糊之处。李清照借用此典,可能是想要表示赵明诚临终丝毫也未挂怀侍妾——如此,按照宋朝婚姻财产制度,李清照就是唯一的合法继承人了——但也从反面证明了赵明诚有不止一位侍妾的事实。

如此说来,"武陵人远",就不单是地理距离,还有心理上的距离了。

大约1121年,赵明诚调莱州任知州,可以携带家眷,李清照独居青州几年后,终于得以前往相聚。到得莱州后怎样?她有一首《感怀诗》,诗前小序说是"宣和辛丑八月十日到莱,独坐一室,平生所见,皆不在目前",因作此诗——可知是初到莱州所作。诗曰:

> 寒窗败几无书史,公路可怜何至此。
> 青州从事孔方兄,终日纷纷喜生事。
> 作诗谢绝聊闭门,燕寝凝香有佳思。
> 静中吾乃得至交,乌有先生子虚子。

知州的第一夫人到任上,却只落得独处一室。室内的寒窗败几,无有书史,前厅的官员宴饮,歌舞佐酒,让她感觉到丈夫已不再是当初那个秉烛品评书画金石的文化人,他日渐沉陷于公务俗事金钱美酒之中。这里又用了一个隐晦的典故,"燕寝凝香",语出韦应物诗:"卫兵森画戟,燕寝凝清香。"燕寝,本指帝王正寝之外的寝宫。她自己体谅丈夫公务繁忙,于是闭门谢客,在这里作诗排遣;他那里却是别有"燕寝",另有红袖添香,以助豪兴。万般无奈,她只好在静寂孤独中与"乌有先生"和"子虚子"结为至交了,这是司马相如《子虚赋》中的两个人名,意谓根本没有这样一个人。

说句心里话,李清照其人其词是我少年时期的至爱,然而在愈来愈深入地读她之后,我曾经感觉到一种碎裂的痛苦。现实是一记重锤,打破了我想象中的美满,这么优秀出尘的女人,她依旧不能脱离古代女性共同的命运,依旧需要承受那种共同的悲哀。而她表达得那么隐晦,以多层典故为掩饰,曲折含蓄,怨而不怒,隐秘难言中更让人感觉到深深的痛楚。

美国汉学家斯蒂芬·欧文,汉名宇文所安,在《回忆的引诱》中,对李清照的《金石录后序》进行了字句推敲,指出两人在婚姻中的一些不谐,读来出人意料却又令人信服。比如在人称的变化上,宇文所安注意到,描写初婚生活时,她常常是把两人合在一起而省去人称代词,犹言"我们";随着后来藏品丰富,在归来堂建起大书库,人称问题变得敏感了,想要看书的人须得"请匙上簿",似乎是赵明诚制定出了新规矩,而李清照是那个需要提出请求的人;等读到"余性不耐"一句,那就很明显了,是李清照忍受不了这种方式,遂节衣缩食购买副本,以求随意使用她自己的书,这时候的讲述都变成了"我"。两个人的感情发生了变化,共同的收藏乐趣变质了,虽然作者在追忆里有所讳饰,但依旧可以看出夫妻间小小的矛盾来。

即使没有读过《金石录后序》,如上讲解也很容易看明白,所以我大致引述了一些。关于这批藏书对他们夫妻的影响,下文还会谈到,此处

暂止。

但今时今日,写下这些文字的时刻,我已经能够跳出纸背来,理性地看待李清照与赵明诚的婚姻。就像那个哲学命题,世界上没有完全相同的两片叶子,同理,世界上不会有完全相同的两个人。婚姻恰是人与人之间最为紧密的一种结合,两个不同的人总会有不一致的时候,不和谐是一定的,小咬啮的烦恼本就是生活的常态。温格·朱利的《幸福婚姻法则》说:"即使是最幸福的婚姻,一生也会有200次离婚的念头和50次掐死对方的想法。"美满到极致的婚姻神话也许会有,但那不是婚姻的常态。看见李清照与赵明诚之间的不谐,就像看见神像彩塑下的泥胎,你会一下子从云端降到实地上,不崇拜虚无,不盲目信从,理解,同情,平实地从人的角度看,而不是放在神的高度苛求,不过分吹捧李清照婚姻的美满,但也不因此否认其中的幸福与美好。

事实上,以李清照的灵心慧质,赵明诚的恺诚良善,他们会主动修复这些裂痕的。到莱州三年任期结束,赵明诚调任淄川太守后,还有一个真实的故事显示出这一点。赵明诚的《白居易〈楞严经〉跋》中记,他在淄川乡间遇到一位奇人,这人家中珍藏有白居易手书的《楞严经》。白居易墨宝流传不多,亲笔手抄的《楞严经》更是罕见,堪为稀世珍品。赵明诚以太守之尊,恳求这位奇人借给他两三天,得到同意后,他"因上马疾驱归,与细君共赏,时已二鼓下矣!酒渴甚,烹小龙团,相对展玩,狂喜不支。两见烛跋,犹不欲寐"。她依旧是他深为欣赏和肯定的人,是他心目中的第一人,是可以分享人生至乐的同路人,两人酌酒烹茶,相对展玩,烛光中爱意融融的情景宛然当初。

爱是等待,爱是恒久忍耐,爱是无论多久归来她都在,而他翻越千山万水之后也必归来。

故乡何处,忘了除非醉

公元1125年十月,金国在灭掉辽国,有所休整后,开始大举入侵北宋。北宋王朝沉醉于太平盛世这坛美酒,文恬武嬉,政治腐败,军备松弛,早就是死而不僵的百足之虫了。甫一交战,宋军即全线溃败,金军则攻城略地,直逼宋都汴梁。徽宗赵佶匆忙禅位,钦宗赵桓仓促登基,改元靖康。1127年一月,金军攻陷汴京。四月,徽宗、钦宗二帝以及后宫嫔妃等共计两千多人,被掳往金邦,北宋灭亡。此所谓"靖康之难"。五月,高宗赵构在应天府(今河南商丘)称帝。金兵继续南下,高宗逃出应天,一路辗转南逃,最后在临安(今浙江杭州)暂时安顿下来。是为南宋。

这是一个颠覆的时代,一连串打击如疾风骤雨,一下子把大宋臣民给打懵了。长期以来,朝廷注重内患甚于外忧,朝臣重视享乐甚于国事,忧患意识的缺乏成为普遍的社会心理,他们从未想过大宋朝会一朝倾覆,连皇帝亦会成为战争难民。包括李清照与赵明诚,之前的文字从未涉及过这个方面,加上多年屏居山东青州,赵明诚再度出仕后也始终在山东一带任职,对边事与局势更是相当隔膜。

覆巢之下,岂有完卵?北方领土沦陷,赵宋王室南渡,臣民也随之仓皇南逃。赵明诚斯时淄州任期已满,但暂无调职任命,便勉力担负起守土之责。据资料考证,他这一年因镇压前线流窜下来的散兵游勇而得到朝廷嘉奖,官职也有升迁,成为后来出任建康知府的资本。

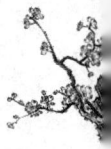

1127年三月，赵明诚母亲病逝于江宁（今江苏南京），赵明诚与李清照整装南下，一为奔丧，一为避难。当此际，他们那些宝贵的收藏就成了大问题。四顾茫然，但见各种收藏品"盈箱溢箧"，让人又是恋恋，又是怅然。国难当头，人命且贱，更遑论这些身外之物？而车船又能载得了多少呢？他们权衡之后，先去掉藏书中印本厚重者，再去掉书画中同幅多卷者，又去掉古器中没有款识者。但行李依然庞大，只好再将那些印本易得的书、平常的画、笨重的器皿剔除。饶是如此再三挑拣，最后还是装了满满15车。留在青州故居的书册器物，则堆满了十几间房屋——是年十二月青州兵变，这一批收藏终被战火焚为灰烬，上天向来不惮以最无情的方式掠走人的至爱。

1128年九月，因朝廷急需用人，赵明诚丧期未满，即被起用为江宁府事。这就是李清照《金石录后序》中所说的"建炎戊申秋九月，侯起复知建康府"。实际上此时的南京还叫江宁，要到第二年高宗驻跸江宁神霄宫时，才改其名为建康。李清照文字乃事后追记，故而此处不太准确。

赵明诚出任建康知府期间，李清照过的是一段相对比较安定的生活。然而山河破碎，故土远离，亡国丧家之人灵魂深处那种不安，真的是"感时花溅泪，恨别鸟惊心"，戚戚然，惶惶然。人分明还是当初那个人，心情却已不是当初的心情，金石收藏、赌书泼茶、吟风弄月、赏花斗草，都不再是乐趣，难以排遣心底的苦闷。《清波杂志》载："顷见易安族人，言明诚在建康日，易安每值天大雪，即顶笠披蓑，循城远览以寻诗。"那瘦弱的身影，行走在寂寂雪地，哪里是寻找闲情逸致？分明是内心有强烈的感情如岩浆潜涌，在左奔右突中寻找突破口，不是诗句被它点燃，而是它借了诗句在喷发。

看她寻得的是什么诗句?

其一

南来尚怯吴江冷,北狩应悲易水寒。

料峭寒冬,北人南来,尚嫌这江南太冷;那像牛羊一样被驱赶往漠北的徽宗、钦宗和两千嫔妃宫女,又当如何呢?——所谓"北狩",不过是委婉的托词,二帝哪里是狩猎出巡?可这亡国之耻又有谁能雪?金人是假议和而真用兵,南宋朝廷却是敛兵而真心求和,金兵得以长驱直下,徐州、瓜州、扬州相继失陷,高宗君臣弃吴江不守,只顾逃往更为安全的杭州。诗中所涉及的,俱是事实。这一切,实在是让人心生寒意。

其二

南渡衣冠少王导,北来消息欠刘琨。

历史上曾经有过相似的一幕,那就是匈奴灭西晋,晋室南渡,王导与士大夫拥立元帝,在建康立东晋。《世说新语》载,渡江南来的士大夫们,每至风和日丽的日子,便相邀到新亭赏花饮酒。一日,座中有人感叹道:"风景不殊,正自有山河之异。"物是人非,风景依旧而山河破碎,众人闻听皆相视流泪。唯有王导拍案而起,肃然曰:"当共戮力王室,克复神州,何至作楚囚相对?"刘琨,与王导同时,晋室南渡后,留在北方,意欲为晋室收复失地,《世说新语》中也有记载。李清照拿这两人入诗,显然是借古讽今,感叹本朝缺有志之士,不能慨然做北伐之举。

这几句是残诗,只因"缘事而发",道出南渡民众的殷殷期望,矛头直指懦弱无能的当权者,用典精准、老辣、有力度,而被宋人笔记收录,指明是李清照"作诗以诋士大夫"。显然,诗中毫无隐晦处,流传开后,人人皆懂,李清照的个性与胆识也着实令人钦敬。

斯时,高宗任用投降派黄潜善、汪伯彦为宰辅,主战派李纲被罢免,在北方坚持抗金的宗泽,也因黄潜善的暗中阻挠,忧愤而死。朝廷中还有了迁都之议,要将都城由汴京迁往建康,有耿介之臣上奏说:"舍汴都而都金陵,是一举而掷中州之地以资于敌矣!"有坚持不肯附议迁都的,便遭到外放。高宗的心思日渐明显,偏安一隅的格局日渐成形,眼看着复国遥遥无期,故土难回,怎不愁煞人也么哥?

临江仙

庭院深深深几许?云窗雾阁常扃。柳梢梅萼渐分明。春归秣陵树,人老建康城。

感月吟风多少事?如今老去无成。谁怜憔悴更凋零?试灯无意思,踏雪没心情。

菩萨蛮

风柔日薄春犹早,夹衫乍著心情好。睡起觉微寒,梅花鬓上残。

故乡何处是?忘了除非醉。沉水卧时烧,香消酒未消。

添字采桑子

窗前谁种芭蕉树?阴满中庭。阴满中庭,叶叶心心,舒卷有余情。

伤心枕上三更雨,点滴霖霪。点滴霖霪,愁损北人,不惯起来听。

1129年二月,御营统制官王亦图谋兵变,打算夜间纵火为号,率驻扎在建康的京都军队叛乱。江东转运副使李谟得悉后,飞马急驰报告给知府赵明诚。赵明诚此时已经接到调往湖州的任命,多一事不如少一事,大约也不大相信,遂未听从李谟的建议。李谟只得自己采取措施,先在路口立起栅栏,然后率兵埋伏于通往城内的道旁。当晚,果然有乱兵纵火作乱,幸而李谟阻拦得力,使他们不能冲进建康城劫掠,王亦只好砍开南门逃离。将近天明时分,一切平息下来后,李谟去拜见赵明诚,却发现堂堂建康知府不见了,原来赵明诚夜里已与通判、观察推官等以绳子系下城墙逃跑了。

想当年赵挺之也曾遇见过相似的事情,那时他还不过是一个小小的德州通判。哲宗即位之初给兵士赏赐了缗钱,但贪婪的德州郡守不肯发放,致使兵变发生。骚乱士兵冲进郡守府,郡守和其他官员纷纷逃命,只有赵挺之端坐堂上。他镇静地问明兵变原因,当即发放赏钱,并以凌厉手段惩办为首作乱者,成功平息了这场兵变。

或许是南宋当权者的苟且偷生影响了朝廷风气,事实上那时候弃城逃跑的官员也确实很多,或许是赵明诚年轻时的锐气已消磨殆尽,只想得过且过躺在官位上混日月,又或许是当晚他审时度势做出了错误的判断?

总之，与父亲当年相比，赵明诚在吏治方面的才能实在平庸，完全不足以独当一面，先是心存侥幸无警惕性，继而不能当机立断采取行动，最后还毫无责任心地弃一城百姓于不顾。他是一个成功的金石学家，但绝不是一个成功的官员，不可能在动荡的社会里挺身而出成为一个英雄。

而李清照是有英雄情结的。

赵明诚因"缒城宵遁"被罢官，遂和李清照带着全部家当，沿长江乘舟西上，打算到赣水之滨定居下来。经过乌江的时候，李清照作《乌江》诗：

> 生当作人杰，死亦为鬼雄。
> 至今思项羽，不肯过江东。

有人说这首诗传达出的是对赵明诚的讽刺，斥责丈夫贪生怕死，由此断定夫妻俩这时已经感情生隙。我以为这是诠释过度，过于大义凛然，似乎不把李清照推到爱国主义女诗人的祭坛上便不罢休。当日建康情况凶险，乱兵是御营正规军，而非彼时淄州所遇那些残兵游勇，赵明诚虽然逃得不光彩，但得一活命也就罢了，李清照怎会巴望着丈夫舍生取义，生当人杰死亦鬼雄？更何况，此乃宋军兵变，赵明诚并非望金人而逃。两宋之交，战乱之时，弃城而逃者，叛变投敌者，不在少数，整个朝廷呈现的风貌就是懦弱不振的。站在今天的太平时代对古人大发宏论，是不道，也是不智。

至于这首诗，明显是针对朝廷迁都之论、议和之心，抒写悲哀与愤慨的。悲哀是深沉的，愤慨是强烈的，交织在一起化为字句，掷地有声，力透纸背。若说前边那些词作，表达的还只是家国之思——"故乡何处是？忘了除非醉","愁损北人,不惯起来听",显示出一种绵软无力,那么这首《乌江》则表达的是慷慨之音,一洗之前的儿女气。在现实无情的煅烧下,李清照的文字再次脱胎换骨,如刚出窑的紫砂一般,质地坚硬,敲之作金石之声。

人间天上,没个人堪寄

五月,李清照与赵明诚到达安徽池阳(今安徽池州),突然接到御旨,任命赵明诚为湖州知州。意外获得朝廷的宽宥,赵明诚这一喜非同小可,当即就计划返回建康。斯时,高宗临时驻跸建康,新官上任前要有例行召对。赵明诚匆匆找好房子,把家临时安置下,就要独自赴召去。

当此兵荒马乱之际,皇帝尚且四处逃难,寻常人家妻离子散更是常事,前路如此茫茫不可预料,想来李清照心里有万分的不舍,还带着隐隐的恐慌。她乘船相送,看着他上岸登程,江风浩浩,江水汤汤,夏季的丽日晴空,江边的绿柳红花……一切苍凉与热闹俱已褪净,世界是一片无声的黑白,只有他和她,一在岸上,一在舟中。当时何曾料到,这会成为一个永久的画面?等到这个画面在她笔下化为文字的时刻,他已经和她生死永隔,于是所有的细节纤毫毕现,时间、地点、眼神、动作、对话,俱清晰如昨。

"六月十三日,始负担,舍舟坐岸上,葛衣岸巾,精神如虎,目光烂烂射人,望舟中告别。"身着葛衣,头戴岸巾,她眼里的他,依稀还是多年前那俊雅的"茂陵少年白面郎"。是啊,他正当壮年,正是男人年富力强的好时候,看他精神如虎,雄姿英发,此一番去是打算建功立业一雪前耻了。他的目光扫视过来,明亮有神,让她想起《世说新语》里讲仪容的一句话:"目烂烂如岩下电。"他,依然是她心仪的那个他,岁月不曾改变什么,争执、龃龉、小小的雾数、淡淡的隔阂都改变不了,独这混乱的世道容不下。念及此,她又是欢喜,又是伤感,间着一丝茫然。

随从牵马过来,他攀鞍认镫,一跃而上。她突然觉得有无数的话要说,一时之间都拥堵在喉下,只匆匆问得一句:"如果城中情况紧急怎么办?"她清楚记得,他是"戟手遥应"——王仲闻先生说此乃以手叉腰如戟,王水照则注曰:竖起食指和中指来指人,形如古代兵器中的戟。后者似更妥帖。赵明诚戟手遥遥答道:"随大流吧,别人怎么办,你就怎么办。必到万不得已的时候,就先舍弃行李辎重,次舍弃衣服被褥,再次是书册卷轴,然后是金石古器。惟宗族礼器,你须亲自携带,与之共存亡。切记勿忘!"

对于此处,宇文所安作了冷静的剖析,认为赵明诚的收藏趣味已经发生变化,这15车藏品因为价值而成了它们主人的主人,在危急关头赵明诚清楚排出不得已时丢弃的顺序,李清照本人在其中也有位置,那就是——最后,与宗器共存亡。此处所谓宗器,可能是赵氏宗族祭祀用的礼器,也可能是藏品中最为宝贵的青铜祭器。在她充满爱意赞赏地看着他时,他却说出这么一番话,希望她能像他愿意为宗器牺牲那样,随时准备为他的宗器而献出生命。"为自己选择这样一种死法,同要求别人为了几件铜器去死,是截然不同的两件事。"宇文所安说。

分析固然有理,然而过于无情。在那样的乱世,人是一种飘忽的存在,渺小轻微如蝼蚁,就像溺水者拼命抓住一根稻草一样,他们也总想在手里握住一点实的物质的东西——这是安慰,也是依靠,虽然可能很虚妄。这一点,在李清照和赵明诚这对多年相伴的夫妻心里,显然已经成为一种默契,她开口相问,他即知道问的是什么,他的回答简单明了,也是为了给她一颗定心丸,以免她惶然无措。事实上,一舍再舍,真的到了一切都舍弃的时候,那也就是山穷水尽的时候,她怎么可能独得安然脱身呢?而家人、仆妇、侍妾等众多的人中,他只肯把一切托付给她一人,这也于无形中自然而然地传达一个信息给她:我和你是一体的,你的选择就是我的选择,我们共同的爱物会陪着你,一如我在。若真的是因为看重那些藏品,而要求妻子为此做出牺牲,那么他临终前又怎么会对藏品毫无交代?

死别,来得出乎意料地快。赵明诚冒着酷暑赶路,不幸感染疟疾,等到七月底消息传至李清照这里时,他已经是卧床不起了。李清照粗通药理,又晓得赵明诚一向性子急,必然为求速效而服用寒性中药,如此则病情危急也。她且惊且怕,急急放舟东下,一日夜行三百余里,兼程赶至。至则晚矣,赵明诚大量服用柴胡、黄芩等,疟疾加上痢疾,已是病入膏肓。八月十八日,赵明诚取笔作诗,绝笔而终。

时年,赵明诚49岁,李清照46岁,他们的婚姻走过了28年。

乱世如一滩激流动荡,身处其中的人莫不感觉到一种可怕而巨大的力,不由自主地要被那力裹挟着,卷往未可预料的地方。这时候,一个能够相抵着支撑下去的背,一双能够紧握着传递力量的手,就是最大的依靠,是活下去的希望。可是,在这关键的时刻,李清照失去了这些,她眼前的眼再不会灿灿地看她,她手中的手也渐渐失去温度。28年婚姻路,怨过多情,怨过无情,至此方知,活着却是最好的多情,死亡才是最绝的无情。她于是大恸!

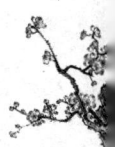

白日正中,叹庞翁之机捷;坚城自堕,怜杞妇之悲深。

以上来自李清照所作的《祭赵湖州文》,全文已失传,只留这一对残句。

前两句典出宋释道原《景德传灯录》,一部禅宗史书。庞翁是襄州一个得道居士,叫庞蕴,他将要寂灭,令女儿灵照观时,等到日午来报。灵照很快来报说:日已中天,但有日蚀。庞蕴出门去查看,灵照即刻登上父亲之座,合掌坐亡。庞蕴回屋见状,夸奖女儿快捷,遂把日期更延,七日后才圆寂。李清照借助这个典故,慨叹赵明诚早早离世,抛撇下孤独无依的她在这荒凉人世上。

对于爱深情笃的两个人来说,死亡的阻隔最是难以承受,当代网络流传的一个爱情段子,其实比这个禅宗故事更能道出李清照的心情。

一对恋人,女孩问男孩:将来我们谁先死?

男孩回答:当然是你。

女孩不悦:为什么呀?

男孩说:我答应过要照顾你一辈子,如果我先死了谁来照顾你?

我初见时以为这种段子浅显矫情,然而想起先父得病亡故前,也曾与母亲有过类似的对话,只不过性别互换了。父亲说:"我一直担心死在后面,现在好了。想到这点,你也应该安心。"母亲说:"是啊,就你那脾气你那嘴,没了我谁能照顾好啊?"两个老人家语气平静,内里却有一种深沉催人泪下。

李清照与赵明诚也是多年夫妻,爱情已与亲情一同融化在血液里,何况他们膝下无儿无女,年近五十的他们就是彼此最大的依靠,更何况那是一个连年兵燹的时代,而她只是一个生活在他身后的家庭妇女。所以,她说:坚城自堕,杞妇悲深。古有杞梁战亡,其妻枕尸而哭,哀痛动天,城为之崩,后来演变为孟姜女哭长城的故事。乐曲还有《杞梁妻》,《古今注·音乐》中说,杞妇长哭,叹的是:"上则无父,中则无夫,下则无子,生人之苦至矣。"

李清照用典精准,她此时的处境正是如此:无父,无夫,无子。未嫁从父,出嫁从夫,夫死从子,可如今她是一个也无。父亲早就去世了,至亲只剩一个弟弟,在朝廷里做敕局删定官,随着高宗逃难;赵家那边,赵明诚的两个兄弟赵存诚与赵思诚,远在泉州和广州为官。而前方战报频仍,金人加速南侵,沿江一带已如沸汤,战火不知何时便烧到眼前来,天下之大何处可供她栖身?

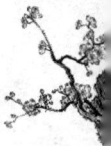

声声慢

寻寻觅觅,冷冷清清,凄凄惨惨戚戚。乍暖还寒时候,最难将息。三杯两盏淡酒,怎敌他,晚来风急?雁过也,正伤心,却是旧时相识。

满地黄花堆积,憔悴损,如今有谁堪摘?守着窗儿,独自怎生得黑!梧桐更兼细雨,到黄昏,点点滴滴。这次第,怎一个愁字了得!

这是她一个人的秋，而这秋来得特别快，她生命的季节就这样冷了下来。

她怅然若失，她心有未甘，遂一个人"寻寻觅觅"。"寻"之而未见，心下还是不能相信那人没了，继而更细致地"觅"，觅之终未得，那人是真的真的去了呀！空窗寒屋，只她一个人在，真冷啊。"冷"是身外的世界，"清"是内心的感触。冷清凝于心，是为"凄凄"；心不能承受，继而"惨惨"；惨惨之至，肠断心碎，终于"戚戚"而泣。起拍连下十四个叠字，前人有称之为"公孙大娘舞剑手"，有叹"创意出奇如此"，有赞"大珠小珠落玉盘也"，视之为"千古绝调"，沈谦《填词杂说》云"予少时"和唐宋词三百阕，独"不敢次'寻寻觅觅'一篇，恐为妇人所笑"，在易安居士面前心生怯意……然而最能读懂作者心事，深解此十四字之妙者，我以为非傅庚生莫属，以上大意即出自于这位先生。

此词为词中神品，句句皆精妙，且皆是寻常语，读者诸君皆能解。只因作者善于生新，能炼俗为雅，不加雕饰，亦无斧凿痕迹，其自然巧妙，使得人人读来只觉其好，但就是说不出这好在哪儿，故而历代有许多人去解它。在韵律方面，从《声声慢》这个调名即可看出，它本来是舒缓的调子，原本韵脚押的是平声，李清照却改用仄韵，并连用叠字及双声字、叠韵字，遂一下子变舒缓为急促，哀婉凄绝，读之摧人心肝，真的是"怎一个愁字了得"。在炼字方面，下片还有"守着窗儿，独自怎生得黑"，"黑"字来得奇崛，却又妙绝，细细品之，正用得上红楼中香菱的那句话，"念在嘴里倒像有几千斤重的一个橄榄"，真难为她怎么想来。

孤雁儿

藤床纸帐朝眠起，说不尽、无佳思。沉香断续玉炉寒，伴我情怀如水。笛里三弄,梅心惊破,多少春情意?

小风疏雨萧萧地,又催下、千行泪。吹箫人去玉楼空,肠断与谁同倚?一枝折得,人间天上,没个人堪寄。

赵明诚去世后,很长一段时期易安的词里,都是愁,都是泪,是心碎,是肠断,只因"梧桐半死清霜后,头白鸳鸯失伴飞",人去玉楼空,生死两茫茫,人间天上,阴阳永隔,再没个人可寄啊!

匹夫无罪,怀璧一何苦

现实远比文字来得残酷,对人的打击也是从不容情,连喘息的机会都不留的。隔了近千年的时光,我们在这边安然阅读李清照那一时期的作品,而在时光的那一边,1129 年的建康城,已经是山雨欲来风满楼,满城的恐慌与混乱。金兵再次南侵,沿江防线告急,长江马上就要禁航,朝廷已分散六宫,预备继续逃亡。当此时,李清照因为操劳与伤心过度,正在大病中,自述是"仅余喘息"。

她萦怀于心的,是那 15 车金石文物,以及南渡后又收集的一些,都是赵明诚生前的至爱——现在,它们成了她唯一的念想,是 28 年共同婚姻的重要物证,是赌书泼茶葛天氏之乐的过往,是亡者留给她的最后的纪念,其实也是她最大的负担。这个负担有多重?听听数字便知:书籍 20000 卷,金石刻 2000 卷。另外还有器皿、被褥以及其他长物,数量与前者不相上下。

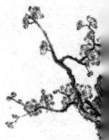

赵明诚的妹婿时任兵部侍郎，正护卫着隆祐太后逃往洪州（今江西南昌），想来那里要安全些吧？李清照便托人先行送了一部分金石文物及行李过去，打算病愈之后再去投奔。谁承想这次金兵南下，居然会分兵进攻江西，当年十二月即攻陷了洪州。后来得知，太后与兵部侍郎逃脱，这一批金石文物被抛弃，在战火中化为灰烬！此路既不通，她唯一可投奔的只有弟弟了。弟弟斯时跟随高宗逃到台州（今浙江临海），李清照便收拾行李，前往投靠。到得台州，台州失陷，守官已逃跑。她连奔数地，弃衣物而逃，又雇舟入海，直到章安才追上高宗一行。后又跟随朝廷的逃难队伍，乘船渡海，到过温州（今浙江温州）、越州（今浙江绍兴）。到第二年年底，高宗为逃难之便，遣散百官，要各人自找地方居住。李清照这才到衢州（今浙江衢江区）住下来。这一路仓皇，九死一生，停下来一盘点，发现金石文物又丢失了不少。

所谓祸不单行，此时朝廷里却有关于赵明诚的谣言传出来。什么谣言？因何而起？补叙两件李清照自己当日也不在意的小事，我们便可知来龙去脉。

赵明诚在日，曾有一个叫张飞卿的学士，携玉壶求见。赵明诚鉴定出是珉（像玉的石头）而非玉，便不肯收藏，让那人带走了。此事并未结束，还有后话。

再说另一件事，赵明诚八月卒于建康，闰八月间，王继先即想用300两黄金求购赵明诚所遗古器。此何人哉？太医局医官，专爱以偏方杂术治病，是高宗绍兴年间炙手可热的人物——高宗曾有著名的"三交"之论，即把国家交给秦桧，把后宫交给张无为（一个宦官），把自己交给王继先。听闻此事后，赵明诚的表兄、兵部尚书谢克家给高宗上奏折，说："恐疏远闻之，有累盛德，欲望寝罢。"高宗批复道："令三省取问继先。"依据这一奏一批，后世人多以为是高宗出面阻止了王继先的强买强购。其实不然，我觉得谢克家应当知道王继先背后是谁，所以会说：恐怕有损于陛下盛德，还是停止吧。名义上说的是王医官，实则劝的是高宗，究竟是谁想巧取豪夺，彼此心知肚明。高宗表面上做了批复，三省官员如何处理王继先却无下文，自然是默契地不了了之了。

不久，朝中就传出消息说，有人密奏，当日那把玉壶如今出现在金人那儿了，可见是赵明诚托张飞卿以玉壶结交金人的，此所谓"玉壶颁金"。

这可是通敌大罪，李清照《金石录后序》中说自己"大惶怖，不敢言，遂尽将家中所有铜器等物，欲走外庭投进"，决定主动地全数进献给皇帝。

说来好笑，高宗此时却又顾不得这个，战事又近了，还是逃命要紧。但李清照不敢放弃啊，她不能让赵明诚的名声有一点损毁，于是一路追随高宗而去。等她追到越州，高宗已移驾四明（今浙江宁波）。她不敢把这些铜器留在家中，便寄存到剡（今浙江嵊州市），准备托人进献。后来官军到此平定叛乱时，把东西悉数收走，听说是到了一个姓李的将军家里。而莫须有的"玉壶颁金"之说，也悄然不了了之。

匹夫无罪，怀璧其罪，此之谓也。

至此，战火劫余的金石文物，又去了十之五六，仅剩约略五到七箱书画砚墨，李清照珍爱异常，全部随身带着。1131年迁居会稽（今浙江绍兴），租住在一个姓钟的人家里。一天夜里，有人于墙壁挖洞进入，偷走其中5箱。李清照悲恸不已，遂悬赏收购，希望失物能复得。两日后，钟姓房东拿出18轴画卷求赏金，显见得盗贼就在眼前。可李清照一介女流，

无依无靠,明知被欺,也只得忍气吞声重新赎回。而其他各物,她千方百计寻求也无所得,听说已经被某转运判官贱价买走了。

读《金石录后序》,看李清照淡淡地一字一句讲述,一事一物各各记得分明,可知那种辛酸于她是刻骨铭心的。那些金石书画,是夫妻二人双燕衔泥般一件一件收集,濡沫进去的都是欢喜爱意,如今眼睁睁地看着一件一件散失,伤心痛楚都无济于事——令我等后世读者读之也凄然。到1134年,李清照翻阅硕果仅存且残缺不全的部分书册时,又忽忽忆起赵明诚当日校勘整理的情景,止不住悲叹道:"今手泽如新,而墓木已拱,悲夫。"遂为赵明诚遗下的《金石录》作跋,题为《金石录后序》。此文之声情并茂,哀婉动人,堪为典范,清人称"宋以后闺阁之文,此为观止"。

据说明代张居正读此文,对李清照当日的遭遇耿耿于怀,见到部吏中有浙江口音而姓钟者,马上询问对方是不是会稽人,得到肯定的答复后,即使对方辩解说是后来迁居会稽的,最终也还是把此人给贬谪了。

随着南方局势好转,高宗回到了临安。李清照也迁到临安,依弟弟而住。再嫁张汝舟之事,便是发生在这一时期。根据李清照的自述,当时她身患疾病,几欲病入膏肓,已经到了准备后事的地步。而"尝药虽存弱弟,应门唯有老兵",病痛加身,处境孤苦,仓皇而困顿。张汝舟就在这时出现,巧舌如簧,甜言蜜语,骗得李清照弟弟的信任。斯时程朱理学尚未大盛其道,一度还曾经被朝廷禁绝,称之为"伪学",故而其伦理道德观尚未深入人心,妇女再嫁的现象也不少。而在那样的乱世里,举国惶惶然,从皇帝到平民,谁不是抓住根稻草就当成洪水里的依靠呢?是故,李清照仓促再嫁。

李清照孤高一生，为文为人皆卓然不群，这一再嫁遂被时人与后人看作人生污点。宋朝文人斥责她"失节"，"晚节流荡无归"，说"传者无不笑之"，赵氏家族以及其身后的上流社会也因此不齿。明朝文人更过分，说"文君忍耻，犹可以具眼相怜。易安更适，真逐水桃花之不若矣"。自明而清，程朱理学渐被奉为道德圭臬，"从一而终"的贞操观前所未有地强大起来。于是，对李清照的再嫁，出现了截然对立的两种看法：一种是深恶痛绝，污蔑谩骂；另一种集中出现在清代，一些李清照的忠实拥趸者，绞尽脑汁寻找根据，以证明李清照无再嫁之事。事实上，时至今日，还有不少读者深为李清照再嫁而惋惜，总觉得有损她一代词宗的形象。

古人冬烘也就罢了，今人也如此，真是令人齿冷。我以为，不管是诋毁她的，还是为她辩诬的，都是一群卫道士，卫的是同一种道——虽然后者以为自己是在维护李清照的形象。在这群人心目中，再嫁等于失节，这种观念深入人心，以致今人还会油然而生惋惜之意，并自以为是对李清照的同情。陈寅恪先生所谓对古人"了解之同情"，我有别解，此"同情"当为"同"其"情"，设身处地在当时境况中去理解，而不是站在道德制高点施以同情。李清照的率真大胆、个性鲜明，是对男权社会男性世界的挑战，她极具颠覆性的《词论》，她诗作的豪放不羁，她词作的不拘一格、以生活语挑战优雅、从形式到内容自创一体，都是前无来者而后继者皆不如的。她的再嫁，与她的性格、文字一脉相承，虽然她不可能有后世的女权思想，当时只是想把自己从窘迫中搭救出来，但再嫁这个行为本身，对"从一而终"的思想就是一个挑战。男人可以三妻四妾，女人必得三贞九烈？在男人的多妻主义面前，女人愉快地遵行一夫主义？比起男文人们又是污蔑呵斥撇嘴嗤笑，又是忸怩遮掩拿捏证据，李清照的再嫁与其后的离异实在是

爽利之举。

因这一次所嫁非人,所以离异。我以为,所嫁非人,该骂的应该是非人那厮,而不是年近五十天涯飘零的孤弱女人。结婚之后,李清照与张汝舟都有上当受骗之感。张汝舟本是冲着李清照的财产来的,结果发现宝物不及传言之多,而且被女主人紧紧把持着不肯假手他人,于是对李清照拳脚相加肆意欺凌。李清照认清了张汝舟中山狼的真面目,也决不肯坐以待毙,遂积极谋求反击之法。

张汝舟当初是以不合法手段混进官场的,提亲时拿给李清照弟弟看的任职文书也是假的,李清照查到这些,马上去告发张汝舟。按照宋朝刑法,若是家人告发,可视为被告者自首;而妻子告发丈夫,即便查明属实,妻子也应受到坐牢两年的处罚。李清照当然知道律令,但她决不苟且。最后的结果是两人双双入狱,张汝舟被视为自首,李清照则面临两年的刑罚。幸好翰林学士綦崇礼深怜李清照才华,暗中施以援手,并惊动高宗亲自过问,张汝舟被除名、流放,李清照坐牢9天之后获释。

我归何处,蓬舟三山去

从再嫁到离异,不足百日,然而其中的折磨与挣扎,恐怕要令李清照生出再世为人之感吧。她的人生一下子灰了下去,为文为人俱低调很多,所以此后的人生痕迹简单模糊,今人只能寻得一些大致的轮廓。

先说生活。

其弱弟不过是朝廷小官,又值国家多事之秋,俸禄肯定不会丰厚,从他积极张罗老姐的再嫁便可知不适宜再依靠了。赵氏亲族那边,李清照经此再嫁,当然也不好去投靠了。财物丧失殆尽,身体虚弱多病,李清照这段时期的境况,用她《上枢密韩肖胄诗》前的小序说,就是两个字:"贫病。"

再看创作。

春 残

春残何事苦思乡,病里梳头恨发长。
梁燕语多终日在,蔷薇风细一帘香。

这首绝句,乃病中所作,忧恨重重。"蔷薇风细一帘香"甚为工致,倒有易安小词的意境。

南歌子

天上星河转,人间帘幕垂。凉生枕簟泪痕滋,起解罗衣,聊问夜何其?

翠贴莲蓬小,金销藕叶稀。旧时天气旧时衣,只有情怀,不似旧家时。

起句大开大合。"天上"星河轮转,何其阔大;"人间"深宵幕垂,何其幽深。枕簟生凉,是纯然女性化的纤细感受;泪痕潜滋,始知那凉意来自于寂寞悲哀。夜何其兮夜未央,长夜漫漫,她是如此孤独。过片精巧工致。"翠贴莲蓬小,金销藕叶稀",一时竟不辨是自然还是衣饰,只觉其美。

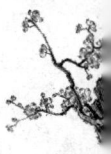

细细品味,"贴""金"二字,方露出一点端倪。及至"旧时天气旧时衣",乃知原来是丝线磨损的旧衣了。旧时天气,旧时衣裳,只是人不再有旧时情怀。

偶　成

十五年前花月底,相从曾赋赏花诗。

今看花月浑相似,安得情怀似往时。

与上一篇词互为映照,亦属抚今追昔之作。

1134 年九月,金兵再次南侵,南宋的军事力量已得到恢复,高宗决定御驾亲征,都城临安将成为军事交锋重地,百姓纷纷逃离。李清照在这个时期离开临安,到浙江金华住了一年。在这里她也有所创作,比较出名的是前文所说的《打马赋》和下边的一词一诗。

武陵春

风住尘香花已尽,日晚倦梳头。物是人非事事休,欲语泪先流。

闻说双溪春尚好,也拟泛轻舟。只恐双溪舴艋舟,载不动、许多愁。

宋罗大经《鹤林玉露》里说:"诗家有以山喻愁者,杜少陵云:忧端如山来,颎洞不可掇。赵嘏云:夕阳楼上山重叠,未抵闲愁一倍多。是也。有以水喻愁者,李颀云:请量东海水,看取浅深愁。李后主云:问君能有几多愁？恰似一江春水向东流。秦少游云：落红万点愁如海。是也。贺方回云：试问闲愁都几许？一川烟草，满城风絮，梅子黄时雨。盖以三者比之愁多也，尤为新奇；兼兴中有比，意味更长。"李清照自出机杼，把"愁"这一情绪给物质化固体化，并推想其重量，说是舟船也载它不动，可知那身世之悲、飘零之苦有多痛。

题八咏楼

千古风流八咏楼，江山留与后人愁。
水通南国三千里，气压江城十四州。

读这首七绝，令人想起杜甫的《登岳阳楼》和薛涛的《筹边楼》，感受到的是李清照文学气质的多面性。李清照此时的处境与杜甫"老病有孤舟""凭轩涕泗流"近似，呈现出的却是薛涛"平临云鸟八窗秋，壮压西川四十州"的气象，丰练蕴藉，沉稳凝重。

十月，韩世忠大破金兵。十二月，岳飞再度重创金兵。张浚又在镇江沿长江布下重兵。金人大是恐慌，最终引兵夜遁，南方局势遂归于安定。李清照回到临安，晚年一直定居于此，大体的生活内容是：选取官宦家庭的女子教授诗词，为内廷妃嫔捉刀作诗词，继续收集金石书画，并修订赵明诚的《金石录》。

摊破浣溪沙

病起萧萧两鬓华，卧看残月上窗纱。豆蔻连梢煎熟水，莫分茶。

枕上诗书闲处好,门前风景雨来佳。终日向人多蕴藉,木犀花。

从这阕词大致能看出李清照的晚年。虽是多愁多病身,萧萧两鬓霜,孤独凄凉,但她仍然葆有对生活的热情,烹茶、读书、观景、赏花,在美好的物事中寻找乐趣,用旷达的心态对待晚景。她是善于自我调适的,身上还有着往昔那争渡少女、簪花新娘、赌书泼茶妇人的余光。

金兵溃败后不敢有窥伺之心,南宋朝廷空有强兵良将,却偏安一隅不思北伐。高宗与秦桧同金人签订和约,解除岳飞、韩世忠等的兵权,又以"莫须有"的罪名杀害岳飞,从此偃武修文,笙歌燕舞,高枕一勺西湖水,直把杭州作汴州了。

家国之思,越发成为李清照晚年的一大创作主题,前文提到的《永遇乐》(落日熔金)即其中最出名的一首。这篇词忆昔伤今,在南宋臣民心中引起强烈共鸣,影响之大,直到南宋末年还有不少人唱和之。刘辰翁就说过:"余自乙亥上元,诵李易安《永遇乐》为之涕下,今三年矣。每闻此声,辄不自堪,遂依其声。"

李清照是有英豪气的女子,身逢乱世,即使老迈,她胸中的壮志仍一点也不弱于须眉男儿:

渔家傲

天接云涛连晓雾,星河欲转千帆舞。仿佛梦魂归帝所。闻天语,殷勤问我归何处?

我报路长嗟日暮,学诗谩有惊人句。九万里风鹏正举。风休住,篷舟吹取三山去!

在词史上,李清照被尊为婉约词宗,其实不是很准确。她的词,与秦观、柳永等婉约派有着不同,与一般的闺秀词也有不同。南渡前的作品倒是富于女性化,但并没有脂粉气,显示出一种俊逸气质,晚年作品则多了深沉与健举。《古今词论》里说:"男中李后主,女中李易安,极是当行本色。前此太白,故称词家三李。"清人沈曾植说得详细而好,"易安倜傥,有丈夫气,乃闺阁中之苏、辛,非秦、柳也",是闺阁之中的苏东坡、辛弃疾,而非秦观、柳永;"闺房之秀,固文士之豪也,才锋大露,被谤殆亦因此",有文士豪气,才气毕露,因而遭人诽谤;"堕情者醉其芬馨,飞想者赏其神骏",这两句尤好,可视为易安词之最佳解语。

今人说到王国维《人间词话》对李清照只字不提,总是多方揣测原因,并揣想王氏会持何论调。我以为,一来《人间词话》只是词话随笔,并非词史词集,自然会有遗珠;二来静安先生是要在叔本华美学思想之下创造自己的一套理论,比如"境界说",列举词人词作则不过是他理论的"试金石",自然要选取那最为典型者;三来,他虽未评李清照,但对"词家三李"中李白、李煜评价极高,李清照既与这二人并称,自然也不会差到哪里去。而沈曾植正是王国维的好友,从沈评中,大概也可见王的看法之一斑吧?

再看这篇《渔家傲》,无一毫脂粉气,是绝对的豪放词。题为"记梦",想象丰富,意境阔大,气势磅礴,似不甚经意之作,却浑然一派大雅。"我报路长嗟日暮,学诗谩有惊人句"里有苍茫,有屈原"路漫漫其修远兮,吾将上下而求索"的苦闷,而"九万里风鹏正举"陡然一托,荡尽迷惘,再继之以"风休住"的断然一喝,遂昂昂乎,悠悠乎,遥遥乎,"篷舟吹取三山去",

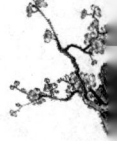

到那无人能及之境去了。

赵世杰在《古今女史》中叹曰:"海内灵秀,或不钟于男而钟于女人。"而古今女人之灵秀,或许都给了李清照一人?诗、词、琴、棋、书、画、金石无一不精,为文之婉约与豪放无一不能,为人之柔媚与刚健一体并存,这个女人留给后世的形象是健全的、丰富的、立体化的,每一个面都真实、自然、动人。她超越闺阁文学,给女性文学树起一座前所未有的高峰,即使是以男性为主的中国文学史也不得不给她单独开辟一章。这成就,不以丈夫的名头、家族的地位、政治的力量等为依托,而是完全取决于她——李清照自己。

据资料推断,李清照大约是在70岁前后去世的,何时何地已不可考,何处青山掩埋也不可知。"自是花中第一流",想来她的人生亦如一场桂花的花事,花开时节满城惊动,品是月中仙品,香是云外天香,俊逸,飞扬。有那凄风苦雨来袭,她也不肯堕了颜色,只落一地照眼的轻黄。看花的人走过,踏过,赏过,某一日突然发现,那花不晓得何时已不见,她彻底融进了大地,此处空余一缕幽香。

枝上抱香写断肠

——宋朝才女朱淑真

朱淑真：宋代女诗人，家世不详，籍贯不详，生卒年月不详。善读书，工绘事，晓音律，才色冠一时。所适非偶，故多幽怨之词，有《断肠诗集前集》十卷、《断肠诗集后集》八卷和《断肠词》一卷行世，是中国明代以前女性作者中现存诗词数量最多的一位。

读红楼，每至黛玉魂归离恨天，直声叫着"宝玉，宝玉，你好……"而一片细乐之中，宝玉正在一干精明人的摆弄下迎娶宝钗，总止不住那种凄凉幻灭的感觉。人生是明昧之间一场无常的行旅，不知何时就会一脚踏空滚落泥沼，神瑛侍者和绛珠仙草的神话也不过是曹公于无奈现世的一点精神安慰。

合了书，一个人胡思乱想：如果黛玉没死，会怎么样呢？通灵宝玉的丢失，代表着宝玉身上灵性的消失；一场大病之后，黛玉大约也是百般无奈任人摆布。两个人就此从云端跌落尘埃，被那群打着爱的旗号的亲人，经过家族利益的考量，分别作以安排。宝玉在宝钗红袖添香下学习仕途经济道德文章，依贾政所嘱参加乡试，实现兰桂齐芳；黛玉则被远远地打发出去，随便找个人嫁了，只求不打扰荣国府的金玉良缘便罢。

然后呢？黛玉是那样敏感灵透的人儿，绮罗丛中也能保持清醒，何况痛失所爱，何况所嫁非偶。她会怎样呢？

春来，春风、春柳、春花于她皆成愁。春来，"十二阑干锁画楼，春风吹损上帘钩"，"绾成幽恨斜阳里，折断离情细雨中"，"满院落花帘不卷，断肠芳草远"；夏到，石榴花开，她却是"榴花照眼能牵恨"，嫩荷初张，她又要"待封一罨伤心泪，寄与南楼薄幸人"；秋日，更是"哭损双眸断尽肠，怕黄昏后到昏黄"，"似篾身材无事瘦，如丝肠肚怎禁愁。鸣窗更听芭蕉雨，一叶中藏万斛愁"。那泪，是一点也不比当初少，"桃花脸上汪汪泪，忍到更深枕上流"；那病，亦是一点也不比当初轻，"愁病相仍，剔尽寒灯梦不成"。她对爱情有着深深的怨恨，"恨情和梦更无聊"，"争奈醒来，愁恨又依然"；她对婚姻有着强烈的排斥，"鸥鹭鸳鸯作一池，须知羽翼不相宜。东君不与花为主，何似休生连理枝"……

诚如读者所料，以上都是朱淑真的诗词，但读来宛然是黛玉的口吻。两个人，一在文学作品中，一在现实生活里，而花、草、月、雨，感时悲秋之叹何其相似，愁、病、泪、怨，伤怀身世之感何其相通。黛玉说："人有聚有散，聚时欢喜，到散时岂不清冷？既清冷则生伤感，所以不如倒是不聚的好。比如那花开时令人爱慕，谢时则增惆怅，所以倒是不开的好。"朱淑真也有相似的说法。春光明媚的时节，人皆踏青游玩，悦目骋怀，朱淑真独自放下帷幕，在室内静静打坐，有人怪而询问，她答曰："我不忍见春光也。"见春光，即忆起昔日的活泼鲜妍，再看今日这憔悴满面，岂不令人伤感？而那春光，明媚时令人欢喜，凋败时则教人悲戚，也果然是不如不见的好。

这相似，是灵犀的相通，也是命运的契合。

细想来，几千年中华历史上，如黛玉一般，命运不能自主，被风刀霜剑所逼的女子，又何止朱淑真一个？在男权意识为主流，女性失却话语权的时代，她们默然挣扎，默然消匿，如滴水落入汪洋，了无痕迹。这是一个庞大的群体，也是一个无声的群体，其数目何止千百，其悲惨正是警幻仙姑所谓"千红一窟（哭）""万艳同杯（悲）"。而黛玉能有曹公小说为其留痕，朱淑真能有诗词文字代为遣怀，使人听得到女性群体里一点微弱的歌哭，只能说是后世读者之幸、中国文学之幸。黛玉是真实里的虚构，朱淑真则是虚构里的真实，因关于朱淑真的记载尚有许多不确切，而朱淑真的文字却是百分百的确切，道出了闺阁弱流的心声，她正是现实版的林黛玉。所以，虽然朱淑真的人生成谜，但完全可以代表古代女性，成为这个群体最合适的代表。

从艺术成就来看，朱淑真的诗词，也堪称古代闺秀诗词的代表，把闺阁生活逼仄空间里的细微感触发挥到了极致，绵渺婉约，清秀俊致，"听之者多，和之者少，可谓出群之标格矣"。

笑折一枝插云鬟

所谓伊人,在水一方,朱淑真的出场就是这样。籍贯不详,家世不详,生年不详,是中国文学史上出名的谜。从南宋到今天,一代一代人长期追索,不管溯洄从之,还是溯游从之,都道阻且长。然而,即使是那些考据文字,钩沉索隐,也依旧令人觉得美,只见她缥缈无定,宛在水中央。美人如花隔云端,此之谓也。

"朱淑真者,钱塘人,幼警慧,善读书,工诗,风流蕴藉。"这是一种说法。记得我第一次读到朱淑真的"榆钱空万叠,买不住春风",心里便着实惊异了一下,因这诗里有年龄,带着孩子气的娇憨。能将榆钱与铜钱联系,且言其空有万叠,而买不到春风,分明是幼嫩的灵心才会有的天真,果然是"幼警慧"。

"淑真,浙中海宁人,文公侄女也。文章幽艳,才色娟丽,实闺阁所罕见者。"这又是一种说法。文公是朱熹谥号,说朱淑真是朱熹之侄女,出自明人的附会。说她文章与才色俱出众,然而还把她界定在闺阁范围内,评价倒是比较中肯。

还有人考证说,宋人所言海宁在今安徽徽州,朱淑真与徽州婺源(今属江西)的朱熹确系同乡。但在我看来,更像是因为朱熹的缘故,考据方向有意向徽州倾斜。据资料,此地只是古名为海宁,从隋朝即改名休宁,直到今天。

"辛亥冬,于京师见宋朱女郎淑贞手书《璇玑图》一卷,字法妍妩。有记云……绍定三年春二月望后三日,钱唐幽栖居士朱氏淑贞书。"这段话来自王士禛《池北偶谈》，今人已经证实为伪托，"幽栖居士"是否朱淑真自号也不能肯定。

"淑真与曾布妻魏氏为词友。曾布贵盛，丁元祐之后崇宁之前，以大观元年卒。淑真为布妻之友，则是北宋人无疑。"这是清末况周颐的推论，依据的是朱淑真诗作原题："会魏夫人席上，命小鬟妙舞，曲终，求诗于予，以'飞雪满群山'为韵作五绝。"北宋宰相曾布之妻魏玉汝，是颇负盛名的女词人。然而，朱淑真诗词中还出现过"吴夫人""余氏""王氏"，莫非都得附会到某个名人身上吗？

姓魏的夫人必得是曾布妻魏夫人，和姓朱的淑真必得是朱熹族人一样，都非常可笑。建议读者朋友闲暇时看看考据文章，可以解颐，可以下饭。更有趣的是，有人怀疑历史上朱淑真此人的存在，认为她压根就是虚构出来的。如此一来，那三百多篇诗词怎么办？作品量大，价值且高，又显然是出自女人手笔，不拘朱淑真、张淑真、李淑真，总得有这样一个女子吧？这种心态，与宝玉砸玉有得一比，面对着个神仙似的妹妹，左也不是，右也不是，探也探不出究竟，想要亲近而不得，可不急煞人也么哥？人面对太美的物事，偶尔发狂一下，也算人之常情。

万泉归宗，关于朱淑真的生平资料，传世的宋朝文献其实只有一篇，就是魏仲恭的《断肠诗集序》。魏仲恭其人，据文字记载看，也有诗文创作，但在文学史上，他的名字单单是而且永远是和朱淑真联系在一起的。朱淑真的作品，自南宋而始，历朝历代，手抄，刻印，诗词合集，词集单行本，还有集注、补遗等，不知有多少个版本，但每一版本必注明来源于魏仲恭的收集，也不知有多少篇序跋，但在今天所能见到的序言中必录有魏仲

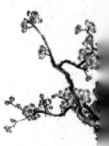

恭这篇,且大多是处于开篇位置。这也是后世文人,隔着迢递的时光,遥遥向他表示敬意。他是值得尊敬的,没有他便没有朱淑真文字的流传,朱淑真也将像她之前之后的许多女子般,湮没不名。

且看魏仲恭的部分原文:"……比往武陵,见旅邸中好事者往往传诵朱淑真词。每窃听之,清新婉丽,蓄思含情,能道人意中事,岂泛泛所能及,未尝不一唱而三叹也。早岁不幸,父母失审,不能择伉俪,乃嫁为市井民家妻。一生抑郁不得志,故诗中多有忧愁怨恨之语。每临风对月,触目伤怀,皆寓于诗,以写其胸中不平之气,竟无知音,悒悒抱恨而终……其诗为父母一火焚之。今所传者,百不一存……淳熙壬寅二月望日,醉□居士宛陵魏仲恭端礼书。"

"淳熙壬寅",即南宋孝宗淳熙九年,公元1182年,这是魏仲恭作序的时间。魏仲恭是安徽宣城人,到武林(今浙江杭州)去,听到不少旅人在传诵一个叫朱淑真的女子的词。那词清新婉丽,蓄思含情,能道尽人心中意,实在是非比寻常,令人一唱而三叹。他听说,朱淑真因为父母失察,未能择良婿,嫁与市井民家为妻,故而一生郁郁,无有知音,终至抱恨而亡。死后,诗作也被父母付之一炬。如今旅人所传,实属百不存一,想来真是可惜。魏仲恭半是倾慕其才,半是怜惜其人,遂费尽心思收集,将朱淑真的诗编录成卷,名之《断肠集》。

据魏仲恭的序文口气看,他作序之时,距离朱淑真亡故时间似不太久,还有很多人在传诵她的文字和故事。据《断肠集》中诗句来看,比如"风传宫漏到湖边",不像是汴梁之景,倒是临安邻近的西湖,另有"堕翠遗珠满帝城"等,联系起来看,这"帝城"当是南宋都城临安。也就是说,已是南宋建都临安之后的事了。若她是北宋生人,即使是十几岁与曾布妻有过交往,那到此时也应是中年妇人了,但她还有不少诗词是在临安所作,其中尚有写与情人欢会之事,分明是年轻女子的口吻——朱淑真的诗词,年龄感非常明显,自我存在感也很鲜明,文字里的她似乎从未老去,顶多是带着一丝岁月的浅痕而已。

如此,大致可以确定,朱淑真是南宋人,出生于南方,故而诗作中没有李清照那些南渡亡国之思。李清照说:"伤心枕上三更雨,点滴霖霪。点滴霖霪,愁损北人,不惯起来听。"愁损的正是北人,南人的感受就没那么强烈。且寻常闺阁女子,生活格局本就很小,又有几个会像李清照那样耿耿于北伐复国呢?所以,朱淑真的诗词里没有政治的痕迹,她先是随父,继而随夫,基本上生活在一个与时代隔离的封闭罩子里。

再看她的家庭,大约不会是像李清照家那样的显宦,不然不至于湮灭不闻,但也绝不是寒门小户。她的父亲大概是读书人,也有诗为证,她的《寄大人二首》就是寄给父亲的。当然,别人说的都是传言,魏仲恭的序也是采自传言,除了证明年代外别无可取,能证明她生活的只有她自己。她留下的大量文字足以证明,她的家境相当地好,生活优越,宅第之内有东园、西楼、水阁、桂堂、依绿亭等,建筑既多,名字且雅。

西楼纳凉
　　小阁对芙蕖,嚣尘一点无。
　　水风凉枕簟,雪葛爽肌肤。

这是西楼。小阁临水,正对一池莲,水照花影,花带水色,清意可人,半点尘嚣也无。人常爱王维"诗中有画,画中有诗",其实这首小诗亦是有画的。画里有人,是美丽的少女,大约还斜卧在美人靠上。水风徐来,牵动衣袂,她身下的枕簟生凉,身上的葛衣胜雪——雪是颜色,也是凉意。想象那画面,瓶插映山紫,炉添沉水香,尘世静好无限,她如一朵初生的莲睡在光阴的水面。

纳凉桂堂(之二)

清香满座瓜分玉,明月澄空酒漾金。
不是夜凉难就醉,一帘秋色竹森森。

这是桂堂。清香满座,明月澄空。瓜分似玉,酒漾如金。对仗之工整精美,画面之活色生香,称得上如切如磋,如琢如磨。这次纳凉的人,看来不止她一个,众人分瓜、赏月、纳凉、饮酒。不觉间夜便深了,抬眼但见一帘秋色,竹影森森。却是不闹,仍只一个"静"字,朱淑真是万人丛中也能与文字宁静一握的女子。

夜留依绿亭(其一)

水鸟栖烟夜不喧,风传宫漏到湖边。
三更好月十分魄,万里无云一样天。

这是依绿亭。由名字便可知,四围必是绿树簇拥,绿意葱茏,如烟如雾。大约是太爱这里,某一日,她留宿依绿亭。敏感聪慧如她,耳朵与眼睛都是窗户。只听得水鸟扑棱棱飞进树丛,夜渐渐静谧,宫漏声远远响起,随风飘至湖边,世界越发地静了。只看见月色饱满,极有神魄,直照得天空澄净无比,一如月光下深碧的湖面。细细品来,在这首诗里,有时间在悄然滑行,从水鸟栖息到夜静无声,到风传宫漏,再到三更月上中天——光阴原来可以这么优美地前行。为爱这美而不肯睡去,把某一时某一刻当作一生一世来过,正是人与光阴难得妥协的一点幸福。

这样的环境,住着朱淑真这样的女子。这样的惬意,陪伴她度过童年与少年时光。也许,有一点点不可想象?今人提起朱淑真,第一印象便是她的愁,似乎永是一副断肠的模样,却不知她也有少女的明媚与快乐。就像宝钗并非生来世故,黛玉也并非生来蹙眉。

再看另外一首纳凉诗:

纳凉即事

旋折莲蓬破绿瓜,酒杯收起点新茶。
飞蝇不到冰壶净,时有凉风入齿牙。

读这首诗,会想到汪曾祺先生的文字:"再下来是樱桃,红的像珊瑚,白的像玛瑙。端午前后,枇杷。夏天卖瓜。七八月卖河鲜:鲜菱、鸡头、莲蓬、花下藕。"令人口舌生津。同是南方消夏果食,朱淑真化之为诗,更多出几分雅意来。看,青青的莲蓬刚刚剥过,嫩白的莲子大约还在碟内滚动,旋即又切开清香的绿瓜,真是好兴致好胃口。点茶,唐宋人烹茶之法,汤注盏中,使茶浮起。酒后饮之,最是相宜,端的好享受。后两句,感受细微,描摹生动。凉风既能入牙,想必那嘴巴是张着的,似能看见女孩子笑吟吟的模样。

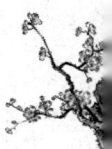

探 梅

温温天气似春和，试探寒梅已满坡。

笑折一枝插云鬓，问人潇洒似谁么。

宋朝是个风雅的时代，男人亦爱簪花，从皇帝、百官到平民，包括八十老翁，连《水浒传》里那些粗鲁汉子动辄也要头插鲜花，有令人诧异的浪漫。反映到文字里，便是有不少诗词写簪花，"牡丹芍药蔷薇朵，都向千官帽上开"，"万数簪花满御街"，想来那喜庆日子，放眼一望，万头攒动，满街都是花动，香气馥郁，天地也要为之一醉。女人的簪花文字更多，李清照"云鬓斜簪，徒要教郎比并看"算是簪花词，朱淑真这首《探梅》可称为簪花诗。两人都是簪的梅花，都正在人生的好时候，也都充满自信地笑问着对面那个人。比起易安词的精巧，朱淑真此诗自是不如，也无那种娇嗔柔媚的情态，但其清新自然，"笑折一枝插云鬓，问人潇洒似谁么"，有一种落落大方之态，也让人喜爱。

这个时候的朱淑真，全无悒郁病态，洒脱、健康，正是二八女孩该有的阳光模样。唯其如此，后来的不幸，才更令人叹息。

却嗟流水琴中意

陆游《渭南文集》里有一篇墓志铭，是为某一位孙氏夫人所作。说这夫人幼时天分很好，被当时已至暮年的李清照发现，李清照便想收她为女徒,传授平生所学。能受教于千古第一女才子,不说当时了,就是今天看来,我们也要艳羡不已。可这个女孩子拒绝了,理由是"才藻非女子事"——一个十来岁的小姑娘,说出如此大义凛然的话,陆游写来是为了赞扬她妇德出众,我们读来却感到一种冷色调的悲哀。这就像阿猫阿狗被驯化久了,已经把摇尾乞怜忠于主人看作想当然,再没谁记得它们本可拥有的自由自在的田野生活。这个谁,包括驯化者和被驯化者,除此没有旁观者。

南宋朱熹承继二程,建立起完整的理学体系,虽未能使之成为当时的主流显学,却已经在社会上产生了比较大的影响。孙氏夫人的言行、陆游的推崇,以及周围那些把这个故事从夫人幼年传播到她去世后的人们,都是明证。所谓理学,存天理,存的不过是王道之理、男权之理、纲常之理;灭人欲,灭的却是生命本身的欲求,是天道本要他生的那些欲、对爱的憧憬、对知识的渴求、对美好的向往……

李清照是幸运的,人生的大部分是在理学之外甚至理学对立面上安然度过的,苏轼及其门下最不齿的就是理学,最崇尚的就是人性的自然本真。朱淑真却是不幸的,她的人生大致与朱熹同时代,从社会大环境到家庭小环境,都脱离不了理学的拘囿。她在一个封闭的空间里长大,触目只见花草树木,平日不过针黹女红,她的生活就是《牡丹亭》里杜丽娘的生活,典型的绣楼女子生活。她和杜丽娘唯一值得庆幸的是,有一个疼爱女儿的爹,使她们得以读书、作画、弹琴。

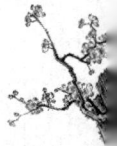

据说朱淑真书画造诣相当高,善画梅、兰、竹等,清丽可观。真迹已经湮没,只明朝人称曾见到过,有两位大画家还题词褒扬。杜琼说:"观其笔意词语皆清婉……诚闺中之秀,女流之杰者也。"沈周说:"绣阁新编写断肠,更分残墨写潇湘。"朱淑真的字,则被评价为"银钩精楷",大概属于娟秀一体。想象一下,清丽的梅、兰、竹之画,配上娟秀的字体,还有她婉约的诗词,定然是相协相融,相亲相和,堪称诗、书、画一体的绝妙精品。

"莲步鲤庭趋,儒门旧家数",杜丽娘一言点破,那琴棋书画的教育,其实是为了完善女教,成就女子四德。有慧心的女子,能发现琴棋书画中的精神愉悦,感觉到比女红刺绣更高层的趣味,因而兴致勃勃地投入进去,达到精通的地步。但也能感觉到身为女子,空间的狭小、生活的单调,世界那么大,属于女人的却只有这一方天地、一种生活——日复一日,终有厌倦的时候,悲哀自会油然而生。

早春喜晴即事

山明雪尽翠岚深,天阔云开断翳阴。
漠漠暖烟生草木,薰薰和气动园林。
诗书遣兴消长日,景物牵情入苦吟。
金鸭火残香阁静,更调商羽弄瑶琴。

早春,雪融云开,薰然和暖,她诗书遣兴,她调弄瑶琴,很有兴味的样子。这时节,这种生活于她是有情趣的,她心里是欢喜的。

小阁秋日咏雨

疏雨洗高穹,潇潇滴井桐。
润烟生砚底,凉气入堂中。

翠锁交竿竹,红翻落叶枫。

抚琴弄闲曲,静坐理商宫。

室外潇潇翠竹,室内笔墨砚台,她"抚琴弄闲曲,静坐理商宫",较之此前成熟了许多,有一种娴雅的仪态。这时节,她的生活是悠闲的,她的内心是平静的。

春昼偶成

默默深闺掩昼关,简编盈案小窗寒。

却嗟流水琴中意,难向人前取次弹。

大约是又一年的春天吧,她突然对读书弹琴失去兴趣,深掩闺门,闲置书卷,连那琴也不肯再弹。伯牙弹琴,志在流水,钟子期听得出,故曰:"洋洋兮若江河。"而她的琴,空有流水之意,却无知音懂得,恰如一缕暗香无人来嗅,岂不教人恹恹灰心么?

读这几首诗,可以看见一个少女的闺阁生活,看见她由青葱而成熟的成长痕迹,生命本真的萌动像草木苏生,礼教闺训饶是重如巨石也压制不住。知音难期,青春易逝,眼看着东园的花开了败,败了开,依绿亭外的鸟儿春飞来,秋飞去,她还在这高墙之内徘徊,满腹心事,弦断有谁听?曲文里说绣楼女子常爱用"伤春",见了那莺儿燕儿蜂儿蝶儿还要说是"思春",《诗经》里也是直书"有女怀春",敢情人类很早就发现了闺中女儿和春天的联系?花谢花飞飞满天,红消香断有谁怜?殊不知闺中女儿家,怜的是春,悲的是人。桃李明年能再发,明年闺中知有谁?桃李也好,春天也罢,

都是比人更为长久的一种存在。明媚鲜妍能几时？一朝漂泊难寻觅。她们敏感的心灵，早早捕捉到人生的空茫、生死的无常，在春光里读出悲哀。读得懂《葬花吟》，才读得懂这些女子的心，读得懂她们的焦灼、无奈与彷徨。

蝶恋花·送春

楼外垂杨千万缕。欲系青春，少住春还去。犹自风前飘柳絮。随春且看归何处。

绿满山川闻杜宇。便做无情，莫也愁人苦。把酒送春春不语。黄昏却下潇潇雨。

柳丝千缕万缕，却也系不住一个春，它终是要归去。柳絮风前翻飞，却只为随了春去，看它归于何处。绿满山川的日子，有杜鹃远远地叫：不如归去，不如归去。春也无情，鸟也无情，全不肯体察人的心意，偏生这无情此时也愁得人苦。无可奈何，只得把酒送春，春不语，到黄昏却下起潇潇的雨。这雨，是春于心不忍而留下的念呢，还是春助人愁滴落的点点泪？作者不言，到此收煞，因而蕴藉莫名。全词用语柔美，富于灵性，显得悱恻动人，如一株摇曳披拂的水柳，无语亦生姿。

秋日偶成

初合双鬟学画眉，未知心事属他谁。

待将满抱中秋月，分付萧郎万首诗。

看她，头上俏皮的双鬟已不见，取而代之的是乌亮亮的发髻，只等着议婚纳吉,插上象征合婚的簪子。这是女人一生最美的时候,正如一朵娇花开在枝头,丽日清风,明艳可人。她躲在绣楼里学人画眉,画得两弯远山,衬着一泓秋波,扑闪扑闪的都是女孩儿家的心事。女孩的心事可难说,她只能手托双腮对着月亮,暗暗揣想梦中萧郎的模样。说"萧郎",用的是萧史弄玉的典故,就如"檀郎"借的是潘安小名一样,都是带着爱意的称呼。这时的朱淑真,对于未来夫君只是朦胧的想象,还不曾有明确的形象。但有一点她很确定,那就是他得懂她,如那知晓琴中流水意的钟子期一般,明白她的月下万首诗——她在闺中一字一字书写的千千心事。

贺人移学东轩

一轩潇洒正东偏、屏弃嚣尘聚简编。
美璞莫辞雕作器,涓流终见积成渊。
谢班难继予惭甚,颜孟堪晞子勉旃。
鸿鹄羽仪当养就,飞腾早晚看冲天。

诗题为"贺人移学东轩",显然不会是祝贺丈夫的,对未婚夫也不可能称作"人"。这是一个准备应试的书生,与朱淑真相当熟稔。据她出嫁后相思作品的指向,可知她与这个书生的相识是在旧家园,也就是她家的园子里。不知何故,也许两家有亲?他在她家的东轩攻读诗书,她为他洒扫布置"屏弃嚣尘",鼓励他璞玉当成大器,说涓涓细流也能汇成深渊,惭愧自己才不如谢道韫、班昭,说他能成为颜回、孟子那样的人。"谢班难继予惭甚,颜孟堪晞子勉旃",这一联以"予"对"子",一抑一扬,于己是自谦,于人是嘉许,显得亲切熟络,并暗含倾慕之意。

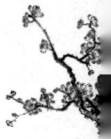

不过,估计这书生首次应试并没能一飞冲天,所以朱淑真又有了下边一首诗:

送人赴试礼部

春闱报罢已三年,又向西风促去鞭。
屡鼓莫嫌非作气,一飞当自卜冲天。
贾生少达终何遇,马援才高老更坚。
大抵功名无早晚,平津今见起菑川。

古有送人赴试赠诗的习惯,有那把祝福语说得如拉满的弓,教应试者开弓没有回头箭的,也有那用蟒袍玉带外加颜如玉激励应试者的,还有糊涂女人诅咒发誓最后落得马前泼水的,《西厢记》里莺莺则以为"并蒂莲煞强如状元及第"。朱淑真的这首诗,极为应试者着想,先让对方不要灰心,再以贾谊年少发达而不能终老、马援才高而老当益壮为实例,证明功名无早晚,鼓励对方再接再厉终成功名。读至此处,可知朱淑真与林黛玉终是不同,一为不食人间烟火的绛珠仙草,一为接受现世价值观的凡俗女子。不知是朱淑真乃现实中人因而更真实些,还是女人心性使然,像《牵手》唱的那样"快乐着你的快乐,追逐着你的追逐"?宝玉不爱功名,黛玉便不以功名为意;这一位热衷功名,朱淑真便添香读书、赋诗激励。

湖上小集

门前春水碧于天,座上诗人逸似仙。
白璧一双无玷缺,吹箫归去又无缘。

犹如胶片在显影液中显形,书生的形象在诗里渐渐清晰。"座上诗人逸似仙",他是诗人,文采斐然,气质飘逸,令她起当年贺知章见李白之叹:子谪仙人也。"白璧一双",这是她一时恍神的设想;"吹箫归去",这才是当时真实的境况。她与他,不过是湖面上浮萍聚散,注定此生无缘。青青子衿,悠悠我心,大约就是这样一种痴想,茨威格小说里陌生女人的当年,还是女孩子的时候对英俊作家的那种爱慕。敏感的朱淑真,捕捉到了一瞬间的感触,发现了人世聚合的不确定性,表现出怅然若失的情绪。

无缘,这便是她和他的状态。朱淑真如大观园中的林黛玉,早早感觉到一种悲剧性,辄辄的威胁。而结局,也真的是开辟鸿蒙便写好了的。

东君不与花为主

如前所述,朱淑真当日之事,今天已漫漶不可考。唯一可资依据的就是她的诗词,她是一个忠于生活忠于心灵的作者,随时随地用文字记录下真实的人生。所以,读她的诗词,也便是在读她,悲欢离合,喜怒哀愁,皆立体地浮雕于纸面上。

忆秦娥·正月初六夜月

弯弯曲,新年新月钩寒玉。钩寒玉,凤鞋儿小,翠眉儿蹙。

闹蛾雪柳添妆束,烛龙火树争驰逐。争驰逐,元宵三五,不如初六。

像不像一幅画?画面正中是一个娇媚可爱的女孩,她身穿新衣,脚蹬

凤鞋,头戴闹蛾雪柳的饰物,闹蛾颤颤欲飞,雪柳熠熠闪光。背后是一条长街,火树银花高烧,宝马香车驰逐。再往上是乌蓝蓝的天,高悬一钩弯弯月,清冷冷的寒玉一般。她站在这热闹与清冷之外,翠眉微蹙,唇角微挑,似笑非笑,似喜似嗔,有一点点任性,还有一点点风情,是临安城醉生梦死大背景下的明艳与悲凉。

她说:元宵三五,不如初六。只因这正月初六是她与他约会的日子,一团欢喜俱由此来。她说:凤鞋儿小。那姿态是有多娇?要怎样轻盈欢快地行走?她又说:翠眉儿蹙。既知今生无缘,一切终究是镜中月水中花,怎不教人忧伤?这便是此词悲欣交集,热闹与清冷两种意象同时出现的原因。

清平乐·夏日游湖

恼烟撩露,留我须臾住。携手藕花湖上路,一霎黄梅细雨。

娇痴不怕人猜,和衣睡倒人怀。最是分携时候,归来懒傍妆台。

这一篇,像一部简短的舞台剧。布景张起来——且照着西湖的模样吧,一围碧水,一带苏堤,片片莲叶直铺到天边,亭亭荷花擎在人眼前。雨下起来——不要太大,细细的黄梅雨,沾衣欲湿那种,要那布景前笼一片水雾即可。一双白璧般的玉人儿出现——路人甲乙丙都避雨去了,舞台上只剩这两个人携手行走,女孩一边嗔怪着恼人天气,一边掩不住心内的窃喜。舞台一角要有亭子——亭边最好还有一棵开花的树,恰恰遮挡住别人的视线,两人走进去坐在石凳上,那"睡倒人怀"的情景只能隔着花叶隐约看见。最后一幕——灯光转为暖黄,是闺房的模样,原来女孩子已约会归来,正慵懒地倚靠着妆台,脸上一抹桃花色尚未褪去。

"娇痴不怕人猜,和衣睡倒人怀。"如此放诞的行为、如此大胆的书写,朱淑真可算得是南宋的前卫作家了——相较于那个时代的礼教环境而言,其超前性绝不比当代的木子美们为差。道学家视此为淫奔之词,斥责朱淑真"淫娃佚女""有失妇德",还有人怀着"善意"将此词转到欧阳修名下。细细品味,那种身处爱里的小女人情态,那拼得一时是一时的沉迷,那不管不顾的娇痴烂漫,岂是男作女声所能描摹得来的?清吴衡照的《莲子居词话》,拿李清照词句与此并举,评得最是精妙:"易安'眼波才动被人猜',矜持得妙;淑真'娇痴不怕人猜',放诞得妙。均善于言情。"

惜 春

连理枝头花正开,妒花风雨苦相催。
愿教青帝长为主,莫遣纷纷落翠苔。

人到痴时,观花花有泪,望月月有情,是天地万物都到心里来,彼此相知相惜,心有灵犀。枝头有花开并蒂,那爱着的人儿便欢喜,觉得是好兆头。好比卜花的女子卜得好信,好比闺中思妇闻鹊心喜,好比高更初到塔希提时画笔下的亮紫配亮黄,其实是太过强烈的内在感情倾泻到了外物身上。也因此,有风雨摧折连理枝头并蒂花,她便觉天愁地惨,前路黯淡。"愿教青帝长为主,莫遣纷纷落翠苔",唯愿司春之神能知晓她心意,唯愿花开不凋,风雨不来。看她,莫不是痴了么?

这首诗,隐隐透露出一些令人不安的信息。是她和他的恋情被发觉了么?是被双方家人阻止了么?还是被明确告知无缘的结果?有前人推测说,朱淑真曾被恋人抛弃,故而未出阁即有不少失恋之作。但从这首诗

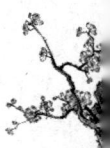

的指向看,破坏显然来自于外力。那个时代是不容许爱情开枝散叶有结果的,自由的爱犹如荒漠上自然生长的植株,是望天收,蒙天可怜的,然而天却不许,便有"妒花风雨"生生摧折了它。

江城子·赏春

斜风细雨作春寒,对尊前,忆前欢。曾把梨花、寂寞泪阑干。芳草断烟南浦路,和别泪,看青山。

昨宵结得梦夤缘。水云间,悄无言。争奈醒来、愁恨又依然。辗转衾裯空懊恼,天易见,见伊难!

朱淑真向被人说是"才也纵横,泪也纵横",但此前我们只看到她的明媚可喜,纵有愁也是淡而轻浅,她的泪实是从这里开始,人生的哀愁亦就此生根。春寒料峭里,她流的是寂寞泪,梨花脸上泪阑干;回想昔日南浦作别,她流的是依依别泪,青山依旧人不见。相思从白昼映射进梦里,她看见一片迷茫云水,两人执手相看,悄然无言。真正的爱,不需要语言,要的就是刹那里的寂静欢喜。令人无奈的是终究要从梦里醒来,眼前的现实依然如旧,于是,愁恨依然,懊恼依然。"天易见,见伊难",这一句证实了前边的不安,明确指出那场情事的结果。而这读起来,又分明是一声呼号:天易见,见伊难啊!能读出惨烈,读出无奈,读出弱女子面对强大的社会、伦理、礼俗制度的痛苦。

谒金门

春已半。触目此情无限。十二阑干闲倚遍,愁来天不管。

好是风和日暖,输于莺莺燕燕。满院落花帘不卷,断肠芳草远。

后人读《断肠集》，总会生出一种错觉，似乎"断肠"书名是出自朱淑真本人，而非魏仲恭。她的字句，确乎有一种断肠的气息，让人不由得陷溺进去。但这是美丽的陷落，丢盔卸甲弃城而降也是值得的。跟着她走，走回几百年前，走回临安城的落花飞絮里。跟着她愁，仲春美景竟是愁，风和日暖也是愁。却原来是莺莺燕燕双双对对令人愁，所谓人不如物，那飞禽倒是随心自在；却原来是萋萋芳草令人愁，所谓萋萋满别情，那绿里蕴的都是离情。

"十二阑干闲倚遍，愁来天不管。"这一句其实任性。十二阑干都倚了个遍，愁绪仍是不去，她由是怨天。天不管，便也不管天；两不相惜，便两下里撒开。她且愁下去，不管不顾一径愁下去，与天两不相欠。朱淑真就是这样一个女子，生来仿佛是为还泪，为爱的浇灌而活，没有了爱便要枯萎。实则连那爱，也是"情不知所起，一往而深"——古代很多闺阁女子是这样，没有更多的机会接触异性，见到一个平头正脸的书生便即刻爱上，一爱上便以终身相托从此生死不渝，还有那连面也没见便一往情深的，譬如杜丽娘。说来真是身为女子的悲哀。在朱淑真的文字里，那人面容模糊，身影飘忽不定，她也只是爱，为爱而爱。所以这爱与哀愁亦是洁净，读来有女孩儿家的崭新清绝。

愁怀（其一）

鸥鹭鸳鸯作一池，须知羽翼不相宜。
东君不与花为主，何似休生连理枝？

父母之命，媒妁之言，这便是结局。一张大网兜头罩上来，飞动的、自由的、灵性的，鸟雀、蝴蝶、游鱼，凡从内心自在生长起来的概莫能逃。所

谓数千年文明史,曾有多少自由的灵魂夭折于网内,献祭于所谓的文明?今天,轮到朱淑真了。

魏仲恭说朱淑真"嫁为市井民家妻",不过传闻而已,实情并非如此。她的夫家当是富贵人家,不是贫民小户。她婚后的诗词里,生活闲适优裕,悲哀只是心境的悲哀,痛苦也只是精神的痛苦,绝无寒酸、劳瘁、贫穷之感。她的丈夫,非但不是市井民家子,而且应当是做官之人。她在《春日书怀》里说:"从宦东西不自由,亲帏千里泪长流。"既云亲帏千里相隔,可知这从宦不是随父,而是随夫。她的《寄大人》诗说:"欲识归宁意,三年数岁阴。"三年,正符合唐宋以来郡县之官的任期。与之相关的一系列诗作显示,她随夫宦游到过淮南、湖南、湖北等地,也算是旁证。

可是,金玉满堂又如何?夫贵妻荣又如何?这一切与她有多大关系?满园繁花似锦,她只要她那一朵,那朵她亲手栽种的爱情玫瑰。世界上有很多美丽的玫瑰,但安东尼的小王子说:我只想念那一朵玫瑰,她单独一朵就比你们全体更重要,因为她是我浇灌的,她是我的玫瑰。于是,"这朵玫瑰花,即使在小王子睡着了的时候,也像一盏灯的火焰一样在他身上闪耀着光辉……"

爱,就有这样一种光焰,让她骄傲,让她高贵,也让她忧伤,让她憎恨。所以她说:"鸥鹭鸳鸯作一池,须知羽翼不相宜。"她自认是那色彩斑斓的鸳鸯,"翠鬣红毛舞夕晖,水禽情似此禽稀"(崔珏诗),一种美丽的鸟、忠贞的鸟,雌雄于飞,生死不离。如此,怎能与鸥鹭一池呢?所以她质问春神:"东君不与花为主,何似休生连理枝?"

宁可抱香枝上老

佛曰：人生八苦，生、老、病、死、爱别离、怨憎会、求不得、五阴盛。平庸如我等，既不能逃脱生老病死之厄，便总在爱怨欲苦上妥协，不情不爱，满足于所得，不敢有所求，随时准备向生活举起小白旗。读红楼，我总为大观园里那些女子担忧，晴雯撕扇，龄官画蔷，假凤泣虚凰，鸳鸯绝鸳鸯，多愁多病又牙尖嘴利的林黛玉更让人悬心。木秀于林，风必摧之，性情中人终要为性情所伤。读朱淑真，也有这样的担心，好比黄昏独行密林小径，不知哪里就会蹿出头小兽——她心里的，有道德礼教捆缚不住的危险。活着，有风险；爱着，更有风险。尤其是女人，朱淑真这样的女人。与相爱的人别离，与憎恶的人共枕，所求不得，所欲不能，再加上生苦、病苦，烦恼炽盛，算来人生八苦，她已得其六。

闷怀二首

黄昏院落雨潇潇，独对孤灯恨气高。
针线懒拈肠自断，梧桐叶叶剪风刀。

秋雨沈沈滴夜长，梦难成处转凄凉。
芭蕉叶上梧桐里，点点声声有断肠。

读来是不是会想起林黛玉的《秋窗风雨夕》？"秋花惨淡秋草黄，耿耿秋灯秋夜长。已觉秋窗秋不尽，那堪风雨助凄凉！"情深不寿，愁多伤身，诗文里亦是能看出寿夭的。林黛玉斯时还不过是女孩家言愁，感时伤怀而已，木石前盟如暗夜里一点萤火，虽然渺茫但终究闪着希望之光。朱淑

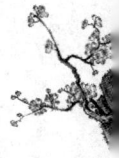

真却已经历过缘起缘灭,爱情誓约已被打破,婚姻誓约强大到不可能打破,她被抛在荒寒的暗夜里独自饮泣。

像是能看得见:黄昏黯淡的天光里,雨线密密织着心事,孤灯下她如一朵渐将枯萎的花,针线懒拈,笔墨懒弄。"恨气高"也好,"肠自断"也好,愤怒与痛楚都伤不到别人,她才是而且也永是受伤害的那个,只因为她的名字叫女人。梧桐叶上的风声、雨声、秋声是她听惯了的,此刻听去却觉得惨烈,一叶一叶原来都是那剪风的刀。

秋雨沉沉,芭蕉潇潇,她是一只受伤的夜莺,一声声叫得断肠。雨真长,夜真长,只有梦太短,欢乐太短。当她悲伤的时候,梧桐、芭蕉、秋夜、秋雨,都以哀戚的姿态来到她的诗句里,然而它们终究是无情物,她始终是孤独寂寞的一个,人间凄凉莫过于此。

生查子·元夕

去年元夜时,花市灯如昼。月上柳梢头,人约黄昏后。

今年元夜时,月与灯依旧。不见去年人,泪湿春衫袖。

此为词中绝品。

其妙在于,"月上柳梢头"只是给出一个唯美的景象,"人约黄昏后"也只是说出一个约会而已,但两句一叠加,就仿佛一卷绝美的画面展开在眼前,每个读者都可根据自身的亲历去构图,唤起的也都是心底甜蜜的记忆。阅读,想象,再创造,几个反复之后,这两句就不仅仅是十个字了,不尽之意恰如茧中抽丝源源不绝。古人,集中表现为明朝人,对这两句却耿耿于怀,认为有损朱淑真才女清誉,"词则佳矣,岂非人家妇所宜邪",故而将此词也归入欧阳修名下。其实,在宋朝的时候,元夜欢会是很平常的事,三五上元,红男绿女,宝马逐香车。有记载说:仅端门一处,在众目睽睽之下牵手并肩的少年男女,"少也有五千来对儿"。《醉翁谈录》里还有《红绡密约张生负李氏娘》,说的是上元狂欢之夜,一个不满自己婚姻的女子将香囊和红绡帕子掷于乾明殿前,上写"得此物有情者,来年上元夜见车前有双鸳鸯灯可相见",被一个叫张生的秀士拾得,第二年果然成就好事,双双私奔苏州去了。唯明朝人最爱卫道,实乃评书人掉泪——替古人担忧,只怕那一身真性情的好女子朱淑真,在九泉之下也要发出一声"嗤"了。

言归正传,回到此词。然而那佳期欢会的诗情画意只属于去年,今天看来都是甜蜜的忧伤,记忆越美好,灯月越依旧,失意的人儿就越发伤心。眼前"月与灯依旧",但却"不见去年人",这种物是人非的感触是人类共通的,张若虚的"人生代代无穷已,江月年年只相似",崔护的"人面不知何处去,桃花依旧笑春风",李清照的"旧时天气旧时衣,只是情怀、不似旧家时",都是相似的表达。因共通而生共鸣,因共鸣而为读者牢记,遂成文学史上生命力久长的作品。

秋夜牵情(之二)

纤纤新月挂黄昏,人在幽闺欲断魂。
笺素拆封还又改,酒杯慵举却重温。
灯花占断烧心事,罗袖长供挹泪痕。
益悔风流多不足,须知恩爱是愁根。

有一种病叫痴情。仓央嘉措说:"第一最好不相见,如此便可不相恋。第二最好不相知,如此便可不相思。"这情僧以佛法度爱情,终究是度不过

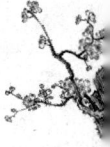

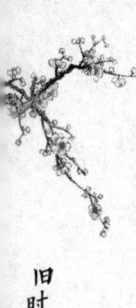

去,如来那里无有双全法,所以最后还是要说:"但曾相见便相知,相见何如不见时。安得与君相决绝,免教生死作相思。"相思入骨,爱得深刻,与朱淑真此诗里"益悔风流多不足,须知恩爱是愁根"的似悔实未悔、欲怨何曾怨,其实如出一辙。

减字木兰花·春怨

独行独坐,独倡独酬还独卧。伫立伤神,无奈春寒著摸人。

此情谁见,泪洗残妆无一半。愁病相仍,剔尽寒灯梦不成。

宋人三妻四妾本就寻常,更何况一个据说对朱淑真诗词既无赏识也无唱和的男人?据说后来朱淑真的丈夫不但纳妾,而且携妾上任,留下朱淑真独自在家。当然,这些都是"据说",前人甚爱朱淑真之才,为其抱不平,因而添油加醋,也是可能的。这对朱淑真的丈夫显然不公,在这件事上他反倒是"沉默的那一个",所以真相不得而知,只能就诗词本身来品味。

"幽栖居士"这个号,也不能肯定出自何人。若是朱淑真自己起的,可知那"独行独坐,独倡独酬还独卧"的幽栖生活有多苦涩,之前有丈夫在旁,她的孤独还只是精神上的,人间烟火或能帮她消磨一些。若是后人代取,此号倒也贴切,当是出自于真正懂她的人。看这词里,五个"独"字,道尽焦灼不宁,心无着落。一个"泪"字,反复出现在她许多诗词里,真不知她眼中能有多少泪珠儿,如黛玉一般秋流到冬春流到夏?"此情谁见",呼应的正是起拍的"独"。"剔尽寒灯",显然是梦又不成灯又烬。词短情长,字少苦多,尺幅之内道尽幽栖隐痛。

元夜三首(其一)

火烛银花触目红,揭天鼓吹闹春风。
新欢入手愁忙里,旧事惊心忆梦中。
但愿暂成人缱绻,不妨常任月朦胧。
赏灯那得工夫醉,未必明年此会同。

朱淑真的情爱观是世俗的,她并不打算故作高蹈之态不食人间烟火。她有一首《鹊桥仙·七夕》,反秦观《鹊桥仙》"两情若是久长时,又岂在朝朝暮暮"之意,偏要说"何如暮暮与朝朝,更改却、年年岁岁",要的就是两个人长相厮守暮暮朝朝。这首《元夜》诗呈现的亦是俗世气象,与前边的《生查子·元夕》互为映照,"火烛银花触目红,揭天鼓吹闹春风"是旧日情形,也是今日情形。"新欢入手愁忙里,旧事惊心忆梦中",这一句真实大胆,触目让人一惊,但继而我的感觉是心安,觉得这样好。真的很好。人生八苦已是悲哀,为此而不肯投入痴情的人不幸福,因不曾充分享受爱一个人的滋味;太过痴情的人也不幸福,因那执着会变成另一种蛊,折磨别人也折磨自己。朱淑真是如此孤独入骨的女人,太浓的愁绪需要排遣,太深的寂寞需要分担,太敏感的神经承受不住生之无奈,能接受一个新的人,爱并被爱,是应该为她感到欣慰的事。

在卫道士眼里,这首诗似是证实了她的不洁,自然又要骂她。她在别的诗里也曾淡淡地说:"莺莺燕燕休相笑,试与单栖各自知。"结果把偷情罪名砸得更瓷实。今天应该怎么看呢?当代的婚姻制度给了女性自由,说来宋朝也有离婚的,但多属特例,概率极低。从朱淑真的遭遇看,她的父母也是绝不可能支持她离婚的,她一个人在不幸的婚姻里挣扎,丈夫可以纳妾,她却只能饮泣。

而她写下这些文字时,坦然,真诚,服从于内心。其实亦是贞洁,另一种意义上的贞洁。这种贞洁,无关婚姻,只关乎爱,忠于爱本身。茶花女是贞洁,安娜·卡列尼娜是贞洁,德伯家的苔丝也是贞洁。人生自是有情痴,此恨不关风与月,朱淑真正是这样。爱是她生命的重心,是她最难割舍的信仰,不管现实如何倾侧如何阻隔,她都义无反顾地一直奔向爱,即使匍匐在地,即使蒙尘染垢,她也虔诚恭敬一路朝拜而去。

某当代女作家说:除了写作我无法生存。朱淑真则是:除了爱情我无法生存。这当然是一种危险的状态,飞蛾扑火,不作他想,不肯寻找更多活着的理由,心里烧着一团猎猎的火,扑不灭便只有死,尤其在那样的时代。所以,被丈夫发现之后,她的结局就可以想见了,被送返娘家,然后是亲人责备,乡人鄙弃,她像霍桑小说里那个独自为爱坚守的女人,佩戴着一个鲜红刺目的A字面对举世滔滔——最终,朱淑真选择的是死。

她是决绝的。

对爱,她的姿态很低很低,直低到尘埃里。对现世,她的姿态却是高傲的,断然不肯妥协。一如她吟咏的菊花:"宁可抱香枝上老,不随黄叶舞秋风。"

"其死也,不能葬骨于地下,如青冢之可吊。"魏仲恭在序言里说。看来是投水自尽,尸首无存,倒应了《红楼梦》里曹公对黛玉之死的暗示,高鹗续书不曾写的那个结局:"寒塘渡鹤影,冷月葬诗魂。"留一处青冢给谁呢?又无神瑛侍者为她泪洒相思地,文字记载里并无那个男人的出现。

连生前亲手编就的诗稿,也被父母一把火焚之,深恐流传出去落人口实。

颜色如花,命如一叶,中国历史上这样的女子灿若星辰。她们用短暂的绽放装点文学,为正统的道德家所诋毁,文字是她们的大爱,也成了她们的原罪。

"女子弄文诚可罪,那堪咏月更吟风。磨穿铁砚成何事,绣折金针却有功。"这首诗的题目叫《自责》。有人以为真的是朱淑真的自责,殊不知是针对宋人以为女子作歌诗"殊非所宜"而发的愤慨,她生前饱受名教之苦,身后诗稿被焚也是明证。她柔弱的身躯里又何尝没有"非无欲透龙门志,只待新雷震一声"的壮志?她,是觉醒的女性,是超前的女性,是孤独的先行者,也是幻灭的理想主义者。

昙花一现浮生梦

——明代才女叶小鸾

叶小鸾:明末女诗人。字琼章,又字瑶期,吴江(今江苏吴江)人。文学家叶绍袁、沈宜修的幼女,其两姊纨纨、小纨俱能诗词,但以小鸾之作最佳。生于1616年,天资聪颖,容貌端丽,明秀绝伦。工诗,善词,能琴、棋、画。性高旷,厌繁华,通禅理。卒于1632年,年17岁,将嫁,婚前五日亡。有集名《返生香》,收诗103首、词90首,及序、跋、记等。

从春秋时代,一步步数着光阴的足迹走来,我看见朱阁金阙立起于尘土中又化身为尘土,王侯将相叱咤于风云间也湮没为风云,沧海桑田,无物常住,生命不过是一场明灭。生年不满百,常怀千岁忧,也不过是向刹那里求永恒,人心终有未甘。正因为不甘,所以有争,有贪,有执着,有妄念,有种种等级与制度。君为臣纲、父为子纲、夫为妻纲竟成天理,君权、父权、夫权竟谓天命所授,至高者至权,至卑者至弱,女人就是这套体系中的至卑者。我看见那些冰雪般莹洁的女子,高傲的、柔弱的、旷达的、任性的……或能躲得过战火刀兵,躲得过名缰利锁,却都躲不过这一堵森森的墙。她们就俯伏在三纲五常的最底层——真的是最底层,即使寻常市井人家,引车卖浆者流,已经是社会底层了,然而下边还有垫底的,那就是他们的妻子。

到元明时代,程朱理学被立为官学,纲常伦理成为绝对矩尺,"存天理,灭人欲"也就成了主流,移情移性的文学教育便被禁止,吟风弄月的文字书写更要禁止——且慢,此话只是对于女人而言,男人即便笔涉艳词亵曲,那也叫小怡性情。女子无才便是德,这句话即出自明朝,它还有上句:男子有德便是才。男子有德,万事皆足;女子无才,天下太平。于是,那从上古国风里生长起来,到唐诗宋词茂盛起来的,中国文学园林里属于女性的花田,到此生生遭遇一场酷烈的严霜,遍地枯败,顿失生意。三百年间,即使偶有才女天赋出众一枝独秀,也还要努力俯下腰身,低调再低调,只因她是那文化生态下的异数。

管道升,书画成就极高,却隐身丈夫赵孟頫的光环之下,传世仅寥寥几首诗词,其中最出名的还是一首劝夫勿纳妾的《我侬词》:"你泥中有我,我泥中有你。我与你生同一个衾,死同一个椁",且只能写得一往情深,连怨怒也无。

黄娥,"尚书女儿知府妹,宰相媳妇状元妻",表面的无限风光下是30年的天各一方,虽然博通经史,诗、词、曲皆不输于丈夫杨慎,但因长期独居,讳于人言,故而随写随毁,流传出去的也多与丈夫作品相混,以至于真

假莫辨。

更有甚者，元代女子孙淑，自己主动毁掉文稿，有家人劝阻，她说："女子当治织纴组绁以致其孝敬，词翰非所事也。"她不是故作姿态，而是发自内心。唯其如此，更显可悲。

万历以后的明朝，政治上呈现出混乱、动荡、无序的状态，文化上则是传统思想和新思潮并存，文学领域因之有了复杂而多元的繁荣。这是一个特殊的文学时期，天理与人欲并举，雅正与鄙俗共生，张扬与颓废同存：一面是诗、文等雅文学自诩牡丹真国色而矜持自赏，一面是小说、戏曲等俗文学如杂草般蓬勃生长、遍地杂花；一面是道德教化贞节旌烈，一面是情色肉欲世俗趣味；一面是女子无才便是德，一面是女子才德不相妨……女性文学便在这一片乱世景象里扯云堆锦地盛开起来。

所谓盛开，这"盛"字可就特别重要：一是花期长，一直延续到清朝，今人所言"明清女性文学"指的就是这个时期；二是数量多，有研究明清文学的学者指出，世界上没有任何一个国家的任何一个时期能比中国明清时代所产生的女诗人多，在三百多年里，仅出版过专集的中国女诗人就有三千多位；三是女性文学作品的出版，是经由男性帮助整理并进行传播的，且最终形成一种风气，使之成为当时普遍的热门读物，堪与男性比肩。可以说，即便与19世纪的英国女诗人们相比，中国明清的女诗人们也绝对幸运得多。

天倾西北，地陷东南，据说这一倾斜，大地上的灵气都流到东南去了。明清文学之盛，便偏重于东南一隅。这里钟灵毓秀，人文荟萃。比如太仓王氏家族、常熟翁氏家族、常州王氏家族、吴江沈氏与叶氏家族等，都是著名的文化世家。其中的女性作家,更是集中且优秀,作品数量与质量在全国占压倒性比例。最为典型的,是吴江沈氏与叶氏,也即叶小鸾家及其外祖家。

而叶小鸾,一个仅仅活了17年的女孩,在沈氏与叶氏家族中备受推崇,生前即被目为天才,身后更几乎被尊为神。其诗词文,陈维崧评价为"如玉山之映人,诗词绝有思致",胡文楷说是"骄丽之文,涉笔便工",陈廷焯《白雨斋词话》以为"较胜于朱淑真"。其人,有绝世之姿,却无妖冶之态,当时的名媛闺秀莫不感之慕之向往之,几成"才女早夭""红颜薄命"在现世的形象化身。"向往"二字却非虚话,以当时的女性婚姻观来看,叶小鸾未嫁而亡正是"质本洁来还洁去,强于污淖陷渠沟",《红楼梦》里女儿水做、男人泥做的女清男浊说,以及女孩嫁人后珍珠变鱼目的说法,正是由这种女性观念发展而来的。明清文学一脉相承,叶小鸾的故事又广为人知,曹雪芹的祖父曾与叶小鸾的兄弟交好,叶家留下的《午梦堂集》想必曹雪芹亦是读过的,故而后人有推测叶小鸾为林黛玉原型的,倒也有几分道理。

簪花初欲罢,柳外正莺声

生命的来与去,如云出岫,如花落水,似是无心,又似是机缘,有莫可名状的惆怅。

叶小鸾的出生地吴江,山水如画,风物清嘉。江苏本就文教昌盛,吴

江更是多闻弦诵之声,久负科名之盛。叶氏,汾湖(今属江苏)望族,明清两朝中进士者8人,纵跨7代,所谓"七世进士",在此之外的举人、贡生更是济济簇簇。沈氏,阀阅世家,中进士者有9人,仅万历年间同一辈人中即有5人先后中进士,被誉为"沈氏五凤"。五凤之中,沈琦、沈玠、沈珣是三个亲兄弟科甲蝉联,故而乡里又另称"三凤"。这两家名望既高,关系又密切,当时的人便把他们相提并论,评价为:"沈氏一门,人人有集;汾湖诸叶,叶叶交光。"

叶小鸾的父亲叶绍袁,字仲韶,晚号天廖道人。叶家"七世进士"之一,做过国子助教,官至工部主事。先说貌,钱谦益《列朝诗集》中记:"仲韶少而韶令,有卫洗马、潘散骑之目。"卫洗马、潘散骑分别是晋朝的卫玠和潘安,在特别重视容止的晋朝是举国人之偶像,一个逛次街就"观之者倾都",一个出趟门则被"掷果盈车"。这里是说叶绍袁也是出名的美男子,被人目为卫玠、潘安。再说才。他生有奇慧,博览群书。少有才思,工于诗赋。最后说性情。他为人散淡,不耐做官。因不齿魏忠贤擅权祸国,遂借母亲年老为由告归,坚决不肯再出仕,以隐居汾湖与妻子儿女歌咏酬酢为人生乐事。

叶小鸾的母亲沈宜修,字宛君,是沈家"三凤"之一沈玠的女儿。沈玠曾任山东东昌知府,廉洁自律,颇有政绩。年老退休的时候,兖州士民攀车罢市挽留他,他改换衣服才得以悄然离开。沈玠好禅理,志趣不在文学,子女却都钟情于文学,在诗词曲赋各领域皆有建树。沈宜修,即是明代著名才女,沈、叶两族女性作家群的核心人物。自宋以后文人称道女词人,动辄以李清照作比,其实大多相去甚远,真正算得上相近者,当首推沈宜修。看她的小令《忆王孙》,绵邈空灵,清新俊逸,便着实令人赞赏。

天涯随梦草青青,柳色遥遮长短亭。枝上黄鹂怨落英。远山横,不尽飞云自在行。

叶沈联姻,吴江盛事。沈宜修嫁叶绍袁,更是白雪红梅,风花偕老,如明成化斗彩瓷的好,极艳,艳得照眼,却又疏雅有致,教人叹息再没有比这更好的釉上彩了。钱谦益的《列朝诗集小传》中也说:"宛君十六于归,琼枝玉树,交相映带,吴中人艳称之。"

叶沈二人婚后,于人伦是夫妻,于感情是友朋,一个研读书卷专心举业,一个在旁陪伴切磋琢磨,可诗文酬唱,共赏烟霞,可考证品鉴,把玩金石,还可参禅论道,机锋交捷,即使谈的是柴米琐事,也仿佛别有一种趣味——从他们自己的文字记载看,甚是和谐美满。

叶绍袁是那个时代很难得的男人,没有大男子主义,没有"女子无才便是德"的偏见,懂得欣赏沈宜修的好,既爱且敬,美之赞之,以有妻如此而为荣。他有一句很出名的话:"丈夫有三不朽,立德,立功,立言;而妇人亦有三焉,德也,才也,色也,几昭昭乎鼎千古矣。"将女子的德、才、色,与男人的立德、立功、立言并举,同列为三不朽,树起一种新型的女性理想人格,蕴含着极为可贵的男女平等意识。叶绍袁的母亲对沈宜修流连诗词很是不悦,一听说她吟诗即变脸作色。但有了叶绍袁的支持,沈宜修便有了相对开阔的空间,在持家之余创作出大量诗词,与妯娌、侄女、亲戚姊妹吟咏唱和。再加上叶沈两族累世通婚,关系交错连环,而且文化积淀深厚,渐渐地,便形成了一个以沈宜修为中心,包括沈氏与叶氏的家族女性创作群。

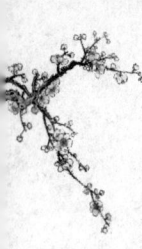

这个女性创作群,在沈宜修一辈的前后五代间,一共涌现出28位有诗词及戏曲作品流传后世的女性作家,仅沈宜修同辈就有9人,受之影响的下一辈则有12人。更为可贵的是,这个群体拥有一种开明的女性文学观,不像前辈女作家那样以为词翰非女子事,避讳自己的创作。诗文于沈叶闺秀们就是生命的内在需要,如春风吹开桃李花,兴之所至,自然而然。作品"诗词歌曲,众体兼备,流播人寰,珍如拱璧",前人评价说是"令晖(鲍令晖,南朝女诗人,鲍照之妹)、道蕴(谢道韫)萃于一门"。她们感风吟月,题花赋草,裁云咏絮斗芳华,高兴时也会停了机杼,罢了女红,比赛作诗,看谁的句新,谁的韵险,谁能拔得头筹,端的一派文士风雅。她们追求女子的才德并举,也不讳言色,在诗词中盛赞女子之美,对女色有自我欣赏与认可,并认为少女的春情、春心是生而为人的天性,书写并歌咏之是一件赏心乐事。她们是远离现世,自己建筑了一方精神空间,于这一空间里解放自己、释放自我。放在整个明朝乃至古代文学史里看,你都难以想象会有这样一个女子群体,这么有独立思想的一群女性。她们生在一个孱弱的时代,身体也大多孱弱,然而她们有超前的女性意识,心灵不但不孱弱,反而健康明亮。

墨子见人染丝而发感慨说:"染于苍则苍,染于黄则黄。"每一个生命来到世上,都是一束洁白的丝,染苍或者染黄,取决于世界赋予他的最初色彩。

叶小鸾出生时,眼里看到的便是家庭温馨,父母和睦,人人爱读书,个个能诗文,环绕她的是一群清雅脱俗的女子。真好啊!她张开清亮的眼睛看这一切,这一切便进入她的心灵,最后成为她的一部分,陪伴着她,直至生命的尽头。

小鸾字琼章,又字瑶期,是沈宜修的三女儿。

6个月大时,小鸾被送到沈家,由舅父沈自征、舅母张倩倩抚养。沈自征是著名曲作家,其才不在大才子徐文长之下;张倩倩是沈宜修的姑表姊妹,也是当时有名的才女。张倩倩所生三子一女均早夭,故而沈宜修送小鸾给她做养女,小鸾也因此得到叶沈两家的文化沾溉。周岁的时候,沈宜修归宁,看到小鸾颖秀可爱,还听到张倩倩夸赞说:"是儿灵慧,日后当齐班蔡,姿容亦非寻常比者。"这是预言小鸾日后能追上班昭、蔡文姬之才,而姿容也有非比寻常之美。小鸾的聪慧确实惊人,《离骚》那样古奥的长篇诗作,她4岁能诵,并且教不数遍,即能解文意。之后,舅母又教她识字,隔日故意拿错字试探,小鸾诧异地说:"非也,母亲有误耶?"这份天赋,就是今人所谓的神童恐怕也难望其项背吧?

小鸾10岁这一年,正值父亲叶绍袁高中进士,而沈家那边,舅母张倩倩的病体每况愈下,小鸾因此被送返叶家。

斯时天气初转寒,小鸾一人对着青灯夜坐,不知是暂时不能适应自己的家,还是内心担忧舅母的病情。沈宜修前来探看,只见栏外风摇翠竹,其声萧萧,帘前月明如昼,一室寂寂,小小的人儿已不知坐了多久。她便对小鸾说:"桂寒清露湿。"这既是应景语,也是委婉的说法,露寒湿气重,久坐易伤身,要女儿早点歇息。小鸾应声对曰:"枫冷乱红凋。"才思殊为敏捷,对得也精巧工整,做母亲的心里便有几分欢喜。后来,沈宜修还在为小鸾所作的《季女琼章传》里提到这件事,说女儿有谢道韫咏絮之才。但那时小鸾已经亡故,所以在这段话之后,沈宜修又来了一句:"悲夫!岂

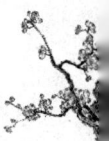

竟为不寿之征乎?"其实,我在读到"枫冷乱红凋"时,心里便已"咯噔"一跳,且惊且叹:10岁的孩子,大多还在懵懂玩乐中,她竟已能从时移物换间感知生命的凋残,一个"冷"字,一个"凋"字,道出人世无常,何其清冷的况味,何其敏锐的体悟。

春日晓妆

揽镜晓风清,双蛾岂画成。

簪花初欲罢,柳外正莺声。

这首诗下有叶绍袁的注:"时年十二岁,初学遂有此等句,真是夙慧,岂在垂拱四杰之下?"垂拱四杰,即初唐四杰,王勃、杨炯、卢照邻、骆宾王,是武则天当政时期(按:垂拱,一般算做武则天的年号)名满天下的四大才子。四人皆早慧,骆宾王7岁咏鹅的传说家喻户晓,卢照邻少即被视为相如再世,杨炯、王勃则是被地方官举荐至朝廷的神童。

叶小鸾此诗,清俊雅致,灵动活泼,真不在那些神童才子之下。读来只觉得字如人面,人比字清鲜。那镜里红颜朝霞初染,那一双蛾眉出自天然,那鬓边簪花是灵心里的一点随性,而那柳杨阴外委婉鸣啭的黄莺莫不就是她自己?啼音初试,却已惊动一个春天,沥沥莺歌溜的圆,如雨洒江南。

临镜花常晓,薰香韵自闲

生命成长的过程中,总有一些重要节点,如竹节,如木的分杈,如鸡雏啄破蛋壳时的几痕裂纹,可以清晰感受到突破与蜕变,有不可忽略的变化在内部迅疾发生着。

己巳春哭沈六舅母墓所

十载恩难报,重泉哭不闻。

年年春草色,肠断一孤坟。

从题目中的"己巳"推算,此诗当作于1629年,小鸾13岁的时候。沈六舅母,就是张倩倩,十载养育,恩同亲生,她在小鸾心目中的分量不言而喻。如果说前边的"枫冷乱红凋"尚不过是透出隐忧,是对疾病和死亡隐隐的恐惧(按:事实上张倩倩在小鸾归家一年后便去世了,小鸾用了两年的时间平复心情,此悼亡诗大约是某次扫墓所作,故云"年年"),那么这首诗就是直面死亡,发现生命尽头是不可知的坠落,因而表现为肠断,透露出深深的悲哀。"年年春草色",落到她眼里,是一片伤心碧——这是由外而内,外物被情感敷色。"肠断一孤坟",黄土无声,亲人的哭唤无有回应,细思量教人断肠——这是由内而外,爆发出更强烈的情绪。如此内外交加,感情真实而浓烈,令人读来似能看见一张泫然欲泣的脸。

不要忘记,这张脸属于一个年仅13岁的女孩。相对于她的年龄而言,这些文字太清冷,太悲凉,笔法也太成熟,寥寥四句勾画出孤凄的画面,托出的是一个关乎生死的大命题。

天纵英才,天也妒英才,思虑过甚者,如何能福寿延绵?《红楼梦》里的林黛玉,是死于那个颟顸的男权社会,死于贾府的利益集团,也是死于她自己的心性。我倒毋宁她迟钝一点,用今天的话叫神经大条,不要那么

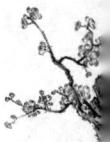

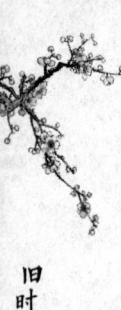

聪明灵透,敏感多思。哪怕像傻大姐一样痴痴傻傻也好,被打骂伤害了亦只是一场哭,转眼看见香囊上的妖精打架便又破涕为笑,别人坑蒙哄骗撺弄假成亲,风云突变抄捡大观园,事事似与她有关,事事又似与她无关,她只在自己的小宇宙里过活,自在,随心。

小鸾和黛玉,相仿的年龄、相似的早慧,同样是早早失去至近的亲人。不同的是,林黛玉失去的是生母,从此独自寄居贾府,在一群关系复杂利益纠葛的人精之中讨生活,非主非仆,不上不下,仅仅托赖外祖母那一点庇荫,好不容易捞到个真心待她的宝玉,偏又是自己做不了主的主儿,想让她好心性也难。小鸾还好,她还有沈宜修,这是一个优秀的母亲,知性,通脱,善与孩子交朋友,肯于解读孩子的心事,在不动声色中拂去10年的疏离——别诧异,她就是那时代的龙应台,是愿意隔了时空重新认识"亲爱的安德烈"的一位妈妈。

沈宜修生有八子五女,除四女无有文字记载、八儿早早夭折外,其余子女均有文采。其中,三个女儿叶纨纨、叶小纨、叶小鸾文名尤著。长女叶纨纨,字昭齐,"其相端妍,金辉玉润",善为诗词,多写春恨闺怨,故而叶绍袁将她的诗词集题名为《愁言》。最动人的是一组《浣溪沙》,清婉可诵,譬如:

憔悴东风鬓影青,年年春色苦关情,消魂无奈酒初醒。
啼鸟数声人睡起,催花一霎雨还晴,断肠时节正清明。

次女叶小纨,字蕙绸,明代曲坛盟主沈璟的孙媳,端惠多才,有杂剧

《鸳鸯梦》传世,被目为戏曲史上有作品流传的第一位杂剧女作家。《鸳鸯梦》正与这三姐妹有关,容后再叙。

叶绍袁说:"余内人解诗并教诸女,文采斐睿,皆有可览观焉。"子女辞采出众,皆缘于沈宜修教导有方。

沈自征说:"(姊)生平钟情儿女,皆自为训诂,岂第和胆停机,亦且授经课艺。当夫明月登台,则箫史共赋;飞霰集户,则谢女呈篇。"叶绍袁前期多游宦在外,沈宜修不但操持叶家生活,孝养老人抚养孩子,还独自承担儿女的课业。她是叶家的灵魂人物,深爱儿女且重视对他们的教育。正是她,使庸常的生活有了诗意,有了一些闪闪发光的片段:明月登台的时候,她与叶绍袁赏月作赋,如传说中的箫史、弄玉那一对神仙眷属;白雪纷飞的时节,她和谢安一样考较儿女功课,孩子们亦如谢道韫那样纷纷献上咏絮诗篇。

这就要说到叶小鸾与母亲、姊妹的闺阁生活,属于女人的私密生活了。《列朝诗集》中记:"宛君与三女相与题花赋草,镂月裁云。中庭之咏,不逊谢家;娇女之篇,有逾左氏。于是诸姑伯姊,后先娣姒,靡不屏刀尺而事篇章,弃组纴而工子墨。松陵之上,汾湖之滨,闺房之秀代兴,彤管之诒交作矣。"闺阁生活是沉闷无聊的,但她们把它调剂得风生水起,充满乐趣。花开了,就像专为她们的赏花诗而开;草青了,就像专为她们的踏春诗而青;月上檐头,云笼远山,也像是要由着她们裁剪了放进文字里似的。这一门风雅,丝毫不逊于芝兰玉树的谢家;三个女儿的诗篇,也远胜左思的妹妹左棻。

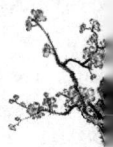

在叶小鸾的诗词中，有"慈亲命作四时歌""偶见双美同母及仲姊作""寄昭齐姊""别蕙绸姊"等题，有咏花诗词多种，有题绣扇、题画扇、题画屏、题山水画等，还有除夕、元夕、端午、七夕、重阳以及春秋四时之作。祖母寿辰，更是上自父母双亲下到姊妹弟兄皆有祝寿诗进上，遥想那满堂珠玉文采流光，小鸾虽然生性沉静，身处其间也当有欢喜雀跃的小儿女态吧？

浪淘沙·春景

　　杨柳弄柔黄，缕缕纤长。海棠风醉艳红妆。折取一枝归绣户，细玩春光。

　　春日对春妆，莺燕笙簧。横塘三月水流香。贴水荷钱波动处，两两鸳鸯。

　　杨柳柔黄，柳丝纤长，海棠艳红妆，三月水流香，还有那莺儿燕儿，戏水鸳鸯……春光不与四时同，好就好在这新，草木鸣禽都似是一枝饱满的笔刚刚画就，色泽鲜明，墨迹犹新。爱春光，爱这份新，其实也是爱崭新世界里的自己，一切似可重新开始，眼前似有无限可能。此时，心就像那荷钱下的碧波，由不得地便被拨动了。你看她，顺手折取一枝，不晓得是柳条，还是海棠，总之是一枝春光，斜斜擎在手上。远远地，不知何处响起笙管之声，隔了花荫袅袅传来，细细，悠悠。

　　我喜欢这首词里的叶小鸾，因这才是 13 岁本该有的模样。风雨不来，霜雪未侵，生命在自己的时段上有序地长叶开花，世界就只是个好，让人安心。

这期间,小鸾随父亲到过金陵,李白"郎骑竹马来,绕床弄青梅"的长干里,王献之"桃叶复桃叶,渡江不用楫"的桃叶渡,以及声名远扬的莫愁湖、凤凰台等,一一游历,吸纳江南文化气脉的精髓。还随祖母与母亲到杭州天竺敬香,到西湖游览,咏《游西湖》一首:

> 堤边飞絮起,一望暮山青。
> 画楫笙歌去,悠然水色泠。

飞絮起,一动;暮山青,一静。用字俭省,用色简净,描摹出一派苍茫。她爱的不是画楫笙歌的盛景,而是笙歌散去,水色清泠。她于此怡然自得,有超然出尘之感。细读,显出几分禅意来。饶是怎样的华年、怎样的热闹,她也能一脚拔出,骤然跳进清凉世界——如此慧根,福兮祸兮? 可知她文字里曾经的悲凉并未完全褪掉,那些感悟许是化做禅味,成了她与佛境的一点交接?

且继续言说叶小鸾的人生。14 岁能弈,此系围棋。16 岁,族里有一位善琴的姑姑,对小鸾略加指教,小鸾一点即通,琴声泠泠有韵——沈宜修用嵇康"英声发越,采采璨璨"的话来形容那琴声,又是赞赏,又是欢喜。家藏画卷,小鸾无师自通,看得几幅便知晓画意,说来也是头头是道。赏之不足,她又自己动手摹画,居然甚为相似。笔下落花飞蝶,亦带几分灵动风致。

"儿体质姣长,十二岁发已覆额,娟好如玉人。"《季女琼章传》里,沈宜修如是说。及至长成,更是美若天人:"儿鬒发素额,修眉玉颊,丹唇皓齿,

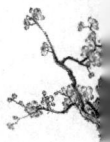

端鼻媚靥,明眸善睐,秀色可餐,无妖艳之态,无脂粉之气。比梅花,觉梅花太瘦;比海棠,觉海棠少清。故名为丰丽,实是逸韵风生。若谓有韵致人,不免轻佻,则又端严庄靓。总之王夫人林下之风,顾家妇闺房之秀,兼有之耳。"《诗经》里的头号大美人庄姜,也不过是几个比喻就打发了,这里却用了诸多描摹诸多赞语,我本以为是出于母亲爱女之心,故而查了不少旁人的文字来验证,结论是:有目共睹,叶小鸾的确容貌出众。有人赞她:"翠羽朝霞,同于图画;轻云回雪,有似神人。"她的美不同于旁人,她不施脂粉,清水出芙蓉,也不妖冶作态,甚而至于不自知,就是说自身了无感觉,视若平常。她是丰丽的,因而说比梅花,梅花太瘦;她又是沉静的,天生一种清气,所以又说海棠太娇艳。"王夫人"指的是有林下风的谢道韫,她与清心玉映顾家妇的比较,见本书谢道韫传中。谢道韫自然是知性的,清谈妙论间别具一种魅力,但大约是不够漂亮吧;顾家妇应当是秀美有余,而散淡清贵之气不足。叶小鸾一人,身兼这两人的林下之风与闺房之秀,遥遥想象,那该是怎样特别的一个女孩?

小鸾之美,不容忽视,连父母长辈也禁不住称赞她。叶绍袁曾说小鸾有绝世之姿,结果小鸾微含愠怒地说:"女子有倾城之色,何足贵也?父亲何必把这说法加之于儿身?"另一个舅舅君晦也曾赠小鸾诗,诗中有"南国无双应自贵,北方独立讵为惭,飞去广寒身似许,比来玉帐貌如甘"之句,小鸾也是不喜。在小鸾看来,自古评论女子皆以色为重,实乃出于一种玩赏心态,女子当以才德为上,唯才方可美之。她全不以美貌为意,反而看重才德,比之其父的"妇人三不朽"更为进步,显示出一种来自女性自身的觉醒,具有超越时代的意义。

沈宜修对小鸾,以母亲兼女性的眼光看,也是欣赏有加。一日晨起,见小鸾立于床前,睡面未洗,经宿的乱发未梳,但风韵神致依然亭亭无比,沈宜修不由逗她说:"我儿常嗔怪别人赞你貌美,今日粗服乱头,尚且如此之美,真所谓笑笑生芳,步步生妍矣,我见犹怜,未知画眉人又会如何说你?"自从张敞画眉的故事之后,画眉已成夫妻闺房之私,此"画眉人"指的便是小鸾那定了亲的未婚夫。

只可惜,画眉不成,花落人亡,两人竟是连一面也无缘得见。

陶令一樽酒,难消万古愁

英国文学史上有勃朗特三姐妹,中国文学史上有叶氏三姐妹,都是才华卓著的女性。叶氏三姐妹的生活年代比勃朗特三姐妹早了两百多年,然所处时代给予女性的环境却比后者优越得多。勃朗特三姐妹出诗集时只能署男性化的名字作为伪装,等到夏洛蒂的《简·爱》走红才以本来面目扬名江湖,而叶氏三姐妹的诗词曲却是在当时就得到很好的传播,三人的名气也很高。若再做个细化的比较,会有一点点小惊悚,勃朗特三姐妹中两人早亡,叶氏三姐妹中也是两人早亡且亡于同一年。在勃朗特三姐妹身后,《呼啸山庄》是经过了时间的磨洗才逐渐得到读者认可的;叶氏三姐妹身后,由父亲叶绍袁把她们的文字收进《午梦堂集》,在当时就大盛文坛。题外话,中国文化在近代被破坏以致断裂前,比之欧洲文化何止先进一星半点?

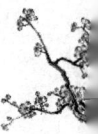

研究《午梦堂集》的学者,使用了一个很有意思的名词:午梦堂气质。文字是有面孔的,文字也是有气质的,我一向爱用气息来辨识各人文字,但在这里更倾向于气质这个词儿。不错,《午梦堂集》里的文字,有一种迥然不同于其他文化家族的气质,飘逸,清空,深致,知性。其中,以叶小鸾的诗词最为灵异特出。在这部家族著作中,虽然父亲叶绍袁是当世名家,虽然母亲沈宜修被称为"明代李清照",虽然弟弟叶燮的《原诗》后来代表了清代诗学理论的顶峰,但都遮盖不住叶小鸾的夺目光华。不独当时人以小鸾诗词为叶氏家族女性文字的代表,就是在对明朝诗词态度严苛的清代评论家那里,叶小鸾得到的评价也最高,被列入古代十大才女之一,认为比之朱淑真还稍胜。

这种午梦堂气质,在叶小鸾的笔下很是触目——说触目,一是因为她的年龄,二是我以为与她的早夭有一定内在关系。是故,在此姑且不说叶小鸾之死,先来看看在那少量与年龄相宜的作品之外,叶小鸾其他大量诗词所体现出的普遍气质。

虞美人·看花

阑干曲护闲庭小,犹恐春寒悄。隔墙影绕一枝红,却是杏花消瘦旧东风。

海棠睡去梨花褪,欲语浑难问。只知婀娜共争妍,不道有人为伊惜流年。

杏花,在宋叶绍翁的笔下是何等热闹,充满勃勃生机,以至于"春色满园关不住,一枝红杏出墙来"。到叶小鸾这里,依旧是隔墙一枝红,她的感受却是"杏花消瘦旧东风",何其凄清,何其孤寂。再看其他的花,海棠已睡,梨花也已褪下枝头,想要问候一声也不能。她们啊,只晓得盛开时争奇斗妍,不知道词人绕着曲阑庭院遥遥赶来,正是担心春寒料峭,深恐流年会折损她们的容颜。

为花惜流年,焉知不是借花惜自身?流年不偏不倚不情不仁地流过每一种生命,花因不知而安然,人因知晓而不安,多思使小鸾深刻,也使她悲哀。最后那一句小小的抱怨,分明带着少女的娇嗔,读来却感到一种哀伤。

南柯子·秋夜

门掩瑶琴静,窗消画卷闲。半庭香雾绕阑干。一带淡烟红树、隔楼看。

云散青天瘦,风来翠袖寒。嫦娥眉又小檀弯。照得满阶花影、只难攀。

小鸾诗词多佳句,"淡处见浓,闲处耐想,足以供人咀味"。其轻巧尖新处,隐然步李清照之风,故而当时有人称她"当代李清照"。你看,只因李清照名气太高,宋以后动辄被人拿来作比,其实甚不可靠。我们只客观地举几个例子,单说她的佳句好了:

《蝶恋花·春闺》中有"杨柳垂腰消酒困,海棠点靥藏春晕",工稳韶雅,杨柳状貌惟妙惟肖,海棠红靥如在眼前,好联。

《唐多令·秋夜》中有"栏外芭蕉新嫩绿,仍做出,旧秋声",芭蕉叶绿是新嫩绿,风吹萧萧却是旧秋声,这巧思,这婉转,不做他人想。

《谒金门·秋晚忆两姊》中有"芳树重重凝碧,影浸澄波欲湿",似能感

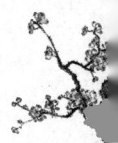

觉到那绿的厚度、波中倒影的湿度,也似能感觉到一双明眸长久的凝注。

《玉蝴蝶·春愁》中有"看尽他莺梭柳线,都织就雾锦云缣",柳丝长长是线,莺穿其间是梭,织成雾的锦、云的缣,妙喻连珠,教人应接不暇。

《浪淘沙·春闺》中有"一缕茶烟和梦煮,却又黄昏",比之黄粱梦,茶烟和梦煮显然更为风雅,轻约且新颖。小鸾另有《蕉窗夜记》一文,颇带自传色彩,主人公就叫"煮梦子"。

回到这首《南柯子·秋夜》。小鸾诗词中"愁"字为多,"瘦"字也不少,且"瘦"得精炼蕴藉,堪为炼字典范。前文看花词中有"杏花消瘦旧东风",清丽婉约;还有一首《踏莎行·秋景》,里边"断云飞尽碧天长,数枝烟柳斜阳瘦",也比较出名;这一首秋夜词里又有"云散青天瘦",思量一下那情景,果然贴切,真难为她怎么想来。

上片,瑶琴静,画卷闲,夜色初上;半庭香雾,一带淡烟,隔楼观远树。纤柔的用词、细致的描述,使景致显得幽寂迷离。下片,云散,风来,人感觉到清寒,天也显得清瘦。最出眼的是一弯月,说是"嫦娥眉",辅以"小檀弯",颜色、形状便都有了,还带着动感。却说那月光,把花影透射在台阶上,枝叶清晰,历历满目,只可惜难以攀摘。如此秋夜如此月,清空幽寒,静远雅洁,不带人间烟火气,正像小鸾。

浣溪沙·送春近作

春色三分付水流,风风雨雨送花休。韶光原自不能留。

梦里有山堪遁世,醒来无酒可浇愁。独怜闲处最难求。

小鸾深得父母钟爱,平时没有什么压力,亦无多少琐事。每日只是临王羲之楷书《洛神赋》，或者怀素草书，不分寒暑，静坐窗下，薰炉茗碗，默默与琴书为伴。

母亲沈宜修颇有教育家潜质，对待子女很开通，连少女青春期的心理也很能体恤。她曾在一首《踏莎行》小序里表明自己的态度："和凝云：'春思翻教阿母疑。'余以破瓜之年，亦何须疑，直当信耳。作问疑词，戏示琼章。"五代和凝，花间词人之一，其原句是："无事颦眉，春思翻教阿母疑。"沈宜修针对此句指出，二八年华的少女，春思当属正常，无须疑之。并专门作词一首，送给小鸾，此可谓超时代的青春期教育。

沈宜修还把小鸾视为闺中友，说小鸾识鉴明达，不拘今昔之事，看得透彻明了，偶尔有所评论，识见也多在自己之上，故而对小鸾说："汝非我女，我小友也。"

如此闲逸的闺阁生活、如此开明的家庭环境，叶小鸾却是愁从何来？"韶光原自不能留"，这一句倒不费解，哀叹时间的流逝是人所共有的。"醒来无酒可浇愁"，醒来即愁，可见是睡前愁的延续；无酒浇愁，说明是睡前已饮尽，但愁仍未消。"独怜闲处最难求"就更费解了，难不成她还需要闲中更求闲？

若说是"为赋新词强说愁"吧，读来不但没有勉强言愁之感，反而很容易被打动，觉得那愁是骨子里的，是每个人内心深处都存在的。为何会这样呢？

一来小鸾灵心使然。佛教里有些话很有意思，我且从中借一个词来用，那就是：自然觉。小鸾似乎天生成一种自然觉，很容易打通外物与内心的通道，也很擅长用文字抒发这些感悟，天地外物、四时景象、光阴的流

转、空间的变化、生死、无明等,都像是要她开悟的知见似的。她也真的是很容易就看彻了,因彻而生倦,因倦而生愁,因愁而生遁世之思,这就是"梦里有山堪遁世,醒来无酒可浇愁"。

二来午梦堂气质使然。细致敏感,好静深思,这种闺阁文化气质在小鸾身上极为明显。加上自身的早慧,就促成了她的早熟。正因为多思,所以别人需要亲历才能有的体验,她经由阅读书籍、旁观他人生活便可以轻易获得。眼见"春色三分付水流,风风雨雨送花休",三春勘尽,好景不长,她由是发现"韶光原自不能留"。

三来时代大气候使然。如前所述,明朝是中国女性最受压抑的时代,直到后期才因为王阳明心学以及李贽"童心说",给女性生存的空间带来一丝自由的清风。小鸾生活在这样一个时代,一面随女性群体有所觉醒,一面从自身更清楚地看透女性的处境。这就像刚刚从手术台上醒来的病人,麻药的劲儿一点点褪去,身体的感觉渐渐恢复,痛楚感比起之前自然更为强烈。她看到自己身处"次等人群"之中,被限制,被界定,被动接受社会对女子的角色认定,比如说接受父母之命下的婚姻,为人妻,为人媳,为人母,劳苦一生。她想要自己独立的人格,想要自由,想要平等。事实上,她之不喜别人赞其美貌,那一番见解就暗含着反抗意识。"独怜闲处最难求",她要的闲是精神上的,完全放松,不受拘囿。

再则,身边女人们的生活就是小鸾照见自己的镜子。养母张倩倩,才貌双全,聪丽能文,然沈自征倚才自负,挥金如土,且常年游历在外,张倩倩在家生计艰难,以致抑郁而亡。母亲沈宜修,与父亲算得上是神仙眷属,但其实也有许多身为女人的无奈,父亲游宦南京、京师等地,母亲一人操持家里老老小小的衣食,在柴米油盐针黹女红之间消磨青春。大姊叶纨纨,由父亲做主嫁与好友之子,婚姻极为不幸,甚至生出"绝俗逃虚"出家为尼之念(按：后来纨纨因小鸾夭亡而回娘家奔丧，伤心过度，70天后也病逝，丈夫竟不打照面，一直到11年后才来接回纨纨棺木葬于袁家，夫妻情分上竟是冷到可怕）。

再看这一首：

九日近作

风雨重阳日，登高漫上楼。

庭梧争坠冷，篱菊尽惊秋。

陶令一樽酒，难消万古愁。

满空云影乱，时共雁声流。

"庭梧争坠冷"的"冷"、"篱菊尽惊秋"的"惊"、"满空云影乱"的"乱"，提取出三个字，这首诗的基本面目也就清楚了。她的心是乱的，她看前路是无希望的，她怀着难言的恐惧感写下这首诗。所以，她说："陶令一樽酒，难消万古愁。"陶渊明的酒，也难消这万古长夜般的愁。

这首诗题目旁有"近作"二字，乃九月九日重阳节所作，而她死于十月十一日，她的婚期却是在十月十六日。隐隐可知，她恐惧的是什么。叶绍袁在这首诗后注曰："于归在迩，何愁之有？而且云'万古'也，明明谶语。""于归"即出嫁，"迩"是近的意思，"万古"则被她父亲视为诗谶。这也是小鸾去世后的神话之一种，下一章再谈。

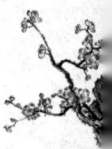

一声叹息，两点清泪，隔着发黄的纸页，眼看着一个姿才绝世的女子走向死亡。

瑶池谅非邈,愿言青鸟翔

叶小鸾许字何人?昆山大族,河南布政使张鲁唯的长子,名叫张立平。

话说这个张立平,也有文名,对小鸾仰慕得紧。倒也有情有义,小鸾夭折,张立平亲来吊唁。叶老太太、叶纨纨、沈宜修等相继去世,及至明朝覆亡,叶绍袁国破家亡,于清顺治二年遁入空门,张立平还多次到山中探望,对叶绍袁执父辈礼,并以物质资助之。当然,那已是后话,此处只说小鸾之死。

关于她的死,父母亲人的讲述有明白处,也有迷信乃至神化之处,后世人从中推测,更是扑朔迷离。有羽化说,有疫病说,还有自杀说。在这里,我叩两端而道中衡,做一科学可信的分析推断。

叶沈两家累世联姻,关系盘根错节,也就难以避免近亲通婚,故而后代身体孱弱,夭折者不在少数。而闺阁女流,本就不如当代女子健康,加之闺怨的审美观,午梦堂气质的浸染,叶家女孩体质弱是一定的。这是先天因素。

前文已述,叶小鸾对婚姻有抗拒心理,惶恐不安。想我们当代女性自由恋爱,自行决定婚嫁,还会有婚前恐惧症,更何况那父母之命媒妁之言的时代,到未可知的地方与一个未可知的人去过完全未可知的生活,更何况眼前还有诸多女性婚姻不幸的先例,叫她怎能不深深害怕?这是心理因素。

叶家人向佛,爱推究禅理,这对小鸾影响也很深。用沈宜修的话说,她是"性高旷,厌繁华,爱烟霞,通禅理"。她把自己的闺阁命名为"疏香阁",也是秀而不艳的风格——宋林逋有"疏影横斜水清浅,暗香浮动月黄昏"的咏梅句,小鸾的咏梅诗亦云"疏香独对枝梢月,深院朦胧瘦影斜"——清静淡泊,飘然出尘。她写过偈一首:

晓起闻梵声感悟　辛未

数声清磬梵音长,惊动寒林九月霜。
大士不分人我相,浮生端为利名忙。
悟时心共冰俱冷,迷处安知麝是香。
堪叹阎浮多苦恼,何时同得度慈航。

读一些高僧大德的偈子,有的会觉得暖,大象无形,浑然一派温厚;有的觉得空,云水禅心,端的一片空灵。小鸾此偈,却是清冷,是浮生里一点缥缈寄托,也净,如莲,不带半丝尘嚣,但显然尚未达到明心见性自在圆融的大境界,是以会有绝世之想。

她写过一组《鹧鸪天》的游仙词,里边有"一卷楞严一炷香,蒲团为伴世相忘"的句子,显出遗世之思。与前边《九日》同为死前近作的,还有一首《浣溪沙·书怀》,云:"流光闲去厌繁华,何时骖鹤到仙家。"

抽丝剥茧,一条死亡之线清晰显现。

把时间推回到崇祯五年的九月。

九月十五日,小鸾正在教六弟和小妹读《楚辞》,张家催妆礼送上门来。催妆,顾名思义即催新娘子上妆,准备出嫁。当晚,小鸾就病倒,卧床不起。体质本就不好,这下又惊又惧,她于是真的病了。

另,据研究吴江文化世家的学者言,由吴江县志里的一些蛛丝马迹看,那个时期大约有一场比较普遍的疫病,当地官员为免责而隐瞒不报,所以官方记录里没有明确说法。再根据叶纨纨奔丧也病倒的事情来看,疫病的可能性是有的。

小鸾带病之躯,自然更容易感染疫症,所以那病竟是一直不好。十月十日,夫家催娶,叶绍袁与张立平约好十月十六日迎娶。然后,叶绍袁到小鸾房中告知,并说:"为父已经应许,我儿当努力痊愈,莫要误了佳期。"小鸾默然。父亲一走出门,她便问侍女:"今日何日?"答是十月十日,小鸾叹曰:"如此甚速,如何来得及?"简单一句抱怨,内里隐含几多不可说,奈何此身不由自己做主。

她本就视死为仙遁,有弃世之念,此时更是丢掉求生念头,当夜即病重垂危。到得十一日天明时分,突然自己要求坐起来,沈宜修怕她久病无力,便扶她枕于臂间。小鸾毫无昏迷之态,星眸炯炯,口念佛号,声音明朗清澈,须臾阖眼而逝。

彩云易散,明珠易碎,越是美好的事物越容易毁灭,且因为这种毁灭格外惊心,给人带来的毁灭感也就更为彻底。在江南萧萧秋风中,沈宜修的呼号微弱悲凉,如天地间一丝叹息,漫荡无际。汾湖秋水迷离,无边木叶萧萧而下,一代天才女诗人就此从历史的枝头坠落。

虽然,小鸾以为,那是飞翔。"瑶池谅非邈,愿言青鸟翔。"她曾经说过。

宕开一笔,来看看明清之际畅销书排行榜上的第一名:《牡丹亭》。这部传奇风行一时,抄本、刻本极多,"文人学士案头无不置一册"。在闺阁之中引起的反响更是惊人,"盖闺人必有石榴新样,即无不用一书为夹袋者,剪样之余,即无不愿看《牡丹亭》者"。闺阁女流不但爱看,而且醉心于装订、整理和评论,其热情近乎宗教狂热分子,有人在家里挂起杜丽娘画像为之设祭坛,有人模仿杜丽娘作自画像并以为将来亦可如杜丽娘般死而复生,还有人沉迷此剧导致夭亡而被世人视为杜丽娘的当世化身。

叶小鸾也是读者之一,曾在坊刻《西厢记》与《牡丹亭》本上题诗,咏书中崔莺莺与杜丽娘的画像。她是否沉迷于《牡丹亭》? 不知。但她的美貌、天才、未嫁而夭,与杜丽娘有诸多相近处,故而当时也有人将她与杜丽娘的形象接合。

这其中,尤为痴迷于再生念想者,是她的父母。

小鸾死后,父母着实难以相信,日夜望其再生,故而一直停放了七天。等到第七日入殓时,她身体轻软,唇红齿白,面目如生——这样的讲述,不知是出于实情,还是父母爱女心切,或者旁人传之以讹,但据说佛教中得道高僧是有如此的。

棺木被封上前,沈宜修在女儿右臂写上名字,以备返生或来世再相认。

又把叶小鸾的卧室布置成佛堂,焚香,冥想,期望女儿再生或前来相见。

叶绍袁还请灵媒扶乩招魂,那些灵媒自然巧舌如簧,有说小鸾是月府侍女的,有说乃曹大家再生的。

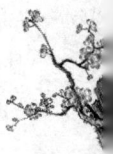

叶纨纨随之病逝,叶小纨痛失一姊一妹,再不能闺阁相伴三人行,遂做杂剧《鸳鸯梦》以追悼。剧中亦有三姐妹情趣相投,分别是三位神仙的侍女,只因芳心萌动而被王母娘娘谪罚下凡,到松陵地方转生为三位才子昭、蕙、琼。在昭、琼二人亡逝一折中,蕙哭道:

【水仙子】我三人呵,似连枝花萼照春朝,怎知一夜西风叶尽凋。容才却恨乾坤小,想着坐花阴命浊醪。教我凤凰台上空忆吹箫,只期牙尽去知音少。从今后凄断广陵散,难将绝调操,只索将鹤煮琴烧。

后世文人亦为小鸾叹惋,以诗词歌咏者,以传说附会者,在诗话、词话中评议者,不计其数。清代袁枚在《随园诗话》中记载了有人梦遇叶小鸾的事情:"甬东顾鉴沙,读书伴梅草堂,梦一严装女子来见,曰:'妾,月府侍书女,与生有缘。今奉敕赍书南海,生当偕行。'顾惊醒,不解所谓。后作官广东,于市上买得叶小鸾小照,宛如梦中人,为书横影图索题。"

补叙一下,叶家的悲剧并未就此煞住。继1632年叶小鸾和叶纨纨逝世之后,1635年二月叶绍袁次子抑郁而逝,三月叶母去世,四月八子夭折,到九月,饱受打击的沈宜修也吐血而亡。

叶绍袁几年间痛失数位至亲,悲伤郁积,兼且思念心切,便多次延请当时一些扶乩招魂者。扶乩之术在当时风行一时,内中一位被称为"泐大师"的,颇为有名,与叶绍袁过从甚密,曾一次招沈宜修、叶纨纨和叶小鸾三人之亡灵,联句吟诗,与叶绍袁互有问答。诗句皆有记录,流传甚广,颇值一读。据当代研究金圣叹的大家陆林先生考证,这位泐大师就是后来家喻户晓的金圣叹。

崇祯八年六月,泐大师还曾招来小鸾之魂,与之有一段著名的对话,新巧精妙,正话反说,既古灵精怪,又颇富戏剧趣味,故摘录于此。当然,今天我们已知,其中诗句的著作权当属金圣叹:

师(即泐大师)云:既愿皈依,必须受戒。凡授戒者,必先审戒。我当一一审汝,汝仙子曾犯杀否?

女(小鸾)对云:曾犯。

师问:如何?

女云:曾呼小玉除花虱,也遣轻纨坏蝶衣。

曾犯盗否?

女云:曾犯。不知新绿谁家树,怪底清箫何处声。

曾犯淫否?

女云:曾犯。晚镜偷窥眉曲曲,春裙亲绣鸟双双。

师又审四口恶业,问:曾妄言否?

女云:曾犯。自谓前生欢喜地,诡云今坐辩才天。

曾绮语否?

女云:曾犯。团香制就夫人字,镂雪装成幼妇辞。

曾两舌否?

女云:曾犯。对月意添愁喜句,拈花评出短长谣。

曾恶口否?

女云:曾犯。生怕帘开讥燕子,为怜花谢骂东风。

师又审意三恶业:曾犯贪否?

女云:曾犯。经营缃帙成千轴,辛苦鸾花满一庭。

曾犯嗔否?

女云:曾犯。怪他道蕴敲枯砚,薄彼崔徽扑玉钗。

曾犯痴否?

女云:曾犯。勉弃珠环收汉玉,戏捐粉盒葬花魂。

师大赞云:此六朝以下,温、李诸公血竭髯枯、矜诧累日者。

子于受戒一刻随口而答,那得不哭杀阿翁也!

叶小鸾其人其事,就这样在江南大地上流传,成为一个魅影重重的绮丽传说。

"《十洲记》曰:西海中洲上有大树,芳华香数百里,名为返魂,亦名返生香。笔墨精灵,庶几不朽,亦死后之生也,故取以名集。"叶绍袁把小鸾文字收录成集,取名《返生香》,并在序言中用这段话诠释了"返生香"的由来。比之那些诗谶、神迹等,这里还算理性,说小鸾笔墨精灵,文字近于不朽,正仿佛是在她死后延续下来的生。

按佛教的说法,生自然是一种苦。但小鸾轻易放弃生,无论前人如何美化之,我终究觉得难以接受。这女孩,由文字开启性灵,亦由文字误其性命,来这世上一遭,仿佛就是为文字而活。生也绚烂,死也匆促,文也清雅,人也澄净,直如那月下绽放的昙花一朵。《法华经》曰:"佛告舍利弗,如是妙法,诸佛如来,时乃说之,如优昙钵华,时一现耳。"小鸾其人,昙花一现,浮生若梦,是尘世里一场因缘际会,是返生树上一缕异香,三百年后还悠悠飘漾在中国文学的记忆里。

一枝片叶休轻看

——明末清初才女柳如是

柳如是：明末清初女诗人。1618年生于浙江嘉兴。一生数易其名，本姓杨，名爱，字朝云，又字影怜，后改姓柳，名隐，又名是，字如是，又字蘼芜，号我闻居士，又号河东君，等等。幼年掠卖为妓，聪慧好学，才貌出众，在"秦淮八艳"中最为洒脱不羁。24岁嫁与东林名士钱谦益。1664年，钱谦益病故，族人发难，柳如是自缢而亡。有诗文集《戊寅草》《湖上草》《柳如是诗》，书简集《柳如是尺牍》，另有诗收入《东山酬和集》。

看电影《金陵十三钗》的时候，是在读小说原作6年后，也是在读了豆瓣上一些影评后。客观地说，当年对严歌苓小说的喜爱与珍视，豆瓣上好评的浮泛和恶评的犀利，或多或少会影响到我的观感。所以我也曾试图原谅，努力忽略违和点，寻找值得称道的地方，但当片尾演员表推出来的

时候,还是难掩那种失望之感。虚空、混乱、迷惘,像走在洪水消退后的河滩湿地上,脚底一蓬乱草,泥浆时不时冒出,再往下是支撑不住的稀软,不晓得哪一步就会直接踏空。救赎是不彻底的,崇高更像是虚假,大场景把一切都虚化了,观众没有在电影之手的引导下走向人物内心,反倒被逼回到座位上,隔空观看摄影成果展,仿佛眼前是另一种奥运开幕式。

尤其,日本兵那一声"virgins(处女)"喊出来时,感觉真的是很糟糕。这比为贝尔而凭空生造一个戏份奇多的山寨神父,比抬高教官形象使其一人上演城市版地道战,比在天主教教堂里毫无顾忌地调情、做爱和自杀,等等,比这所有硬伤都更具杀伤力。它把高尚庸俗化,把悲剧滑稽化,把人性纠葛与道德提升简单化——书娟与玉墨的内在对峙,妓女与士兵特别是玉墨与教官在地窖里滋生的情愫,妓女在目睹士兵为保护教堂里所有女人而把自己献出去惨遭杀戮的过程中她们惊惧、震撼、愤恨的情绪变化,这些复杂情感都被忽略掉了。有人说,这是"把南京大屠杀变成了一场处女保卫战",此语偏激然而深刻。我曾经为之感佩的十三个秦淮河女人的形象,就这样如土委地,再也立不起来。她们不是处女,她们在高尚人群之外,她们为更高贵的生命献祭,她们贱命一条合该如此……我想起这个电影杀青后曾为英译名在微博上引起热议,据说有人提议译作"中国妓女",但被若干爱国志士群起驳斥,认为前边冠以"中国"大大有损国格。张艺谋真的不是一个人,他身后站着一大群人,在文明进化数千年、平等口号喊了上百年的今天。

倒退是令人齿冷的。

时间上溯回去,不说薛涛的时代、梁红玉的时代,单说五百年前明末清初,秦淮八艳的时代。

那是中国历史上一段特别的时期。政治上,朝纲松弛,党争迭起,吏治腐败,国是日非,呈现出一派末世景象。而另一方面,经济繁荣,文化繁荣,传统思想与新思潮碰撞并发生裂变,社会舆论自由的尺度也比较大,显得开放而进步。

在末世的废墟上有奇花异草,也有怪石崚嶒,名士与名妓就是其中最特异的风景。名士因朝政腐败而怀才不遇,恰与流落风尘的名妓惺惺相惜,生出"同是天涯沦落人"之慨。更为重要的是,一种健康的"情观"于此时形成,名士们认可情,赞赏情,认为情乃砥砺志节的精神力量。才色兼具的名妓就是这种情最理想的寄托者,她们不再是前人所谓的"红颜祸水",也不是下贱低劣的一群,而是应当尊敬、可以相惜的天涯知己。

这些名妓,论容貌,或"香姿玉色,神韵天然",或"姿首清丽,濯濯如春月柳,滟滟如出水芙蓉",或"庄妍靓雅,风度超群。鬓发如云,桃花满面",或"淡而韵,盈盈冉冉,衣椒茧时,背顾湘裙,真如孤鸾之在烟雾"……在余怀的《板桥杂记》里,她们是六朝金粉地的丽苑仙姝。

论才能,或"善弈棋、吹箫、度曲",或"针神曲圣、食谱茶经,莫不精晓",或"知书,工小楷,善画兰、鼓琴"。董小宛的扇面小楷,"行笔峻快清劲,锋颖秀拔,备尽楷则,可称书法精品"。马湘兰的墨兰,"不惟为风雅所珍,且名闻海外,暹罗国使者,亦知购其画扇珍藏"。王微诗词俱佳,"诗类薛涛,词类李易安,无类粉黛儿,即须眉男子皆当愧煞",留下文集有 8 部之多。薛素素则一人而身兼十能,诗、画、书、琴、棋、箫、马术、射弹、走索、刺绣,才技名动公卿。

论品性,她们重感情,轻财物,不慕权贵,自尊自爱,身在青楼楚馆却出淤泥而不染。有的淡泊如隐士,小筑河滨,竹篱茅舍,"遇幽林远涧、片石孤云,则恋恋不忍舍去;至男女杂坐,歌吹喧阗,心厌色沮,意弗屑也"。有的寄情于山水,"布袍竹杖,游历江楚。登大别山,眺黄鹤楼、鹦鹉洲诸胜,谒玄岳,登天柱峰,溯大江"。有的对俗客不理不睬,纵千金难买一笑,面对清高的文人逸士,反而"谐谑间作,谈辞如云,一座倾倒"。

论气节,她们铮铮铁骨,不逊于须眉男儿。李香君反抗阉党权贵,血溅桃花扇,因了孔尚任的《桃花扇》而名传天下。另一个叫葛嫩娘的名妓,名气没这么大,故事却更为贞烈悲壮。南京降清后,葛嫩娘与情人孙克咸奔赴福州,在隆武政权下继续抗清复明。清廷十万大军压城,葛嫩娘不但组织了一支娘子军,而且两度突出重围,到泉州郑芝龙处求援。求援未果,葛嫩娘又返回必死之城,同孙克咸死守福州,最后城破被俘。清军主将垂涎其美色,欲侵犯之,葛嫩娘嚼碎舌头,含血喷其脸上,英勇殉难,可谓"仗义每多屠狗辈,风尘自古出侠女"。

秦淮八艳,即这个群体中尤为出众的八人,或非来自秦淮河,但必才色超群,名重一时。

柳如是,则被推举为八艳之首,时人认为她是自李清照之后最引人瞩目的女才子。柳如是诗词,陈寅恪先生称之为"清词丽句",以他的博学多识,读来"亦有瞠目结舌,不知所云者",故而自叹资质鲁钝——大师之言,当然有过谦的成分,但对柳如是的推崇显而易见。柳如是尺牍,前人赞之为"艳过六朝,情深班蔡"。其书法,被评作"铁腕怀银钩,曾将妙踪收"。其画,简约娴熟,颇负盛名,而音律歌舞等更是不在话下。

不独才气,柳如是的洒脱张扬,个性鲜明,思想独立,风骨崚嶒,以及人生经历之特别、情感世界之丰富,也都居于八艳之首。陈寅恪费时十年，为之作《柳如是别传》，感叹其孤怀遗恨不为世人所知。"夫三户亡秦之志，九章哀郢之辞，即发自当日之士大夫，犹应珍惜引申，以表彰我民族独立之精神，自由之思想。何况出于婉娈倚门之少女，绸缪鼓瑟之小妇，而又为当时迂腐者所深诋，后世轻薄者所厚诬之人哉。"大师在钳口诛心的年代，借柳如是婉转陈情，知己之叹、追慕之心，令人感慨万分。

"独立之精神，自由之思想"，这两句话本是写给观堂先生的，铭刻在清华大学王国维先生纪念碑上。陈寅恪以此评价柳如是，也让一些人"瞠目结舌"，柳如是因之成为秦淮八艳中极具话题性人物之一。

柳荫深处十间楼

"柳荫深处十间楼，玉管金樽春复秋。只有可人杨爱爱，家家团扇写风流。"这首诗咏的是柳如是当年待过的十间楼。

晚明的江南，人文荟萃，富庶繁华，文化与经济俱发达。江苏吴江的盛泽镇是新兴的工商业重镇，所产丝绸远销东南亚，繁荣景象不亚于大都会。与之相适应的是，声伎行业也很发达，流风之盛堪与金陵的十里秦淮相比。盛泽镇栢家桥北的归家院，有一处名为"十间楼"的妓院，因名妓众多而鹊声江南。

柳如是有文字可征的人生，就是从这里开始的。

她此前的生活不详，家世不详。据几位学者考证，她出生于浙江嘉兴，本姓杨，名爱，又名朝云、云娟等。有人说她是因家遭意外，父母双亡，才被人拐卖到了归家院。总之，她出现在历史的视线里时，已是10岁左右。归家院的当家人徐佛,曾是盛泽镇名妓之冠,对伶俐早慧的小杨爱寄予厚望,特意延请松江名士陈眉公指点她,吟诗作对,写字绘画。再加上其余技艺,鼓琴按曲,清歌妙舞,待杨爱长到十二三岁,即成为盛泽镇小有名气的"瘦马"。

瘦马者,乃贫家身量未足的幼齿女孩儿,被人买来加以调教,单等着富贾高门买马似的挑拣去做小妾。张岱《陶庵梦忆》中有记,从相面、鉴定小脚,到送彩礼、迎亲拜堂等,颇为详尽,是青天白日下的商品交易,因而还形成了一个专门的暴利行业。

有这身世,兼之瘦马的身份,看来柳如是此时似是娇弱可欺的样子。其实不然,处境虽悲惨,但她却不曾自甘下潦,心胸里亦有慷慨壮志,所作《初夏感怀》借历史评国是,视野开阔,《剑术行》更是国难当头直抒胸臆,"我徒壮气满天下,广陵白发心恻恻。视此草堂何为者,雄才大略惟愁疾",已颇见豪气峥嵘。这样的女子,怎么会屈服于命运的安排?

14岁的时候,杨爱被吴江故相周道登的母亲买走,后被周道登强索去做了小妾。说故相,是因为周道登曾做过崇祯朝的东阁大学士兼吏部尚书。看前人记述,说这厮愚蠢木讷,并无治国之才,不过是赶上了崇祯即位之初重建内阁班子的好机会,靠着抓阄当上阁老的——政治有时可不就是一场闹剧么?其人生年不知,万历二十六年(1598)中进士入翰林院,天启元年升礼部左侍郎,崇祯元年加太子太保,崇祯四年(1631)以宰相身份退居林下。从这份履历来看,此时大约已是一糟老头子了。

中国古代文人狎妓纳妾本是常事,既把女人视作玩物,自然是愈年轻貌美愈好。白居易《追欢偶作》说得很明白:"十听春啼变莺舌,三嫌老丑换蛾眉。"十年中换了三次,平均三年一换,那些侍妾歌姬三年间能衰老几分?美国小说家纳博科夫创作出《洛丽塔》,先是被出版社拒绝,勉强付印后又被多个国家封禁,因为"是一部令人憎恶的小说"。却不知在古代中国,洛丽塔情结竟是可以欣赏的美学题材。白居易老来购得十二三岁的家妓,一边洋洋自得于其中之乐,"老去将何散老愁,新教小玉唱伊州",一边借他人言自心之有未甘,"歌舞教成心力尽,一朝身去不相随"。张先以80岁高龄迎娶18岁佳人为妾,苏东坡特为写诗调侃:"十八新娘八十郎,苍苍白发对红妆。鸳鸯被里成双夜,一树梨花压海棠。"说来此诗也够下作的,可以想见一张氓之蚩蚩的脸。

周道登本已妻妾成群,再得一娇小聪慧、多才多艺的洛丽塔小妾,一时大为宠爱,每日抱置膝上,教她读书吟诗。在我看来,周道登此人能当上内阁首辅,固然有运气的成分,但也绝不会真如外面表现出来的那么愚蠢,有人以伪善欺世,就有人以伪愚为官。再者,他毕竟是进士出身,与普通读书人相比也算饱学之士。杨爱又天资聪颖,所学自然比归家院时大有长进,同时,她一生对政治的兴趣恐怕也是在这段时期得到启蒙的。

但这专宠引起了一众小妾的嫉妒。大红灯笼高高挂,每一盏灯笼下都有一个不甘的魂灵,女人算计起女人要远比电影里来得直截凌厉。群妾统一口径,说杨爱与府中一清俊小仆私通。周道登大怒,要处死杨爱。幸亏杨爱素日在周太夫人面前着意承欢,由周太夫人出面阻止,最终只落得个逐出府门。

杨爱无处可去,只好再次回到归家院。她为自己取了个字,叫"影怜",分明是有自伤身世的意思在里边。

一去一返，虽然不过是一年的光景，于她却是人生里一段重要甚而漫长的时期，每一天都在蜕变，每一件事都是催化，懵懂的小女孩转眼就被催熟，成了15岁的沧桑小妇人。就像一只幼蝉，在暗夜里摸索着爬上树干，褪掉柔黄嫩绿的外壳，疼痛，挣扎，生死一线，都在不为人知的内里发生。生命已然破裂，还顾忌什么呢？她要爬上最高的枝头，要撕开喉咙尖叫——居高声自远，非是藉秋风。虽然，她本来是怯着那秋风的。

"相府下堂妾"，敲出这几个字的时候，我面带微笑。杨爱这一声叫得响亮，既借着名头炒作了自己，张起一面大大的艳帜，也狠狠回奉了周道登，可叫那张老脸皮往哪里放呢？男人们或爱猎奇，或爱猎艳，一看有妓女打出"相府下堂妾"的旗号来，猎奇与猎艳两种心态可一并满足，那还不趋之若鹜？于是，杨爱很快就名声大噪，身价暴涨，荣登江南文士口口相传的名妓榜，即所谓"只有可人杨爱爱，家家团扇写风流"。

说来也算悖论。封建伦理用一个统一的模子"制作"女人，要贞节，要孝敬，要勤谨，要卑顺，禁止个性化生长，把女性死死禁锢在家庭小空间里。就像萧红说的那样，"女性的天空是低的，羽翼是稀薄的，而身边的累赘又是笨重的"。有人打破这些，则似乎是冒天下之大不韪，要备受指摘或詈骂，甚至百年身后也难逃脱。而妓女的存在，是把这打破一直进行到底，在道德伦理上"嘶啦"一声扯开个口子，翻出男权社会那见不得人的瓤子来——原来只要男人需要，伦理道德就是丽春院里翻的牌，爱谁谁，连皇帝老儿不也要夜来翻牌么？股市探底了反倒会回升，妓女探着了道德的底反而得了大解放，从身体到情感都可以恣肆张扬，世界一下子开阔起来，天大地大，竟是由着她们任性地闹了。

妓而有名，比如柳如是，就更是风生水起，活得那叫一个滋润，骄傲，甚至,甚至一丝贵气——这个用词看来似不大可能,但事实确实如此,也算晚明一大特异现象。

画舫一艘,仆妇数人,浮家泛宅,往来松江、嘉兴一带,与江南才俊游冶酬唱,这就是柳如是成名后的生活。她自改杨姓为柳,名隐,看来是要隐其本来身世。却并不自卑,又起名是,字如是,隐然有辛弃疾"我见青山多妩媚,料青山见我应如是"的自许之意。

"不恨古人吾不见,恨古人、不见吾狂耳。知我者,二三子。"辛弃疾词的下文也正可拿来说柳如是。

她"美丰姿,性儇慧",谈吐不俗,"凡所叙述,慷慨激昂,绝不类闺房语",林下之风,文士做派,实在乃声伎中的另类,教人倾倒。与她来往的文士很多,包括当世诗人、词人、书法家、画家等,其中最出名的是云间派的陈子龙、李雯、宋征舆三人,人称"云间三子"。松江古称"云间",云间派诗尊汉魏盛唐,词尚花间名家、南唐李煜和北宋婉约派,同时又重视现实观照,复古而不拘泥于古,是明末清初重要的文学流派。这三人正是云间派的领军人物,因合著诗集《云间三子合稿》,故而得名。他们与柳如是声气相投,泛舟松江城外的白龙潭,"花晨月夕,箫鼓画船",彼此推对方为知己。

这期间,还有两个关于徐公子的故事。

第一个我们就叫他徐某吧。徐某心慕柳如是,送30两银给鸨母,方始得偿所愿。但他其实是个蠢物,粗鄙无文,一见柳如是便道:"久慕芳姿,幸得一见。"柳如是不觉失笑。那厮又云:"一笑倾城。"柳如是乃大笑。那厮不知进退,以为得趣,继续道:"再笑倾国。"柳如是大怒,进内唤出鸨母,问:"得了多少银子?竟敢让这等奇俗之人见我?"听说银子已用掉,她便剪下一缕头发,付与那人,说:"以此代偿吧。"身体发肤,受之父母,满清入关之前,汉人是不轻易剪发的,可知柳如是这一行为有够率性。

另一个,人称徐三公子,是嘉靖帝时"曲意事严嵩"的宰相徐阶的曾孙。其人豪阔,挥金如土,只求与柳如是交往。柳如是拿到银钱后,全都供作云间三子的游赏费用。如此数月,三子心下不安,便劝柳如是接纳徐三。过了些时日,柳如是与徐三约腊月三十为期。到得那一日,徐三欣然赴约,柳如是设宴款待,然后好言相劝道:"我与君相约除夕,原本料你不会来的,没想到君如期而至,果真是有情人啊。然而如此良夜,正当骨肉团聚,君反而宿于娼家,岂非不近人情乎?"遂令童仆打灯送徐三归家。柳如是至情至性,真心为徐三着想,后来还委婉地勉励他道:"君不读书,缺少文雅之气。我身边都是些名士,你跻身其间,殊为不雅。何不习武从戎?也许,另辟蹊径,终而成就另一番事业呢。"徐三颔首,闲来练习弓马,最后果然事武从军。

清钱肇鳌《质直谈耳》里,说徐三公子的结局是"乱中死于炮",并感慨道:"其情痴卒为如之葬送,亦可悯也。"认为他是因痴情而送命,把战争的罪恶归结于柳如是,把一段真挚宏阔的情缘给庸俗化,实属画蛇添足,徒增笑尔。

一朝芬芳万里路

此时语笑得人意,此时歌舞动人情,那正是柳如是人生里最好的辰光。

从幼年遭卖,作为瘦马被豢养,学习媚人巧技,到成为相府萝莉小妾,种种曲意逢迎,再到勉力逃脱一死,风尘间高张艳帜,她一直是活在别人的掠夺里,没有属于自己的真正的情感世界。不要忘了,她不过才15岁,豆蔻梢头二月初,一个本应含着琼苞、对世界充满粉红色憧憬、渴望在春风里好好绽放一场的年龄。

第一个走进她内心的人,是宋征舆。走进内心,这种说法似乎很简单很纯情,而事实正是如此。一个女孩,一个男孩,年龄相当,单纯地相爱,带着青春的冲动和张扬。

他们的认识,开始于柳如是15岁这年的年底,她到松江佘山去给蒙师陈眉公祝寿。陈氏的晚香堂内,高朋满座,衣香鬓影,当地才子名媛云集。柳如是收束俏丽,娇小玲珑,与人交谈间口齿伶俐,在人群中自有一种洒然出尘的气质。云间三子同时认识了她,但人世姻缘原本阴差阳错,最合意的常常要最后来到,只是当时却惘然。陈子龙且靠后,宋征舆最先出场,开始了对柳如是的追求。

那个冬天,柳如是的彩绘大舟行到哪里,宋征舆就追到哪里,锲而不舍,孜孜矻矻。宋征舆出身名门望族,无论长相、教养、学识、人品,都堪称翩翩佳公子,正是女孩子们择偶的上上之选。柳如是却并未被钻石王老五打动,她还要考验他一番,那考验的方法竟是异常的现代做派——可知我们并未比古人高明多少。一日,宋征舆再次求见,柳如是约他三日后的早晨会面。三日后,宋征舆一大清早就赶到了,柳如是尚未起床,画舫距离岸边有两丈多远,且未搭跳板。宋征舆等了半个时辰,才听到船上有人传话:"公子若是真心,当涉水上船。"宋征舆二话不说,"扑通"一声就跳入水中。严冬,寒潭,那滋味可想而知。柳如是隔舱看见,急忙命人救起,扶到床上,换下湿衣服,以身体为他取暖。

由是,两人"情好遂蜜",一如旧小说里的情节。云间三子与柳如是的关系也更进了一层,柳如是画舫所至,三子足迹即至,松江一地的文人墨客文采风流亦至矣。

但以世俗的眼光看来,宋征舆这前程锦绣的有为青年被风尘女子给迷住了,不但迷住了,还被戏耍了,一副"牡丹花下死,做鬼也风流"的没出息样儿。宋家乃松江望族,宋父早逝,宋母一身兼严父慈母二职,精明干练,手腕了得。她一面以家法教训儿子,严令不得再与柳如是交往,一面致意松江府衙门,要他们查处并驱逐有伤风化的流妓。

一纸公文很快送到柳如是手里,责令她限期离开松江,否则将强行驱逐。

考验爱情的时候到了,宋征舆却人影也不见一个。

柳如是生就的孤傲性儿,断不肯轻易就范,虽有其他松江文士为她奔走,但她最在意的还是宋征舆的做法与看法。不管结果如何,哪怕只能回盛泽镇,走前也要见他一面,是以她三番五次派人去请宋征舆。他终于来了,却见她在房中设置一方几案,案上古琴一张,倭刀一把。她神色如常地接待他,问他,该如何应对当下困境。他嗫嚅半天,道:"姑且避避风头,离开松江吧。"如此孱弱,没有担当,真是辜负了柳如是一腔热情。原来,她不但没有与他成亲而脱离卖笑生涯的希望,就连一个勉强讨生活的女人的尊严也可能不保。她是如此决绝,举起倭刀,朝着古琴奋力一砍,恨声说道:"我与君情缘绝矣!"古琴轰然作响,七弦应声而断,宋征舆惊得面上失色,惶惶然退出画舫,一溜烟地去了。

补充几句后话。宋征舆一生对这一段情事耿耿于怀,入清以后官至新朝左副都御史,此时柳如是之夫钱谦益已归隐山水,仕途得意的宋征舆还专门写信去诋毁钱谦益。要知道,钱谦益与当日旧事全无瓜葛,只是因为最终抱得美人归,所以叫人羡慕嫉妒恨哪。

再说柳如是。晚明名妓在当时的地位,与其他朝代不同,看起来似是前所未有的高,公卿名士对她们趋之若鹜。但那其实是表面风光,说到底不过是男权社会里争夺美色资源所耍的一点手段而已,待到认真计较起来,她们仍旧是最容易被牺牲被践踏的一群。

宋征舆不肯出头,柳如是便是权势砧板上的待宰羔羊。这时候,陈子龙站了出来。

陈子龙,字卧子,兼领云间诗派与词派双重领袖。《明史》说他"生有异才,工举子业,兼治诗赋古文,取法魏晋,骈体尤精妙",评价不可谓不高。当时名士夏允彝赞他"年弱冠而才高天下。其学自经、史、百家,言无不窥;其才自骚、赋、诗歌、古文,无不精造而横出。天下之士,亦不得不震而尊之矣"。工诗,诗风雄浑沉郁,高华绮丽,被公认为"明诗殿军"——意谓明朝诗歌最后一位出色的终结者。善词,其词恰合古人"诗庄词媚"之说,风流婉丽,神韵天然,他也因之成为婉约词名家,被后世尊为"明代第一词人"——清代词评家素来是出了名的苛刻,但对陈子龙的这一定位却是毫无疑义的共识。

陈子龙是复社骨干,又是几社创始人,乃晚明党社中举足轻重的人物。在那可以自由集会结社的年代,士大夫多以此为风雅事。丽日蓝天下,碧水青山间,一群人相与吟诗作赋,指点江山,端的是风日洒然,快意人生。这是读书人的一种理想生活,于读书人意义深远,从孔子"暮春者,春服既成,冠者五六人,童子六七人,浴乎沂,风乎舞雩,咏而归",到竹林七贤聚于山阳,林下啸歌肆意酣畅,再到王羲之集会兰亭,曲水流觞饮酒赋诗,读书人或借歌咏释放怀才不遇的积郁,或借纸上谈兵显示经纬之能,或标榜"为天地立心,为生民立命,为往圣继绝学,为万世开太平"的共同价值观。正是因为这些,晚明以文会友的结社,后来演变成政治团体,复兴绝学成了附带意义,匡时济世才是主要目的,著名文社复社、几社遂成晚明社会不可忽视的政治力量。

陈子龙比之宋征舆,不管是地位、名望还是处事之老成练达都更胜一筹,很快就为柳如是解除了困境,松江知府偃旗息鼓。

陈子龙长柳如是 10 岁。柳如是初到松江游弋时,曾专门投书一封给他,名帖上自称"女弟",陈子龙未予应答。后来云间三子与柳如是交游日深,陈子龙渐渐了解到柳如是不循常理,不遵礼法,谈吐风度不同于寻常女子,但其人并无轻浮艳冶之态,文采也不输于松江诸子,率真放诞里别有一种高格。对于陈子龙当初的没有回应,柳如是也曾有过质问:"风尘中不辨物色,何足为天下名士?"可知柳如是虽身为女伎,对名士心存敬重,却并未自甘下贱,而仍能以平等态度视之。

这一次因缘际会,陈柳二人终于走到了一起。

时为崇祯六年春天,江南草长莺飞,春意如酒。陈子龙作《青楼怨》两首送柳如是,前一首嵌"影"字,后一首嵌"怜"字,正合柳如是的表字"影怜"。末句是"独怜唱尽金缕曲,寄与春风总不知",含着对柳如是的理解与怜惜。那天涯飘零的弱女子,要的就是一个安宁的归宿,花开无多时,春风须怜之。

是年秋,陈子龙北上赴试,柳如是以两首《送别》赠之,中有"从今互为意,结想自然深",素朴、内敛,没有寻常闺阁离别诗的缠绵悱恻,倒更像是朋友之交知己相酬。我翻书时见到一句评语,说他二人"以男女之情而兼师友之谊",觉得很是贴切。

陈子龙作《录别》四首答之,诗中有"一朝去万里,芬芳终不移",以"不移"对"万里",自言空间阻隔不会改变感情的坚贞。另有一句是"同心多异路,永为皓首期",正是执子之手与子偕老的意思,但也隐隐透出一点不和谐的声音:多异路。却是为何?

陈子龙有一个特殊的家庭,他的妻子在这个家庭里拥有极高的地位。

陈子龙5岁丧母,由祖母高安人抚养。继母唐宜人体弱多病,故而家里一切事务皆由高安人主持。19岁他又丧父,陈家的境况随之渐渐颓败。20岁时,他娶张氏为妻,此即张孺人。古制,按职官品级对官员的母亲或妻室封赠称号,从上到下依次有夫人、淑人、恭人、宜人、安人、孺人等,具体分法历朝历代各不相同。明制是封赠五品官的母亲或妻室为宜人,下边六品和七品分别为安人、孺人,皆是命妇。斯时陈子龙尚无功名,张孺人的称号自然是后来才有，后世遂以此称之。张孺人堪称宜室宜家的好女人，不但诗礼史传皆能举其大义，而且针黹女红莫不精通，又懂书算。她进得陈家，便很快博得高安人和唐宜人的欢心，一举成为陈家主政理事的女当家，比起荣国府的王熙凤有过之而无不及。在这个庞大、复杂且经济窘迫的家庭里，她精心为继母的四个女儿操办婚嫁事宜，又费心照顾招赘入门的姑丈及姑母的儿女，获得陈家上下众口一致的好评。陈子龙系五世单传，张孺人婚后数年不育，便像《浮生六记》里的芸娘那样，亲为丈夫置侧室蔡氏，蔡氏仍未育，张孺人又遣人到苏州纳良家女沈氏为妾。

如此，张孺人会接受柳如是吗？答案是否定的。看《红楼梦》里风流成性的贾琏便知，虽然说妻不如妾妾不如偷，但基本的家庭等级还是不敢乱，这是古代家庭伦理所要维持的秩序。即使像平儿是过了明路的，也须谨言慎行严守等级秩序，才得以与王熙凤相安无事，那受宠的尤二姐自然会成为眼中钉。《金瓶梅》里吴月娘迟迟不肯答应李瓶儿进门，也是出于后者对她强大的威胁性，有潜在的破坏家庭秩序的危险。

而彼时，柳如是不过是一个无家无业无有依靠的妓女而已，张孺人的身后却站着陈家一整个家族。

所以说，人生的欢喜里总蕴含悲哀，"异路"的结局是早在"同心"时就埋伏下的。

别时余香在君袖

当时几社常在南园集会。那是松江城南门外一个幽静处所,李雯以文字记之曰:几社诸子"乐其园有修竹长林,荒池废榭。登高冈以望平旷,后见城堞,前见丘垄。春风发荣,芳草乱动。虽僻居陋壤,无凭临吊古之思,而览草木之变化,感良辰之飙驰,意慨然而不乐矣"。柳如是多次参加集会,从文学创作与政治认识两个方面同时受教,也很快融入其中,几乎成为几社的女成员。柳如是一生与政治紧密相连,以勾栏瓦肆出身而心怀凌云壮志,成为妓女群体中一个特出的形象,主要是得自于这段时期的熏陶渐染。

红楼碧纱,风帘绣幕,陈柳二人同居于南园的鸳鸯楼。两个人从人生阅历到见识、才情都有投契,所谓棋逢对手将遇良才,要的就是那知己之感,一招一式都是给对方看的,吟诗作赋,你唱我和,似舞似斗,惺惺相惜,真是好不快哉。

柳如是曾作《男洛神赋》,献与陈子龙。这是一篇炫技文字,铺张扬厉,古奥典重,她如古往今来男人赏玩女色一般,细细品评陈子龙,称之为男洛神,爱慕之情殷殷,毫不掩饰地倾泻于纸上。对男色的欣赏,在中国也算源远流长了,比如潘安的"掷果盈车",还有"看杀卫玠"等,但公然以一篇长赋来大赞,且是出自女人之手,斯时斯地未免骇俗。这,就是柳如是。三百多年后陈寅恪作《柳如是别传》时,亦受之感染,忍不住宕开一笔小小幽默了一把:"自河东君当日出此戏言之后,历三百年,迄于今日,戏

剧电影中乃有'雪北香男'之'男洛神',亦可谓预言竟验者矣。呵呵!"此处男洛神是说梅兰芳,曾主演《洛神》戏剧及电影。

陈子龙则为柳如是作《采莲赋》《樱桃篇》《秋潭曲》等。但我私心揣度,他对于《男洛神赋》未必欣然接受,至少没见到他有同等热烈的回应,这与他当初对柳如是的投书无有回应,如出一辙。女人以与男人同等的角度去赏玩男子,不说那时了,就是今时今日,又有多少男人会接受呢?爱情说到底是一种化学反应,多巴胺的分泌时间、分泌量与持续期因人而异,关注点与呼应度也因之而有差别,陈子龙与柳如是恐怕有这方面的不谐。

崇祯八年初夏,南园风物正好,却猝然上演了一出棒打鸳鸯戏码。张孺人亲率一众仆妇闯进南楼,口称奉高安人和唐宜人慈命,为陈子龙读书备考之故,请柳如是马上离开,义正词严,理直气壮。其势也汹汹,其言也凿凿,柳如是何等骄傲之人,哪里忍受得了这种耻辱?而陈子龙既受限于"孝"之名,又怯于正妻之威,更顾惜名士羽毛。爱情,在陈柳两个人心上的分量其实是不对等的,最后的结果可想而知。

柳如是当即搬出,移居横云山,一度呕血病倒。盘桓数月,与陈子龙虽仍有往来,但终是无望。陈子龙向来以高士自居,其志甚大,男女情爱于他如过眼浮云,绝不会为此自毁声望、地位与经济仕途的。这一次,柳如是依然落了败,她所心仪的男人的世界皆被女人紧紧把牢,针插不进,水泼不入。说句残忍的话,她是欲做小三而不得,唯剩转身离去这最后的体面。但从另一方面看,这场争夫之战里,有哪一个女人不是失败者?张孺人又未尝不可怜可叹呢?

是年深秋,松江水寒的时候,柳如是黯然返回盛泽归家院。

但比之于宋徵舆,柳如是对陈子龙是谅解的。她寄情思于笔端,作《梦江南·怀人》20阕,前10阕以"人去也"领起,后10阕以"人何在"开头,追记南园那段深刻的爱情生活,表达对现实的无奈和心中的悲哀,缱绻不已,哀愁动人。

梦江南·怀人(节选)

人去也,人去凤城西。细雨湿将红袖意,新芜深与翠眉低。蝴蝶最迷离。

人去也,人去小池台。道是情多还不是,苦为恨少却教猜。一望损莓苔。

人去也,人去梦偏多。忆昔见时多不语,而今偷悔更生疏。梦里自欢娱。

人何在?人在蓼花汀。炉鸭自沉香雾暖,春山争绕画屏深。金雀敛啼痕。

人何在?人在玉阶行。不是情痴还欲住,未曾怜处却多心。应是怕情深。

人何在?人在枕函边。只有被头无限泪,一时偷拭又须牵。好否要他怜。

情真出好文。这一叹一问间,多少心事辗转?似嗔似怨,欲语还休,如此兜兜转转,终被一句"好否要他怜"道破真心,情心迷离处令人叹惋。

分别之际,柳如是把南园创作的诗稿悉数留给陈子龙。陈子龙将之结集,名为《鸳鸯楼词》。因刻于戊寅年(即崇祯十一年),又名《戊寅草》。陈子龙亲为作序,称柳诗"有寒澹高凉之趣,大都备沉雄之致","不谋而与我辈之诗竟深有合者",意谓与云间派诗风不谋而合。陈子龙又作《长相思》一阕,词中有"别时余香在君袖,香若有情尚依旧。但令君心识故人,绮窗何必常相守"。那一场情事,如玉兰扬芬,香远益清,在两个人的生命中经久未息。

斯时,已经是分别三年后,柳如是已21岁。

几年中,她辗转吴越之间,与诸多文人雅士交游,或栖浮舟上,或入住名园,诗词酬唱,名倾一时。歌宴绮席上,她豪饮,健谈,机锋犀利,议论风生,妙语多如连珠,每每令四座惊叹。以今人分析异性相吸所总结的规律来看,此时心智成熟的柳如是,更多吸引到的是一些年老耆宿,比如程嘉燧、李流芳、唐时升、娄坚、汪然明、谢三宾等。这种异性吸引格局,于柳如是大约是出自缺乏型需要,于诸老则是满足型需要——剔除心理学因素,这种分析给人的感觉其实也无聊。

其中这位程嘉燧,著名书画家、诗人,很为钱谦益所看重,钱称之为"松园诗老"。程嘉燧极为钟爱柳如是,《耦耕堂存稿》中有8首《朝云诗》,皆是为柳如是(字朝云)而作。崇祯九年柳如是重游嘉定,曾留宿程家,年过七十的程嘉燧老心大动,又作《缃云诗》8首,记述这似是而非一厢情愿的情缘。从年龄差别来看,这情事似乎教人好笑,然而我读其诗,比如"白发伤春泪暗生",能感到一股凄凉意,而"一朵红妆百镒争"更是认了真,带着点暗恨了。及至柳如是嫁与钱谦益后,程还曾流露出妒意,钱谦益却不以为意,反把8首《缃云诗》收入自己编选的《列朝诗集》里,两个老男人的心胸大为不同。

汪然明须特别提上一笔。汪乃徽州富商,长住杭州,为人任侠好义,曾以千金接济他人,也曾卖田周济寒士,对心比天高身为下贱的秦淮妓女多有恤顾,尤其是到晚明山河飘摇之际,此义举殊为难能可贵。西湖名媛林天素说他彼时"拾翠芳堤,偎红画舫,徜徉山水间,俨然黄衫豪客",黄衫豪客是唐传奇《霍小玉传》中人物,拿来与汪然明作比极为恰当。前文所述《戊寅草》就是由汪然明出资刊刻的,此外,他还帮助柳如是刊印了《湖上草》,并将柳如是书信结集出版,是为《柳如是尺牍》。

私以为,在柳如是的传世作品中,这三十一通尺牍最为出色。片言只语,渊雅凝练,用典言事,信手拈来,亲切如对面而晤,把书信体发挥到极致,堪称晚明小品文中一绝。

尺牍二

早来佳丽若此,又读先生大章,觉五夜风雨凄然者,正不关风物也。羁红恨碧,使人益不胜情耳。少顷,当成一诗呈教。明日欲借尊舫,一向西泠两峰。余俱心感。

尺牍五

嵇叔夜有言:"人之相知,贵济其天性。"弟读此语,未尝不再三叹也。今以观先生之于弟,得无其信然乎?浮谈谤谣之迹,适所以为累,非以鸣得志也。然所谓飘飘远游之士,未加六翮,是尤在乎鉴其机要者耳。今弟所汲汲者,止过于避迹一事。望先生速图一静地为进退。最切!最感!余晤悉。

汪然明长柳如是四十余岁,两人结为忘年交,柳如是以先生事之,而自称为"弟",洒脱得体,又有分寸,宛然士子中后学与前辈之交。你看她寥寥数语中,既有人世飘零的凄凄之叹,又有诗书酬唱的殷殷之情,读来却不黏腻柔媚,只觉月白风清,能感受到万人从中一握从此余香在袖的真情义。正因情义珍贵,是故感怀于心,是故遥遥求助,比如借画舫,比如求暂避。据《春星堂集》,汪然明"制画舫于西湖。曰不系园,曰随喜庵。其小者,曰团瓢,曰观叶,曰雨丝风片",称胜一时。此为题外话,一点小趣。

尺牍四

接教并诸台贶,始知昨宵春去矣。天涯荡子,关心殊甚。紫燕香泥,落花犹重,未知尚有殷勤启金屋者否?感甚!感甚!刘晋翁云霄之谊,使人一往情深,应是江郎所谓神交者耳。某翁愿作交甫,正恐弟仍是濯缨人耳。一笑!

此信末句所笑的"某翁"当是谢三宾,这厮强追柳如是,"量珠以聘",以为珍珠必可打动美人芳心。殊不知柳如是一身傲骨,自珍自重,如她的《题画竹》一诗所言:"不肯开花不趁妍,萧萧影落砚池边。一枝片叶休轻看,曾住名山傲七贤。"纵观柳如是一生,遇人无数,阅人无数,她对待这些男人的态度,敬重或是冷淡甚而厌憎,各各分明。而她所尊敬者,大多是人品与文品俱佳;所拒绝者,或者当时即遭物议,或者经过后来时局动荡改朝换代的考验而终被证实。这位谢三宾,贪污腐败,纵情声色,玩弄过不少名姬,入清后还屡屡陷害江浙抗清义士,正世所鄙弃者也。

然而天涯孤旅,终非长久之计,清高如她,也须思谋着将终身托付何人。李碧华说:一个女人,捧她的人多了,她的命就薄了。柳如是亦然,盛名之下,被强迫,被威胁,被嫉谗,被谣诼,有时又恰恰相反,被上流社会排斥,被贵族妇女鄙弃……画舫飘摇,浮花浪蕊镇日有,最中意者却渐行渐远,闻听松江那边传来消息说:陈子龙得官上任,再纳新妾,那妾当然依旧是家世清白的良家子。

"未知尚有殷勤启金屋者否?"面对真正关心她,为她思谋择婿的汪然明,柳如是毫不掩饰内心的仓皇与焦灼。西湖的水有几多,这一问里的凄凉与哀愁就有几多,药炉、病榻,缠绵痼疾,几近弥留……年来生活,凡此种种,都含在这貌似带笑的一问里了。

金明池·咏寒柳

有怅寒潮,无情残照,正是萧萧南浦。更吹起,霜条孤影,还记得旧时飞絮。况晚来烟浪斜阳,见行客特地瘦腰如舞。总一种凄凉,十分憔悴,尚有燕台佳句。

春日酿成秋日雨。念畴昔风流,暗伤如许。纵饶有绕堤画舸,冷落尽水云犹故。忆从前一点东风,几隔着重帘,眉儿愁苦。待约个梅魂,黄昏月淡,与伊深怜低语。

柳如是一向以柳自比,此咏柳词恰与上文尺牍互为映照,道尽柳如是欢颜下的暗伤。

东山酬和不辞从

崇祯十三年(1640)的冬天,常熟虞山,一叶小舟沿江而至,泊于山北菱塘。舟上下来一位儒士,头束幅巾,宽袖襕衫,然而身量娇小,明眸皓齿,格色的是脚上穿了一双弓鞋。《西厢记》里说崔莺莺"下香阶懒步苍苔,动人处弓鞋凤头窄",弓鞋乃小脚所穿,因妇女缠足,脚呈弓形,故名。看来此乃奇装异服,标新立异者也,然而举止洒脱,行动处自有一种风流动人。但见一乘小轿载了此人,行至半野堂前,送上一方拜帖,拜帖上写:晚生柳儒士叩拜钱学士。

这就是柳如是初访半野堂,与钱谦益的一次重要会面。

清人余秋室为之绘过一幅画,题为"河东君初访半野堂小景"(景即影)。据余秋室跋语看,他曾经亲眼见过《河东君传》和柳如是像,是故几可接近真实。画作基本依照文字所载,"幅巾弓鞵,著男子服",因是半身小像,弓鞋自然看不到,然而那女子仪态显而易见。

《虞阳说苑本》"牧斋轶事"还有更为详细的讲述,一波三折,颇富戏剧性,把柳如是女扮男装,钱谦益骤见"嫣然美姝",两下里彼此倾心的情景,描绘得栩栩如生。

柳如是留在尺牍里的自述,倒是相对简略:"南宫主人,倒屣见知;羊公谢傅,观兹非邈。"南宫指礼部,钱谦益曾任礼部侍郎;倒屣相迎是很出名的典故,可见钱谦益之喜出望外。羊祜"文为辞宗,行为世表",谢安进而为朝廷股肱,退而为林泉领袖——柳如是说钱谦益与此二人相去非远,这评价不可谓不高。

钱谦益,字受之,号牧斋,晚号牧斋老人、蒙叟、东涧遗老,偶称绛云老人,世称虞山先生。名以正体,字以表德,名字也是一种符号,从符号学的意义上说是研究一个人的重要依凭。柳如是一生数易其名、字与号,可知其内心改变自我的意愿之强烈,每一次改动都可以反映出她的学养、阅历甚或心绪的变化,对自身处境、地位等的不满足。钱谦益的名字符号,与柳如是大为不同,最直接的反映是,士大夫趣味,大家风范,还带着几分通脱放达。当然了,钱谦益乃江左三大家之一,斯时既是文坛领袖,又是东林党魁,还是退职的礼部侍郎,曾位列候补宰相名单上的第二名,境界自非一般。

再大略看其履历。17岁通过童试,25岁通过乡试,29岁通过会试,探花及第,授翰林院编修。这一路科场顺利,接连破关,可谓志得意满,一日看尽长安花。之后却仕途蹭蹬,起起落落:做过浙江主考,一年后因浙闱关节案被削职;后做过詹事府少詹事,又以东林案削职;47岁任礼部侍郎,兼翰林侍读学士,朝廷会推阁臣,候补宰相眼看有了指望,却很快被攻讦革职;48岁南归,开始闲居。这一赋闲,反倒符合中国人文化心理上对名士的期许,更成就了钱谦益的声望,此所谓养望也。他心怀四方之志,自负济世之才,与东林党人密切交往,评议时政,标榜气节,反对阉党,崇尚开明政治,很快成为清流中的领袖人物。"皎皎风烈人,千古留须眉。"志向与气节确有激荡人心之功,吟出这句诗时的钱谦益也真是不无风骨。

仅有这些还不够,不足以把钱柳二人拉到一起。钱谦益学问淹博,才力富健,精通史学与佛藏,诗文名重一时,时人称其为"当代文章伯",文坛霸主是也。单就诗歌创作来说,"从古乐府到唐宋名家大家,无所不窥,无所不取,无所不舍,终自成一家",《初学集》中称"前后七子而后,诗派即衰微矣,牧斋宗伯起而振之,而诗家翕然宗之,天下靡然从风,一归于正",评价极高。当然,这些是总体评价,包括入清后开清诗一代之风的成就。他出身常熟世家大族,拥有多处房产田亩,城内旧第,拂水山庄,半野堂,还有后来舅家给他的白茆芙蓉庄。据说幼喜《世说新语》,追慕魏晋风度,为人恣肆放诞,我行我素,并无一般老学究的迂腐之气;与创作上提倡"情

真""情至"相一致的是,思想上接受心学影响,有对个性解放的主动追求,曾有越礼惊俗之举。

如此,有名望,有才,有财,又不特重礼法,岂非柳如是意中最佳人选?

事实上,初访半野堂,并非两人初次见面。前一年,在草衣道人、明末名妓王修微的家里,钱谦益见到柳如是的《西湖八绝句》之一,激赏不已,曾借王修微邀请柳如是晤面,并同游了西湖。

西湖八绝句(其一)

垂杨小院绣帘东,莺阁残枝未思逢。
大抵西泠寒食路,桃花得气美人中。

陈子龙曾作《寒食》绝句三首,是在与柳如是南园燕婉时期。那是柳如是一生难忘的春天,历经四年依然挥之不去,辗转反侧,沉吟不止,竟至于造出"桃花得气美人中"这神来之语。陈诗中有"垂杨小院",有"铃阁沉沉",有"二月未尽桃花飞""应有江南寒食路,美人芳草一行归"等,从词句上即可看出柳诗所源。以此打底,柳如是翻手一转,跳出"美人芳草"的套路,说那桃花灼灼之华,是得了美人之气,真是标新立异,堪称戛戛独造。

桃花自来是诗词中常见的意象。或言其情态,"乱红如雨坠窗纱""揉碎桃花红满地",美艳娇弱;或比之女子,"轻薄桃花逐水流""帘中人比桃花瘦",哀怨自伤;或有那人花相映红的,却又"人面不知何处去,桃花依旧笑春风",表达的是失落惆怅;到了柳如是这里,桃花依旧是美的,然而比桃花更美的是人,"桃花得气美人中",自信,骄傲,全无忧郁病弱之态。

此诗一出,传播甚广,程嘉燧大为赞赏,钱谦益也深为推崇。钱在他的《西湖杂感》中吟道:"杨柳长条人绰约,桃花得气句玲珑。"句中暗含柳如是姓,句下自注曰:"'桃花得气美人中'西泠佳句,为孟阳(程嘉燧字)所赏。"叹之赏之,心犹未足,钱谦益又赋诗一首,以柳诗全句收入其中:"草衣家住断桥东,好句清如湖上风。今日西泠夸柳隐,桃花得气美人中。"

杭州会晤,柳如是颇为满意,之后曾当众扬言:"吾非才学如钱学士虞山者不嫁!"想来这是放出风声,稍加试探,若落花有情而流水无意,那也无妨,她说的是才学如钱谦益者嘛。钱谦益果然知趣,姑且不论真假,先给足美人面子再说,故而也在公开场合做了回应:"今天下有怜才如此女子者乎?吾非能诗如柳如是者不娶。"好嘛,郎情妾意,一拍即合?非也,钱谦益不过当是一句戏言,风流场上寻常事,调笑两句,如风过耳,之后一年多没有任何进一步的行动和表示。

柳如是何等人?打出"相府下堂妾"旗号的柳如是,写出《男洛神赋》的柳如是,自云"桃花得气美人中"的柳如是,是一以贯之的大胆独立、果断的行动派,时有挑战世俗模式、嘲弄礼法律条的想法。就这样,她来了,来到半野堂,站在钱谦益面前。

她要做什么,她很清楚。若说这其中没有利益的考量,那是小看了柳如是的智商;若说她心里有十足的把握,显然也是过分乐观了。她已经再一再二从过人,情事已经成了大明子民的谈资,这一次主动出击对她来说,好比高手对阵,务求一击而中。

庚辰仲冬,访牧翁于半野堂,奉赠长句

声名真似汉扶风,妙理玄规更不同。
一室茶香开澹黯,千行墨妙破溟濛。
竺西瓶拂因缘在,江左风流物论雄。
今日沾沾诚御李,东山葱岭莫辞从。

若柳如是是男人,这就是一首干谒诗。柳如是不是,而此诗也非士子为求进身之阶而作,但细细比较,其实性质相似,情景仿佛。故此对诗的遣词、用典、意旨等要求甚高,既得推销自己,还须赞美对方,要洞悉人情号准脉,还要含蓄雍容有分寸,马屁拍得恰到好处,宾主双方皆大欢喜才行。无妨,这正是柳如是的长项。十多年浸淫诗文,近十年的卖笑生涯,再加上一颗七窍玲珑心,这如何难得倒她?

柳如是用两个人来作比:马融,东汉大家,世称通儒,才高博洽,名满天下,门下常有千人之多,卢植、郑玄也是其门徒;谢安,东晋名相,前文略有提及,代表着历代士林的最高人生理想,李白、王安石等是其铁杆粉丝。这两人还有一个共同点:风流倜傥,旷达率性,不拘于礼法。马融善鼓琴,好吹笛,曾坐高堂,设绛纱帐,前边授徒讲课,后边排列女乐。谢安,著名的风流宰相,携妓观舞,纵情声色,东山隐居生涯也正如此时之钱谦益。钱谦益志大才高,藐视礼教,内心又何尝不以此二人自诩?

《后汉书》里记,荀爽去拜见李膺,并为李膺驾车,回家后大喜说:今天终得能为李君驾车了。其仰慕李膺,竟至于此。李膺是东汉著名学者,太学生尊其为"天下楷模",把受李膺接待视为"登龙门"。柳如是借李膺的典故来形容自己拜见钱谦益,并自述说是沾沾自喜,"今日沾沾诚御李",

很是大方得体。更合宜的是,李膺身负宰相之望,而罹遭党锢之祸,与钱谦益的候补宰相、东林党锢等事又何其相似。钱谦益向来自矜为党锢名士,以此为荣,柳如是这一句话恰恰说到了他心坎上。

钱谦益又深谙佛藏,通达禅理,柳如是便把自己比作捧净瓶持拂尘的侍女,以示甘愿奉伺之意,这份婉转低眉,熨帖合度,也同样是投钱谦益所好。

钱谦益何等聪明,马上援笔答诗一首,把柳如是大大夸赞了一番,以卓文君指其美貌,风流脱俗,以薛涛指其博雅,惹人爱慕,末了也袒露心迹:"但似王昌消息好,履箱擎了便相从。"

题外话。读《今生今世》时,晓得张爱玲的粉丝中有相当一部分讨厌胡兰成,我对此人也说不上好感,但书中一句话还是让我确认他和她是有过爱情的。"文人多伪情",更准确地说应当是"文人多滥情",某一时一地里的某一段情倒未必全是假的。这句话很普通:"我们两人在一起时,只是说话说不完。"因为普通,所以朴素,而朴素常常是有分量的。在仅仅属于两个人的世界里,你只有我,我只有你,没有赔笑应酬,摒弃浮华轻薄,连红男绿女那颜色也淡化了,就只是两个灵魂裸裎以对,桐花万里路,连朝语不息,随着越来越深的认识调整着交流层次,在越来越高的纬度上相识相知。

越剧《红楼梦》里宝黛初见,"眼前分明外来客,心底却似旧时友",唱的就是一见如故的感觉。钱、柳二人的这次相见亦如此,也许此前会有考量,有所算计,在现实面前瞻前顾后,但一见如故的感觉是这样好,一举击败势利庸俗,击败金钱名位,爱情就素面朝天地出场了。

顾苓《河东君小传》里说，柳如是"口便给，神情洒落，有林下风"，钱谦益"大喜，谓天下风流佳丽，独王修微、杨宛叔与君鼎足而三"，看钱谦益欣赏的三个人便可知他与陈子龙心性不同，对于有个性而特立独行的女子，抱以完全欣赏和爱慕的态度，这就给了柳如是很大限度的包容和爱护。两个人"文燕浃月""越舞吴歌""更唱迭和"，谈诗论文，歌舞唱和，天天开文宴，日日都是新的。钱谦益用10天时间迅速为柳如是建成一处精舍，借《金刚经》"如是我闻"句，取名"我闻室"，暗合柳如是的名与字。落成之日，钱谦益亲自去接柳如是。柳如是弃舟登岸，终于结束多年漂泊生涯，落到了一片足以托举她的实地上。钱谦益刻《东山酬和集》以记，尊柳如是为"河东君"，宠爱之情洋溢笔端。

这一年除夕，是两个人守在一起过的。我闻室里，绿窗红烛，热香更漏，宛然已是白头偕老的意思。爱情，有了亲情的味道，也就快要修成正果了。

第二年春，曾有过短暂的离别，柳如是写诗一首以寄，被清评家尊为名篇。

春日我闻室作呈牧翁

裁红晕碧泪漫漫，南国春来正薄寒。

此去柳花如梦里，向来烟月是愁端。

画堂消息何人晓，翠帐容颜独自看。

珍重君家兰桂室，东风取次一凭阑。

《吴越诗选·名媛诗》中评此诗曰:"如是骨理皆妍,故是艳宗。""宗"自是指其体,"艳"却非艳情之意,言其长于写男女离别之情,幽婉凄恻,婉转低回。与"我徒壮气满天下""桃花得气美人中"等相比,别是一种风格。

风流不坠莫愁城

崇祯十四年(1641)六月,一场盛大的行为艺术表演,在松江拉开帷幕。

主题:婚礼。

主角:钱谦益,柳如是。

舞台:一艘华丽的芙蓉舫。

观众:松江、常熟等地士民。当然,你也可以扩展开来看,整个大明子民都在关注这场非凡的婚礼,歌肆酒楼里议论纷纷,而隐性的观众还延续了很多年,直到今天,比如你我。

用我们今天的眼光看回去,首先注意到的会是两个人的年龄差异,新娘24,新郎整60。然而我们围观过杨振宁和翁帆相差54岁的忘年恋,还有种种网络畸恋,神经线早已饱经磨炼,这个似乎算不得什么了。当时人对这个就更不在乎,他们在乎的是礼,是既有礼制遭受的冲击——这一场婚礼"礼同正嫡",即钱谦益以正妻之礼迎娶柳如是,香案礼筵,箫鼓声乐,"合卺花烛,仪礼具备"。

钱谦益的原配陈氏尚在,那是正牌三品淑人。柳如是未受诰封,穿不得淑人礼服,但明朝民间婚服可以摄胜,又称"借服",新娘可着九品命妇之服,即凤冠霞帔。若是纳妾,就只有一乘轻便小轿悄没声地从侧门抬入了,钱谦益"以柳才色无双,小星不足以相辱",恐纳妾之礼太过简慢,折辱了柳如是。而"一枝片叶休轻看,曾住名山傲七贤"的柳如是,素来眼高于顶,既不甘于嫁平庸之人,也不甘于居小妾之位,要礼部侍郎停妻再娶是不可能的,但得以正妻之礼嫁人,一身凤冠霞帔,从松江到常熟一路招摇,那份风光体面,可算是出了数年来闷在心头这一口悒郁之气。

当地缙绅士人难以接受,认为此举"亵朝廷之名器,伤士大夫之体统",是对礼教的挑战和破坏,是可忍孰不可忍。船过松江县城,两岸有喝倒彩的,有指指点点的,有出口恶骂的,更有甚者直接"拍砖",砖头瓦砾免费赠送。

在我看来,钱谦益和柳如是两个人还真是搭调,都有点魏晋名士的作派,不拘礼法,不按常理出牌,偶尔出个风头也像是专为表演给人看,越是举世滔滔口诛笔伐,他们越是不以为意自得其乐,似乎爱的就是那种破坏中的成就感。据文字记述,钱谦益"吮毫濡墨,笑对镜台,赋催妆诗自若",当天即赋诗四首,中有"从此双楼惟海燕,再无消息报王昌"句,掩饰不住那份欢喜和满足。

爱情,婚姻,真的是两个人自己的事;礼法,才是给别人看的。

但有一点不容忽视,在这一场盛大演出里,有一个未出场的人受到的伤害最大,那就是钱谦益的正妻陈氏。另外,钱谦益还有妾多名,其中一位朱氏,给钱谦益生了唯一的儿子,儿子名叫钱孙爱。这三个人,在钱家大宅门里都是有分量的,会就此偃旗息鼓吗?

《围城》里说:"老头子恋爱听说像老房子着了火,烧起来没有救的。"

钱钟书先生论人论事素来刻薄，却又入骨，教人不得不叹服。钱谦益娶得美人归，那一番老夫聊发少年狂，调脂画眉，笙歌起舞，即是如此。柳如是原非那举案齐眉的妻，钱谦益却愿做张敞画眉的夫，两个人又都是爱张致的主儿，便有些笑谈流传出来。据说，钱谦益曾经对柳如是戏言："我爱你乌个头发，白个肉。"柳如是脱口而出，答曰："我爱你白个头发，乌个肉。"钱谦益面色黑，头发花白，正合此语，闻者无不发噱。闺房之内，夫妻之私，原不足为外人道也，脱离了斯时斯地的情境，难免被人轻薄了去。

婚后，两人"相得甚欢，题花咏柳，殆无虚日。每宗伯句就，遣鬟矜示柳。击钵之顷，蛮笺已至，风追电蹴，未尝肯地步让。或柳句先就，亦走鬟报赐。宗伯毕力尽气，经营惨淡，思压其上。比出相视，亦正得匹敌也。宗伯气骨苍峻，虬榕百尺，柳未能到；柳幽艳秀发，如芙蓉秋水，自然娟媚，宗伯公时亦逊之。于时旗鼓各建，闺阁之间，隐若敌国云"。吟诗斗句，各不相让，闺房雅趣，别有情致。

钱谦益在半野堂后面为柳如是建绛云楼。楼共五楹，高三层，雕梁画栋，精巧宏丽。钱谦益乃江南藏书大家，楼内藏书丰富，陈设精致，金石古器、宋元珍籍、晋唐书画等充盈其间，有"江南第一藏书楼"之称。楼名取自道教典籍《真诰》，以绛云仙姥下降来比柳如是，"绛云楼"三个字由柳如是亲笔手书，据见过的人说是笔意清奇。钱谦益晚年在此著书订史，需考校翻阅处，则由柳如是上楼查勘，虽然卷帙浩繁，多到缥箱盈栋，但不管某书某卷，柳如是随手抽取，百不失一。钱谦益偶有用典不准，柳如是也能当即纠正，其博闻强记，文心慧目，令钱谦益愈加怜重。而"湘帘檀几，煮沉水，斗旗枪，写青山，临墨妙，考异订伪，间以调谑"，更是日常生活必有之义，绛云楼竟有似于李清照与赵明诚当年的归来堂。

绛云楼名扬海内,钱谦益文名日重,四方文士慕名而来。钱谦益应酬得倦怠时,便让柳如是出面,甚至代他到客人住处回拜。柳如是或者锦帽貂裘,华丽丽地女装出场,或者飘巾宽袖,一身儒生打扮,与文士俊彦高谈阔论,指点江山,端的一派名士风流。钱谦益称之为"柳儒士",向人戏言曰:"此吾高弟,亦良记室也。"

杨柳丝多有好风,钱谦益的托举、包容、宠溺,使柳如是拥有了前所未有的舒展和开放,生命的经纬得以向着纵深扩展。客观地讲,没有柳如是的钱谦益依旧是钱谦益,一代诗坛盟主;而没有了钱谦益的柳如是,就未必是如今文学史上的柳如是,至少名气不会这么大。总起来看,柳如是名气之盛,主要得益于两个人,生前是钱谦益,身后是陈寅恪。

周作人先生说,士人的高下在他对女性的态度中即可鉴别。以此鉴定钱谦益才算公允,虽然他此后的人生里有一些晦暗不明、面目不清,对功名的热衷暴露了他皮袍下的小,曾为正人君子所不齿。

1644年,是明王朝迅速覆灭的一年,也是钱谦益仕途得意的一年。

三月,崇祯身死国亡。五月,福王朱由崧在南京即位。当时内忧外患,李自成起义军和清朝铁骑相继入主北京,南明小朝廷的出现寄托着天下民众复兴大明收拾河山的热望。然而,这个政权从一开始就偏离航向,弘光帝贪图享乐醉生梦死,朝廷官员争权夺利排斥异己,东林党和阉党继续派系斗争。南京迅速成为野心家的天堂,各路人士纷纷跑去打酱油,钱谦益自然也不会放过这个机会,而他东林党魁的身份正是可以利用的资源。

马士英因拥立之功成为大学士兼兵部尚书,被东林党压制多年的阮大铖是马士英的好友,指望着咸鱼翻身趁机洗洗白,钱谦益则想借助马阮二人之力进入内阁——三人一拍即合。兵符加阉党势力再加清流名望，自然是无往而不胜，钱谦益如愿以偿成为礼部尚书。陈氏留在常熟老宅，且早已"被"淡出正妻角色，柳如是一跃成为南京城里风光体面的尚书夫人。

钱谦益和柳如是，一个是政坛坎坷多年不得志，一个是风尘游女遭世人唾弃，此一番都有否极泰来大翻盘之感，登时得意忘形起来，难免有失态之处。当时文人多不齿之，嘲谑、调侃、谩骂皆有，于是，事实因素加上全民创作，依据添油加醋的传播学原理，就产生了一些精彩段子。

阮大铖一代佞臣，却颇富戏曲创作才能，所作传奇成就颇高。而秦淮名妓多为演艺高手，《板桥杂记》中有详述，《影梅庵忆语》也说过陈圆圆的演唱"如云出岫，如珠在盘，令人欲仙欲死"。阮大铖作为曲作家，对这些出色的演员心存欣赏，但因为人品低下而屡被名妓们拒之门外，李香君就是最典型的例子。如今钱谦益主动靠拢，柳如是近在咫尺，阮大铖翻身也要翻个彻底，想把在青楼丢掉的脸皮彻底捡回来。他有意对钱谦益大夸柳如是，大谈仰慕之心，钱马上在家里设宴邀请阮大铖，并让柳如是亲自出来作陪。柳如是即席演唱阮大铖的《燕子笺》，阮大铖当即赠送一顶价值千金的珠冠，钱谦益受宠若惊，"命柳姬谢，且移席近阮"——堂堂尚书巴结阉党余孽到这种地步，闻者无不为之惊绝。

另有一个段子，是阮大铖邀请柳如是阅兵。柳如是穿戎装，骑枣红马，脚蹬马靴，身披斗篷，冠上还插着长长的雉尾，直如巾帼英雄梁红玉再世。在兵部尚书阮大铖的陪同下，柳如是不但巡阅了江防部队，还亲自登台击鼓，为江上演习助威。昔日名妓加阉党余孽，这个奇怪而张扬的组合，在南京城招摇过市时，收获了几箩筐的口水。不过，后来者追记起来，

对柳如是击鼓之举甚为肯定,顾苓就曾为此作诗云:"莫说当年南渡事,夫人亲自鼓军中。"

然而,大势已颓,南明小朝廷终究不保。

第二年四月底,清军攻破扬州,五月初兵临南京城下。弘光帝与马士英黉夜弃城而遁,官民们一觉醒来,发现宫门无守,君相无影踪,百姓遂乱入宫中抢劫,官员则各自寻路逃窜。

据多处文字记载,柳如是曾劝钱谦益以身殉国,"是宜取义全大节,以副盛名",然而钱谦益不肯,柳如是奋身而起,欲自沉,被钱谦益死死抱住。这段记述,有人亲见,有人转述,大体是比较真实的。野史遗事里的记述就有趣多了,但编排的成分很大。说钱谦益听了柳如是的话后,与门生载酒秦淮河上,遍告众人曰:我要效屈大夫投江了。但他一直坐船徘徊河上,待到日落西山时,才不得已走到水边,探了探水,皱眉道:水太冷,不能下。

五月十五,大雨滂沱中,钱谦益、赵之龙等率弘光朝所遗之臣,打开城门迎进清军。诸臣纷纷向清军将领送上礼物以结好,钱谦益也不例外,礼单上开鎏金壶、盘龙玉杯、天鹿犀杯等名贵物品不一而足,他还将弘光帝原先诏选而尚未入宫的美女数人献上。

清军扬州屠城,南京杀掠,后来还有"留头不留发,留发不留头"的胁迫,从肉体到思想文化上实施双重征服,明朝遗民或自尽,或逃隐深山,或抗命被杀。钱谦益有一日与众人聚会间,突然说自己头皮发痒,转身出去,在座者皆以为他是篦头发去。没过多久,他回来了,已剃掉头发,后脑勺拖着一条长辫子。

在这一场大变革里体现出气节的,反倒是南京城的底层民众,引车卖浆者,青楼卖笑者,沿街乞讨者,等等。一个乞丐选择了投水自尽,死前作绝命诗于桥上,诗曰:"三百年来养士朝,如何文武尽皆逃。纲常留在卑田院,乞丐羞存命一条。"

柳如是生平最爱的女性形象是梁红玉。梁红玉营妓出身,与名将韩世忠夫妇齐心,在抗金战争中立下汗马功劳,被同样偏安江南的南宋小朝廷封为安国夫人和护国夫人。前文的军中击鼓,即仿效梁红玉,可知柳如是胸中那一腔英雄气。她曾慷慨放言:"中原鼎沸,正需大英雄出而戡乱御侮,应如谢东山运筹却敌,不可如陶靖节亮节高风。如我身为男子,必当救亡图存,以身报国!"在她看来,当此际,连陶渊明隐居的做法亦不可取,大丈夫皆应如谢安积极筹谋抗敌兴国。柳如是是渴望燃烧的,她想要活在一种崇高里,大义大节正是能够燃烧她的烈火,可以彻底烧掉她身上低贱的印记,把她从世俗、庸常、空怀壮志的泥淖中拯救出来,涅槃成新。

她的后半生就是在走这样一条路,不忘旧朝,劝说夫君,反清复明,抵制外族统治。

钱谦益已然降清,柳如是便要求他不与清廷合作。那哪成呢?钱谦益对仕途的热衷从来不曾减弱分毫,他不但不会拒绝,还要卖力投靠,指望着在新朝挣个顶戴呢。以多铎为首的清军尊他为南京遗臣领袖,对他礼遇有加,封侯拜相似乎是指日可待的事情。然而,他的清流名声却就此折堕。一日,钱谦益穿着一件小领大袖的衣服出游,路遇一名江南学者,后者故意询问他的衣饰风格属于哪朝。小领大袖显然不伦不类,但毕竟是新旧鼎革的非常时期,便服暂时无所适从,随意怪异些其实也属正常。然而被人着意提出来质询,而他又顶着个贰臣的名头,与那些为避免剃发易服而隐居不仕者相比，就很不堪而尴尬了。钱谦益只好故作戏言道："小领示我尊重当朝之制，大袖则是不忘先朝之意。"学者的回答极为辛辣："大人确为两朝'领袖'，失敬，失敬！"

旁人已如此，柳如是怨懑在心，兼有一张利口，更不会轻易饶过钱谦益。钱谦益虽然后来极力补救，但降清仕清已成事实，人生污点再也抹之不去，柳如是也一直耿耿于怀。很久以后，两人同游拂水山庄，见一股清泉澄澈动人，钱谦益一时兴起，意欲踩水，临了又犹豫止步。柳如是不觉哂之："此乃沟渠水，你以为是秦淮河么？"这个故事显然是与秦淮河自沉相呼应，附会的成分比较大。又一则，说钱氏晚年甚为不得意，常以江南口语表达气愤之情，云："要死，要死！"柳如是闻言嗤之："你乙酉年没死，如今说死不为晚乎？"乙酉年，即为南京陷落那一年。

遗民老似孤花在

死，不过是一刹那的念头而已。《仁王经》里说："一弹指六十刹那，一刹那九百生灭。"一刹那里不曾灭，过去的也便过去，一天一天就活了下来，先还以为是痛苦到麻木，后来渐渐发现痛苦早已失却当初的分量，只剩下一句轻飘飘的"好死不如赖活着"勉强算是理由。活着是无耻的，像卡夫卡的格里高尔那样，异化成甲虫，被别人包括亲人所厌憎，死反倒成了轻松的事情。

钱谦益要进京了，到已经易主的京城去，朝见新朝皇帝，接受新朝官职。柳如是耻为降臣之妇，拒绝陪同前往，送别那日，她穿了一件象征朱明王朝的大红衣衫,把钱谦益羞得面露惭颜。

其实,钱谦益的内心又何尝没有矛盾?

他是目的性很明确的人,精神清洁度不是很高,为了功名也肯作低伏小阿谀当朝。他打小好谈王图霸业,胸怀兼济天下之志,走上仕途后却两次被削职,一度入狱,与大明宰相职位失之交臂。对于明王朝上层统治者的腐朽混乱,他很清楚,也难说不心怀怨恨。所谓革故鼎新,是覆灭,也是重建,因为新,所以有希望,而且他拥有学识、资历、地位、名望种种,正是新政权想要大力笼络的人物。但若说他为了个人目的而不管不顾,很轻松地就能把旧朝甩到身后,那倒也未必。

《牧斋遗事》记,南京城破之日,"豫王命先生入清宫禁,引北官二员、骑五百,自洪武门入。先生忽向阙四拜,下泪。众怪问之。先生曰:'太祖高皇帝三百年王业,一旦废坠,能无痛心?'"——这潸然泪下想来是真实的。及至弘光帝被清兵劫到南京,诸旧臣见到故主,独有钱谦益一人"伏地痛哭,不能起"——亡国失主之痛也是真实的。钱谦益曾多次向人辩解说,当日降清是为了避免民众流血,避免扬州十日的惨剧在南京重演,还曾写信给常熟等地官员劝降,理由同样如此。

降清之后,舆论的抨击、故友的讥刺、爱妾的劝解与揶揄,这一切也对他本就矛盾的内心构成了更多更大的压力。

正式任命下来了,清廷并未如他所愿,不是依照南明朝的品级,而是对应崇祯朝给了他个礼部侍郎的职位——钱尚书又做回钱侍郎,充修《明史》副总裁。愿望与现实的落差之大,让他倍感得不偿失,在世人眼里,他的"汉奸"帽子比侍郎顶戴可要显眼得多,这对于昔日的清流领袖、东林党魁来说,真是莫大的嘲弄。

正在这时，南京传来消息，说柳如是与一个姓郑的浪荡公子偷情，钱孙爱愤而告官，郑生坐牢，或言将在牢中打死。钱孙爱向来怯懦，柳如是早成为钱家当家主妇，钱粮庄田一律经手，钱孙爱对她多有忌惮，怎会有胆量遽然告发呢？自然有陈氏和朱氏站在他身后，女人的仇恨总是持久而有韧性的。

钱谦益马上借机告病返乡，一面交割公文手续，一面急急写信给儿子："柳非郑不活，杀郑就是杀柳；父亲非柳不活，杀柳就是杀父。"这些话，我总觉得有后人杜撰的成分，任是钱谦益再宠溺柳如是，任是郑生能用医术为柳治病，钱谦益也不会公然对儿子道出"柳非郑不活"这混账逻辑来。倒是钱谦益回到南京后，当面训斥儿子的话比较真实："国破君亡，士大夫尚且不能全其名节，焉能以不守身而苛责一女子耶？"国破君亡的痛切有几多，名节不保的懊悔有几多，被世人嘲谑的羞惭有几多，他对柳如是的谅解就有几多。他宽恕柳如是，也是想要宽恕自己。

这个时候，他对她是真的深爱了。他把她从玩物、从宠妾、从戏弄风尘的柳儒士、从他老境将至正需点缀的艳色里拔出，视她为一个独立的人，一个能在艰危尘世上舔舐彼此痛苦，相呴以湿相濡以沫的同路人。这爱，落尽铅华，变得深沉朴素了——她是他的妻，他生怕失去的唯一，仅此而已。

但这就足够了，足够他拯救自己，拯救彼此的爱。

两个人返回常熟，读书，隐居，流连诗词，秘密参与江浙的反清复明活动。期间，他们招待过江阴抗清义士黄毓祺，柳如是倾其所有提供军饷。舟山明军大举反攻的前夜，柳如是又冒死到海上犒师。钱谦益并未直接出面,但这些的确是出自他的授意。

而仕清5个月即借故告归,且是降臣中最负盛名者,清廷如何不施以颜色以儆效尤?

果然,黄毓祺事泄,被人告密,清廷马上诏令总督马国柱派兵缉拿钱谦益。半野堂前,"银铛拖曳",钱谦益被戴上镣铐,即将押往南京。钱家一门哭声震天,百计无着。柳如是刚经历海上一场风暴,引发旧病,正卧养绛云楼,闻言即刻出面,要求代钱谦益死,代死不成,便要求随侍护送之。到达南京,钱谦益被下到刑部大狱,柳如是艰难奔走,多方托人打通关节,洗刷钱谦益从逆谋反的大罪。

四十多天后,钱谦益无罪开释,十分感慨,出示狱中诗作,有句道:"恸哭临江无壮子,从行赴难有贤妻。"柳如是成为他的依靠,从精神世界到现实生活。

钱谦益出狱管制阶段,两人寄寓苏州拙政园,得一女。

"戎马南来皆故国,江山北望总神州",到底是意难平。
"桃花春流亡国恨,槐花秋踏故宫烟",复明之心难死。

钱谦益的诗句,表达的是他和柳如是两个人的共同心声,也是南方民众的共同心声。

东南、西南的反清斗争风起云涌,陈子龙为复明大业被逮,溺水而亡还被砍头示众,死得惨烈。钱谦益管制解除后,返回常熟便从城里迁出,以红豆山庄为秘密联络点,想方设法联系各方抗清势力。柳如是变卖珠宝积蓄,装备五百义军,钱谦益以诗与注隐秘记之。钱谦益联系上朱由榔的永历政权和郑成功的军队,不仅献计献策,而且在郑成功蜡书密函指示

下,利用降臣身份作掩护,或以游览湖山为借口,或以拜访故交为借口,三次去金华游说策反时任金华总兵后升任苏松提督的原明朝将领马进宝。

郑成功昔年就读于南京国子监,慕钱谦益文名而拜为师,钱为他起别字"大木",寄之以"一木支大厦"的厚望。如今郑成功果成复明之大木,数度率师北上。正因为马进宝保持中立,义军才得以顺利通过长江口。三次北伐,民众呼应,几乎攻克南京。清军下令沿海迁界,阻断江南民众的内应。郑成功转而向东,攻取台湾。而西南方面,永历帝被缅甸人献给了清军,以身殉难。消息传来后,钱谦益悲愤难抑,写下"三军缟素天容白,万旗朱殷海气红"的诗句,并用"莫笑长江空半壁,苇间还有刺船翁"表明心志,愿做"刺船翁"接应郑成功水师以报君父之仇。

康熙二年(1663)夏,郑成功逝世,最后的希望之光陨灭,其余反清复明组织皆如萤火烛光,不成气候了。钱谦益哀叹"事去终嗟浮海误,身亡犹叹渡河迟",有大势已去之慨,柳如是则写下"日觳行天沦左界,地机激水卷东溟"的对联,依旧信心十足——此联古奥费解,总体意思就是故国国运一时衰,东南水师终会卷土重来。

是年,钱谦益82岁,柳如是46岁。

这中间,有多少痕迹被岁月抹平?因为有崇高的目标,因为性命攸关的历险,一些凡俗生活的点点滴滴,倒成了似乎微不足道的小事,偶尔在诗文里被提及,也只是一笔带过。事实上,相对于他们两个人而言,那些也是大事,——拾取,生命方得圆满。

绛云楼不慎失火是一件。宋元珍本,古玩名器,所辑《明史稿》一百卷等,悉数化为灰烬。昔年所谓"大江之南,藏书之富,无过于钱",明末清初最负盛名的私家藏书楼,竟是先主人而去了。

钱谦益八十寿诞也是一件。这年春天,柳如是匠心独具,在田里巧播油菜籽,及至油菜花开时节,她扶钱谦益登高一望,碧野间呈现出的是一个金黄明艳的"寿"字,钱谦益喜得打跌。而在红豆山庄,钱谦益外祖父当年手植的那棵红豆树,沉默20年后突然开花结果,结出了鲜艳美丽的红豆,九月寿辰时又是一份别致的贺礼。

"鹦鹉疏窗昼语长,又教双燕话雕梁。"虽然钱谦益晚年生计日艰,加之资助反清复明大业,有时需要卖文卖字,以维持生计,但夫妻俩感情却是越发深笃。她对他是敬爱,他对她是宠爱,落在外人眼里,都说是她"颇能制御"他,而他"甚宠惮"她。

"买回世上千金笑,送尽平生百岁忧。"这是他的真心话。是啊,人生忽如寄,寿无金石固,何必怀着百岁忧呢?千金买一笑,得到这世上独一无二的解语花,在孤独老去的路上有一双手相偕相扶,不正是人生之福吗?

国灭,君亡,身负贰臣罪名,秘密复明也少被世人知晓……在人生将要结束之时,钱谦益是否有遗憾?他的回答是:"蒲团历历前尘事,好梦何曾逐水流。"似能看见欣慰的一笑,世界在这笑里圆融。

康熙三年(1664)五月二十四日,钱谦益病故,享年83岁。

亡人尸骨未寒,钱氏族人即发难,谋夺钱家房产、地契、银钱,持械入室搬走家什,又以还账为名,立逼柳如是交出三千银两:"有则生,无则死。"

钱红丽文章里推测说这是大婆陈氏幕后指使,其实不然,陈氏夫人斯时已去世。柳如是多年妄称"柳夫人",钱谦益也以正妻之礼相待,然而终究不过一小妾而已,且出身青楼,一旦失去钱谦益这棵大树,族中新贵如钱朝鼎之流可就磨刀霍霍了。而他们的目的,绝不仅仅针对柳如是一人,实则是想要侵吞这一门的家产。

骄傲的柳如是何时受过这等屈辱?钱孙爱懦弱不可依赖,女儿、女婿随住在此,一大家子人需要田产庄园维持生计。钱朝鼎曾任提学道、按察使等,若正面反抗,双方起了争执,那厮再依据钱谦益近年行踪,告发个反清复明谋逆之罪,后果更不堪设想,掘墓鞭尸满门抄斩也未可知。思前想后,柳如是选择了死,以死进行绝地反击。

她备好酒菜,把发难族人集中到一块,明里是招待他们,并称银两已备齐,暗里叫了贴身仆人去告官。然后她走上楼去,写好遗嘱,用三尺白绫结果了自己,遗嘱里言明乃被逼致死。常熟知县一看闹出人命了,事态严重,急忙呈报苏州知府,依法拘捕一干恶人。虽然最终的结果不尽人意,主谋逍遥法外,但钱家总算免于倾家荡产。

此时距离钱谦益去世仅一个多月,农历六月二十八日,柳如是的人生终止在47岁上。

钱孙爱及钱谦益的门生们,以匹嫡之礼葬了柳如是,碑上刻的是"河东君之墓"。这一次的匹嫡之礼,再无缙绅士人出面抗议,反倒是闻者颔首,皆以为柳如是完全当得起。心比天高也好,命比纸薄也好,在世人眼里柳如是算得修成正果,勾栏瓦肆里出了个节烈贞妇。然我读书至此,心下不免悲哀,"匹嫡",好难得的社会认可,柳如是泉下有知是否也须得感激涕零?

再补充一点,社会认可仅止于"匹"而已,柳如是并未与钱谦益合葬,两墓一东一西,遥遥相望,钱谦益身边是正牌的"嫡"陈氏夫人。两个女人,一个得到爱情,一个守住地位,至死不渝。钱谦益本人呢,原事的是大明,后来降了清,继而又反清,身死于康熙初年,到乾隆朝依旧难逃审判,不但被定为"贰臣",著作列为禁书,乾隆且作诗嘲弄道:"平生谈节义,两姓事君王。进退都无据,文章那有光……"

人世沧桑,荣辱无定。如钱谦益墓上所刻,"遗民老似孤花在,陈迹闲随旧燕寻",三百多年来,总有文人追慕的脚步到此,赋诗作文,咏之叹之。常熟的钱氏故宅,曾经的楼台庄园,都成了后人缅怀之地,就连山庄里的红豆树也成了关注对象。

陈寅恪先生抗战时期在昆明购得红豆一粒,据称出自于钱氏故园,心甚爱之,遂起了笺释钱柳因缘诗之意。至《柳如是别传》完稿,已是20年后,而红豆尚存,先生为之赋诗道:

> 东山葱岭意悠悠,谁访甘陵第一流。
> 送客筵前花中酒,迎春湖上柳同舟。
> 纵回杨爱千金笑,终剩归庄万古愁。
> 灰劫昆明红豆在,相思廿载待今酬。

借古人酒杯浇自家块垒,柳如是人生所演绎的"独立之精神,自由之思想",不正是陈寅恪及其同辈先贤们一生所辗转寻求的?

菊花虽痛奈何霜

——清朝才女贺双卿

贺双卿：清代女词人。江苏丹阳人，约生于康熙五十二年（1713），卒年不详，据推断约卒于乾隆初年。农家女，有天赋，喜好读书，工于填词，词皆载于史震林所著《西青散记》中。《白雨斋词话》称她"负绝世才，秉绝世姿，为农家妇。姑恶，夫暴，劳瘵以死"。

关于贺双卿的人生和作品，比较完备的，古有史震林《西青散记》，今有杜芳琴《双卿传》，有记述，有研究，有地理、史志、相关人士等的考证，余外还见到一些零散篇章，多是勾勒人生轮廓，对双卿抱以同情。但一一读来总心有未足，缺少共情，亦无同命感，双卿在一团惨白的追光里演绎悲惨人生，作者坐在一定距离外的安全地带遥遥观赏，像欧洲17世纪歌剧院包厢里的贵夫人，眼中含一包泪，偶尔拈起帕子拭一下，自觉身在看台也很有几分观赏价值似的。

也许是我严苛了些,只因与双卿太近,看她太清。她就是我的乡间姐妹、我的幼年同伴、我小学中学的同学、我左邻右舍的婶婶嫂嫂们,而二十多年前那个一手牵牛一手拿书的我又何尝不是她呢?不是农家女,怎会了解荒瘠土地上开出小花的艰辛,了解社会巨墙底层对改变命运那天然的渴望,了解两手空空四顾茫茫除了读书再无可依凭的那种孤寂?人常说是金子总会发光,却不知有多少金子被埋没在泥土中度过一生;人常说是鸟儿总会飞翔,却不知有多少鸟儿在没长成的时候就已折了翅膀。

小敏,和我同年,同村,一起玩儿大的同伴,在同一方碾盘上摔泥巴。她8岁失母,家计维持两个孩子上学有困难,重男轻女的奶奶便要她退学,让哥哥继续上。我们的人生从此处分岔。到12岁的时候,她成为家里、田里一把好手,上粪、播种、锄草、收割全部都会,洗衣、做饭、喂猪、针黹一概娴熟。饭量大,有力气,个子反倒长得慢了,渐渐比我低下去,谈话中偶尔听见学校钟声会失神一下。后来我离开山村外出上学和工作,她的消息是我每次回乡分段知道的:结婚,生子,丈夫挖石棉矿塌方,伺候偏瘫丈夫多年,婆婆总不放心她,各种为难与试探,最后的结果是丈夫去世,儿子和房子被夫家收走,她孤零零返回娘家。

文彩,我的小学同学。早慧,语文尤好,作文被老师引为范文。肤白,灵秀,瓜子脸,天生一种纤柔,私心以为可用黛玉"闲静时如姣花照水,行动处似弱柳扶风"来形容。由于家里兄弟姊妹众多,故而小学毕业即不能再上,她借初中语文书,借作文选、连环画等各种课外书,坚持写日记。我去找她玩,看到黑漆小木箱里都是书,从育红班到小学的课本也都在,码

得整整齐齐。听说那些书后来还是当废品卖了,那时她已结婚,且有了两个女儿,丈夫却还要她生个男孩。几年后在小镇桥头碰见她,自行车驮着小山样高的棉花,前边横梁上坐个男孩,是第四个孩子了。她脸色暗黄,人微胖,用很恶的嗓门骂孩子,泯然寻常农妇矣。

她们,可不就是现代版的双卿么?

不然呢?知识改变命运,说来轻巧,有几人能实现?学而优则仕,在古代也仅仅是寒门士子的一点希望,不包括女人。现代社会又怎样呢?想要通过自身努力改变处境,那是20世纪80年代初《人生》里的情节,属于男人的奋斗。想要嫁与城里人一举获得城市户口,那是20世纪90年代初《外来妹》的情节,属于女人的奋斗。时至今日,进入21世纪十多年了,打工族、暂住证、户籍限制等,不依然是贴在城市里农民额头的标签吗?"农村包围城市",这个著名的口号里,隐含着多深的一个心理暗示?把上下五千年打量一番,农村向城市的突围,也算得上是历史悠久了——固然,古代农耕社会里城市与农村界限不那么明显,但不同等级身份之间的鸿沟却是深不可越的。

或者,不谈社会问题,单说文学方面。历史上有几个真正的农民诗人?"锄禾日当午,汗滴禾下土""雨足高田白,披蓑半夜耕""夫妇耕共劳,儿孙饥对泣",这些著名的诗句都不是农民自况,而是士大夫俯下身子完成的人文关怀。"晨兴理荒秽,带月荷锄归"倒是诗人自况,然而却也非农民,陶渊明出自仕宦之家,乃东晋大司马陶侃的曾孙。隐士之流,不算地道的农民,有其形,无其实,一种姿态而已,是有意往低端里仿制的山寨版。那位写"待到秋来九月八,我花开后百花杀"的倒是正宗农民,但称不上诗人,所写反诗恰恰印证了"农村包围城市"的突围战,战争目标直指"冲天香阵透长安"。

如此比较,可知双卿在文学史上的难得。

她的出现,是纯粹的农民诗人的出现,不曾学而优则仕,不曾鲤鱼跃龙门,自始至终都是作为农民诗人而存在。她的出现,也是农民女诗人的出现,堪称农家女在古代文学史上独特的存在,若说"前不见古人,后不见来者"自然是夸张了,相信在她之前之后可能都有,但我要说的是农家女在古代文学史上作为文字符号的存在。

从创作来看,她的成就并非古代才女之最,不说前三甲,恐怕连前十名也难挤进,但她关于农家生活的自述,情真语质的文字,是那些闺阁名媛红笺罄尽也难书的。说来古代闺秀诗词写人生之痛的也不少,但那顶多算是一种"诗化的痛苦",与社会底层女子在艰辛粗粝中挣扎的痛苦相比,不过是些闲愁暗恨,多少带着"为赋新词强说愁"的成分。如康正果在《风骚与艳情》中所言:"在整个中国诗歌史上,也许只有清代女诗人贺双卿一人在她的作品中反映了下层妇女的悲惨世界。"

贫穷,磨折了双卿,也成就了双卿,使她成为无可替代的一个。

珠不升渊,玉难离璞

阶级论据称是早该被淘汰的概念,引入文学批评是近百年内的事情,《水浒传》《红楼梦》《西游记》之类都曾被阶级论肢解过,我还记得幼时看

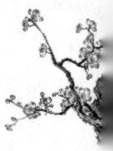

见宝姐姐被某红学家划为地主阶层那种莫名的惊诧感。然而,阶级或曰阶层,却很难轻易抹杀,一直都是真实甚或冷酷地存在着。

生而为人,出生在哪一个阶层,便决定了人生起跑线上所能拥有的资源。双卿出生于江苏金坛,一个叫丹阳里的山乡的一户普通农家。是所谓蓬门小户,世代务农,既无高官,也无富贾,祖上亦未出过秀才举子,就连"贺"这个姓据学者推断也是后世编纂者依据丹阳词家多姓贺而冠之的,双卿真正的姓氏早已湮没不闻,而丹阳里也难说是否当初的"丹阳"。籍籍无名,寒微,粗疏,枯燥,终日劳作,人吃土一生,土吃人一口……这便是农家生活,一目了然,从出生即可看得见死亡。看见邻家孩子的出生,便是看见自己的过去;看见邻家老人的衰老,便可看见自己的未来。

身为女子,更没有别的可能性,人生就是循着农家女、农家妇、农家老妪的基本轨迹前行。文明在这里是一片暗昧,而她们是暗昧昏黄里的微尘一粒,渺小、轻飘,飞扬与挣扎都少被人知,最终在人生的尽头悄悄降落,俯伏于地,隐入尘土。

所幸的是,生命本身似乎具有一种趋光性,如飞蛾扑火,如夸父逐日,无望而执着地向着一团光明而去。那是光明,也是召唤,是外在的,也是由内心自然而然生发出来的。

双卿出生于清代的江南——这是一个特殊的坐标,时间和空间缺一不可。时间轴上,女性文学经历起起落落的波折期,走过元、明两朝深深的波谷,晚明开始上扬,至清代形成前所未有的波峰,其盛况堪称空前。仅以胡文楷《历代妇女著作考》为例,书中共收录有著作传世或见之于文献记载的女性作者4214家,其中从汉魏六朝到明末只362家,而清代一朝就有3684家,相当于以前各朝代总数的十倍还多。在空间轴上,清代女性文学之盛首推江南,以施淑仪《清代闺阁诗人征略》为例,全书共收录清代女诗人1263人,其中仅江浙就有989人,占压倒性多数。曾经幽居潜行没有话语权的女子,可以读书吟咏,可以笔墨抒写,可以在父兄的帮助下刻书编集,蔚为一时风尚。虽然主要是一些书香门第、官宦之家的女子,但江南普通人家也免不了受到这风尚的影响,女孩子识文断字便不至于像前朝那么触目。

双卿的舅舅是塾师,蒙馆设在双卿家隔壁,这也是一点地利。而双卿自身的天资,就是人力因素了。据《西青散记》说,双卿生有夙慧,幼时爱听读书声,闻之即喜笑颜开。村学蒙馆所教一般是"三百千",即《三字经》《百家姓》《千字文》,双卿不能上学,稍大点后留心旁听暗记,竟很快将启蒙类书学完。她又手巧,十余岁即做得一手好女红,常以女红活儿换取诗词诵读。舅舅的四书五经、文选诗话,也都被她搜罗来,如饥似渴地阅读。她亦知习字,善写蝇头小楷,点画端妍,能以一枚桂叶书写整篇《心经》。

柴门小院,草屋土墙,悄悄生长着一朵野菊花,朴素,卑微,散发不为人知的芬芳。

当真是不为人知。

父母只看到女儿在农活与女红之余翻翻书写写字,书是别人用旧的,笔是别人用剩的,纸更是金贵不可多得之物,所以她不拘树叶、芦叶、花瓣之类,拣到什么就在什么上面写,想是女孩子痴玩而已。舅舅多少发现了外甥女的聪慧,然而这聪慧有什么用呢?满腹才华更是多余,他读了一辈子书也没挣到功名,临了还不是开蒙馆度日?百无一用是书生,何况一个农家女?是以他也没把双卿的才华当回事。邻居们全不知情,只觉得这

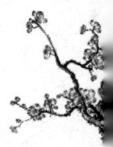

女孩子眼神清明,眉目俊秀,身上有一种特别的说不出的气质,说话做事落落大方,待人接物也平和通脱,全无忸怩的小家女儿之态。

雍正十年(1732),双卿18岁,正是待嫁之年。她亭亭玉立,容貌出众,山中人啧啧称赞于她的美丽,议论着谁家能娶得此女。

若是出身名门闺秀,她的才华或可作为装饰,增加点婚嫁的筹码,但相对于桑蚕稼穑舂谷绩麻来说,才华几乎等于画蛇添足的一个笑话,不独不会被重视,反倒可能被视为作怪——她本就是逆境而出的异数。更何况,"女子无才便是德"的观念从未曾在社会上灭绝,男人的推崇是一回事,女人本身的自重又是一回事,即使名门闺秀也绝不可炫才,自掩光华方是女人之本分。"才可妨德""才非闺阁之正务"……不要以为这些话都是男人说的,最热烈的拥趸者恰恰是女人,清代大才女王贞仪即其中之一。还有不少女人则以实际行动表示支持。黄宗羲的夫人叶宝林听说有闺秀作诗结社,与男人举杯唱和,便自焚手稿以示对伤风败俗之慨。查慎行的母亲钟韫,谢世前亲手烧毁诗稿,是查慎行抢救并还原,才得以刊行于世。俞樾的女儿俞绣孙,也是临终前数日即开始焚稿,如今流传下来的是其中未及被焚者,由其父结集刊刻。

双卿本有慧根,加之读书开智,当然对自己的处境了然于胸,所以她"以才情自晦",谨慎地把才华隐藏起来,"往来双卿家者,不见其笔墨痕也"。

掩得住才华,掩不住心事,如此狂热地爱着读书,她内心又怎会没有憧憬呢?

邻家女孩出嫁,嫁的是位书生,得意之余在双卿面前炫耀,笑双卿出身农家,今生与书生无缘。这事被史震林写进《西青散记》,想来只能出于双卿嫁后的亲口讲述,可知双卿内心曾经有过隐隐的憧憬,希望嫁与一位书生,清贫无妨,劳苦亦无妨,只要两个人能够谈诗论文,精神层面上有所交流,就是她心目中最美满的姻缘了。

话说明清传奇里美女们幻想的婚姻对象大多是书生,不知是出于书写者自身作为书生的意淫,还是普遍的社会风尚使然,大约两种因素都有吧。那些大家闺秀千金小姐,一般都有一个嫌贫爱富的老爹,恶老爹百般阻挠花招用尽,美才女痴心不改誓死要嫁穷书生,男文人书写时的感激之情不言而喻,显然那种婚姻是属于下嫁了。双卿也是美才女,但穷书生对她而言却是高不可攀的对象,从家世到人际关系都没有交集的可能,遥远得难以触及,就像一座绮丽缥缈的海市蜃楼,所以邻家女会嘲笑她"生农家,不能识书生面也"。

这一年秋天,双卿嫁到了绡山里,一户姓周的农家。

"父母之命,媒妁之言"是必要程序,"门当户对"是基本原则,下层人的婚姻自然还是在下层缔结,所以结果是显而易见的。双卿不是好高骛远不切实际的女孩子,这婚姻自然在她预料之中。她是整个人如璞玉,从没把自己看得与众不同,对自身的好浑然不知,对命运也一直是顺从的姿态。退一步说,从她有限的生活经验来看,底层人的婚姻未必就不幸福。远的不说,就以明末冯梦龙编纂的《醒世恒言》来看,"卖油郎独占花魁"不就是最好的例子么?"堪爱豪家多子弟,风流不及卖油人",卖油郎反比世家豪门子弟更懂得尊重爱护"又会写,又会画,又会作诗"的王美儿——幸福的婚姻其实并不需要很多。

坐在喜轿里颤颤悠悠走向未知的双卿,也许心里没有绝望,有的是对生活的种种设想、对人生的美好预期。秋日的江南,花开到极盛,树大片地绿着,田畴桑林间时见两三艳色,像鞭炮上炸响点点火花,在大红盖头流苏的缝隙外闪闪烁烁——那是萧瑟季节来临前最后的绽放,陪着双卿一路到了绡山里。

名花困雨,新月藏云

婚姻是一种移植,把一个生命从一个地方生生拔离,嫁接扦插到另一个陌生的环境里。那朵自生自长的野菊花,就这样在命运之手的拨弄下,到了另一片更为贫瘠荒凉的土地上。

周家是佃农,租种乡绅张修园家的田地。在流传下来的记载里,全然没有提过双卿的公公,这一家经常出场的就是双卿的丈夫和婆婆。

婆婆曾在张家做奶妈,多年伺候张家上下,如今好不容易有了媳妇,熬成了可以享受他人伺候的婆婆。在封建家庭伦理秩序中,婆婆的地位是很高的,不说高门大户里晨昏定省了,就是寻常百姓家,婆婆也是媳妇的绝对上级。男子可以休妻的七出之条里,第一条就是"不顺父母",汉《大德礼记》里称之为"逆德",是很严重的罪名。而这"父母",就是专指丈夫的父母,必须顺之,一点违逆也不可以有。

双卿的丈夫大她十多岁,文化水平仅够看历书,后来在双卿的指导下强记了"月""大""小"之类的字。这也罢了,如前所述,其实不算什么。让人受不了的是,他很邋遢,不爱洗澡,连脸也不常洗,下巴和脖子上的泥垢搓可成丸,身上的狐臭加汗臭味儿强烈刺鼻。双卿偏又天性爱洁净,身为农家妇,一样的烧火做饭烟熏火燎,一样的耕田打场土里刨食,凭是怎样的操劳奔波,怎样的布衣旧帕,她总能穿戴齐整,干净利落,整个人看起来清清爽爽。女人是水做的骨肉,男人却是浊气逼人,《红楼梦》里贾宝玉的痴话像是在给这两个人写影。清浊同室,丑男娶俊妻,乌鸦配凤凰,一朵鲜花插在牛粪上……用这些话来形容这个婚姻,是一点也不过分。若周某这厮懂得怜惜双卿倒也罢了,围观群众也愿意厚道点,奈何事实并非如此。

浣溪沙

暖雨无情漏几丝,牧童斜插嫩花枝。小田新麦上场时。

汲水种瓜偏怒早,忍烟炊黍又嗔迟。日长酸透软腰肢。

上片不啻初夏田园小景,有节候,有天气,淡淡铺写,如水墨在纸面晕染,再信手勾勒,便有牧童形象跃然其上。"斜插花枝"充满生活情趣,"小田新麦"初初上场,则有不尽意味,读来很有陶渊明、孟浩然田园诗的晓畅美好。

下片转入写自己的生活,与上文历历如绘的美景形成落差。刚下过小雨,土地如酥,正适合汲水种瓜,可双卿甫一挑起担子,就被周某责骂说这时候还早着呢。放下水担,忍受着柴烟,埋头炊黍煮饭,却又被婆婆责怪说太迟。这就是双卿的日常生活,不停地劳作,打场,饷田,种瓜,炊饭,直累得腰肢酸困,结果却是动辄得咎。

双卿的诗词是写实的,同样的田园风光里,她没有陶渊明、孟浩然的闲适自得,更没有王维的清空隐士之态,但这也正见出她的独特。在文人

的山水田园诗里,农民偶或成为主角,但若真拿那些诗句读给农民听,怕不要笑倒一片么?那么美的田园牧歌,主角其实是做了背景,供文人遥遥观望的风景里的一个。双卿也是主角之一,她主动打破了田园牧歌的虚妄矫饰之美,在一定程度上还原了部分真实。虽然,她的主动是不自觉的,但仅此一部分真实就足够了。

看这两首诗:

> 曾记桑阴学种瓜,与郎消渴饷郎茶。
> 夜凉带病开窗坐,放月吹灯暗绩麻。

> 斜罗仄布零星片,自绽寒衣费针线。
> 白烟遮梦抱梅花,繁霜夜洗佳人面。

桑阴种瓜,月夜绩麻,拼凑零星布片,一针一线缝制寒衣,这不就是一个真实的农妇形象吗?不同前人诗作之处在于,这是一个农妇的自述,而非他者代言。故而细腻、真实,有他人所不能体察的幽微处。既然"夜凉",既然"带病",为何还要"开窗坐"?原来是为了把月光放进来,以便节省灯油,借着月光纺麻。"白烟遮梦抱梅花,繁霜夜洗佳人面",难为她忙活了一个白天,还得在夜雾和寒霜里继续劳作,坐至夜深,能清晰感受到霜露的水汽。

再看三首:

冷厨湿烟障低房,爨尽梧桐谢凤凰。
野菜自挑寒自洗,菊花虽痛奈何霜。

浸透春酸一点心,病重疏梦易消沉。
镜钗已卖酬方药,自削杨枝照水簪。

命如蝉翼愧轻绡,旧与邻娥一样娇。
阿母见儿还认否?苦黄生面喜红消。

周家租住的是张修园家的农舍,茅草屋,低矮潮湿,薪柴的烟很容易被掩住,双卿就在烟火熏烤中做饭。门前的梧桐也都砍来灶下烧用,寒门小户,唯生计尔,哪里顾得了能否招来凤凰呢?自挖野菜自挑择,冒寒清洗了,炊煮来代替粮食充饥,可知佃农的生计艰难。菊,是双卿的自况,她性爱菊,有词《二郎神》专门咏菊。菊花虽痛,却对风刀霜剑奈何不得,也就只好生受着。

"浸透春酸一点心,病重疏梦易消沉。"身体患病,内心浸透酸楚,连梦也做得少了,可不叫人意志消沉么?天旱歉收,交租尚需典卖她的裙子,吃饭还得野菜充饥,病更是富贵享受,穷人家怎生得起?"镜钗已卖酬方药",陪嫁带来的镜奁和簪钗都已卖掉,只为了支付药费。所以,她"自削杨枝照水簪",削杨柳枝条作簪,以水作镜,照着水簪上头发。

如此磨折下,双卿不由得要自叹自怨,叹息自己命如蝉翼,比丝织的轻纱还要薄。看见邻家女孩的娇模样,想到自己旧日也是这样,被父母娇宠着。只如今嫁为人妇,日夜苦做,积劳成疾,脸上健康的红晕渐渐消退,枯黄一点一点爬到面部,不晓得阿母若是看见,还能认出自己的女儿吗?

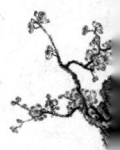

"阿母见儿还认否?"一问悲甚。

一剪梅

寒热如潮势未平,病起无言,自扫前庭。琼花魂断碧天愁,推下凄凉,一个双卿。

夜冷荒鸡懒不鸣,拟雪猜霜,怕雨贪晴。最闲时候妾偏忙,才喜双卿,又怒双卿。

据《西青散记》说,双卿嫁到丹阳里的第二年,因受暑热,生了场病。病体尚未痊愈,正赶上农忙时节,井臼炊爨,田亩送饭,她本就体弱,操劳过度,又染上风寒,一来二去竟患了疟疾。疟疾俗称打摆子,发作起来,一阵儿热到满头大汗,一阵儿又冷得浑身发抖,全身酸痛,烦躁难受。传说康熙在征伐噶尔丹时得过此病,幸好遇到几个洋传教士,服了些西药才得治好,寻常百姓就没有办法了。

起句"寒热如潮"说的就是疟疾,由"势未平"可知病未痊愈。时已深冬,双卿抱病起身,穿单棉衣,裹旧头帕,默默打扫前庭。"琼花"用的是旧典,相传扬州后土祠有琼花一株,甚为有名,唐朝人在花旁建无双亭,意谓天下无双,到南宋末年元兵攻至此处,花遂不荣。琼花魂断,天为之愁,天下人为之动容,而双卿此刻亦如琼花之愁。

长夜酷寒,鸡也懒得打鸣,唯有双卿还在独自劳作。中庭地白,不知是雪抑或是霜;天气不定,怕的是雨爱的是晴——只因她病体难挨。这时节,正是乡间一年最闲的时候,偏偏双卿最忙,"夙兴夜寐,靡有朝矣"。饶是如此,也难教婆婆和丈夫满意,他们的喜笑与怒意俱是无常,随意向双卿泼洒,她正是这家里地位最低的那一个。

病中·孤鸾

午寒偏准,早疟意初来,碧衫添衬。宿鬓慵梳,乱裹帕罗齐鬘。忙中素裙未浣,摺痕边、断丝双损。玉腕近看如茧,可春腮还嫩。

算一生凄楚也拼忍,便化粉成灰,嫁时先忖。锦思花情、敢被爨烟熏尽!东舀却嫌饷缓,冷潮回、热潮谁问?归去将棉晒取,又晚炊将近。

《西青散记》中记双卿苦状:"双卿疾益苦,寒热沉眩,面杀然而黄。其姑愈益督勒,应稍迟,辄大诟。午后,寒甚而颤,忍之强起,袭重缊,手持禾秉,茎穗皆颤。热至,著单襦,面赤大喘。渴,无所得沸水,则下场掬河水饮之。其姑侧目冷言相诋,双卿含笑不敢有言,唯诺。敏给争先,任劳苦,不敢以诿其姑。与姑落禾穗于场,姑数十秉,双卿已数百秉。"这是说双卿的病愈来愈重了,她的婆婆却督促得愈益严厉,回应稍有迟缓,马上就大声詈骂。午后,双卿冷得浑身发抖,仍旧强忍着起身,多加了一层棉衣去场上打稻谷,手拿稻谷时,连稻谷的茎穗也在颤抖。少顷又热上来,她脱去棉衣,只着单襦,但还是满脸通红,大口喘气。热得口干舌燥,没有开水可喝,就走下谷场捧河水喝。婆婆在旁边冷眼而视,并且冷言冷语毁谤,双卿含笑,不敢说话,只是唯唯诺诺,麻利地抢着干活,任劳任怨,不敢把活儿推给婆婆。她拖着病体,和婆婆一同打稻谷,婆婆打几十捆时,她已打了数百捆。

这段写实的文字,与此词互为映照,透露出双卿诗词背后真实的人生,只是那受苦受难的人儿她连一句针对婆婆或丈夫的怨毒之辞都没有,

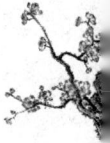

顶多是自怜地说一声：这等冷热寒潮，病中痛苦，又有谁问？可叹她脸上还是青春的颜色，手上却已生出老茧——事实上那容颜也已有了变化，如上文史震林所言，煞然而黄。

"东甾却嫌饷缓"一事，《西青散记》中也有记："一日，饷黍迟，夫怒，挥锄拟之。"送饭送得迟了，周某便举起锄头要打双卿。这样的日子，却不是一天两天，是一生都要忍受的凄楚啊。双卿再细细想来，最悲苦的不是劳作，不是病痛，是"锦思花情，敢被爨烟熏尽"——毫不矫情地说，这是一种精神上的痛苦，无以缓解，叫人绝望。

湿罗衣

世间难吐只幽情，泪珠咽尽还生。手拈残花，无言倚屏。

镜里相看自惊，瘦亭亭。春容不是，秋容不是，可是双卿？

双卿每每在词中直呼己名，细细咂摸，似可分三类看待，其中各是一副情肠。

一种是客观表述。如上边《一剪梅》中"最闲时候妾偏忙，才喜双卿，又怒双卿"，虽有抱怨，但情感基调大体上是平淡的，简单讲述一个事实而已。

一种是对自我的抚慰。生计艰难，家人虐待，体弱多病，长日机械地劳碌……种种烦恼沉沉压在她心头，偏又无人可做精神上的交流，读书也不可得，她寂寞，孤独，不得解脱，遂自己伸出一只手来，悄悄抚摸着安慰自己，自怨自艾，自我爱怜。就如这篇词里的情景，对着镜子端详，自问自答：春容不是，秋容不是，这可是双卿你啊？

第三种属于创作中的下意识行为。在凡俗庸常的生活里，文字仿若灵魂飞升,悬浮在自我之上,以他者的眼光来观察、审视、思索,这个时候她成了她自己的上帝,身处其中的生活成了观察的对象,推开、拉远,保持距离,那里边曾经令她痛苦的因素因此得到消减。借由文字所生的那一点微火,她和她的身体、她的精神一起涅槃,成就了她诗词里的"怨而不怒,温柔敦厚"——这是自《诗经》而来的传统,文字是可以表达怨的,但不那么激烈,不是愤怒地大喊大叫,而是敦厚温和,对人世抱持随时原谅的柔软姿态。

关于双卿词的这一特点,清末词家黄燮清评曰:"如小儿女哝哝絮絮,诉说家常,见见闻闻,思思想想,曲曲写来,头头是道。作者不以为词,而阅者亦忘其为词。而情真语质,直接三百篇之旨,岂非天籁?岂非奇才?"《白雨斋词话》里也说:"其旨幽深窈曲,怨而不怒,古今逸品也。"

怨而不怒,"菊花虽痛奈何霜"啊。然菊花被霜杀了去,来年还能再生,人活着却只此一世。奈何?奈何!

梅情耐雪,菊意甘霜

却说这张修园,当地乡绅,也是儒士,修园是其号,世称修园先生。张家乃大族,耕读传家,是乡间的书香门第。修园先生很看重儿子们的学业,指望他们求取功名,高登仕途。在二儿子中秀才后备考举业期间,他有意招了一个亲戚来,半是陪读,半是辅导,将来也可与儿子一同赴金陵应试。这个人就是史震林,《西青散记》的作者,号梧冈,另有雅号弄月仙

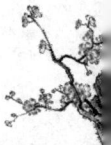

郎。他出生农家，三代书香，道德、文章、书法、绘画等皆有名气，好游历，善交友，自云"人生大愿"为"载异书，携美人，登名山，遍采歌咏以为一代风雅"，颇以风流自许。

史震林应堂姑父之邀，来到绡山，陪同表兄弟张梦觇、张仁趾读书。第二年，他向修园先生建议，广开书院大门，招纳各方文人雅士，以广博见识，交流学问。这一来，姬山赵暗叔、金坛王澹园、孟河郑痴庵、武进段玉函等才子纷纷前来，雅集绡山里。

此处有小尖山一座，尖峭突兀，张家依着小尖山建了一座相当有规模的庄园。山上是求仙用的静室澹香堂，山间有读书用的耦耕书院，避暑的古电山房，观景歇息的响霞亭等，山下是生活起居的绡山小院，小院左右两侧有密密的茅舍，茅舍内住着张家的奴婢和佃户。双卿家就在西面临溪的茅舍里，史震林等人则在耦耕书院读书——机缘是一场注定要来的雨，说不定什么时候就"噼噼啪啪"打到头上，携带着未知的惘然。

雍正十一年（1733）夏。

一天傍晚，史震林与段玉函在耦耕堂外闲观山景。双卿手执畚箕出门，倒掉杂物，继而挎上竹篮，到桥西岸种瓜瓠。这是史震林第一次看见双卿，当时便注意到她的与众不同，印象颇深，用八个字记了下来："眉目清扬，意兼凉楚。"

"清扬"典出《诗经》，"有美一人，清扬婉兮"，讲的就是偶然邂逅的女子之美。这种美不同于"硕人"的盛大隆重，也不同于"桃夭"的明亮热烈，是一种清丽婉转之美，不独眉目俊秀，还有仪态宛然。"凉楚"甚是准确，读之似能看见双卿脸上的表情。生活黯然无光，家人缺乏爱意，身体也饱受病痛的折磨，唯一的爱好早就被剥夺，一来无钱购置笔墨纸砚，二来婆婆和丈夫一见她写字便横眉立目,他们的要求是干活干活再干活。这一种凄凉境况、忧愁情绪,平时在家人面前或会有所掩饰,一人独处时便自然而然地流露出来。

翌日,这两个书生在周家门外双卿倒出的杂物里,发现一片特别的芍药叶,上面以粉书写着一首词,正是前文提到的《浣溪沙》。那一种妙然天成,不事雕琢,让他们大为赞叹。史震林多年游学生涯中,一直带着《散记》手稿,真实记录所见人事与所得佳作,然其中词作竟无一首能与这《浣溪沙》匹敌,他回到书院就赶紧记录下来。

双卿为世人所知的历史,由此打开。

后来,张梦觇派女仆到周家看望双卿,了解其性情品行。

再后来,女仆奉命带去《散记》手稿给双卿阅读,算得是史震林一种恰当的致意方式。

再后来,双卿读《散记》并叹曰:"妾生长山家,自分此生无福见书生,幸于散记中识才子,每夜持香线望空稽首,若笼鸟之企翔凤也。"有得偿夙愿之慨。

双卿独自摸索,自学成才,文学天分之高,令书院众才子们赞佩;境遇之艰难,方圆皆知,而又无以解脱,这又让他们叹惋。他们创作诗词送给双卿赏鉴,既是深入考较双卿才华,也是交流切磋遥遥致敬,他们还多次热切请求双卿唱和。中间跑腿捎话传递诗文的是张家女仆,或者修园先生的小儿子——十多岁的张龄,人皆呼之"童子龄"。

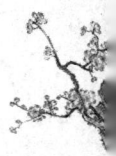

莲叶层开水面楼,暗香生喜便生愁。
仙郎为解无情网,夜雨春恩说到秋。

映水幽间坐绿矶,蓼辛茶苦敢嫌饥。
何方可化银蟾去?但愿身轻不愿肥。

这是和史震林、张梦觇的两首诗,记他们买蛙放生的善举。他们两人见到有钓者用笼网抓到一只大青蛙,可怜那青蛙拼命挣扎,便买了来放生到耦耕书院的池中,并为此各赋诗一首,送给双卿请她唱和。双卿听了童子龄的讲述,揣摩原诗命意,顷刻成此两首,不仅用喻精当,而且暗含寄托之意。

淡写凉红叩玉皇,碧云吹下断肠霜。
嫩悉细印黄金粟,一夜花神又费忙。

更晒秋衣就晚晴,好山能照病容清。
离魂附草为萤火,幽恨如冰化水晶。
燕后新鸿连复断,雨边残月死还生。
小窗夜色从来淡,便为灯花坐到明。

这是和段玉函、赵暗叔的。中间还有一些小故事,《西青散记》里记得断续且琐屑,一一读来,约略可以触摸到双卿的内心世界,感受她与这一群才子交往过程中的心态变化。

在双卿旧年的梦里,书生曾是一个陌生的群体,文雅、高贵,过着超脱凡俗的生活，头上顶着耀眼的光环。而今，一群书生的主动走近，不啻于庸常日月的意外收获，她暗自欢喜，但也惴惴然——是从上神那儿偷来的吧？这怎么会是属于我的呢？这样的疑惑与惊惧从未自双卿心底消失。

当她以恭肃崇敬的态度与书生们唱和，在文字里寻找相近的灵魂，进行深层次的精神交流时，长久以来的梦想得到了一定满足，压抑的情感也得到了一定宣泄。是啊，她偷偷读了那么多年的书，懵懂写了那许多字，却像一个人在没有窗户的黑屋子里摸索，哭与笑都是她自己，无人知晓。如今一扇窗豁然打开，光明照在她脸上，她发现了另一片更为开阔的风景，也在那风景里发现了自己——那从贫瘠里长出的野菊花，自顾自开满了山坡，却从不晓得自己的好，绽放愈是热烈，寂寞就愈是入骨。书生们的肯定，对她来说不啻于甘露，是寂寞绽放里偶得的几点沾溉。而他们不止于肯定，还大大称赏，几乎要反过来崇拜她了，有人甚至于把她当作女神看待，这可把双卿吓了一跳。

这一群人中，史震林最得双卿敬重，从后期他离开绡山后双卿所作词里也可看出朦胧的好感，但仅止于此，两个人并未多言，所作所为皆发乎情止乎礼。

张梦觇多次让女仆给双卿送纸笔，大多是基于好意，同情双卿，想要给她提供一些实际的帮助。毕竟是少东家，周某及其母亲多少会卖他面子，实际上对双卿也有一定的庇护作用。双卿对他是心存感激，毕恭毕敬，但也不卑不亢，保持着尊严。下文另有收租一事可证。

段玉函，号怀芳子，以"情痴"自命，颇具怜香惜玉之心，常慨叹世上佳人红颜薄命。双卿家门对古涧，垂柳掩映，她常去涧边浣衣汲水，"娟然坐石，见之者惊为神女"。段玉函一见倾心，念念不忘，每次到古涧旁赏月，必

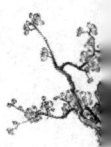

坐双卿浣衣石。他又作诗词以赠，文字所含的感情复杂而明显，同情、倾慕、试探、挑逗诸般皆有。双卿作词回奉，内有"染梦淡红欺粉蝶，锁愁浓绿骗黄鹂"之句，直言"欺"与"骗"，少见的凌厉峻刻，可见她内心是很清醒的。

还有一位赵暗叔，也是出身农家，幼年失怙，寄养亲戚家受尽冷遇，穷愁潦倒中也曾饱受疟疾之苦，即使成为读书人也不过是文坛边缘人物而已，故此眼见双卿遭遇，颇有天涯同沦落之感。双卿疟疾发作，病体支离，连饭也吃不下，又没人照顾，一天只喝几杯米汤。婆婆与丈夫并不体恤，反倒斥责辱骂，双卿勉强撑着病体起身，到灶间做饭。赵暗叔听说这些，又痛又急，却无计可施，只在双卿家门外往来走动，大声诵读双卿词。日暮时分，双卿出门浣衣，罗帕裹头，弱不胜衣。赵暗叔攀柳荫吟诗，双卿只俯首浣衣，洗完后端然走回，关闭院门，一眼也没看赵暗叔。

书生们还邀来一位画师石邻，想要给双卿画像，让双卿其人其文流芳世上。这石邻也是个痴人，听说双卿的故事后，表示分文不取。但又不好登门画像，便守在涧边、桥头、陇间悄悄观察，画出《双卿种瓜图》，颇有双卿神韵。而他此时唯有一个心愿，就是求张梦觇出面请双卿在画上自题。女仆把画卷送到，并附送绫罗、笔砚，传达了题词之意。双卿从未想过自己会成为画中人，飘逸出尘如仙子一般，当时又惊又喜，即刻题词一首：

玉京秋

眉半敛，春红已全褪，旧愁还欠。画中瘦影，羞人难闪。新病三分未醒，淡胭脂、空费轻染。凉生夜，月华如洗，素娥无玷。

翠袖啼痕堪验，海棠边，曾沾万点。怪近来、寻常梳裹，酸咸都厌。粉汗凝香蘸碧水，罗帕时揩冰簟。有谁念，原是花神暂贬？

说到此画,让我想起丰子恺先生所作《贫贱江头自浣纱》,他说:"颜如玉而沦落于贫贱者,古往今来不可胜数,岂止西施一人哉?"此题出自王维乐府诗《洛阳女儿行》,原句是:"谁怜越女颜如玉,贫贱江头自浣纱。"双卿即是如此,颜如玉而沦落贫贱,实在是千古皆要为之一叹。

再说此词,若是他人所为,我或会笑此人有自恋情结。但双卿太苦,明亮、温暖于她太少,别人的爱又不能接受,故我倒宁愿她爱自己多一点,无所顾忌放肆大胆地再多一点。

但她仅是这么一恍神,忘形一次即刻收敛,转天就急急要回画,把题词给剜掉,连那画也不肯归还,最后还是少东家催逼得紧才还回去。

她是这样矛盾,矛盾得又是这样可怜,礼教对她的束缚、她本身的自律自省,与他人的温热关怀、精神交流和抚慰,像两股急流在她心里激荡对决,或多或少隐约体现在一些诗词里。但她又是理性的,那些同情关爱固然让她感动,然而毕竟于事无补,现世礼教决定了她的无可救赎,书生意气浪漫情怀不但不能成全她,反倒可能让她万劫不复,她遂像羔羊一样顺从礼教,更谨言慎行地约束自己。这约束却不是装出来的,而是发自内心的驯顺,她的读书所得这时又从另一个层面上引导她、开解她,或者说是自我开解,使她不但坚贞,还从坚贞中汲取了一种力量,柔韧地支持着她,竟至于似乎走到了另一个极端上。

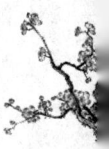

病后二首

今年霖雨断秋云,为补新租又典裙。
留得护郎轻絮暖,妾心如蜜敢嫌君。

细纫麻鞋线几重,采樵明日上西峰。
乍寒一夜风偏急,莫向郎吹尽向侬。

看她对周某这一片深情,却不是枉托么?一方施虐,一方受虐,礼教之下,逃无可逃,如此境况,真叫人怀疑是否斯德哥尔摩情结。

然而,又不得不承认,这是符合礼教期许的,三纲五常可不就是要培养这种宽厚如地母的受难型女人吗?纲常教育在双卿身上是非常成功的,她事婆婆至孝,事夫君至敬,不但拖着病体收稻舂谷做农活,回到家还做饭浣衣操持家务,婆婆和丈夫愈是刻薄斥骂甚至动手责打,双卿愈是面带微笑小心侍奉,任劳任怨,圣女一般。别人嘲笑周某不识字,双卿怒加驳斥,极力维护;婆婆疑心她与书院中书生有私情,双卿便克己复礼,着意避嫌,道上遇见也目不斜视。

惜黄花慢·孤雁

碧尽遥天。但暮霞散绮,碎剪红鲜。听时愁近,望时怕远,孤鸿一个,去向谁边?素霜已冷芦花渚,更休倩、鸥鹭相怜。暗自眠、凤凰纵好,宁是姻缘。

凄凉劝你无言。趁一沙半水,且度流年。稻粱初尽,网罟正苦,梦魂易警,几处寒烟。断肠可似婵娟意?寸心里,多少缠绵?夜未闲、倦飞误宿平田。

朱淑真以"鸥鹭鸳鸯作一池,须知羽翼不相宜"比拟婚姻不幸,遂成著名典故,此词中"鸥鹭相怜"自然说的是丈夫。鸥鹭与鸳鸯本非同类,更何况这周某性情暴戾,哪里懂得"怜爱"两字?双卿明白这一点,所以说"更休倩、鸥鹭相怜"。那么鸳鸯呢?在她心里,耦耕书院里的书生不正是"鸳鸯"?但她说,"凤凰纵好,宁是姻缘",心里明白那不是属于她的姻缘。

她以孤雁自譬,且寻觅,且绝望,得一丝缠绵,便多几分惊惧,是以她选择"暗自眠",不探寻,不挣扎,只愿"趁一沙半水,且度流年"。

这时候,那群才子又有的说了。

事实上,他们怜惜双卿,如何不是怜惜身处社会与文坛边缘的自己?他们挑逗双卿,又如何不是男性性别权力下所推崇的风流思想使然?《西青散记》里三个才子的一段对话,当为男权社会性别权力关系最为昭彰的显示,虽然他们自身并未意识到这一点——因而格外具有反讽性:

> 一个才子说:"人生须有两副痛泪:一副哭文章不遇识者,一副哭从来沦落不遇佳人。"
> 第二个才子说:"吾则以一副痛泪哭失节之佳人。"
> 第三个说的是:"佳人失节,思之亦必自哭;不自哭者,安得闲泪哭之?"

曾见到有当代人著文批评双卿受封建思想毒害,是"逆来顺受、矫情造作、甘就死地的殉道者",这话说得无比正确,却是不关痛痒,把双卿拔离自己的时代,无视那个时代的道德观、婚姻观和贞操观。据三个才子充满优越感的议论便可知,双卿若非选择了顺从礼教,只怕更是死无葬身之地,被目为道德败坏者了。无论封建伦理对妇人的要求标准有何演变,"四德"也好,"三功"也好,"德"一直都是居于首位,"失节"更是失德中的首要一点,它一直是而且仅仅是指向两性中的女性人群。按照这一标准,"德"既败坏,连带着"才"与"色"也就败坏了,如此,文学史上恐怕连她一个名字也不会留下。

短剑倚泉,残松卧壑

"九月筑场圃,十月纳禾稼。"农家生活随着季序渐次展开,农事一桩一桩前来敲门。待到一年农事结束,那来敲门的就该是田地的主人了。从这一点上说,周某及其母亲虽然是双卿人生里强势凶恶的那一方,但放在整个社会结构中,也不过是悲惨可悯人群中的两个而已。

这一年的秋季,因天旱歉收,小麦、棉花、稻谷收成都不好。收租的时候到了,多数农户面临困境,幸好张家属于良善乡绅,能体谅农家疾苦。张梦觇兄弟到西山收租,亲见一户人家寡妇幼子生计无着,便只收取了够缴官租的部分。归来时船过双卿家,稍事歇息,梦觇以此赋诗一首,请双卿和之,并云:"若能和得佳妙,不但免租,还可赠以舟中谷。"

双卿当即和诗一首:

岁 旱

风吹细雨湿柴扉,十亩溪田事业微。
岁旱木棉花未发,杼寒梭冷倚空机。

四句道尽困顿艰辛,尤其是"杼寒梭冷",体贴入微,非亲历者不能言也。张家兄弟为之叫好,但要兑现承诺赠谷时,遭到了双卿的拒绝。穷人有穷人的骨气,双卿是自爱自持之人,根本没打算以诗文换取实利——也许,在物质主义大盛其道的当下,今人很难理解她的举止了。应邀和诗,是她落落大方之处,拒绝嗟来之食,正是尊严使然,谁说穷人不能高贵?张梦觇理解并由衷地尊敬她。周某母子却未必,终归是悻悻然,跟双卿闹了一阵子。更麻烦的是,他们由此确认了一点:书院的书生们对双卿的爱慕之心看来是真的。狭隘无知的人,哪里理解得了这种感情呢?

事实上流言从来就没有停止过,越是保守闭塞的小地方,越是各种谣言滋生的温床。原因也很简单,那是小小山村唯一的八卦娱乐。

流言很多,不单有与书生们相关的,据说还有一个钱姓邻居的。钱某对双卿颇为觊觎,多次纠缠,遭到双卿义正词严的呵斥。之后,钱某的妻子却对双卿指桑骂槐,不分青红皂白地侮辱双卿——农妇见识多是如此,怕的是自己丈夫,骂的是无辜的同性。双卿的婆婆和丈夫也对双卿疑神疑鬼,双卿的日子自然是更难了。

及至冬日农闲,周某染上了新毛病:喝酒,赌钱。双卿写字原是他不支持的,现在倒被他指使了记赌账。双卿在火纸上写字记账,周某在一旁斜睨,还不懂装懂谩骂着指点道:"这个字写倒了。"双卿笑着回答:"否也。"生计本就维艰,双卿细算赌账,心下不安,便和颜悦色解劝了丈夫几句。孰料触他之怒,周某暴跳如雷,把双卿推进柴房锁了起来。双卿摸索着点亮油灯,听着窗外淅淅沥沥的雨声,缩在柴草堆里挨了一夜。这就是下边一词的来历:

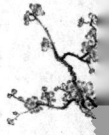

凤凰台上忆吹箫·残灯

已暗忘吹，欲明谁剔？向侬无焰如萤。听土阶寒雨，滴破三更。独自恹恹耿耿，难断处、也忒多情。香膏尽、芳心未冷，且伴双卿。

星星，渐微不动。还望你淹煎，有个花生。胜野塘风乱，摇曳渔灯。辛苦秋蛾散后，人已病、病减何曾？相看久、朦胧成睡，睡去空惊。

"人已病、病减何曾"，经此一夜虐待，双卿的疟疾更加严重了。第二天周某开门放她出来，令她舂谷，她干一会儿就止不住喘起来，只好抱着舂谷用的木杵稍事休息。周某怀疑她在偷懒，走上前猛地一推，双卿倒在石臼上，木杵重重压在腰部。她赶紧爬起来，忍着疼痛，继续干活。

到了晌午时分，婆婆令双卿去做饭。粥煮到一半，双卿疟疾再犯，寒与热相继来袭，身体抖得如风中落叶，脑袋也昏昏沉沉的，一时没照应到，粥翻滚着溢了出来。婆婆见状，立时大怒，扯住双卿耳朵向外拉，嘴里喝道："出！"耳朵被扯裂了，耳环脱落下来，鲜血直流到肩上，双卿捂着伤口哭泣。婆婆又举起饭勺敲打她的脑袋，嘴里再次简短而严厉地喝道："哭！"

病上加伤，饱受虐待，双卿的病日甚一日沉重起来。几重折磨下，她一度曾萌生寻死的念头，史震林作书劝她知命顺命。双卿也认可宿命之说，无可解脱，只是叹道：苍天在上，愿双卿一身代天下佳人受此无量苦，愿千秋万代再无佳人如双卿这般！

薄倖·咏疟

依依孤影,浑似梦,凭谁唤醒?受多少、蝶嗔蜂怒,有药难医花症。最忙时,那得工夫,凄凉自整红炉等。总诉尽浓愁,滴干清泪,冤煞蛾眉不省。

去过酉、来先午,偏放却更深宵永。正千回百转,欲眠仍起,断鸿叫破残阳冷。晚山如镜,小柴扉烟锁,佳人恹恹病。春归望早,只恐东风未肯。

陆游有诗《病疟两作而愈》,自言"久出天魔境,胡为疟鬼来?亦知无妄疾,毕竟不为灾"。以疟疾入词,专门书写,双卿这是独一份。病痛未必比前两者轻,但却写得很美,"依依孤影""诉尽浓愁,滴干清泪""断鸿叫破残阳冷",体现出一种凄凉的美感。显然,这是从痛苦中提炼出来的,而那痛苦正隐在日常琐事之中,比如"蝶嗔蜂怒",比如"自整红炉"。

陈廷焯《词则·别调集》评此词曰:"日用细故,信手拈来,都成异彩。得双卿词,足为吾《别调集》生色。"

邻家有女,名叫韩西,新嫁而归宁。她颇有慧根,且心性善良,见双卿独自春谷或汲水,经常伸手帮一把。双卿疟疾愈益严重,不得不卧床时,韩西就坐在床边,为双卿哭泣。她不识字,却极爱双卿写字,求双卿为抄《心经》,并教以诵读。两人感情日深。

没过多久,韩西得返回夫家了,家人置办了一桌菜肴饯行,还专门邀请了双卿。但双卿因疟疾故,不能前往。韩西便也不肯吃,把食物一样一样分出,装在食盒里送给双卿。那是个雨后初晴的傍晚,韩西走过土径来探望双卿,足印印在苔藓和软泥上,也印在双卿少有温情与欢悦的人生

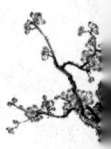

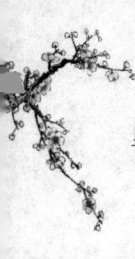

里,成为双卿珍如拱璧收而藏之的美好记忆。

双卿作两词以记之,深情动人:

摸鱼儿·谢邻女韩西馈食

喜初晴,晚霞西现,寒山烟外青浅。苔纹干处容双履,尖印紫泥犹软。人语乱,忙去倚柴扉,空负深深愿。相思一线,向新月搓圆,穿愁贯恨,珠泪总成串。

黄昏后,残热谁怜细喘?小窗风射如箭。春红秋白无情艳,一朵似侬难选。重见远,听说道、伤心已受殷勤饯。斜阳刺眼,休更望天涯,天涯只是,几片冷云展。

凤凰台上忆吹箫·送韩西

寸寸微云,丝丝残照,有无明灭难消。正断魂魂断,闪闪摇摇。望望山山水水,人去去、隐隐迢迢。从今后,酸酸楚楚,只似今宵。

青遥!问天不应,看小小双卿,袅袅无聊。更见谁谁见,谁痛花娇?谁望欢欢喜喜,偷素粉、写写描描?谁还管,生生世世,暮暮朝朝?

宋代李清照著名的愁句"寻寻觅觅,冷冷清清,凄凄惨惨戚戚"一出,引得天下人模仿者众,然而第一个吃螃蟹的才是勇士,后来者少有能超出的。据说元朝乔梦符曾做长句,"莺莺燕燕春春,花花柳柳真真,事事风风韵韵,娇娇嫩嫩,停停当当人人",评家谓之"丑态百出"。至双卿《凤凰台上忆吹箫》,连叠至44字,还有两处交错叠字,读来只觉得自然顺畅,变化万端却不见斧凿痕迹,如山涧溪水,一路顺势而下。又如陇头流水,呜咽有声,那份哀苦凄婉,直催人心魄,可谓叠字愁句之长调了。《白雨斋词话》称"广大神通矣,易安见之,亦当避席",《绮霞轩诗话》云"脱口如生,灵心慧舌,不让易安专美于前",皆以为精妙堪比李清照。

"青遥!"这一声呼告,叫人心酸。青天苍苍,高而远,哪里看得见一个小小女子的苦难?她就如那荒山上的野菊一朵,清苦自知,生死自了。

二郎神·菊花

丝丝脆柳。裛破淡烟依旧。向落日、秋山影里,还喜花枝未瘦。苦雨重阳挨过了,亏耐到、小春时候。知今夜,蘸微霜,蝶去自垂首。

生受。新寒浸骨,病来还又。可是我、双卿薄幸,撇你黄昏静后。月冷阑干人不寐,镇几夜、未松金扣。枉辜却、开向贫家,愁处欲浇无酒。

山乡野地,多的是野菊,双卿移来一棵,植于破盂之中,春釁之时对之,作诗咏词也常以之自况。"菊,花之隐逸者也。"古来如此。然而对于双卿来说,那太遥远。花中隐士,出世入世,是有闲阶级的一点消遣。而她,从来就在那花花世界之外,在不为人知的野外自开自败,没有出世入世的矫情,没有故作高标的姿态。

但她离野菊最近,她就是野菊,野菊就是她,二而为一。

菊花虽痛奈何霜,尘世的苦,双卿只能"生受"——活着,受着,乡人谓之活受罪。

犯病卧床了，要挨骂，骂她不干活。

挣扎着上场做事，病体难支，出了错，还要挨打。

邻家媳妇怀孕生子了，双卿也要挨骂，无后为大，这是女人最大的过失。

周某身上狐臭熏人，泥垢搓可成丸，双卿打来水劝他洗澡，结果仍是招来一顿打骂。

不敢写字，偶尔洗洗砚台，周某一见就要骂双卿："烧乏了的煤渣还能肥田呢，你偷闲就弄这些泥块有何用？"

不敢看书，只是持《楞严经》就着昏暗的灶间灯读，婆婆夺而骂曰："半本烂纸簿，秀才覆面上，尚且穷死，你这蠢奴才想考女童生吗？"刻薄入骨，天下书生都被骂尽。

双卿乞得白衣大士像，清水供之，静夜礼拜，周某见之也要骂："汝还要修什么？嫁给我已是你最大的福气了！"这粗蠢而自大的男人，竟也不怕牙碜。

甚至是一点点小事，也会成为责骂的由头。四月蔷薇花发，绕岸一片红白，芬芳宜人，双卿打麦时看到，心怜落花，便以外衣揽之带回家，在土窗下砌花片成字，又撒于枕席上床榻前，大约一时触动情肠，她独自笑且落泪。周某大怒："败花者丑，你今世已是丑八怪了，还敢再败花？"在他那里连美丑也是颠倒的，故而双卿一无是处，一切都是错，错，错。

读《西青散记》里这些点滴记叙，愤愤不平的岂止当时绡山乡民，岂止书院众才子，又岂止是一代读者？郁达夫有一首诗《读史梧冈〈西青散记〉》，最能代表这种心声："逸老梧冈大有情，一枝斑管泪纵横。西青散记闲来读，独替双卿抱不平。"

史震林外出游学及赴试期间,也曾带着双卿的诗词,向同道展示,为双卿扬名,立誓要天下人皆知有双卿这样一位才女。当时赞叹双卿高才,和之咏之的人很多,其中不乏名家,也不乏闺秀诗人,双卿甚至还名声远播京师了。然而这些于双卿个人有何用呢?"才与貌至双卿而绝,贫与病至双卿而绝。"双卿手捧山外传来的诗词,流着泪读之和之,而自身依旧陷在无可救赎的黑暗之中,连一把援手也不可得且不能得,世道与礼教根本没给这农家女诗人留下一道生存的缺口。她的人生也渐渐要走到头了。

《西青散记》里最后的描述是:双卿疟虽愈,甘心忍诟,而神态日减,肌肉不丰。谓邻女韩西曰:"余舌苦,食饧反甚,何也?"

疟疾折磨双卿整整两年,到新一年夏收过后,看看没再犯了。但双卿却日渐消瘦,精神不济,食欲也不振,吃得不多还总是反胃,后来竟至于卧床不起,听任婆婆和丈夫责骂也没力气支撑着起身干活了。

史震林斯时已离开绡山,得知双卿去世的消息,已经是一年后了。据《西青散记》的记载粗粗算来,双卿卒时大约二十来岁的样子,至多不会超过二十三。

据说,双卿死前留遗嘱给韩西,说只要一本手抄的《西青散记》陪葬——那是她二十来年人生里唯一的绮念、温情和光亮。

比贺双卿晚近百年的女诗人沈善宝,致力于构建女性自己的文学史和文学理论,编撰了十五卷的《名媛诗话》,虽然其中并未收录双卿诗词,但沈善宝自序中的话,几乎是为普天下女子,尤其是双卿这样"生于蓬荜,嫁于村俗"的农家女写影,录于此作结:

"窃思闺秀之学与文士不同,而闺秀之传又较文士不易。盖文士自幼

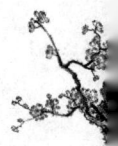

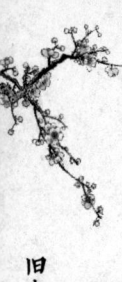
即肄习经史,旁及诗赋,有父兄教诲,师友讨论;闺秀则既无文士之师承,又不能专习诗文,故非聪慧绝伦者,万不能诗。生于名门巨族,遇父兄诗友知诗者,传扬尚易;倘生于蓬荜,嫁于村俗,则湮没无闻者,不知凡几。"

冲淡精神富贵花

——清朝才女顾太清

西林春:清代女词人。嘉庆四年(1799)生于北京,光绪三年(1877)逝,一生历嘉庆、道光、咸丰、同治、光绪五朝。满洲镶蓝旗人,姓西林觉罗,名春,字梅仙,号太清,别号云槎外史,自署西林春或太清春,嫁贝勒奕绘时托姓为顾,故以顾太清名世。擅诗词,尤长于词,工绘事,能创作戏曲与小说。著有诗词集《天游阁集》,词集《东海渔歌》,传奇《桃园记》《梅花引》,小说《红楼梦影》。

盛夏时节,果蔬琳琅满目,入秋以来,清脆碧绿头顶小花的黄瓜渐渐稀少。正当人们遗憾时,忽一日秋黄瓜上市,金黄耀目,个大体丰,乡人谓之金棒槌,爽脆合口一点也不输于青黄瓜。青黄瓜要的就是那青涩初成,神韵天然,太熟则失了味道;金棒槌却正胜在其熟,汁水丰富,味道饱满,

一口下去就是整个秋天。说到这个,不是要豆棚瓜架絮语闲话,而是想到了唐诗之后有宋诗,宋词之后有清词,文学的时序与季节物候正是何其相似。因了中国文学史编写体例的缘故,国人多惯于称道"唐诗宋词",更有断语云"唐诗之后无诗,宋词之后无词",又何异于青黄瓜之后不知有金棒槌耶?

词这一文体,是华夏土壤上独有的植物,在中国人文气候下经历了自己的春华秋实。晚唐是词的春萌,五代相当于初夏生长期,两宋则是词的盛夏黄金期,元明两代却如秋风起寒霜降,叶落花凋一片颓败,晚明以陈子龙为代表的云间词派力挽颓风,跨元明而标举晚唐北宋,廓清腐枝败叶,使词坛呈现一派秋高气爽的清明气象,自此后而至清代,词坛繁荣发展盛况空前,词作浩繁,词家辈出,词派纷呈,词风多元化,词话理论成熟,词的创作得到普及,是为词硕果累累的秋熟期,词评家称之"中兴"。严迪昌先生在《清词史》中指出,据编纂《全清词》(顺康卷)所得词量推测,清词总量当在20万首以上,词人数量也多至1万之数,大大超越之前历朝历代——这是20世纪80年代末的推论,依照目前研究成果看,一代清词的总量绝对远远超出20万之数,甚至可能近乎2倍。

而清词中兴,还有一个重要标志就是闺秀词人群体的形成,不但人数众多,创作量大,而且不再拘囿于家族,出现结社团体,有不少风格独特的名家,并形成了女性自己的创作理论,女性词也进入了一个前所未有的繁盛期。

顾贞立,耻事铅粉与女红,孤傲"懒从人热",其词劲爽,多所革新,著有诗词集两卷。

徐灿，在兴亡衰替中捕捉空茫与幻灭感，一扫女性词的纤巧逼仄，从宽度与深度上拓宽词境，词作深沉韵厚，被陈廷焯推为当朝第一，李清照之后又一人，著有诗余三卷。

吴藻，天才词人，出身商贾之家，嫁与商贾，有着与朱淑真同样的婚姻愁闷，却转而为内敛沉郁，创作上集晚唐两宋名家之妙而自成一家，传世有散曲、杂剧，以及词集两卷。

沈善宝，早岁不幸，凭刺绣绘画维持生计，后家人相继亡故，她一人葬八棺，以一己之力自立于世，并有意识地弘扬女性文学创作，搜集女性作品，著成15卷的女性诗话。

熊琏、庄盘珠、关秋芙、谈印梅、吴尚熹、吕采芝……还有随园女弟子，阳湖张氏诸女，等等，不胜枚举，璀璨绚丽，以天上繁星作譬亦不足形容其好，若要一一备述，怕是须得一本大部头专著"清女词史"了。

但不管是怎样大小的一部，有一个人必会列有一席之地，实际上即使是整部古代女性文学史，这个人也是任何评家都难以忽略掉的——她就是西林春，世称"顾太清"者也。

观堂先生《人间词话》评纳兰词曰："纳兰容若以自然之眼观物，以自然之舌言情。此由初入中原未染汉人风气，故能真切如此。北宋以来，一人而已。"从同为满洲词人，不落汉人窠臼，从自由抒写性灵的层面上看，西林春和纳兰性德是完全一致的，甚至可以说，纳兰词之言愁，基本上还是对于词抒情传统的承继，而太清词的和缓舒展，自然洒脱，尤其明白如话处，更为接近"自然之舌"。若要仿照观堂先生词话，选纳兰词与太清词中最能代表各自特点的语句点评二人，当如此说，"夜深千帐灯"，容若语也，其词品似之；"归骑踏香泥"，太清语也，其词品亦似之。殆近之欤？

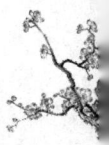

词评家也爱将两人并举,最早是王鹏运的说法:"满洲词人,男中成容若,女中太清春而已。"后况周颐将之延展细化,分析甚为得当:"曩昔某词话谓'铁岭词人顾太清与纳兰容若齐名',窃疑称美之或过。今以两家词互校,欲求妍秀韶令,自是容若擅长;若以格调论,似乎容若不逮太清词。太清词其佳处在气格,不在字句。"

问三生,石上谁安置

一个人的历史,从26岁开始。

这听起来很奇怪。就像说卡蜜儿·克劳黛的历史从19岁开始,萨拉·菲尔丁的历史从34岁开始,而朱安的历史是从23岁开始一样,怪异,但合乎事实。她们的身影隐在情人、兄弟、丈夫身后,她们被世人所知是缘于某一个男人,她们有一个共同的名字:女人。所幸的是,有一些女人太过出色,终至于摆脱依附关系,独立站在了世人面前,史书也不得不为之改写,整部人类的历史就是一场关于记忆与忘却的拉锯战。顾太清正是这类女人中的一个,她最初走进历史的视野,是因为一个名叫奕绘的王室男人。

奕绘姓爱新觉罗,是乾隆的曾孙,祖父乃乾隆第五子永琪。永琪封荣亲王,赐第太平湖,是为荣王府。他文武全才,在旗人骑射之能外,娴习满、汉、蒙三种语言,读汉文经史,擅书法、算学,因此而开荣王府良好家风,府里藏书丰富,文化气息浓厚。奕绘在荣王府出生、成长,6岁启蒙,师从名士,12岁能诗,诵六经如同连珠,通满汉文及算学,好《易经》,15岁著《读易心解》一卷，成人后拥有丰富的经学、小学修养及西方科学知识，是清朝宗室中出名的诗人、学者。

按照清朝袭爵制度，除"铁帽子王"世袭罔替外，其他都是每世递降一等，奕绘的父亲绵亿降袭郡王，奕绘则降袭多罗贝勒。奕绘15岁娶妻赫舍里氏，名霭仙，字妙华，依礼制亲王、郡王之妻才称"福晋"，对妙华则称"夫人"。妙华长奕绘一岁，用奕绘诗说是"十五十六结婚姻，两愚两小两相亲"，两人感情甚笃，共育两子两女。据说妙华夫人端静淑，善文学，有诗集《妙华集》，与奕绘青年时所作《妙莲集》合为一体，称《妙莲华集》。

顾太清是奕绘的侧室，现身于文字记载之中，正是26岁嫁与奕绘的时候。时年，奕绘也26岁。

事实上，连"顾太清"这名字也是错的，为了更大的隐讳。若非近年来学者的发掘和她家后人的披露，我们连这一点也不得而知，更毋庸说她26岁之前的人生了。

太清是正宗满洲镶蓝旗人，本姓西林觉罗氏，名春，字梅仙。祖父鄂昌，甘肃巡抚，是雍正、乾隆两朝重臣鄂尔泰的侄子，因胡中藻案被赐死。

胡中藻案，是乾隆朝一大文字狱，斯时鄂尔泰已死，但实则仍与鄂尔泰有关。鄂尔泰是雍正朝内阁首辅，深得雍正信任，门生故旧遍天下，乾隆继位后明里大为重用，内里颇为戒惕。乾隆十年鄂尔泰病逝，皇帝赐以哀荣，亲临致祭，封谥号，入祀京师贤良祠，但转过年就开始着手打击鄂尔泰一党。胡中藻是内阁学士，兼侍郎衔，自号"坚磨生"，不但是鄂尔泰门生，而且与鄂昌私交甚好。文字狱，当然是要自无中生一个"莫须有"来。乾隆从胡中藻诗集《坚磨生诗钞》中找出若干罪证，比如"一世无日月""一把心肠论浊清""斯文欲被蛮满洲""与一世争在丑夷"等，以乾隆龙眼观

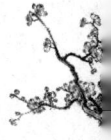

之,又是"明"又是"清"还说满洲"蛮夷",皆属于巧用双关,语带影射。更"可恨"者,胡中藻任广西学政时还出过一道试题,中有"乾三爻不象龙说"七字,乾隆曰:"乾卦六爻,皆取象于龙",何况"龙与隆同音",这不是诋毁寡人年号吗?是可忍孰不可忍,于是龙颜大怒,将胡中藻斩首示众,将鄂尔泰撤出贤良祠,又赐令鄂昌自尽。说来这因言获罪,历代都有,而以清代最盛,大约既有政治上革故鼎新、文化上冲突的原因,还有清朝面对庞大而成熟的汉文明时崇敬与忌惮并存、统驭与戒备兼有的复杂心理作祟。清代十三朝,又以乾隆在位的六十年文网最密,文祸最多,达到望文生义、随意罗织的地步,令读书人为之胆寒。龚自珍有诗云:"避席畏闻文字狱,著书都为稻粱谋。"

太清的父亲鄂实峰,成为罪人之后,难以容身于京城,遂以漂泊游幕为业。从太清后来的诗词内容推断,她幼年贫居北京香山,稍长后曾依他人为生,到过福建、广东、吴中、杭州等地,自云是"半生尝尽苦酸辛"。

定风波·恶梦

事事思量竟有因,半生尝尽苦酸辛。望断雁行无定处,日暮,鹧鸪原上泪沾巾。

欲写愁怀心已醉,憔悴,昏昏不似少年身。恶梦醒来心更怕,窗下,花飞叶落总惊人。

家庭既为文字狱所累,家产籍没,家道中落,那苦处自是不敢明言,仅一句"事事思量竟有因"便揭过不论。罪臣之家低人一等的酸楚生活,在她心灵上留下了永久的阴影,以至于成人后还挥之不去,不经意间就折射进梦里。噩梦醒来,抱紧双臂,似乎旧年的恐惧尚未走远,她还是那个敏感胆小的小女孩,窗下花飞叶落,一点小小的动静都让她心惊。

《礼记》云:"兄之齿,雁行。"因大雁飞行有序,如兄弟序齿排列,故把兄弟比作"雁行"或"雁序"。《诗经》有句曰:"鹡鸰在原,兄弟有难。"可知"鹡鸰原"也是用典。太清有兄名鄂少峰,此词借典故暗指,"望断雁行无定处",其兄大约也是流离失所,日暮途穷之处,潸然泪下之时,是以"鹡鸰原上泪沾巾"。

太清既未与父兄在一起,那她身在何处?依傍何人?奕绘有词《浣溪沙·题天游阁》曰:"此日天游阁里人,当年尝遍苦酸辛。定交犹记甲申春。旷劫因缘成眷属,半生词赋损精神。相看俱是梦中身。"可看作是对太清噩梦词的回应,也显示出两人相识相知的轨迹,"定交犹记甲申春"当是明显标志。

当代学者研究太清和奕绘的社会关系,从中找出了两个联结点。永琪的嫡福晋也是西林觉罗氏,为鄂尔泰的孙女、鄂弼的女儿,故而两家本就是亲戚关系——算来奕绘的祖母是太清的堂姑母。太清的父亲鄂实峰娶的是香山富察氏,并置家于香山,与岳家比邻;太清是长女,有妹名旭,字霞仙,嫁与香山富察氏;奕绘有姊,疑似嫁入富察氏家,奕绘曾作诗《病柏四章悼亡姊富察县君》,太清亦有诗为《挽大姑富察县君》——这有成为又一联结点的可能。有人推测太清曾依附某贵妇人生存,或西林觉罗氏,或富察氏,故而认识奕绘。而奕绘家族口头流传的说法是太清曾做过荣王府格格们的家庭教师,太清五世孙、当代学者金启琮的《顾太清与海淀》一书就持后一说法,认为奕绘与妙华夫人也曾辅导格格们读书作诗,太清与奕绘的姻缘便由此开始。

但太清嫁与奕绘时,已26岁,且其人面目姣好,当不可能晚婚至此。

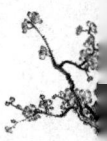

所以，又有人问，太清是否有过婚史？嫁的是谁？在什么状况下与奕绘相爱？家族史里当然是讳莫如深。施蛰存《太清手书词稿》曾引过文廷式的《琴风馀谭》，说太清是"尚书顾八代之曾孙女，初适副贡生某，为鄂文端后人，夫死后复为贝勒奕绘侧室"。今天已知，"顾八代之曾孙女"是谬传，后半句的可能性却不好抹杀。更有中山大学教授黄仕忠，依据太清剧作《桃园记》和《梅花引》、奕绘早期诗词以及相关史料，进一步印证了太清"文君新寡"、夫死再嫁，并推论出她与奕绘相恋所经历的波折。

《桃园记》，今存于日本东京大学，稿本，大有可能为太清手书，字体清秀俊致。讲的是三月三日蟠桃宴，西池金母的侍女萼绿华，南极长寿星的侍童白鹤童子，两人一见钟情，私订终身。事泄后，萼绿华被罚往桃园灌溉，白鹤童子被罚南海竹林掘笋，俱饱受相思之苦。一年后白鹤童子潜往桃园探望，两人互诉衷肠，"皆因三生石上自种情根，不知五百年前谁栽并蒂"。童子归南海，正遇上观音大士游竹林，询问他为何擅离岗位，童子以真情相告，恳求观音施以援手。菩萨一番点化，演说因果，瑶池金母首肯，准二人"同到世间，择个世族名门，投胎转世，成就良缘，儿女满堂，夫妻偕老"。

《梅花引》，主角则是天宫司书仙吏章后素与罗浮梅精，两人二百年前邂逅，订下婚约。章后素误点书籍，被贬人间，罗浮梅精因遇真仙，得受人身，潜隐西山幽谷，以图后会。梦神奉旨引章后素魂魄到幽谷，与罗浮梅精相会，梅精对章后素说："时尚未到，幽明阻隔，人言可畏。"章后素梦醒后，作《江城梅花引》记此事，适逢友人来访，得知梦中之事，遂撺掇他同往西山寻访。至幽谷，果然见到了梅氏，正梦中人模样，但因碍于他人，未能通一语。后一日，章后素独自来寻，私会梅氏，得续前缘。光阴荏苒，两人重游初逢之地,遇维摩诘携天女前来度脱。章后素皈依法座随维摩诘而去,梅氏则随天女赴岁寒阆苑管领群芳。

《桃园记》,有太清自题词一首,看得出含自述情事之意:

金缕曲·题《桃园记传奇》

细谱桃园记。洒桃花、斑斑点点,染成红泪。欲借东风吹不去,难寄相思两字。遍十二、栏干空倚。冰雪肌肤琼瑶想,引情丝、蹙损春山翠。仙家事,也如此。

凌风待月因谁起。总无非、心心相感,情情不已。只为情深深如海,泛出慈航一苇。渡仙女、仙郎双美。记取盟言桃花下,问三生、石上谁安置。合欢斝,莫辞醉。

《梅花引》,两个主角则几乎是太清为自己和奕绘量身定做的。太清字梅仙,生平爱梅,善画梅咏梅,可不就是那梅仙么?奕绘字子章,号太素,据《论语·八佾》"绘事后素","章后素"之名当是从奕绘而来。

大体可以确定,两剧的确有自传性质,《桃园记》暗寓两人相遇相知到结合的过程,《梅花引》则如续集般由姻缘兼及两人婚后。但写成时间都在奕绘亡故后,故《桃园记》自题词中云"洒桃花、斑斑点点,染成红泪",并在《梅花引》的结尾处臆想奕绘被维摩诘度了去。

从奕绘这方面,也能细察出一些若隐若现的痕迹。他曾在《生查子·记梦中句》中自言:"相见十年前,相思十年后。"可知他和太清相识很早,

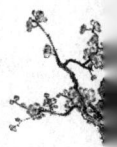

倾心已久，结合却有一番曲折经历。

奕绘有《写春精舍词》，共93篇，为23至27岁之间所作。研究者称，此词集中虽无一首提及太清，也无和太清之作，但太清名西林春，词集名即显示与太清有关。好在今有金启琮著文证实，说府中并没有"写春精舍"这样一个具体处所，是出于假托，《写春精舍词》即是为西林春写之意。选录其中一些词句细读，"就得一年能一见，也强似、相逢不再"，"人间路杳，天边期近，望断燕南赵北"，"眼角传言，眉头寄恨，约略花间忆。见人佯避，背人携手私语"，闪烁其词，隐晦其事，正是《梅花引》中章后素与梅氏的情状。"玲珑竹外传香澹，浑讶道、美人来也。破玉颜、缟袂临窗，莫是文君新寡"，借美人咏梅也就罢了，"文君新寡"却是来得突兀，难怪被人说有暗指之意。"灵禽命命同生死，二百年，灰冷香温"，则与《梅花引》里二百年之约相呼应；"嗟水月空花，镜里乾坤。久别暂留，后会三年休论"，似是说两人曾经久别，再度相会又被拆开。

据黄仕忠言，奕绘的早期诗集《观古斋妙莲集》，也可与词集互为印证。"有情天不老，相见岁常新"，描绘出相会之喜；"曲欲衷情诉，游难故侣邀"，则见别离之寂寥；"病起吟诗类补亡，抒情纪事费周章。一春久伴卢生枕，两月相亲向梆床"，是病中诗作。《病后感怀》中几句也颇耐琢磨："衣冠判贵贱，礼乐拘今昔。穿墉雀生角，滕口蝇污壁。""贵贱"当是指对太清身份的责难，"礼乐"则指对寡妇改嫁的非议，"雀生角"和"蝇污壁"显然是借用《诗经》中的典故，指有人搬弄是非，污白为黑，几至于引起诉讼。

如此可以推想，荣王府里，主要是奕绘之母太夫人，反对这桩姻缘的原因大概有以下四点：

一是辈分问题，太清比奕绘高一辈。

二是太清乃罪人之裔,这个比较犯忌。

三是太清新寡,免不得被疑"克夫",再加上所谓口角争讼,都会招致嫌恶(按:"新寡"一事仅限于黄仕忠的推测,金启琮是矢口否认的)。

四是宗室王公纳侧室,依祖制只能在本府所属府员包衣家遴选,如同宫掖选秀只能选八旗人家之女一样。西林觉罗氏并非荣王府包衣,收为侧室于礼不合。

然而,奕绘相思成疾,卧床不起。他贵为荣恪郡王长子,袭爵贝勒爷,赏戴三眼花翎,这一支自永琪之下由绵亿到奕绘,皆以侧室生子承袭,而绵亿郡王已逝近10年,那一位"瑶池金母"太夫人怎会不像《红楼梦》里贾太君对宝玉那样心肝肉似地疼爱?世上哪有能赢得了子女的父母呢?结果可想而知。

贝勒娶亲,正室要有皇帝诰封,侧室要上报宗人府。这罪人后代加不合祖制,双重犯忌,如何能瞒天过海?权衡再三,奕绘求助于王府二等护卫顾文星,想冒充顾家女儿之名呈报。顾文星是王府颇有资历的老府官,能诗善画,且有识见,他以为不可,婉言劝阻。但顾文星年事已高,没多久就病故了,他的儿子顾椿龄不敢与奕绘对抗,遂答应了这一要求。西林春改姓为"顾",又比照奕绘的字与号,取字子春,号太清,这就是"顾太清"一名的由来。

接下来,宗人府请封,朝廷册封,载入皇家玉牒,太清遂正式成为贝勒侧室,入住天游阁,有情人终结鸾俦。

时为道光四年(1824)春。

"旷劫因缘成眷属",正因为经了时间的洗礼和世事的磨砺,相知,定

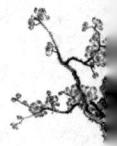

交,别离,病苦,辗转反侧,溯洄求索,最终遂愿时的欢喜才格外巨大而强烈。荣王府内,张灯结彩,天游阁里,朱栏画栋,海棠擎树树红烛,芍药拥层层罗帷,奕绘与太清四目对视,不知今夕何夕此身何身。从前曾以梦为真,今日翻疑真为梦,宛然奕绘诗里的情景:"相看俱是梦中身。"

人生总有这样的时刻,前人诗词也写过,"夜阑更秉烛,相对如梦寐","今宵剩把银釭照,犹恐相逢是梦中"。只是老杜的诗太过悲凉,小晏的词有化不开的艳,此情此景唯有身在此中的奕绘的诗配得,朴素,真实,庄正,深沉。他以娶妻的心意娶她,她以他为三生石上唯一的铭刻,缤纷万物在意念中默然消退成黑白,世界只剩下他和她,烛光摇摇,如水波散漾,把眼底眉间君心我心融合成温润美好一生一世也醒不来的梦。

瑶台种,不作可怜红

苏格拉底说:"务必要结婚,娶个好女人,你会很快乐;娶个坏女人,你会成为哲学家。"在众目睽睽之下,苏格拉底挨了老婆一通骂,又被兜头泼了一身水,还能抹一把脸对学生说:"雷霆之后必定有雨。"让围观群众佩服得五体投地。然而,一个男人打着赤脚披着破旧长袍,整天游荡在雅典的大街小巷,与贩夫走卒厮混耍嘴皮子,却不肯回家,那故作不在乎的自嘲背后隐藏着多大的不快乐呢? 大约此时,连街角小店里享用温馨家庭餐的皮鞋匠,都会是苏格拉底羡慕的对象。作为一位窥知灵魂堂奥掌握人类智慧的哲学家,他比他终生独身的弟子柏拉图要通透得多,明了婚姻是社会人的必由之途,以顺遂的姿态接受之,但他对自己的界定很明显:一个不快乐的哲学家。

犹太人几千年前就在他们古老的羊皮卷上郑重写道：温馨的家庭是上帝赐给我们最好的礼物。又说：好女人是一所学校。女人在家庭中的重要性不言而喻，决定着一个家庭的基本色调是明亮温暖还是阴郁混乱，是否具有凝聚力，是否能抚慰各家庭成员。

无独有偶，我们的老祖先也说过类似的话，《诗经·桃夭》云："桃之夭夭，灼灼其华。之子于归，宜其室家。"好女人，要像桃花一样明亮美好，要使她的家庭和顺幸福，家和万事兴，这就是"娶个好女人，你会很快乐"。

奕绘运气好，他的正室和侧室，两个有明文册封的妻子，都是宜室宜家的好女人。

按清朝皇室制度，王公的媵妾是有定数的，比如贝勒的定数是5人，其中有两人可封夫人、侧室。一般说来，王公贵族们在定制之外还会有姬妾数名，反正不在册，皇室也乐见，说起来还都有名目，是为了王室后裔瓜瓞延绵，故而各王府里多的是妻妾成群。但荣王府里，奕绘一生只有这两个妻子，太清与妙华。两个夫人知书达理，相处融洽，合力管理府内事务，荣王府上下其乐融融。

所以，奕绘注定成不了痛苦的哲人，而是快乐的诗人。

奕绘和太清两位诗人的第一次唱和，是在道光六年（1826）清明节。

清明踏春，是北地人的老习惯了。太清、奕绘和妙华侍奉着太夫人，登北京西山，游潭柘寺、戒台寺等名胜，可巧赶上了一场雪，琉璃世界，白雪奇观，只见老松如卧龙，怪石如蹲虎，美不胜收。太清作七律一首，以记此游。奕绘和之，题为《清明后，太福晋携家人稚子游潭柘、戒台诸胜，遇雪；夜晴，侧室太清赋诗纪游，因次其韵》。这是现存文字记载里奕绘第一

次用文字注明太清的身份。

这段时期,其实并非太清人生最幸福的时候。在太清婚姻里的最初四年间,她与奕绘共同出游的机会不多,诗词唱和也很少见,想来作为王府大宅门的侧室夫人,她是低调的,克制、勤谨,既不敢与奕绘太过恩爱而招致其他人的敏感反应,又要尽心侍奉太夫人以消弭曾经的龃龉不满。那情景大约与《影梅庵忆语》里的董小宛相似,"服劳承旨,较婢妇有加无已",烹茶剥果必亲手进奉,饮食进餐必拱立侍坐,对上无一言忤啎,御下则慈让有加。于是,阖府上下,莫不感其恩德,她获得了很好的口碑。依照封建伦理来看固然是贤良淑德,但我们今人看了总要想:这样的女人未免活得太累,实可叹也。

奕绘授散秩大臣。奕绘管理两翼宗学事务。奕绘授镶红旗总族长……奕绘的职务累迁似乎对太清没什么改变,她如一滴水隐入太平湖,连一首记录生活的诗词也没出现,唯一引起点波纹的大概就是家族史上那一笔了:先后产下一子一女。

直到道光九年(1829)奕绘被钦派为东陵守护大臣,唯太清携幼子载钊陪同赴任,属于他们游乐唱和的二人世界才徐徐打开。

清东陵位于河北遵化境内,北有昌瑞山做屏,南有金星山来朝,中立影壁山,东西两河环绕,美景天成,远离尘嚣,正可做神仙眷侣优游之地。两人在官邸内筑草堂、建山楼,堂曰"东山",取自左思《招隐诗》,寓隐居之意;楼名"信述",大约出自《论语》"述而不作,信而好古",有高古之气。

奕绘自得自乐:"一松终日共徘徊,信述山楼手自开。"

太清相和相随:"款段相随上小岑,斜阳坐话古松阴。"

名为信述山楼,其实是青山之下,古松之傍,茅屋一间而已,如奕绘自言"一间茅屋强名楼"。他们引水开渠,凿池蓄水,一碧清流绕楼而行,夫妻俩欢喜对坐,曲水流觞,临风采荇,吟诗联句,那一番和合之喜,美好诗意,连他们自己也不禁满足而叹息"至道无为叹河伯"(太清),"寓言得意忘渔筌"(奕绘)。

建山楼耗费一年之久,"去年八月起西亭,今年八月山楼成"。建草堂的时间未在诗中记录,只说是"东山草堂临草桥,溪边卜筑结黄茅"。水边结茅,堂内设榻,奕绘爱极了这种生活:"窗中西岭千寻出,溪上春风一榻收。"太清也爱此等野趣,她的《东山草堂二首》中,春水、黄茅、紫燕、花卉、鸟声、松影、苔痕皆历历如绘:

其一

春水满池塘,春光入草堂。
黄茅初盖顶,紫燕欲窥梁。
卉木见真趣,图书森古香。
濛濛新雨歇,花萼婉清扬。

其二

淑气催花萼,春风入酒樽。
日长帘幕寂,人静鸟声喧。
拂座清松影,侵阶碧藓痕。
山唐通略彴,词赋接文园。

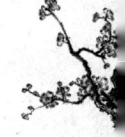

太过甜蜜的生活如深巷酒香,由不得地就流泻出来,飘洒人间。太清

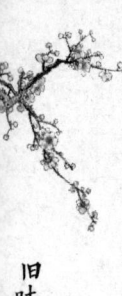

创作了《戏拟艳体四首》,写的是神仙眷属男女爱情,冠以"戏拟"二字,但读来宛然是自况,比如:"玉笛闲吹翻旧谱,红牙低拍唱新词。娉娉合是神仙侣,小谪人间归去迟。"诗句传到京城后,京城名士还赠诗以表艳羡:"玉台仙眷属,韵事共风流。"

这一时期,太清显然在尝试多种形式的创作,不但有模仿艳体诗之作,还有回文诗四首,以及古乐府体裁的五杂俎六首。回文诗中,如"幽窗夜火孤村远,阔岸荒沙落月残""蓬蓬草径闲鸣蚓,灼灼花丛乱点萤""苔径覆箨新过雨,晚蝉鸣处动荷香"等,正读倒读皆可成诗,回环往复,摇曳生姿。五杂俎则语带苍凉,颇富古意,如:"五杂俎,机中丝。往复还,风中枝。不得已,客中思。""五杂俎,花间蝶。往复还,春秋节。不得已,从军别。"

再是神仙侣"小谪人间",终究也要归去的,人生总有诸多的"不得已"。第二年七月,妙华夫人去世,奕绘与太清返京奔丧,结束了蜜月般的东陵生活。

文字记载里没有透露妙华夫人去世的原因,想来33岁早亡只能是病逝,其中也许还有爱情委顿的缘故?一夫多妻制总是伴着东风、西风之争,即使太清与妙华并无纷争,但一方爱得如火如荼,另一方自然会失落苦闷,何况妙华与奕绘本是少年夫妻,十八年的举案齐眉。"结发为夫妻,恩爱两不疑",那是"两不疑",若是三人又当如何呢?叹三生石上,哪里种得下世间男女这许多痴愿。

奕绘为之痛惜,作九阕《鼓盆歌》,表达"一载生离成死别"的真实哀伤。鼓盆,借的是庄子的典故,是而且只能是表达丧妻之情。

奕绘丧假满后留京,改管理御书处及武英殿修书处,领秘书监。当年十月,官授内大臣,十一月授正白旗汉军都统,地位越发尊崇了。

但是,直到奕绘去世,都未再续娶正室,太清没有资格扶正,奕绘也未另外纳妾,也就是说,这两个人实质上成了一夫一妻的格局——依照清制,奕绘的这个坚持是极为难得的。当时王公府邸世家之间的社交,尤其是正式庆吊场合,是不允许侧室出面的,故而凡正室病故,一般都会续娶,常常是正室、侧室及侍妾齐备。

"死生契阔,与子成说。执子之手,与子偕老",若不是9年后死亡的中道伏击,奕绘和太清将是相亲相爱幸福终老的一对。

未来不来,今天还有天,且怜取眼前罢。

宋朝赵明诚、李清照夫妻二人,同好金石书画、诗词酬唱,那种高雅而不乏小情趣的生活,深得奕绘与太清推崇,不但有诗词表示赞赏,并且着意效仿。爱是激情,婚姻是琴瑟,善于调弦正柱的手,自然弹得出和谐优美的天长地久。若拿《红楼梦》中女子作比,与太清最为相近的大概就是薛宝钗了,既知于诗文,又通于世情,颇具生活的智慧,不但能经营濒死的百足之虫荣国府,就连那强自撮合的金玉良缘也能被她经营出一段嘉好时日——从曹公的安排即可看出,木石之盟代表着理想爱情,本就是水月镜花,而金玉良缘才是合乎现世标准的理想姻缘。

李清照和赵明诚是"每获一书,即同共勘校,整集签题。得书画彝鼎,亦摩玩舒卷,指摘疵病,夜尽一烛为率",太清夫妇则是披图赏画,为之题诗作词。据《荣府史》:"天游阁,朱栏画栋,前有天游池,阁东边种海棠,西墀有芍药。"太清和奕绘就是在这里"明窗共展高人画,百四十年一叹欷",

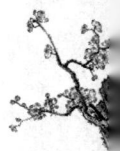

她早期的题画诗有题明朝沈周的《秋林曳杖图》、题明朝文征明的《秋湖晚眺》等,最出色的是题宋朝李晞古的《秋涉图》,诗中"寒滩欲济无舟楫,如此风波不可前"两句笔意不凡。自东陵归京后,另有题元钱选、明唐伯虎、宋赵伯驹、清黄慎这些名家画作的,并与奕绘同题宣和竹鸡、恽南田画册、邹小山画册等,留下大量题画诗。

常州画派的开山祖师恽南田,山水画秀润天成,花鸟画则以似求不似,把没骨花卉画法发展得更为形象、写意,其赋色之妙堪称古今绝艺。太清夫妇极为推崇,同为恽格画册各题写一组绝句,太清所作有10首,读之可知,在与奕绘的"如切如磋,如琢如磨"中她的诗功渐深,诗意也颇有见地。如以下两首:

题折枝桃花

柳半垂条草吐芽,轻寒轻暖欲烘霞。
瑶池自有三千岁,错被人呼薄命花。

落花游鱼

渺渺芳汀春水寒,两三追逐落花攒。
画师心共游鱼乐,片纸能教止念观。

一代文宗、清学者阮元,收藏有不少特殊的云南大理石,石上天然生成的花纹,构成一幅幅奇丽独特的画。奕绘与太清应邀细赏,极为喜爱,题诗多首唱和。其中太清一组石画诗,分别题咏画中四季山景,春山淡冶如笑,夏山苍翠欲滴,秋山明净如妆,冬山惨淡如睡,诗作相当出色:

春山如笑原非笑,绝似红颜欲笑时。
淡冶烟光动游兴,不凉不热最相宜。

犹记严江两度游,一逢三月一深秋。
画中夏景今方见,万壑千岩翠欲流。

嫩凉天气变轻寒,雨霁群峰翠黛宽。
总说如妆犹未似,好山原不为人看。

两岸青山人稳睡,一江寒水雪初消。
画师好手真难得,咫尺图成万里遥。

共赏图画只是生活的一部分,太平湖邸,天游阁中,日常的晨昏问省操持家务之外,太清也在经营着她的金玉良缘:

在东山认识的苗老道寄来一对七寸许的小猴子,每当拿果物喂它们时,两猴必分而食之,似有相亲相爱之意,太清特为作诗给奕绘看;

宫里有祭神之肉赐下,是奕绘领内大臣职务后初次所得,视为特殊的恩典,奕绘回府即亲奉于太夫人,太清以诗录之;

秋日已过,冬天的园子里偶尔飞来一只蝶,恋恋不知去,太清见之正有所感,恰奕绘收到尚书诗一首邀请酬和,太清便以寒蝶为题代夫子和之;

霜降后腌菜是北京人的老习惯了,韭菜、香芹、秦椒、擘蓝、箭杆白、春不老等添上青盐,封得一瓮子红红绿绿,是季节物候予人的情意,也是人予季节物候的智慧,太清与奕绘喜而咏之……

大约在他们眼里,日常琐事但凡经了彼此的手便有了特殊的意义,事

事可记,句句有趣。种葫芦可记,"手种葫芦垂满架","照夜轻花开白雪";栽竹亦可记,"买将修竹对窗栽,一径浓阴护藓苔";蝉鸣可记,"一声清响午晴初,佳趣输他野客居";花落亦可记,"一片朝霞落碧城,珠帘十二绿阴清";春雪可记,"浅草埋银海,新条结绣球";清明雨亦可记,"柳烟难禁清明火,花气先愁谷雨风";有贡品鹿尾可吃,要记之,"晚餐共饱一条尾,即有乡心逐物生";有北京旧俗正月二十五填仓,也要记之,"丰年饼大儿童喜,春社鸡肥父老尝"……

更让太清快乐的是游冶山水。比之李清照的婚姻生活,太清因是满人,兼能骑马,时代亦且不同,故而有更多的夫妻联袂出游的机会。与奕绘并辔而行,在大好河山中放怀策马,太清的文字都要飞扬起来了:

浪淘沙·春日

同夫子游石堂,回经慈溪,见鸳鸯无数,马上成小令。

花木自成蹊,春与人宜。清流荇藻荡参差。小鸟避人栖不定,飞上杨枝。

归骑踏香泥,山影沉西。鸳鸯冲破碧烟飞。三十六双花样好,同浴清溪。

眼前春光如画,耳边鸟鸣如歌,清流间水草摇曳,山径上落花铺地,夕日移山影,马蹄踏香泥,那三十六双灿若云霞的鸳鸯不像是西山慈溪所有,倒像是从马上快乐无比"巧思惠想"的人儿心底飞出。这篇词是太清名作,描述的画面太美,以至于后来的记录者对此颇多形容,不吝夸赞。《清诗玉屑》说太清"于马上抱铁琵琶,宛然王嫱图画",《栖霞阁野乘》则说是"作内家装,于马上拨铁琵琶,手白如玉,见者咸谓王嫱重生",把马上的太清视为满族王昭君了。

事实上,他们每年的出游很早,早在天寒地冻时便已开始。北京广宁门外有天宁寺,寺内和尚最善养唐花,唐花即温室花卉,亦称"堂花",《燕京岁时记》云:"凡卖花者,谓熏治之花为唐花。"太清与奕绘正月就去看唐花,"风前野草刚吹绿,雪后残云半作阴";二月里又去看,"遂过天宁寺,花香染客裾"。

三月三踏青丰台,此地为京师养花之处,奕绘作词说"一带春郊,三官梵宇,试访海棠开未",太清词里则云"海棠婀娜低红袖,杨柳轻盈荡绿烟",显见得是如愿以偿。

夏日城东泛舟,"一路熏风吹酒面,重城西望隔苍烟";游善果寺,方塘古树,雨后蝉鸣,木槿花开正盛,红莲欲放未放,"灵风乍满胡桃叶,妙色将开红藕花"。

秋游潭柘寺,"红叶寒烟,飞鸟自来去",夜来借宿禅房,"吟诗对酒缸,松涛深入梦";骑马登石景山,孤峰上有天空寺,"登高同策马,陟彼寻兰若。竞渡俯长桥,霜华晓未消";九月九重阳登高,风清气爽,天旷山远,金菊初绽放,太清的词连水面縠纹、螺髻青山都细加描摹,上片以画工写词,下片以词笔达情,灵性十足。

鹧鸪天·九日

九日登高眼界宽,菊花才放小金团。縠纹细浪参差水,佛髻青螺大小山。

人易老,惜流年。茱萸插帽不成欢。西风那管离情苦,又送征鸿下远滩。

他们遍访北京的山水胜地，宝藏寺观层云，王仙洞看宝泉，黑龙潭探画眉石，卢师山游迷魔岩，房山寻七斗泉藏真洞……山水如有记忆，将永久铭记这一双兴致勃勃探幽访胜的身影，今人欲知北京名胜旧景亦可到他们的诗词里去发掘。

季节轮回，植物也似与他们有约，四九城内外总有美景在招引着他们，法源寺看海棠，崇效寺观牡丹，尺五庄赏荷，三官庙访菊，灵光寺望古藤老桧……花草树木有灵，仿佛都为见证人间这一对美好眷属而来。

幸甚至哉，歌以咏志，美景总能促发人的歌咏，而诗词吟咏犹心有未足，便想要以丹青图画细细绘之。太清与奕绘春日游南谷，山溪野渡，杏花东风，归来后一直难忘，历时半年，到得秋日绘成一帧巨幅图画，并作词一阕邀奕绘题画：

燕归梁·自题画杏

得意东风快马蹄，细草沙堤。几枝丰艳照清溪，垂杨外，小桥西。

写来还恐神难似，肥和瘦，要相宜。明窗下倩君题，聊记取，旧游时。

奕绘为作长歌一首——《画杏歌·题太清所作巨幅》，说太清半载苦思，一日图成，喜不自禁地对他说："今日真不为空度也。"并褒奖此画是："远胜夭桃韵更秾，比到梅花势尤怒。"

从奕绘的记述中,即可看出太清学画之勤奋和入迷。她36岁开始学画,初以彩色描摹春日胜景,后来嫌丹铅艳冶,开始绘水墨花卉,画风飘逸脱俗,奕绘欣然赞赏:"佳木南宜北也宜,卿宜为画我宜诗。"

太清画菊,奕绘说"功名劳碌等闲事,水墨萧疏亦大观";太清画墨牡丹扇,奕绘赞"冲淡精神富贵花,墨香酣扫半开葩";太清画《梅竹双清图》,两人同题同调各填一阕《意难忘》,太清云"相思难话衷肠",奕绘和以"同心其臭如兰",一幅画倒成了他们情深意笃的寄托。

值得一提的是,顾太清一生留下的题画诗词共有248首,数量极为可观,而其中相当一部分是她自己绘画、自己配词的,堪称历代题画诗词之大成者。这些作品,画以描景,词以达情,两种艺术水乳交融相得益彰,是古代艺术品中收藏价值颇高的神品。

曾有好友赠太清樱笋团扇,太清在上面题写了一阕《浣溪沙》,其中有"写就新图颜色嫩,书成小令墨痕香"两句,可以看作这位身兼画家、诗家、词家的女子自况了。

那幅自绘墨牡丹扇,太清也有一阕题画词,十六字令,庄雅自矜,也像是借牡丹而言自身:

苍梧谣·正月三日自题墨牡丹扇

侬,淡扫花枝待好风。瑶台种,不作可怜红。

《听雪小照》,则是太清39岁时的真实自画像,又称"听雪图"。画上,月窗,雕栏,太清着月白色敞衣,深蓝色裰,仅袖口显出一点华丽刺绣来,

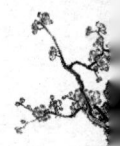

头上饰物也很简单，两把头鬖，插两朵珠花，更衬得她广额瘦脸尖下巴，可能符合那个时代的审美标准吧，以今日眼光去看则未必。太清居中，身后隐见书案，一灯如豆，背景浅而素。窗下翠竹数簇，梅树枝干虬曲，上部左右各斜探过一枝梅来，花开正盛，淡淡的绯，亦与竹一般挂着白雪，色泽鲜明，却不艳丽，只是淡雅生姿，很合乎太清其人其文的气质。

奕绘为这幅画题诗，道是"斯情正堪画，此景良不俗"，深深满足于优游自得的生活，要与太清"归去来山中，对酌春岩绿"。太清自题的是一阕词，记雪夜寒声敲竹，梅梢流玉，屋上作雪声，耳边有诗情，故绘此小像：

金缕曲·自题听雪小照

兀对残灯读。听窗前、萧萧一片，寒声敲竹。坐到夜深风更紧，壁暗灯花如菽。觉翠袖、衣单生粟。自起钩帘看夜色，压梅梢万点临流玉。飞雪急，鸣高屋。

乱云黯黯迷空谷。拥苍茫、冰花冷蕊，不分林麓。多少诗情频在耳，花气熏人芳馥。特写入、生绡横幅。岂为平生偏爱雪，为人间留取真眉目。阑干曲，立幽独。

"岂为平生偏爱雪，为人间留取真眉目。"太清令人爱的就是这一种洒然出尘的气质，不悒郁忧愁，不矫情作势，正如那"不作可怜红"的墨牡丹，骨子里自成高格。作为古代女性，这种自我期许显然是智性的，带着超越时代的意义。

断肠恨,难寄到君前

与前代著名女才子薛涛、李清照、朱淑真等相比,太清的人生格局包括爱情婚姻都是相当完美的,夫妻恩爱,儿女双全,性格、志趣、才华等得到了自由发展。

太清与奕绘共有子女五人,两人属于慈父慈母型,诗词间屡屡提及儿女,满足与骄傲之情溢于言表,亲情因之成为这对夫妻诗人的一大创作主题,同时也因为他们雅好天然的美学追求,而使亲情呈现出自然、健康、顺应人性的动人特质来,这正是长期受礼教浸染、崇尚伦常端方、难免迂执甚而造作的汉族读书人所缺乏的。

迎春乐·乙未新正四日,看钊儿等采茵陈

东风近日来多少?早又见、蜂儿了。纸鸢几朵浮天杪,点染出、晴如扫。

暖处有、星星细草。看群儿、缘阶寻绕。采采茵陈茉苣,提个篮儿小。

"新正"是新年正月,天地日新、东风日暖的时节。高空晴朗如扫,浮缀几朵纸鸢,想想那情景真是笔墨如画,而形容又是如此精巧。地上有星星细草,阶边有群儿环绕——是群儿,自不用说那欢呼雀跃活泼泼的热闹了。单是看着一个个采茵陈、采茉苣,娇憨可爱地在天底下奔跑的身影,身为人母者心里的爱就要满满地溢出来了,所以自然生发出一句"提个篮儿小"——童谣般纯净,天然,不事雕琢,唇齿间却似有无尽绵延的音

乐美。

生命力是勃兴互发的,自然与人,不同种群的生命与生命之间,一一如是。太清彼时的诗词里,这种勃兴随处可见,即使短短一阕小令,从天时节候到飞虫走兽再到花草树木,也都和谐并生于一派蓬勃气象里。

盆种梅花将开,在她眼里是"好花枝,正清香欲破时。似霓裳一曲,奏罢下瑶池。红也宜,白也宜";市场上正月起卖女子插戴的像生花,她说是"谁家妙手,特把春光游戏。剪吴绫,点金帖翠";到天宁寺看花,遥见西山积雪,在她写来却宛然一派春光;沿河寻春,大自然更被她描述成了泼色挥毫的大手笔。

风光好·天宁寺看花望西山积雪

好东风,暖融融。花坞山茶照眼红,醉游蜂。

绿烟一带前村柳,春如绣。积雪西山万万重,玉芙蓉。

风光好·春日

好风光,渐天长。正月游蜂出蜜房,为人忙。

探春最是沿河好,烟丝袅。谁把柔条染嫩黄,大文章。

人生一世,岁月不居,能寻找到生之快乐并歌之悦之,谁能说这不是"大文章"? 天下又有谁不爱这"大文章"呢? 身在其中的奕绘当然感受最深。他骑马出游,身后有妻儿随行,他是满心快乐,自得又自足,放言道:东晋兰亭集会也好,唐朝长安曲水也罢,他们都比不上今日我奕绘游山"诗卷共娇儿一车"。——笔行至此,恐怕他还要大笑三声以示快意吧?

快乐的诗人、纯粹的诗人，他是不会爱做官的，别人眼里的权位金钱在他弃之如敝屣。36岁这年上巳日，夫妇俩携子游南峪（按：即两人诗词中多次提及的南谷，也即大南峪，在今北京市房山区大房山之东）天台寺，深爱南峪高山流水幽谷鸣禽，说是"笑指他年从葬处，白云堆里是吾乡"。夏，奕绘从户部预支俸禄10年，银27000两，开始营建大南峪园寝。第二年夏又自请解职，想要从此消闲岁月于泉石林木间。不过，圣恩优渥，后来又特别赏他领用半俸。

《荣府史》记述此处园寝："阁二重，上下各五楹，两傍鹿顶，檐下悬贝勒篆书'清风阁'额。阁上南室为'栖神宇'，北室为'延年行馆'。"《明善堂文集校笺》记得更有情趣："夏日开窗，山兔常自登鹿顶，跃入阁中窃食案上樱桃，闻人声即逝。"这些建筑也是奕绘亲手绘制蓝图，派专人监督营造的，建造之初和落成之时，两人都有题诗填词唱和，欣喜之情溢于言表。奕绘诗云"中年已办终身计，一笑吾生亦太忙"，太清笑和"白云深处清风阁，总使忙人亦不忙"；词作中，奕绘要"拥邺侯书架，老我此楼中"，太清则是"任海天寥阔，飞跃此生中"。

以后的日子里，他们多是南谷游乐，诗词创作。奕绘出诗集《明善堂集》，太清有诗集《天游阁集》；奕绘出词集《南谷樵唱》，太清便有词集《东海渔歌》。乐在其中的夫唱妇随，并不卑微的亦步亦趋，彼此引对方为知己，生命的旷野上叫一声即刻有了回音，也有了温暖、慰藉和应对凡俗事故的勇气，生命也就愈发丰沛了。

惜分钗·看童子抖空中

春将至，晴天气，消闲坐看儿童戏。借天风，鼓其中。结彩

为绳,截竹为筒。空。空。

　　人间事,观愚智,大都制器存深意。理无穷,事无终。实则能鸣,虚则能容。冲!冲!

空中就是空竹,又称舞铃,今天公园里老年人运动时还常玩它。抖空竹是清代广受欢迎的杂技节目之一。彼时空竹皆竹木所制,截竹为筒,中间有柱,两端或一端中空,借助旋转时内腔空气的振动而发声。太清因物喻理,寄深于浅,"实则能鸣,虚则能容"颇见其察微知著、洞悉生活哲理的功力,白话入词、巧妙自然而见其驾驭语言举重若轻的能力。整篇词蕴含的哲理意味及文化人格,与《红楼梦》中宝钗的螃蟹诗和咏絮词相近,颇为饱满昂扬。

打击也是有的,36岁这一年就有。

太清正月初五生第三子,因其出生日与母亲相同,而且当初绵亿郡王也是36岁上得子奕绘,故而奕绘为之取名载同,并作诗曰:"生日同伊母,生年同我期。祝儿同父母,名同字同之。"然而到年底,载同患痘症而死,尚未满周岁,太清夫妇为之伤悼。

更大更残酷的打击是在4年后,道光十八年(1838)。

本来年初太清和奕绘还同度四十大寿,两人同年同月出生,生日同在正月里,祝寿诗里亦喜道"八十平分好赋春",不意几个月后奕绘突感身体不适,到七月初七竟溘然长逝。而太清的长子载钊(按:载钊为奕绘第三子),是在她婚后第二年七月初九出生的,到此刚好赶上14岁生辰之期,府里便有传言称"庶出妨人"云云。

太清中年的磨难自此开始。

太清同妙华夫人所遗两女关系甚好,不但有抚育教养之恩,并且给她们作画赠诗,及至她们出嫁而奕绘去世后太清还屡去探望。妙华夫人所出次子1岁即夭折,长子载钧此时21岁,袭爵为贝子,此后主掌府邸19年。据现有资料来看,这位新晋贝子与太清关系很不好,矛盾冲突激烈到不顾及外人物议的地步。妙华夫人去世后,太清与奕绘一夫一妻伉俪情深,更是为嫡室一派所嫉恨。

且太清为人明察严肃,下人对她多有畏忌,多年处理内府事务也难免得罪宵小之徒,被污蔑为"妨嫡"而且有"夺嫡"之心就更是在所难免。

还有一个重要人物,那就是太清的婆母——荣王府老太君,"罪臣之后"始终是插在老太君心头的一根刺,王府对此遮掩多年,直到后来太清的外孙写文章时提到太清还用的是她的伪托身份。可以想见,奕绘生前也还罢了,爱屋及乌,而奕绘一旦休,老太君对太清的情分也就休矣,如今又涉及太清庶子不吉"妨死"了奕绘,更令老太君对太清一脉深恶痛绝。

奕绘于七月间病故,3个月后太清即被赶出府邸,连同她亲生的两儿两女——四个孩子尚未成年,最大的载钊也才13岁。

太清有两诗实录此事:

> 自先夫子薨逝后,意不为诗。冬窗检点遗稿,卷中诗多唱和。触目感怀,结习难忘,遂赋数字。非敢有所怨,聊记予生之不幸也,兼示钊、初两儿
>
> 昏昏天欲雪,围炉坐南荣。开卷读遗编,痛极不成声。

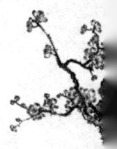

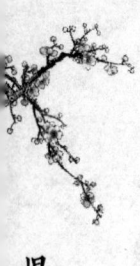

> 况此衰病身,泪多眼不明。仙人自登仙,飘然归玉京。
> 有儿性痴顽,有女年尚婴。斗粟与尺布,有所不能行。
> 陋巷数椽屋,何异空谷情。呜呜儿女啼,哀哀摇心旌。
> 几欲殉泉下,此身不敢轻。贱妾岂自惜,为君教儿成。

诗下有注说,斯时母子们无处可去,在西城养马营租赁了几间屋子,暂时安置下来,这就是"陋巷数椽屋"。儿性痴顽,女尚年幼,陋巷旧屋里只有哀哀啼哭之声,这雪上加霜的悲恸几乎要压倒太清,使她几次动了寻死之念,然终究不敢自弃,靠着对奕绘的追念和对儿女的责任感,以"为君教儿成"的意志勉力支撑下来。

"斗粟与尺布",典出《史记》中淮南厉王刘长的故事。刘长是汉文帝之弟,因谋反事败,被徙蜀郡,在路上绝食而死。民间为之作歌曰:"一尺布,尚可缝。一斗粟,尚可舂。兄弟二人,不能相容。""斗粟尺布"遂成一典,指兄弟间因利害冲突而不能相容。太清诗中用此典故,明里似乎是说生计艰难,实则暗指贝子载钧容不下自己的异母兄弟。

> 七月七日先夫子弃世,十月二十八奉堂上命,携钊、初两儿,叔文、以文两女,移居邸外,无所栖迟,卖金凤钗购得住宅一区,赋诗以纪之
>
> 仙人已化云间鹤,华表何年一再回?
> 亡肉含冤谁代雪?牵萝补屋自应该。
> 已看凤翅凌风去,剩有花光照眼来。
> 兀坐不堪思往事,九回肠断寸心哀。

诗题中"十月二十八"点明时间,"奉堂上命"点明下驱逐令者是她的

婆婆。当然,嫡子和庶母关系再恶,有老太君在,依照规矩她还是最妥当的发布者,更何况老太君摆明了是要护持嫡子的。太清携子女狼狈出府,仓皇之态可想而知,大约先是临时租赁,后是卖首饰购屋。以今人今时眼光去看,"卖金凤钗购得住宅一区",要么是当时北京房价低廉无泡沫,要么是那金凤钗价值极高。但就当日太清母子处境而言,王室宗族的遗孀与后裔沦落至此,也的确够凄凉的。

"亡肉含冤"也是借典言事,指向的却是太清的婆婆。《汉书·蒯通传》里说,有一家人夜里丢了肉,婆婆以为是儿媳所盗,怒而逐之。儿媳早晨离开时,向邻家母告别,邻母得知原委后说:"安心去吧,我今天必令你家人去追你回来。"随即拿着旧絮缠成的火把到丢肉那家去借火,嘴里道:"昨晚有狗得肉,两狗争抢,特来借火烹制。"如此一来,那个儿媳便冤情得雪了。太清没有这样一个智慧的邻母,只能空问"亡肉含冤谁代雪",并挪东补西勉强度日,如杜甫《佳人》诗里那种境地:"侍婢卖珠回,牵萝补茅屋。"

两首诗各有所指,基本道出被逐的主要原因,但对于诱发事件的直接原因却语焉不详,故而导致外界多有猜测。前文所述奕绘去世与庶子生辰等说法,是金启孮于公元 2000 年在其著作中披露的,乃今人挖掘资料的后知后觉,当时却是只有流言蜚语。流言本有滚雪球效应,再掺杂上能够迎合世人阴暗窥视心理的才子、佳人、偷会、情杀等因素,男主角是以风流自诩的大才子龚自珍,那雪球便愈滚愈大发,假作真时真亦假了。先是口头流传,既而形诸文字,最终演变成一桩扑朔迷离的"丁香花公案",在太清身后扰攘不休,直至今日。

要说清此一公案,须得按照时间先后,话说从头。

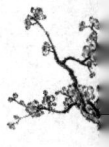

道光十九年(1839)，龚自珍辞官离京南行，作诗315首，自叙生平与交游、著述，时为己亥年，故名《己亥杂诗》。其第209首云："空山徙倚倦游身，梦见城西阆苑春。一骑传笺朱邸晚，临风递与缟衣人。"诗意朦胧，指代不明，只在诗后附有一句小注："忆宣武门内太平湖之丁香花一首。"

道光二十一年(1841)，龚自珍暴卒于丹阳县署，年仅50岁，死因蹊跷。

宣统元年(1909)，在太清去世三十多年后，有冒鹤亭出版太清诗集《天游阁集》，并作《太清遗事诗》六绝句刻于书上。其中一首说得最为直白："太平湖畔太平街，南谷春深葬夜来。人是倾城姓倾国，丁香花发一徘徊。"不但以龚自珍"丁香花"直接入诗，且以"人是倾城姓倾国"暗指为顾氏(按：《李延年歌》"一顾倾人城，再顾倾人国")，"太平湖"是太清生前居处，"南谷"是死后所葬处，皆带有明显的指向性。他还拈出龚自珍在京时所刻词集里的《桂殿秋》两首，认为正是写私通事。

光绪二十九年(1903)，金松岑写作《孽海花》前六回，后交付曾朴修改和续写。这部有名的影射小说里，直接用名"太清西林春"，绘声绘色讲述了一段绯闻：龚自珍在宗人府主事时，上司便是奕绘，龚氏西山偶遇太清，从此"日夜相思，甘为情死"。再次邂逅时，他搭讪成功，遂有了一次黑车幽会，之后彼此挑明，开始了"月下花前，时相往来"。忽一日，太清密信至，说是事泄被禁，要他作速南行避祸。龚连夜动身回南方，几年里相安无事，就渐渐忘记戒备。又一年他在丹阳遇见宗人府旧同事，相聚共饮，归来方知中毒，终未逃脱一死。

在中国，一个女人有才、有貌兼有名，且又亡了丈夫失了庇佑，那她几乎命定就该是流言攻击的对象,且总是无可自辩。即使从太清身前一直到今天,不少人专门著文辩诬,比如史学家孟森、词评家况周颐、民国才女苏雪林等,也依然抵挡不住流言的广为流传。流言总是比真相有市场,传播速度也快,在人心里激起的阅读快感更强,网络上八卦野史比正史更受欢迎也是这个原因。冒鹤亭自称少时听过外祖父谈太清遗事,作遗事诗首次把流言落成文字,但后来看到《孽海花》也深感不安,写了《孽海花闲话》,声明丁香花事"亦不过遐想",对于小说根据其诗编造出一段猥亵故事,自责道"不意作者拾掇入书,唐突至此,我当堕拔舌地狱矣"。

事实上,只要稍稍用心,注意下奕绘去世前后的时间点,便可驳倒《孽海花》里的影射。龚自珍出京日,已是奕绘去世近一年后,太清也早就被赶出荣王府,如何能把"事泄""连夜出逃""逐出府门"等毫无联系之事颠倒先后附会到一起?而且,不少资料表明,龚自珍出京,乃是由于其诗人气质张扬所致,得罪了当朝的顽固守旧派如军机大臣穆彰阿等,与荣王府无关。而龚自珍主事宗人府之时,已是奕绘罢官之后,即或以奕绘管理宗学算起,中间也相差9年时间,奕绘如何成为龚自珍的顶头上司?龚自珍既非奕绘幕僚,也非其好友,有所联系的无非是两家夫人有诗词唱和,仅此而已。

流言之恶,就在于它穿凿附会言之炎炎,而当事人却很难自证,就连考据学也不得不承认"证有易,证无难"。题外话,比如韩寒代笔,我们不知真假,但可看出的是,要证其"有"只要列举一条两条即可,人心里怀疑的倾向总是比相信更容易被勾起,而韩寒要自辩其"无"就难多了,说得越多那可兹证其"有"的反证也会越多。

故而，有学者另辟蹊径，不再纠葛于细节，只论太清人品。奕绘去世后，漫长的三十多年间，国势偶或起落动荡，而太清基本不涉政治，保持着诗人优游酬酢的生活，在宗室姻亲乃至汉族文人士女圈子里受到普遍的尊重，声望比之奕绘在日还要高，前人称之为"誉满京师"。她品行端方，爽朗洒然，为人真，为文也是一个真字，读她诗词便是读她本人，自然，直截，如见肝胆。她很重视交友品质，对正直良善的朋友不吝肠中热，对人品低下者则是毫不掩饰的拒绝和厌弃。

比如有一位杭州文士陈文述，字云伯，号碧城，提倡闺秀诗咏，家中妻女侍妾皆能诗文，人赞"神仙眷属"，不少能文女子纷纷列其门墙，受业称弟子者即二十余人。但太清鄙其为人，拒绝交往，虽然与陈的女弟子如云林等人结为闺蜜，却不肯对陈稍假以辞色，连陈从杭州捎来的礼物也拒绝接受。她写诗讥刺陈文述，说"碧城行列羞添我，人海从来鄙此公。任尔乱言成一笑，浮云不碍日光红"，还在诗前作了很长一个序，详述其事："钱塘陈叟字云伯者，以仙人自居，著有《碧城仙馆词钞》，中多绮语，更有碧城女弟子十余人代为吹嘘。去秋，曾托云林以莲花笺一卷、墨二锭见赠，予因鄙其为人，避而不受。今见彼寄云林信中，有西林太清题其《春明新咏》一律，并自和原韵一律。此事殊属荒唐，尤觉可笑。不知彼太清、此太清，是一是二？遂用其韵，以记其事。"姓陈的弄虚作假，沽名钓誉，生造出太清为其题诗的事情来，所以被太清鄙弃，骂之过甚，一点情面也不留。

对于龚自珍两年后的暴卒，也有人说，奕绘既已亡故，乃其子载钧代父追杀，是以依旧能跟太清扯上关系。这个也是无稽之谈。载钧对太清的嫉恨之深，不独延及兄弟，还延及亡父，行事中多有与父亲相违，甚至依家庭伦理看是不敬之处。

太平湖府邸西门前,道光十三年曾有雷击槐树,焦土深丈余,下出泉水,奕绘凿之为一口井,还作《雷泉诗》记之,载钧主事后却命人将井填平。太清诗云:"电光尚记当年事,诗卷空增此日哀……可怜千尺雷泉水,剩有拳拳土一堆。"

南谷陵寝地,奕绘当年耗时五载营建,与太清母子在这里盘桓游玩,相当于王府别业,留下了许多美好生活的印记。但载钧有心损毁,奕绘与太清曾经留宿的清风阁,他不肯留给庶母作念记,而是延请番僧作了祓除法场。奕绘在时精心修造的大槐宫、平安精舍,则被直接毁掉,散一地碎瓦零砖,任骡马随意践踏。太清携子女去南谷祭奠,见此情景,不胜悲哀,却又无力阻止,只能是"绕墓诸雏啼血泪,断肠寡妇奠椒浆"。

道光二十年(1840),奕绘两周年祭之后,有南谷守兵来报,说奕绘陵墓的宝顶为山洪冲陷。太清作诗,在序中说:奕绘当初设立南谷护卫办理事务,载钧承袭后撤回,只留下兵丁五人。而载钧身边所信用者皆谄媚小人,不谙大事,有奕绘旧臣略加规谏者,轻则罚俸禄,重则革职务,故而祭祀类事置之不问。自己的两个儿子皆在幼年,衣食尚不能自给,何况修葺陵墓事?"思量及此,五内焦灼,得不痛哉!"

另有一事,可见出载钧绝情之甚,全不念亡父旧情。

道光二十年年底,太清的婆母、荣郡王王佳太福晋去世。到道光二十一年(1841)正月十一,是断七之期。初十,太清率子女到南谷殡宫致祭,到时已近黄昏。载钧事先传令说:守护官员及厨役等,初十日不许举火。深山中虽有村店,但时当新年,便是饼饵之类也无处买到,太清母子们又冷又饿。有一个守灵老仆妇熊妪,深为抱不平,置办了菜羹粟饭,太清等才得进食。太清感念,为之填词,词序中如实记录。

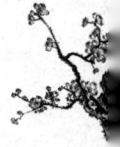

匹夫无罪,怀璧其罪,奕绘昔日对太清深挚的爱,便是如今太清被嫉恨的苦之源。她既悲亡人,又悲子女,还得操心生计,流下了太多的泪,如前文诗歌所言"泪多眼不明",由此染上眼疾,到晚年双目失明,靠口授、倩人代记来创作诗词。

然而,斯人已逝,断肠有恨也难寄与奕绘知,生和死的障壁比之其他一切更让人痛切。

己亥生日哭先夫子

虚室东风冷,幽居泻泪泉。

去年同宴乐,此日隔人天。

生死原如幻,浮休岂望仙。

断肠空有恨,难寄到君前。

分明是,流水高山调

龚自珍丁香花诗所指究竟为何,可以放在这一章谈。

黄仕忠教授以此诗为主,以龚自珍其他作品为辅,结合太清生平的点滴信息,在一些时间点上联系起来,得出结论说,龚自珍确曾与一满族女子相恋,那就是顾太清,并把两人交往时间大大提前,认为太清在嫁给奕绘前就已与龚有私。爱新觉罗氏奕绘一支的后人,学者不少,以金启琮教授为首,坚决捍卫先祖清名,笔墨官司很是激烈。黄教授胜在索隐派内功心法上乘,功力强大;金教授胜在身份特殊,太清五世孙,先天具备独家发言权。

然而，尺有所短寸有所长，索隐派总不免有附会之处，五世孙则免不了讳饰之嫌。

传言都是外证，作品才可内证。从丁香花诗本身来看，其朦胧隐约处，的确容易令人起前一种联想，但诗歌就是诗歌，在缺少实证的情况下选择尊重后一种意见，方是读诗为人应该遵循之道。

"空山徙倚倦游身"，可知地点是游历途中宿于某山。"梦见城西阆苑春"，大抵是在怀念天子脚下皇城福地，阆苑乃神仙所居处，"城西"有所指向，太清正是居于城西，"春"的嫌疑更大，被指暗合太清之名——金教授自己也说过，奕绘《写春精舍词》的"春"指太清，那这里就难说了。"一骑传笺朱邸晚，临风递与缟衣人"，"朱邸"有嫌疑，"缟衣人"更是引起多重解读，还有学者从《诗经》毛传及服饰制度、用典等方面寻究，但只就诗意而言，书笺传递，更近乎诗词唱和之类。如孟森先生所言，"内眷往来，事无足怪；一骑传笺，公然投赠，无可嫌疑"。

确然，太清后半生的交友、结社、诗词酬酢，算得是京城一桩著名的风雅事。由太清结交的一批杭州籍女诗人来看，她和龚自珍之妹及续娶之妻都可能有所联系，但今所能见的资料中全然没有与龚自珍本人的唱和之作。再由她对自命风流的陈文述的态度来看，对那些喜爱结交名媛、渲染韵事的才子之类，她保持一种半带戒备的厌弃心理。故而，龚自珍这首诗可视为怀念京城一种风雅生活，又或者怀念风雅生活里的某些人，即使把其中的模糊成分推至极点，加上小注"忆宣武门内太平湖之丁香花"，也顶多只能说是龚自珍多情诗人的一个白日梦而已，空怀思慕，无有回应。

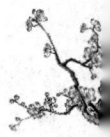

太清交游甚广,传世作品中也有与异性唱和的,但仅限于阮元、载铨、潘世恩、许乃普等达官名流,且极注意分寸,持重庄正,语词所涉皆不出日常社交范围,不沾染男女私情。前文提到的四首题石画诗,即奕绘在时夫妇二人与阮元交往所咏,太清诗作中屡次提到的"芸台相国"就是阮元,号芸台,他无论政绩、名望还是学识都堪称当世魁硕,且是太清密友许云姜的公公,故而太清对他执以长者礼,恭而敬之。后期与太清交往较多的是定郡王载铨,他是奕绘族侄,善古琴,性情率真疏狂,自谓"平生无所竞,诗酒自相亲",与太清的格调很是相谐,两人彼此过访,互赠彤管、茶瓯等雅物,有诸多诗词酬唱。

在与同性交往方面,因为无须避忌,太清就显得自由洒脱起来。不但结交了一批女才子,而且有意地结成诗社,举行社日聚会,饮酒赏花,听琴谈画,结伴到郊外游玩,访古探幽,相与吟诗填词,书信往来,"一骑传笺"正是常有之事。

人的一生,如蚁虫的一生,行行复行行,但其实总在一定的轨迹和范围内打转转,与谁相遇,与谁对面不相识,又与谁相知到灵魂层面,真的是只能用缘分来解释了。这一群女才子中,最先和太清的人生轨迹碰撞交会的恰是陈文述的女弟子,并由此交叉点延伸扩散,成为一个覆盖太清后半生的交游关系网,或者说是支撑她后半生乐趣的一个好友群。

早在道光十五年(1835)四月,37岁的太清与奕绘一同到法源寺赏海棠,邂逅许云姜、石珊枝、李纫兰。云姜的父亲是兵部主事、学者、《鉴止水斋文集》的作者许宗彦,母亲梁楚生乃弹词《再生缘》的续作者,晚年称古春轩老人,亲授培育出两女及甥女汪端等才女;石珊枝是按察使、独学老人石蕴玉的女儿;李纫兰是户部给事中钱仪吉之子妇。三人均出自江南名门望族，工诗文，擅丹青，风神气质不同于寻常女子，太清一见如故，即刻作诗相赠，诗中自道"题诗寄同好"，三人也纷纷和诗回赠。

在女人被拘囿于家宅之内，交往圈子相对狭窄单一的时代，女人之间，尤其是被诗书赋予敏感灵性的知识女性之间，对于同道者的渴求与认同，其迫切心理远甚于男性，而一旦气息相投，投注的热情与精力也远甚于男性，并且非关名利地位。此后太清与云姜等往来频繁，短期内不断地相互赠诗、送画、馈赠礼品，友情发展得迅速而热烈。

云姜自画墨梅团扇题诗赠予太清，太清收到即填词答谢，并画折枝红梅回赠，说"感我云姜何以报，墨梅投我报红梅"。

云姜见到太清家壁上挂有四幅钱野堂山水画，便写诗索画，话说得有趣："一夕暌违画里人，相思何日得相亲？怪来宜有堂中物，望尔通神竟不神。"太清马上取下画，全数赠给云姜，并和诗说：

莫漫相思画里人，画中人与画中亲。
青山四幅乘风去，画不通神诗有神。

更有趣的是，李纫兰在云姜家见到这四幅画，亦甚爱之，悉数移走，云姜再告之太清，奈何云云，太清戏言"钱家书画总如神"，又拿出一轴钱野堂的紫薇水月图赠给云姜，并"倒押前韵成诗五首"。这样的知己相酬、慷慨重情，比之于男性世界的高山流水、解袍赠衣也毫不逊色。

以此为契机，太清又结识了云姜之姊许云林，钱塘才女、同时是许氏媳妇的项屏山，以及名载史册的大清女才子吴藻、沈善宝等，并与梁楚生等前辈女才子诗书往还。太清自画菊花寄赠梁楚生并题诗，梁楚生则送

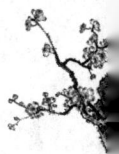

她用竹根雕成的仙槎。许云林用夜来香穿成鹦鹉,以白茉莉为架,梁楚生倡议咏夜来香鹦鹉诗,不但在宅中聚会吟咏,且寄信同好以征咏,吴藻、沈善宝、奕绘、太清等人传世的集子中都存有和诗。

也正是这些女性朋友,在奕绘去世后陪伴和安慰太清,帮助她度过了那一段艰难的岁月,并持续温暖着她此后的人生。太清移居王府外的第一年,悲恸与冤屈自不必说,对流言的伤害有口难言,生计之艰也难与人言,到了岁暮"门庭无客至",世态炎凉更让她默然伤怀,这时候项屏山的丈夫、尚书许滇生送来了银鱼、螃蟹等年货,雪中送炭的情义令太清感激不尽。朋友们的日常馈赠也体贴细致,情绪低落时有朋友送鲜花来,寂寞无聊时有朋友寄诗词来,有讨画的、讨扇的、讨要题词的,还有派苍头给太清送来养猪饲料的,一一都在太清传世的文字中留下印迹。今人开卷抚读时,眼珠一错也就过去了,却不知当日这些大大小小的记叙给了太清多大的慰藉,几乎算得是失去奕绘后对儿女负起养育之责外支撑太清的又一股力量了。

到道光十九年(1839),太清寡居的第二年,秋日的京城里,以太清为中心,几位女诗人及其余朋友们共同结成了"秋红吟社",后又有富察蕊仙、栋阿武庄、栋阿少如等加入。她们像男性一样不定期举行聚会,太清、云姜能作画,云林、屏山善鼓琴,富察、栋阿等喜饮酒、诵诗,皆是异于俗流之辈,大家琴棋书画共赏,社中课题同作,或觞酒赋诗,或寻访古迹,也曾如袁枚的《湖楼请业图》、陈文述的《金钗问字图》一般,将闺友雅集绘成《闺七夕联吟图》并题诗词。不同的是,袁枚与陈文述两图,皆是标榜男性为女弟子授业的,而非出自女性自觉自主的行为,意义自然不可相提并论。倒是《红楼梦》中惜春自绘大观园,那一众美丽女子的红楼群芳图,庶几可近之。

沈善宝的《名媛诗话》中记下了这一盛事:"己亥秋日,余与太清、屏山、云林、伯芳结'秋红吟社',初集《牵牛花》,用《鹊桥仙》调。"太清这次所作,《东海渔歌》中也有收录:

鹊桥仙·牵牛·社中课题

丝丝柔蔓,层层密叶,绿锁柴门小院。朦胧残月挂林梢,早已是牵牛开满。

一天凉露,半篱疏影,缥缈银河斜转。枉将名字列天星,任织女相思不管。

词中隐隐寄托着对奕绘的思念之情,并借牵牛星表达出一丝幽怨,但比起同一年正月的"虚室东风冷,幽居泻泪泉",那自怨自艾的意味已经淡了许多。

其他课题还有很多,比如:

咏秋柳,太清诗中有"依依自顾经霜影,楚楚空怜照水腰",凄凄清丽;

咏香山红叶,太清吟的是"妆点疏林入画工,斜阳碎影照丹枫",贴切唯美;

还有咏满人住宅里常见的暖炕的,太清慨叹说是"人力胜天力,炎凉竟可移";

有咏冬至后河上拖行用的冰床的,太清形容那情景是"两堤枯草木,一路碾瑶琼";

读画诗,太清则说"虚心深见水云平""下笔须知用笔情",恬淡自然,

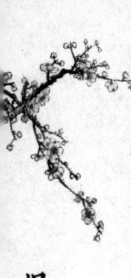

既有禅意,又蕴含创作谈,颇为精到;

听琴诗,太清直用《高山流水》调,描摹琴声是"七条弦上写柔情,一丝丝,弹动秋声","分明是,流水高山绝调,戛玉敲冰"。

同到天宁寺看唐花,大家"望西山积雪分韵",太清的吟咏尤美,"银海摇光,玉山霏素,平临万井烟村。嫩杨枝上,青帘高挂,飞来一缕春痕","花光照眼,花香染袖,花底醉游人","禅院里、同登欢喜地,倚明窗西望,笑语欣欣"。

相会如此快乐,却仿佛是向光阴里偷得一日半日似的,因她们作为女子身不由己,丈夫调任,家门牵故,都会成为她们不得不分离的缘由。奕绘在时,贝勒依制不得轻易离京,奕绘不在时,太清避嫌更不能远游,女友又多是南方人,离别便是命定的事情了。

云姜随夫南归,众女友齐聚石珊枝斋中,一曲《阳关三叠》,尽一时之欢。等到临行前,太清又在观音院饯别,并填《满江红》一阕,切切叮咛,泪随声堕:

归去来兮,怕君去,少留君坐。说不尽、离愁彼此,泪随声堕。野店长途当自爱,脂车秣马须亲课。报平安两字寄书频,君休惰。

新年事,匆匆过;冰初解,东风大。隔江关千里,相思无那。今日分襟何日见?观音不管人些个。叫一声珍重去难留,伤心我。

云姜走后二十天,太清看见天上的大雁,止不住思念这位挚友,再次填词《浪淘沙·正月廿七闻雁忆云姜》,字字离愁,缠绵动人:

别后计行邮,将到扬州。相思一日似三秋。恼煞雁行天上字,字字离愁。

回首忆春游,花底勾留。奈何岁月太悠悠。数至海棠开日尽,不见归舟。

一旦收到云姜来信,太清激动之情充溢字里行间,《江城梅花引·雨中接云姜信》之晓畅与深情颇受评家称赏:

故人千里寄书来。快些开,慢些开,不知书中安否费疑猜。别后炎凉时序改,江南北,动离愁,自徘徊。

徘徊,徘徊,渺予怀。天一涯,水一涯,梦也梦也,梦不见,当日裙钗。谁念西风翘首寸心灰。明岁君归重见我,应不似,别离时,旧形骸。

长时间未接到云姜来信,太清便愁闷万端,用长调叠咏来摹写思情,《浪淘沙慢·久不接云姜信,用柳耆卿韵》:

又盼到、冬深不见,故人消息。况当雪后,几枝寒梅,绿萼如滴。对暗香疏影思佳客。细思量、两地相思。怕梦里、行踪无准,各自都成悲戚。

无极。九回柔肠,十分幽怨,不啻海角天涯,难寄伤心泪,虽

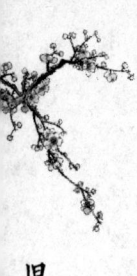

暂成小别,也劳心力。回首当初,在众香国里花同惜。

最无端、寒来暑往,天天使人疏隔。问何时、共倚栏杆曲,坐西窗剪烛,千言与万语,叨叨不尽,说从前相忆。

情到深处,自会呈现出朴实的面目来,精致工整反倒像是扑上了一层矫饰的粉。这篇词就胜在朴实自然,不加藻饰,况周颐评为"朴实书情,宋人法乳,非纤艳之笔、藻缋之工所能梦见"。

我读此词,却对"众香国里花同惜"一语格外有感。若无此句,前后数阕都仿佛爱情词似的浓密粘腻了些,语气也稍稍促切了些;有了此句,这一群女才子相知相惜的真情意才如粗粝尘世上的白玉一般、黄金一般,温润,贵重,值得珍而藏之。

与一群江南女友的欢会与离别,遥想她们行走江南的足迹,勾起太清年少时的美好记忆,梦里她又做了一次江南游客,遂有了一篇名作:

江城子·记梦

烟笼寒水月笼沙,泛灵槎,访仙家。一路清溪双桨破烟划。才过小桥风景变,明月下,见梅花。

梅花万树影交加,山之涯,水之涯。澹宕湖天韶秀总堪夸。我欲遍游香雪海,惊梦醒,怨啼鸦。

况周颐说:"太清词得力于周清真,旁参白石之清隽,深稳沉著,不琢不率,极合倚声消息。"这一阕词,文字飘忽水云间,如神行,如飞仙,不带人间烟火气,超逸得像要飞升一般,比之周邦彦和姜夔的词更多了些神秀——是的,我愿意用《人间词话》中"神秀"之语来评价它。

另一篇《早春怨·春夜》,我评之为:一片澹澹如月的娴雅,被"短烛""长更""小篆"些些点破,心事微露处,有易安词"红梅些子破"之妙。

早春怨·春夜

杨柳风斜,黄昏人静,睡稳栖鸦。短烛烧残,长更坐尽,小篆添些。

红楼不闭窗纱,被一缕、春痕暗遮。澹澹轻烟,溶溶院落,月在梨花。

云姜离去,云林来京,她工诗善画,精通音律,与太清又一见如故,成为终生密友。太清赞云林"咳唾成珠""天与好才华",说她"丹青更有生花笔"。云林赠太清古玉琴帚,太清回赠词作并邀次日赏雪,自云"喜同心","愿得一生常聚首"。同游南谷,唱予和汝,不意云林有事先行返回,太清便"倚楼目送人归去,望不尽、杏花深处"。

两人同居京师,太清仍是恋恋不已,雨夜春辰又作词遥寄思情,《更漏子·怀云林》:

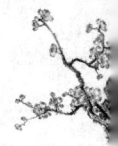

其一

雨丝丝,风细细,尽是销魂滋味。风细细,雨丝丝,相思十二时。

我忆君,君忆我,两意一无不可。君忆我,我忆君,愁肠似转轮。

其二

柳烟柔,花影细,谁解个中滋味。乱愁绪,万千丝,春光能几时?

奈何君,惆怅我,有甚云为不可。惆怅我,奈何君,流年快似轮。

可道的、不可道的、能解的、不能解的,相思、惆怅、孤寂、年华易老的焦躁及感叹等,诸般纷乱情愫皆可在寄友诗词中得到纾解,寻常人不知个中滋味,至交好友却是明白的。

又一日,大雪,太清访云林。"久别情尤热,交深语更繁",两人开怀畅饮,不知不觉已到黄昏。太清醉归,归途雪已深,她诗情大发,书写出一派豪阔的北国风光,琼玉乾坤:

喝火令·己亥

惊蛰后一日,雪中访云林,归途雪已深矣。遂题小词,书于灯下

久别情尤热,交深语更繁。故人留我饮芳樽。已到鸦栖时候,窗影渐黄昏。

拂面东风冷,漫天春雪翻。醉归不怕闭城门。一路琼瑶,一路没车痕。一路远山近树,妆点玉乾坤。

可以看出,经过朋友们的交游抚慰,太清已渐渐摆脱亡夫与被逐的阴影,如荆棘树上的鸟儿一般超越痛苦放开了歌喉;经过结社集会有意识的

创作交流,太清的词作愈发成熟通脱,灵机流转,洒然自成一体。人生百岁寻常过,诗到中年渐可观,值得为浮一大白了。

王子猷雪夜访戴,乘兴而行,兴尽而返,讲究的是放任自适、不拘形迹的魏晋风度。顾太清雪中访云林,比王子猷不差的是名士风度,比王子猷多的是访友成行而畅快更甚。所谓造门不前,当是走到好友门前反倒没了兴致,归途想必是萧然无趣的,而太清这里却是故友对酌,归途醉态可掬,兴致盎然,明显洒脱可爱得多。这个时刻,她的名士气,与往昔天游阁里"冲淡精神富贵花"的贵气已是不可同日而语了。

吴藻也是陈文述门下,同云林、云姜、汪端皆为闺友,一生与太清未曾谋面,曾托人带所著《花帘词》到北京,请奕绘、太清为之题词。太清词中,先说"何幸闻名早",再叹"欲见无由缘分浅,况卿乎与我年将老",然后勉励吴藻"莫辜负,好才调",表示"叹空谷,知音偏少",愿意与吴藻结为诗友,书笺往来,并絮语叮嘱"愿寄我,近来稿"。

而吴藻诗侣沈善宝的到来,则予太清以意外之喜。斯时石珊枝归武林,李纫兰归大梁,太清与沈善宝会晤于云林处。太清久闻沈善宝大名,亦知其事,当即为沈善宝带来的个人诗词集《鸿雪楼初集》题写了两首绝句和一阕词,说"怜君空负济川才",又说"雪泥鸿爪旧游踪,南北任飘蓬",且赞之,且怜之,全出于知己体贴之心。其中第二首诗,评价与理解都深合沈善宝其人:

> 巾帼英雄异俗流,江南江北任遨游。
> 萧条行李春明路,半载新诗半载愁。

沈善宝字湘佩，号西湖散人，她卖诗画葬先世八棺的传奇故事、一人游历大江南北的特殊阅历、渊博的学识、敏捷的才思以及豁达从容的仪态，"水月襟怀冰雪姿，二王书法六朝词"，诸般皆不同于寻常闺阁女流，无不令太清由衷地心仪和欢喜。沈善宝也对太清的才情与性情至为欣赏，在其所著《名媛诗话》中赞太清"才气横溢，挥笔立成。待人诚信，无骄矜习气"，唱和时"即席挥毫，不待铜钵声终，俱已脱稿"，说《天游阁集》中诗"全以神行，绝不拘拘绳墨"，《东海渔歌》中词"巧思慧想，出人意外"。

两人结为挚友，比之其他闺友最为知己，相伴时间也最长，三十年间感情上从未疏离。

太清晚年为《红楼梦》做续书《红楼梦影》，署名"云槎外史"，流传于世而世皆不知此何人哉，直到 20 世纪 80 年代末才据日藏本《天游阁集》确认为太清；卷首有《红楼梦影序》，署名"西湖散人"者，即沈善宝。

《红楼梦》问世后，清人或传抄，或评点，或接续前篇，一时"纸贵京都"，然而成功的续书很少。嘉庆朝的文论著作《枣窗闲笔》，是红学史上有参考价值的早期评论专著，书中评鉴当时流行社会的几种续书，包括程、高后四十回续书，几乎全斥之为续貂之作。沈善宝自己虽深以原著中林黛玉的结局为憾，曾作诗称"不信红颜都薄命，惯留棐几旧文章"，但对续书多以红尘之富贵加于碧落之仙姝，使死者复生，变清者为浊，同样表示出不满，认为与原著本意相悖。她听说太清在写红楼续书，不待脱稿便频频索看，并负起督促之责，对太清说："姊年近七十，如不速成此书，恐不能成其功矣。"

沈善宝在序言中说："今者，云槎外史以新编《红楼梦影》若干回见示，披读之下，不禁叹绝。前书一言一动，何殊万壑千峰，令人应接不暇；此则虚描实写,旁见侧出,回顾前踪,一丝不漏。至于诸人口吻神情,揣摩酷肖,即荣府由否渐亨,一秉循环之理,接续前书,毫无痕迹,真制七襄手也。且善善恶恶,教忠作孝,不失诗人温柔敦厚本旨,洵有味乎言之。"太清从程、高本贾政毘陵驿遇宝玉续起,贾政捉拿一僧一道,将宝玉带回京,后来宝玉入为翰林,贾政官至相国,贾府由衰而转为盛,府中赏灯猜谜、品茗听戏、结社赋诗等一如往日生活,结末却以宝玉一梦作结,眼前红楼碧户皆无,只剩凄惨惨一片荒郊野地。比之其他续书,显得更为精巧,虚描实写,不落俗套,故而沈善宝断言"前梦后影并传不朽"——说能和《红楼梦》原著并传不朽,此评自然有过誉之嫌。不过,在清朝13部红楼续书中,除去程、高后四十回外,顾太清的《红楼梦影》和归锄子的《红楼梦补》算是最好的两本了。

《红楼梦影》刊行于光绪三年(1877),而沈善宝早在同治元年(1862),也就是作序后的第二年已逝世。此前8年时间沈善宝随同丈夫在山西任上,告归返京就养,才得以和太清重聚。两位没有血缘却胜似至亲的老人,一个55岁,一个64岁,一个因太平军攻克杭州,不知亲戚存亡,"言到家山泪满眶",终致右目失明,一个已痛失诗友云林和载铨,还亲历过英法联军入侵北京火烧圆明园,"满城兵火过重阳",生命在艰危尘世上相依着走向沧桑,已是垂垂老矣。最后的时光里,她们榻前相对,一言一答,订下盟誓:

> 妹没于同治元年六月十一日。
> 余五月廿九过访,妹忽言:"姊之情何以报之?"
> 余答曰:"姊妹之间何言报耶!愿来生吾二人仍如今生。"

妹言:"岂止来生,与君世世为弟兄。"

余言:"此盟订矣。"

相去十日,竟悠然长往,能不痛哉!

沈善宝亡后,太清痛悼之,做《哭湘佩三妹》七绝诗五首,其三云:"诚心每恨隔重城,执手依依不愿行。一语竟成今日谶,与君世世为弟兄。"并在诗末自注了上面一段文字。

三个月后,太清再做哭湘佩诗,以酬平生第一知己。一句"碎琴无复为君弹",比之伯牙摔琴终身不弹,慨叹是一致的,然而在一个女性不可能有更多机会广泛寻觅友朋的时代,自身又处于垂暮之年,太清这种失去知音的痛楚要更为深切吧。

今天我们所能看到的二十四回《红楼梦影》原版中,扉页上刻"云槎外史新编",每一回前却题"西湖散人撰",正是太清成书后为纪念沈善宝所作的假托。

这一年夏天,想来大约是沈善宝作古没多久,顾太清重回城西养马营旧宅,在当年众女友结社常聚的红雨轩,从乱书堆中捡得当日之作,旧时乐景、旧友面容一时纷纭都至眼前来,遂写下一首七律《雨窗感旧》,诗前小序很长,读之令人唏嘘:

同治元年长夏,红雨轩乱书中,捡得咏盆中海棠诸作。旧游盛事,竟成天际浮云;暮景蠃躯,有若花间晓露。海棠堆案,红雨轩争咏盆花;柳絮翻阶,天游阁分题佳句。今许云姜随任湖北,钱伯芳随任西川,栋阿少如就养甘肃,富察蕊仙、栋阿武庄、许云林、沈湘佩已作泉下人,社中姊妹,惟项屏山与春二人矣!二十年来,星流云散,得不伤心耶!

《红楼梦影》中既有"探春姊妹邀诗社"情节,又有录入当日社中课题所作消寒诗九首,一字未改,想是太清要在小说中留下永久的纪念。放在中国女性文学发展的大背景上看,这一群女子高山流水的往事也是应当载入文学史册,星曜千古的。

仙人去,天地有余青

说到重回红雨轩,中间实则世事反复,又经了几番波折。

幸好人类有发明纪年方法,以时间为界标,自可梳理并追叙之。只不知是人活在时间里,还是时间活在了人的一生里,始以时间记录之,终而在时间里覆灭。

道光二十一年(1841)岁末,顾太清所出第一子载钊大婚,新妇即栋阿少如之女。太清喜而有感,作诗以贺,"代君善后司婚嫁"是在告慰奕绘,"惟愿九泉加护佑"则是祈愿奕绘的护佑。

"国朝定制:王公子弟十八岁行冠礼。钊儿生于乙酉,本年元日受二品顶戴。"于是,十九天后,也就是道光二十二年正月初一,载钊按定制受二品顶戴。这一日,载钊穿戴齐楚,珊瑚顶戴,绣金公服,新妇也身着斑衣,一同举杯,向母亲献寿——初五即太清生日,年44岁,太清喜而记之,

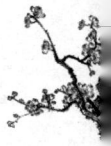

"心香一瓣虔心祷",唯愿早日含饴弄孙。

赘言一事:到5年后,第二个儿子载初结婚的时候,太清已有孙男孙女,是日再得一孙儿,可巧载初娶妇与载钊得子同在子时,太清又喜而记之,"彩舆缓缓将迎妇,深院呱呱又抱孙","从来万事难逢巧,预兆绵绵瓜瓞蕃"。

载钊受封后的七月间,太清返回太平湖府邸,重到天游阁。

此处蓬蒿乱掩,芍药凋败,唯几枝海棠寂寞地绽放着。昔日婢子能诵诗,僚属通音律,奕绘喜作"天游阁回环吟",执手笑语"读书深喜同吾好",那言笑晏晏的情景如阁中案上层层堆叠的尘土,俯拾不起,拂拭不去。何为天游?老庄之道,齐物我,一生死,超利害,"胞有重阆,心有天游","心无天游,则六凿相攘",心室虚空,则自然之道游其中——奕绘与她同读同修,向往闲云野鹤与道冥同的境界,"道在一心清净得,学从万卷会通来",还留下了"全真装束古衣冠"的道装小像。

如今室楣上"天游"二字仍可见,那同年同月来到尘世相知相爱的人却已不见,同来何事不同归啊?旧踪宛然,一梦经年。

道光二十四年(1844),太清46岁时,载钊被封为一等辅国将军,并授三等侍卫。

太清自夫亡被逐后,命运再次发生逆转,转机究竟在何处?文集及传世资料中皆不详,在此只能根据前后事件约略推之。

一则载钊乃王公子弟,受二品顶戴是依照定制。

二则载钊之父是贝勒,受封时原话便是"以贝勒子封一等辅国将军"。

三则太清睿智,善于调谐家庭矛盾,不管是侍奉婆婆,为婆婆送终,还是照顾妙华夫人的女儿们,几年来皆未因被逐而或缺,就是块石头也该要暖化了吧?

第四个原因在这一时期似乎并不明显,但据后来事看却应当是最重要的,那就是贝子载钧无子,只能以载钊的长子为嗣,在载钧亡故后一直到清帝逊位清朝终结,奕绘一支的爵位悉数由太清的子孙承继。

道光三十年(1850),太清52岁,再次离开太平湖府邸,这一次是彻底的离开。

说起这座府邸的变迁,也是很有意思的。当年五阿哥永琪备受乾隆宠爱,26岁即受封亲王爵位,是诸皇子中第一人,据代善六世孙爱新觉罗·昭梿的《啸亭杂录》记,永琪的荣亲王府"此园俱佳,园林亦佳",堪称诸王府中第一位。至于"和珅跌倒,嘉庆吃饱"之后,和珅的豪华宅第被嘉庆胞弟庆僖亲王永璘拥有,到清末成为恭亲王奕䜣住宅,今为北京现存19座王府之首,那是后话。却说道光三十年,咸丰继位,一纸圣旨颁下,太平湖荣亲王府被赐予咸丰之弟奕𫍽,另以大佛寺北岔某故公主府邸赐给贝子载钧,顾太清等由此搬离。现存府邸资料言及于此,多直接称醇亲王奕𫍽,事实上是年10岁的奕𫍽按例被封醇郡王。大约这孩子太小,不能离开皇宫吧,总之到9年后被封醇亲王,方始在此开府,是为醇亲王府。

醇亲王府在北京曾占据过三处地方,太平湖这座便是第一处,奕𫍽即光绪皇帝生父。因光绪在这座府邸内出生,皇帝发祥地,是所谓"潜龙邸",或升为宫殿空闲出来,或如雍正的雍王府升为雍和宫,改成庙宇供奉菩萨。故而慈禧太后另赐后海北沿一座府第,是第二处醇亲王府,为有区别,太平湖府邸被称为南府,后海府邸则称北府。不料这北府又出皇帝,

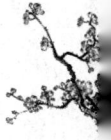

即是宣统,因再度"潜龙",且宣统生父即第二代醇亲王载沣时已是监国摄政王,于是隆裕太后降旨让建造一座全新的府邸。在大兴土木之际,辛亥革命爆发,用溥仪的话说是"醇王府的三修府邸、两度'潜龙'、一朝摄政的家世,就随着清朝的历史一起告终了"。题外话,据说荣亲王府,也即醇亲王南府,风水极佳。又据说,这是据溥仪《我的前半生》而来,说是慈禧后期对醇亲王府颇为猜疑,因老醇亲王园寝上有棵异常高大的白果树,有人进言说"白"和"王"合起来就是个"皇"字,故而慈禧特意令人把白果树砍掉了。

醇亲王南府位于今北京西城区太平湖东里鲍家街,由中央音乐学院占用,摇滚乐歌手汪峰曾组织过一个乐队叫"鲍家街43号",即是以中央音乐学院的门牌号命名的。然而府内部分建筑已毁,时光变迁,无物常住,想要寻索太清遗踪亦不可得矣。

咸丰七年(1857),载钧卒,载钊长子溥楣为嗣子,袭镇国公。载初封辅国将军。

"青春促促撩眼过,白发星星点鬓来。"64岁重回红雨轩时,太清已然是镇国公府邸里的老太君了。

两年后,有曾孙毓乾出生。至此,顾太清子孙成群,四世同堂,作为一个女人也算是功德圆满了。

但死亡与出生毗邻而居,一代人的出生总伴随着另一代人的死亡。就在同一年八月,太清所出第一女和那位栋阿氏儿媳病故,两人相隔仅4天时间。相对于新生命所带来的喜悦,白发人送黑发人的痛苦更为强烈,太清几乎难以承受,苦挨到次年正月才勉强忍痛提笔,吟诗曰"将就浮生近七旬,伤心忍泪度新春"。

《庄子·外物·天地》云:"寿则多辱。"周作人晚年常说这句话,甚至还为此刻了一枚闲章。巴金也说过:"长寿是一种惩罚。"这里的"辱"未必是侮辱,当是困辱,高寿之人因为生命历程之长必得承受造物加之于人的更多困扰与痛苦。太清的后半生,从奕绘之亡开始,就在不断面对一次又一次残酷的死亡,包括故友、儿孙乃至曾孙的死亡,其"辱"老来尤甚。仅就其最后十年所能查到的资料,捡一二来看:

68岁这年,许滇生卒。

71岁时,项屏山扶柩归里,孰料途中亦亡。

72岁这年,两个曾孙患痘症,半月间相继而殁,太清悲伤至极:"七十二岁老人,情何以堪,心何以忍,能不痛哉!"

74岁上,清明过杏树沟,看到八孙溥芬坟墓为秋雨所陷,自云"最是伤心"。并为曾孙二周年忌日作诗:"老泪何曾有尽,日远竟不能忘。一日思儿数遍,愿儿享我杯浆。"

重到马兰峪,信述山楼一半倾颓,东山草堂惟余抔土,触目感怀,故成此数字聊以记事

　　　触目自徘徊,亭台剩几堆。
　　　蓬蒿迷细路,瓦砾长苍苔。
　　　涧水仍如昔,幽花依旧开。
　　　山灵应识我,白发又重来。

这是一个逐渐失去的过程,失去爱人,失去友朋,失去至亲骨肉,然后

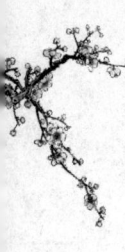

失去齿发,失去睡眠,失去眼睛耳朵,直到失去阳光空气进入一片暗黑再无可失去的时候,自己遂成了别人的失去。

太清的人生走到第 77 个年头,面临的状况是:双目失明,加之咳嗽,常常夜不能寐。

78 岁时,她口授一阕词,记叙午睡短梦,流露出对生之依恋。此乃绝笔之作:

西江月·光绪二年午日梦游夕阳寺

寻得夕阳小寺,梅花初放崖阿。一湾流水绕陂陀,细路斜通略彴。

好梦留连怕醒,偏教时刻无多。登山临水乐如何,好梦焉能长作。

光绪三年(1877)十一月初三,79 岁的太清逝世,与奕绘合葬于大南峪,两人果如当年南谷修道时太清词中所说:"百年同作土馒头。"

说起当年很多吟咏,好似都是为了这永久沉埋的一日预作记取。当年奕绘曾以十两银子购得古玉笛一枝,两人相约同咏,奕绘先成《翠羽吟》,说是"七孔玲珑陆离,五千年上手曾持"。太清作的是十六字令《苍梧谣》:

听,黄鹤楼中三两声。仙人去,天地有余青。

因了这飞仙之词,我总疑心他们并未离世,正隐居在大南峪某一处唯飞鸟流云能至的缥缈所在,弹琴吹箫,骖鸾驾鹤,或者还有那一群秋红吟社的女子,颉之颃之,若飞若扬……留一个完美的关于爱情和友情的神话给红尘中人。